2020
保育士
精選過去問題集

汐見稔幸 監修

栄養セントラル学院 著

風鳴舎

保育士試験対策 30 年間の圧倒的実績を持つ 栄養セントラル学院とは

　その道のプロが分野ごとに担当し、専門色豊かな講師陣が巧みに展開する保育士等国家試験対策のCD通信・通学コースの授業は、「分かりやすい」「問題が解けるようになった」と好評です。保育士学科試験では、膨大な出題項目の中から、要点を抽出し、解答力を養うことこそが合格への近道となります。保育士実技試験対策では、独自のメソッドにより、毎年、受験者全員を合格に導き、保育士資格取得者の増加に寄与しています。また、国・都道府県等の委託を受け、訓練校として潜在保育士養成科・保育者養成科・子育て支援者養成科等を併設開講し保育の専門家を、多数送り出しています。

ホームページ（ URL http://eiyo3.jp ）も開設しています。

栄養セントラル学院	検 索

お問い合わせのご案内

　訂正箇所等についてお気づきの点がございましたら、栄養セントラル学院教育事業部「保育士精選過去問題集係」まで E-mail でのご連絡をお受けしております。

E-mail eiyo@eiyo3.jp

　万一、訂正等が出ましたら、栄養セントラル学院「保育士精選過去問題集」正誤コーナーにて公表いたします。

URL https://eiyo3.jp/kakomon2020/

　栄養セントラル学院保育士国試対策の通学生及びCD通信生以外の方からの書籍の訂正に関するお問い合せ以外の内容（質疑等）に対しては、お応えしておりませんのでご了承ください。

　栄養セントラル学院の現役講師より本書の読者に、"合格までピタっと密着　勉強法"をいただいております。下記 URL の「書籍一覧」→本書のコーナーにございますので是非ご覧ください。

URL http://fuumeisha.co.jp/

❖ はじめに

　今、保育士という仕事が、社会から注目されています。

　ご存じのように、保育所に入れたくても空きがなくてずっと空きを待っているという待機児童問題が深刻な社会問題になっています。国、自治体はその対策のために、今、急速に保育所を増やしています。

　数字でいいますと平成31年4月の保育所等数は36,345か所でしたが、これは平成30年と比べて1,582か所の増加です。一年に1,600近くも増えているのです。定員は2,888,159人で平成30年と比べて87,580人もの増加で、利用する子どもの数は2,679,651人になりました。平成30年と比べて65,246人もの増加です。1年で定員が6万5千人近く増えていることになります。参考のためですが、幼稚園はその数も定員も最近は毎年減ってきています（令和元年5月の幼稚園数は10,070園で，前年度より404園減少、園児数は1,145,576人で、前年度より62,308人の減少です。子どもの数の絶対数の減少と認定こども園に移行しているところが多いことが要因です。認定こども園は令和元年5月に5,276園で前年度より755園増、園児数695,214人で、91,260人増です）。

　保育士の給与については、現在、さまざまな施策でのアップが図られています。給与を上げるとともに、人作りの世界で大事な役割を果たすことが期待されているということでしょう。

　けれど、こうして保育の受け皿が整備されていっても、肝心の保育士がいなければ保育は行えません。実はこの保育士が不足していることが大きな社会問題になっています。保育士を緊急に、そしてたくさん増やすことが、子育てしやすい社会をつくるための国の大きな課題になっているのです。

　その保育の仕事の基本を定める保育所保育指針が平成30年4月から新たなものに改定されました。改定の内容の基本は、保育所保育をわが国の「幼児教育」でもあるという位置づけに高めるもので、保育所の人材養成機能への社会の期待が大きく膨らんだものになります。いよいよ保育所はわが国になくてはならない教育機関としても位置づけられるようになってきたのです。保育士資格を取ってみようと思っている人には、いわば絶好のチャンスが訪れているといえます。保育士という仕事は今、量的にも質的にもアップが期待されている重要な仕事になってきています。ぜひこのチャンスを逃さず、保育士資格取得に挑んでほしいと思っています。

　この本は、保育士試験を受けようと考えている人に、これまで出題された問題を手がかりにして、知識を丸暗記するのではなく、その考え方を示して応用のきく知識を身につけてもらおうと、これまで保育士試験合格のための指導に大きな実績を重ねてきた栄養セントラル学院のメンバーが総力をあげて編んだものです。

　本書がぼろぼろになるまで活用して、強い志を持って合格を勝ち取られることを、祈念しています。

　なお、監修をした汐見は、現在一般社団法人保育士養成協議会に関わっています。本書については、解説文の正誤についてのみチェックしたことを申し述べておきます。

汐見稔幸
筆者一同

✿ 目 次

……… 第7章 子どもの保健 ………

… 第8章 子どもの食と栄養 …

……… 第9章 保育実習理論 ………

……………………… 付録 ………………………

……………………… 索引 ………………………

見開き完結！
過去問＆正答＆解説がひと目で見渡せ、効率のよい学習が可能です。

よく出るトレンド問を精選！
令和元年後期・地域限定試験までの過去問の中から、よく出る問題・今後出題が予想される内容を精選し尽くして採用しています。

こだわりの解説！
わかりやすく詳しい解説を施しています。
また、得点力アップにつながるように、講師陣が読者に語り掛けるようにまとめているのも特徴です。

実際に出るから両併記！
覚えるべき年号などは、和暦と西暦のどちらも記しています。

第3章 子ども家庭福祉（児童家庭福祉）―子ども家庭福祉の歴史的変遷

子ども家庭福祉の歴史的変遷

精選過去問 ❷　　　　平成30年神奈川 問2 ／ ／

次の文は、わが国の児童家庭福祉の歴史に関する記述である。適切な記述を〇、不適切な記述を×とした場合の正しい組み合わせを一つ選びなさい。

A 高木憲次は、1916（大正5）年から肢体不自由児の巡回療育相談事業に取り組み、1921（大正10）年には「柏学園」を設立した。

B 1933（昭和8）年に制定された「児童虐待防止法」では、16歳未満の者に対する虐待や酷使、人身売買等の不当な取り扱いの禁止を規定していた。

C 糸賀一雄は、1946（昭和21）年に知的障害児施設「近江学園」を、1963（昭和38）年には重症心身障害児施設「びわこ学園」を設立した。

D 1900（明治33）年に野口幽香と森島峰が開設した「二葉幼稚園」は、貧困家庭の子どもを主な対象としたものであり、その後の保育事業の先駆けとなる取り組みといわれている。

（組み合わせ）
```
   A B C D
1  〇 〇 〇 〇
2  〇 × × 〇
3  × 〇 〇 ×
4  × × 〇 〇
5  × × × 〇
```

解答 □

解 説 ❷

A × 高木憲次は、日本の肢体不自由児教育の創始者といわれており、1916（大正5）年から肢体不自由児巡回相談を開始し、1932（昭和7）年に日本で最初の肢体不自由児学校「光明学校」を開設、1942（昭和17）年に療育施設「整肢療護園」を開園しました。なお、1921（大正10）年に、日本で最初の肢体不自由児施設「柏学園」を設立したのは、柏倉松蔵です。

B × 1933（昭和8）年に制定された「児童虐待防止法」（以下旧児童虐待防止法）は、現行の「児童虐待防止法」とは別のもので、1947（昭和22）年の「児童福祉法」制定により廃止されています。
旧児童虐待防止法が制定された当時は、家計困窮救済の手段として児童労働や虐待、口減らしとして人身売買などが行われていたという背景があり、14歳未満の者に対する虐待や酷使、人身売買等の不当な取り扱いの禁止を規定していました。

C 〇 糸賀一雄は、「この子らを世の光に」を信念に、第二次世界大戦後、知的障害のある人たちの教育・福祉に多大な影響を与えた人物です。1946（昭和21）年に知的障害児施設「近江学園」を、1963（昭和38）年には重症心身障害児施設「びわこ学園」

104

Eiyo 栄養セントラル学院 保育者・子育て支援者養成科 現役講師陣が集結！

厚生労働省及び都道府県等の委託訓練である栄養セントラル学院の保育者・子育て支援者養成科、保育士国家試験合格対策講座（CD通信クラス、通学クラス）の現役ベテラン講師陣が、30年間の指導ノウハウを元に、直に執筆にあたっています。

を設立しています。

D ○ 野口幽香と森島峰は、東京四谷のスラムで日雇労働に行く親に放任されていた子ども
たちを集め、1900（明治33）年東京麹町に「二葉幼稚園」を創設しました。
のちに四谷に移転し、事業や社会制度の変化に合わせて、幼稚園から保育園に名称を
変更しています。

 連想で覚えよう 野口幽香→二葉（ふたば）幼稚園（野原をイメージしましょう）

解答 4

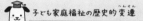 **子ども家庭福祉の歴史的変遷**

子ども家庭福祉の歴史では、人物と、創設した施設や著書、年代についても出題されて
います。法律や制定等と合わせた年表を作るなどして、歴史的変遷を把握しましょう。

出題が多い人物（日本）

名前	年代	創設した施設
石井十次	1887（明治20）年	岡山孤児院を開設
赤沢鍾美・仲子夫婦	1890（明治23）年	新潟静修学校附設託児所を開設 （のちに守孤扶独幼稚児保護会と命名）
石井亮一	1891（明治24）年	孤女学院（現：滝乃川学園（知的障害児施設））を開設
留岡幸助	1899（明治32）年	巣鴨家庭学校を開設 （現在の児童自立支援施設の原型となる）
野口幽香、森島峰	1900（明治33）年	二葉幼稚園を開設
高木憲次	1932（昭和7）年 1942（昭和17）年	光明学校（肢体不自由児学校）を開設 整肢療護園（療育施設）を開設
糸賀一雄	1946（昭和21）年 1963（昭和38）年	近江学園（知的障害児施設）を設立 びわこ学園（重症心身障害児施設）を設立

 CHECK （平成30年前期） **子ども観の変遷**

・エレン・ケイ（Key, E.）は、1900年に著した『児童の世紀』において、子どもが教育
を受ける権利を享受することによって主体的に育つ可能性を示した。
・ルソー（Rousseau, J.-J.）は、1762年に『エミール』において、「子ども期」の重要
性を指摘した。
・アリエス（Ariès, P.）は『＜子供＞の誕生』において、17世紀までの西欧では、子ど
もは「小さな大人」として扱われ、労働に従事し、大人との違いは明確に意識されて
いなかったと主張した。
・1601年にイギリスで成立した「エリザベス救貧法」では、子どもは、有能貧民、無能
貧民とともに保護の対象であることを示した。

105

1
2
3
4
5
6
7
8
9

■ 保育士とは

■ 保育士とは

保育士は、「児童福祉法」にもとづく国家資格です。

同法第18条の4において、「第18条の18第1項の登録を受け、保育士の名称を用いて、専門的知識及び技術をもって、児童の保育及び児童の保護者に対する保育に関する指導を行うことを業とする者をいう。」と位置づけられています。

長い間「保母」「保父」の名称で親しまれてきましたが、1999（平成11）年4月の児童福祉法施行令の改正により「保育士」に改称されました。また、2003（平成15）年11月の児童福祉法改正により名称独占資格として規定され、国家資格となりました。

現在、「保育士」として保育の業につくためには、保育士資格を備えていることに加え、都道府県の保育士登録簿に登録されていることが必要です（保育士登録制度）。保育士登録申請は保育士資格取得後になりますが、受付から公布まで時間を要します。保育士の名称で働くためには、登録は速やかに済ませましょう。

■ 保育士の仕事

保育士を名乗って働くためには、「保育士資格証」が必要です。2003（平成15）年の児童福祉法改正で、保育士試験合格通知書や、保育士資格証明書、指定保育士養成施設卒業証明書等を所持していても、「保育士」を名乗って働くことができなくなりました。けれども、手続きを経れば、全国どこに居ても保育士を名乗って働くことができます。ただし、地域限定保育士に関しては、資格取得後3年間は当該自治体のみで保育士として働くことができ、4年目以降は全国で働くことができます。保育士が活躍する場所は、全国の保育所をはじめ、児童養護施設や乳児院、母子生活支援施設、障害児施設等の児童福祉施設等で、保育や地域の子育て支援の仕事等をしているほか、保育ママ、病棟保育士として、在宅保育士（ベビーシッター）、児童指導員、児童館等でのあそびの指導を担う者等、多方面でも活躍しています。

主な職場である保育所では、子どもたち一人一人の年齢や発達の状況に応じ、遊びや行事活動、生活体験等を通じて、子どもたちの心と身体の成長・発達を支える仕事をしています。また、保護者からの子育てに関する相談に応じることはもちろん、最近では、在宅で育児をしている家庭への支援や、地域での子育て支援も保育士の重要な役割となっています。

■ 保育士試験について

■ スケジュール

令和2（2020）年保育士試験の実施日程です。

【前期実施分】	
筆記試験	令和2年4月18日（土）、19日（日）
実技試験	令和2年6月28日（日）

【後期実施分】	
筆記試験	令和2年10月24日（土）、25日（日）
実技試験	令和2年12月13日（日）

・自然災害等により試験が中止となった場合、再試験は行われません。
・各都道府県における地域限定保育士試験等の情報は、「受験申請の手引き」に掲載されます。

■ 受験資格

受験資格の有無は、学歴や勤務によって細かく区分されています。詳細については「保育士試験受験申請の手引き」をご確認ください。

プロフィール

2013年生まれ。「安産の守り神」として、すべての子どもや、それにかかわる保育士を応援する戌（犬）。ダジャレが得意。

■ 科目・配点・試験時間（2020年前期試験（令和2年））

●筆記試験

試験日	試験科目	満点	試験時間
4月18日(土)	1科目目：保育の心理学	100	10:30〜11:30
	2科目目：保育原理	100	12:00〜13:00
	3科目目：子ども家庭福祉	100	14:00〜15:00
	4科目目：社会福祉	100	15:30〜16:30
4月19日(日)	5科目目：教育原理	50	10:00〜10:30
	6科目目：社会的養護	50	11:00〜11:30
	7科目目：子どもの保健	100	12:00〜13:00
	8科目目：子どもの食と栄養	100	14:00〜15:00
	9科目目：保育実習理論	100	15:30〜16:30

・上表は令和2年前期の実施内容です。令和2年後期以降実施分については、最新の「保育士試験受験申請の手引き」を請求してご確認ください。
　令和元年後期・地域限定試験では、
・各科目において、満点の6割以上を得点した者が合格となりました。
・『教育原理』および『社会的養護』は、同一試験にて両科目満点の6割以上を得点した者が合格となりました。
・筆記試験は、マークシート方式にて行われました。
・筆記試験における法令・保育所保育指針等については、平成31年4月1日以前に施行されたものに基づいて出題されました。

●実技試験

幼稚園教諭免許所有者を除く、筆記試験全科目合格者のみ行われます。

試験日	試験分野	満点
6月28日(日)	❶ 音楽に関する技術	50
	❷ 造形に関する技術	50
	❸ 言語に関する技術	50

　幼稚園教諭免許所有者以外は、受験申請時に上記❶〜❸の中から、必ず「2分野」を選択します。また、実技試験2分野選択申請後の変更はできません。
　「音楽」「言語」については、事前に課題が発表される予定ですが、「造形」の課題は試験当日の発表となります。
※両分野とも満点の6割以上を得点した者が合格となります。

■ 合格した筆記試験科目の有効期限

　合格した筆記試験科目については、合格した年を含めて３年間免除が有効です。

　　例）　令和元（平成31）年に合格した場合…令和２年、令和３年の試験で免除有効

　また、対象施設において対象期間内に一定の勤務期間及び勤務時間、児童等の保護に従事した場合、通常３年間の合格科目の有効期間を最長５年まで延長できる制度もあります。

■ 試験科目の改正について

　令和２年の保育士試験より、筆記試験科目の「児童家庭福祉」が、「子ども家庭福祉」に、実技試験分野の名称が一部変更になります。

●筆記試験科目

【改正前】 令和元年までの科目		【改正後】 令和２年からの科目
保育原理		保育原理
教育原理		教育原理
社会的養護		社会的養護
児童家庭福祉		子ども家庭福祉
社会福祉		社会福祉
保育の心理学		保育の心理学
子どもの保健		子どもの保健
子どもの食と栄養		子どもの食と栄養
保育実習理論		保育実習理論

●実技試験分野

【改正前】 令和元年までの分野		【改正後】 令和２年からの分野
音楽表現に関する技術		音楽に関する技術
造形表現に関する技術		造形に関する技術
言語表現に関する技術		言語に関する技術

■ 過去の受験者数と合格者数

実施年	平成 30 年 （全免者[※] を除く）	平成 29 年 （全免者 を除く）	平成 28 年 （全免者 を除く）	平成 27 年 （全免者 を除く）	平成 26 年 （全免者 を除く）	平成 25 年	平成 24 年
受験者数	6 万 8,388 人	6 万 2,555 人	7 万 710 人	5 万 7,301 人	5 万 1,257 人	5 万 1,055 人	5 万 2,257 人
合格者数	1 万 3,500 人	1 万 3,511 人	1 万 8,229 人	1 万 2,962 人	9,894 人	8,905 人	9,726 人
合格率	19.7%	21.6%	25.8%	22.6%	19.3%	17.4%	18.6%

※幼稚園教諭免許状を有する者に対する特例制度（児童福祉法施行規則第 6 条の 11 の 2 第 1 項）に基づく
　試験が全科目免除された者

■ 保育士試験に関する問い合わせ先

　試験の実施内容については変更となる可能性が有ります。試験についての詳細は、一般社団法人 全国保育士養成協議会に各自直接お問い合わせください。

保育士試験指定試験機関
一般社団法人 全国保育士養成協議会

保育士試験事務センター
〒 171-8536 東京都豊島区高田 3-19-10

TEL フリーダイヤル **0120-4194-82**
URL **http://www.hoyokyo.or.jp/exam/**

※ IP 電話からはつながりません。 一般加入電話・携帯電話等を利用してください。
※オペレーターによる応対は、月曜日～金曜日の午前 9 時 30 分～午後 5 時 30 分（祝日を除く）
　他の時間帯は自動音声によるご案内となっています。
代表電話 03-3590-5561
E-mail shiken@hoyokyo.or.jp
2019.12.23 現在

保育士 精選過去問題集 2020

過去問題の扱いについて

重要問題を精選しています。すべて最新の知識でカバーしていますので、安心してご利用いただけます。

第1章 保育の心理学

子どもを取り巻く環境と人間関係

精選過去問❶

平成30年神奈川 問14　／　／

次の文は、子どもを取り巻く環境と人間関係に関する理論についての記述である。適切な記述を一つ選びなさい。

1 シュテルン（Stern, W.）は、人の発達が他者との社会的相互作用によってなされると考え、発達の最近接領域という概念を唱えた。

2 ジェンセン（Jensen, A.R.）は、遺伝、環境、経験、訓練など、さまざまなものが集まって発達が起こるとする輻輳説を提唱した。

3 ピアジェ（Piaget, J.）は、人間の特性をその生活様式や行動、環境との相互作用から明らかにしようとする生態学の立場から、生態学的モデルを提唱した。

4 ブロンフェンブレンナー（Bronfenbrenner, U.）は、遺伝は最低限の環境が整わなければ発達に影響できないし、逆にどんなに環境がよくても、発達には遺伝的素質に基づく限界があるとする環境閾値説を唱えた。

5 ゲゼル（Gesell, A.L.）は、成熟説を唱え、ある発達を成し遂げるための準備（レディネス）が自然と整うところまで成熟を待つことが重要であると考えた。

解答

解 説❶

1 ✕ 発達の最近接領域（さいきんせつりょういき）という概念を唱えたのは、シュテルンではなく**ヴィゴツキー（Vygotsky,L.S.）**です。ヴィゴツキーは、子どもがある課題を解決するとき、「自分の力だけで解決できる水準」と「仲間や先生など他者の助けがあれば解決できる（成熟しつつある）水準」があるとしました。そして、この2つの水準の間にある領域「**発達の最近接領域**」を見つけ、そこに働きかける教育こそ真に意味があるのだと主張しました。

2 ✕ 「遺伝か環境か」という考え方ではなく、遺伝要因と環境要因のどちらも発達を規定するという**輻輳説**（ふくそうせつ）を提唱したのは、ジェンセンではなく**シュテルン**です。この説は、遺伝要因と環境要因が相互に関係し合うのではなく、独立して、**加算的**に作用するというものでした。

ダジャレで覚えよう♪

♪素敵な服装（**ふくそう**）で**ルン**ルン♪
（**輻輳**説　—　シュテ**ルン**）

3 ✗ この文のように生態学の立場から生態学的モデルを提唱したのは、ピアジェではなく**ブロンフェンブレンナー**です。ブロンフェンブレンナーの生態学的モデルでは、人間を取り巻く環境を「入れ子構造」として捉えています。個人を「入れ子」の中心にしたとき、その周りを①**マイクロシステム**、②**メゾシステム**、③**エクソシステム**、④**マクロシステム**の順で囲む構造となります。また、このシステムは固定したものでなく時間とともに変動するとし、彼はのちに⑤**クロノシステム**を加えました。

4 ✗ 環境閾値説（いきち）を唱えたのは、ブロンフェンブレンナーではなく**ジェンセン**です。ジェンセンは、環境閾値説において、遺伝的可能性が顕在化（けんざい）するには一定の環境要因が必要であり、また、それに必要な環境要因の質や量は、それぞれの特性によって違いがあると主張しています。「閾値」（いきち）とは、ある刺激によって反応が起こる場合、その反応を起こさせるための最低の刺激量のことを指しています。

5 ○ **ゲゼル**が唱えた**成熟説（成熟優位説）**では、ある学習を成立させるためには、早く取り掛かるほど良いというものではなく、それにふさわしい時期を待つ必要性があるとしました。ある発達を成し遂げるための準備のことを**レディネス**といいますが、その重要性を示す実験として、ゲゼルによる一卵性双生児の階段をのぼる訓練実験が有名です。双生児の一人は生後46週から、もう一人は生後53週から訓練を始めました。どちらが効率よく短時間でのぼれるようになったかというと、53週から始めた方でした。

解 答 5

 **CHECK** （平成30年前期） **ブロンフェンブレンナーの生態学的システム論**

ブロンフェンブレンナー（Bronfenbrenner, U.）は、生態学的システム論において、人が日常生活で直接・間接に関わりをもつ社会的文脈を、入れ子状の多層モデルとして示した。一人の子どもを中心とすると、第1層は、子どもと親の関係、子どもときょうだいとの関係、子どもと保育士との関係などがあげられ、**マイクロシステム**と呼んでいる。第2層の**メゾシステム**では、子どもが保育所に通っているならば家庭と保育所、子どもが小学校に通っているならば家庭と小学校との関係などを示している。第3層の**エクソシステム**では、親の職業・職場、きょうだいの通う小学校などがあげられている。第4層は**マクロシステム**と呼び、信念体系、価値観、法律、文化などの社会的文脈が第1層から第3層を取り囲んでいる。

 **CHECK** （平成26年） **子どもを取り巻く環境と人間関係に関する記述**

・環境移行は、子どもに不安や混乱をもたらす危機ともなるが、新たな行動様式を獲得していくきっかけにもなる。
・**ヴィゴツキー（Vygotsky, L.S.）**は人の発達が他者との社会的な相互作用によってなされると考え、発達の最近接領域という概念を唱えた。

新生児の視覚と聴力

精選過去問 ❷

平成30年神奈川 問4

次の文は、新生児の視覚と聴力に関する記述である。適切な記述を○、不適切な記述を×とした場合の正しい組み合わせを一つ選びなさい。

A 新生児の視力は 0.02 程度であり、その視力で見える距離は 20cm ほどである。

B ファンツ（Fantz, R.L.）は、ストレンジ・シチュエーション法を用いて、乳児の図形に対する注視時間の比較を行った。

C 聴覚は、母親の体内にいるときから発達しており、周りの声や音が聞こえている。

D 新生児は音に興味を示すとおしゃぶりを吸うという行動特徴から、新生児に様々な声を聞かせたところ、高い声より低い声、そして早口で抑揚のない声を好むことがわかった。

（組み合わせ）

	A	B	C	D
1	○	○	×	○
2	○	○	×	×
3	○	×	○	×
4	×	○	×	○
5	×	×	○	○

解答

解説 ❷

A ○ 新生児が焦点を合わせられる距離は、目の前の 20〜30cm ほどで、抱っこされたときに母親の顔が見える程度の距離だといわれています。新生児の視力は **0.02** 程度ですが、生後3か月で 0.1、生後6か月で 0.2 の視力があることがわかっています。

B × アメリカの発達心理学者ファンツは、**選好注視法**という実験を行いました。その実験では、乳児の視界に2つの図形を提示し、それらの図形への注視時間の長さの違いから乳児の視覚について検証しました。その結果、縞模様や同心円の図形などコントラストがはっきりしたもの、また顔図形を好んで見るということが分かりました。

ストレンジ・シチュエーション法とは、発達心理学者の**エインズワース（Ainsworth, M.D.S.）** が開発した「愛着の形成の質」を調べる観察実験です。その方法

は、見知らぬ場所に2歳未満の乳幼児1人とその母親を招き、3分間隔で母子を分離させたり、再会させたりを意図的に行います。そのときの子どもの様子をみて、愛着の発達を測ります。結果、主に3つのタイプに分類しました。

- **回避型（A型）**

    分離は混乱せず、再会しても避けるような行動をとる。

- **安定型（B型）**

    分離に混乱し、再会は抱き着いて歓迎するような行動をとる。（乳児期に愛着関係を順調に築いていれば、このタイプになりやすい）

- **アンビバレント型（C型）**

    分離に不安や怒りを強く示す。再会は接触を求めつつ、怒りもぶつけるといった相反する感情や行動をとる。

近年では、A〜C型に当てはまらないタイプとして**無秩序型（D型）**も登場し、虐待傾向の家庭の子どもに多いことが問題となっています。

C ○ 聴覚は感覚器官の中でも比較的早く発達し、音刺激を感じ取る内耳は、**妊娠20週過**ぎには機能し始めます。胎児は母親の体内にいるときから、特に母親の高い声を好み、大きな音に対して**心拍数が上昇する**など、周りの声や音に反応することがわかっています。また、生まれてすぐに母親の声とほかの人の声を聞き分けられるのは、母親の体内で聞こえていたからだと考えられています。

D ✕ 新生児は、低い声より高い声、そして早口で抑揚^{よくよう}のない声よりも、ゆっくりとした抑揚のある声を好むことがわかっています。そのほかに、物音・機械的な音よりも**人の話し声**を好むこともわかっています。

> 解答 3

CHECK ✓
（平成28年後期・地限）　**胎児の発達**

　一般に在胎期間は**妊娠37週から42週未満**の間であるが、妊娠初期から超音波断層法により、胎児の発育状態や動きを画像で見ることができる。胎動を感じるようになるのは**妊娠20週頃**からであり、これは我が子という感情を母親にもたせることになる。この頃になると胎児の聴覚も発達し、母親の声の強弱、抑揚などを感知していることが**心拍数や胎動の増加**として明らかにされている。そうした胎児期の経験が**聴覚記憶**として新生児期においても継続している。

乳児の身体・運動の発達

精選過去問 ❸

平成29年前期 問5 ／ ／

次の文は、乳児の身体・運動の発達に関する記述である。適切な記述を○、不適切な記述を×とした場合の正しい組み合わせを一つ選びなさい。

A 乳児の運動機能の発達は、頭部から足部へ、身体の中心部から末梢へ、粗大運動から微細運動へという方向性と順序がある。

B 一般的に、平均体重は 2,900〜3,000g 前後、平均身長は 49cm 前後で生まれるが、生後1年で体重は約3倍、身長は約 1.5 倍になる。

C 生後8か月頃になると、物と物を打ち合わせる、物を容器に入れる、小さい積木を高く積みあげることができるようになる。

D 手に触れたものを握ろうとする把握反射が新生児にみられ、生後3か月になると指さしが出現する。

（組み合わせ）

	A	B	C	D
1	○	○	○	×
2	○	○	×	×
3	○	×	○	×
4	×	○	○	○
5	×	×	×	○

解答

解説 ❸

A ○ 乳児の運動の発達は中枢神経系の成熟と関係しており、**一定の順序性**がみられます。**粗大運動**は全身の移動などの動きのことを、**微細運動**は手指や操作の動きのことを意味します。

B ○ 一般的に体重は、生後3〜5日頃に一時的に5〜10％の減少が見られることがあり、そのことを**生理的体重減少**といいます。その後、生後**3か月**で出生体重の約2倍、生後**1年**で約3倍、**4歳**頃には約5倍になります。一方、身長は、生後1年で約1.5倍、生後**4年**で約2倍になります。

C × 発達には個人差があるので一概には言えませんが、生後8か月頃の乳児は、まだ小さな物をかき集めることが少しできる程度の発達段階です。1歳を過ぎてから、物を箱に入れたり、物と物を打ち合わせたりすることができるようになっていきます。積み木を2〜3個なら積み上げるのも、**1歳を過ぎた頃**から徐々にできるようになり、**1歳半**くらいまでにはほぼできるようになります。

D ✕ 把握反射は新生児に見られる原始反射であり、遅くとも生後 **6** か月くらいまでには消失します。指さしが出現するのは生後 **9** か月〜 **10** か月頃ですので、生後 3 か月ではまだ難しいです。

　発達には**一定の順序性**とともに、**一定の方向性**が認められます。例えば身体機能であれば、**頭部**から**下肢**へ、体幹の**中心部**から**末梢部**へと発達していきます。また、身体的形態や生理機能、運動面や情緒面の発達、さらには知的発達や社会性の発達など様々な発達の側面が、相互に関連しながら**総合的**に発達していくといった特徴があります。

　子どもが自ら発達していく力を認め、その姿に寄り添いながら、子どもの可能性を引き出していくことは大人としての責任です。特に保育士は、子どもの発達の**順序性**や**連続性**を踏まえ、長期的な視野を持って見通し、子どもが、今、楽しんでいることを共に喜び、それを繰り返しながら子どもの発達を援助することが大切です。

解答 **2**

 **CHECK** ✓（平成31年前期）　**乳幼児期における情動の発達に関する記述**

・生後 **3〜6** か月頃から、悲しさと怒り、満足と喜び、興味と驚きなどの感情を表出する。
・他者に対する相手を慰めるような行動にみられる共感反応は、一般的に **1** 歳半頃から現れる。
・嫉妬は、一般的に **2** 歳頃になると現れる。

 CHECK ✓（平成30年神奈川）　**子どもの発達についての考え方**

・発達には相対的な**順序性**があり、**複雑性**が増し、**自己制御能力**ならびに**象徴・表象**能力が高くなる方向に進む。
・発達的変化には、**量的・連続的**とみなせる変化と、**質的で不連続**とみなせる変化がある。

CHECK ✓（平成27年）　**生後1歳前後の運動発達**

　運動発達は、全身の移動運動や姿勢に関わる**粗大運動**と、手指操作に関わる**微細運動**に分けられる。自立歩行は重力に対抗して姿勢を保持する能力と**移動能力**との発達によって成立する。独りで座る、這う、つかまり立ち、伝い歩きから独りで歩くなど、生後 **6** か月頃から 1 歳 3 か月頃は著しい運動機能の発達がみられる時期であるため、保育者は転倒・転落など、安全への配慮が必要となる。

乳幼児期の発達

精選過去問 ❹

平成28年前期 問16 ／ ／

次の文は、乳幼児が日常示す行動である。A〜Dの行動の基盤となる発達心理学の用語として、あてはまる語句を【語群】から選択した場合の最も適切な組み合わせを一つ選びなさい。

A 見慣れた人と見知らぬ人とを区別することができるようになり、見知らぬ人が関わろうとすると、顔をそむけたり、泣き叫んだりする。

B 保育者がほほえみかけたり、口を大きく開けたりしてみせると、乳児も同じような表情をする。

C 保育者が向かい合ってボールをゆっくり転がして近づけると、ボールを押し返すような動作を繰り返し楽しむ。

D 保育者が子どもに絵本を読んであげている時に、絵本に描かれたりんごの絵を見て子どもが食べるふりをする。

【語群】

ア 社会的不安	イ 8か月不安	ウ 共鳴動作
エ 共同注意	オ ターンテイキング	カ メンタルローテーション
キ 社会的模倣	ク 表象機能	

（組み合わせ）

	A	B	C	D
1	ア	ウ	オ	キ
2	ア	ウ	カ	ク
3	ア	エ	カ	キ
4	イ	ウ	オ	ク
5	イ	エ	カ	キ

解答

A　イ　8か月不安

生後8か月頃から、いつも身近にいる母親が離れると不安になり、泣いたり、母親以外の人に対し、人見知りが始まったりします。これは主に母親という特定の人と、その他の人との違いを区別できるようになるためで、知らない人に対して不安や恐怖を感じるようにもなります。このような母親分離不安を精神分析学者の**スピッツ**が発見しました。これは、「**8か月不安**」とも呼ばれ、生後10〜18か月頃にピークを迎えますが、2歳になる頃までに徐々になくなっていきます。それまでの乳児は、生後3か月頃から誰に対しても微笑みかける「**3か月微笑**」（**社会的微笑**）と呼ばれる現象を見せます。

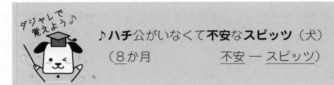

ダジャレで覚えよう♪
♪**ハチ**公がいなくて**不安**な**スピッツ**（犬）
（8か月　　　　　不安 — スピッツ）

B　ウ　共鳴動作

例えば、乳幼児に食事を与えるとき、親や保育者はスプーンを差し出し、「アーン」と声かけをしながら自分の口をあけて見せたりします。すると、乳幼児はその真似をして自分の口をあけてスプーンをくわえようとします。このように、乳幼児が大人の動きにあわせて同じようなしぐさをすることや、意識することなく模倣（真似）をすることを「**共鳴動作**」といいます。このような動作は生後1か月ごろから見られるようになり、徐々にはっきりと意識をして真似をしようとする行動に変わっていきます。

C　オ　ターンテイキング

例えば、母親が話しかけているとき、乳児はじっとしていて、母親の話しかけが止むと反応を示します。その間、母親はじっとしています。**ターンテイキング**とは、このような他者とのやりとりの中で、相手からの働きかけに対する待ち受けと自分からの働きかけを交代で行うことです。このような相手との順番交代は人間の会話の大原則となっています。

D　ク　表象機能

実際に目の前に存在しない物や事柄を思い浮かべるはたらきを「**表象**」といいます。さらに、頭の中に思い浮かべた物を実際に目の前に存在する別の物や文字などに置き換えるはたらきを「**表象機能**」といいます。この機能が形成されると、「**ごっこ遊び**」などが見られるようになります。

解答　4

精選過去問 ❺　　令和元年後期・地限 問6　　／　　／

次の乳児期の発達に関する記述のうち、下線部分が正しいものを○、誤ったものを×とした場合の正しい組み合わせを一つ選びなさい。

A　新生児が、大人の話しかけに同期して自分の体を動かすクーイングと呼ばれる現象が報告されている。

B　新生児が数人いる部屋で、一人が泣きだすと、他の新生児も泣きだすことがよくみられる。この現象は社会的参照と呼ばれる。

C　乳児の身体に比して大きな頭、丸みをもった体つき、顔の中央よりやや下に位置する大きな目、といった身体的特徴は幼児図式と呼ばれ、養育行動を引き出す効果があると考えられている。

D　乳児は特定の人との間にアタッチメント（愛着）を形成し、不安や恐れの感情が生じるとその人にしがみつく、あるいはくっついていようとする。

（組み合わせ）

	A	B	C	D
1	○	○	×	○
2	○	○	×	×
3	○	×	○	○
4	×	×	○	○
5	×	×	×	○

解答　　　　　

解説 ❺

A　**×**　Aの記述は、クーイングではなく**エントレインメント**です。**エントレインメント**とは、生まれて間もない時期からみられる保育者と新生児・乳児の間の同調的な相互作用のことです。例えば、保育者が話しかけると、新生児はそれに反応するように同期して自分の身体を動かしたり、声を出したりします。

　　　クーイングとは、「アー」「ウー」といったのどを鳴らすような発声のことです。生後2か月頃から始まります。

B　**×**　Bの記述は、社会的参照ではなく**情動伝染**です。新生児や乳児は、生まれて間もない時期から、人の声や顔などに特に敏感に反応し、なかでも他者の感情には敏感に反応します。

　　　一方、乳幼児が、判断に迷う場面で信頼できる大人の視線や表情、声の調子、態度などから感情を読み取り、参照して、自分の行動を決定することを**社会的参照**といいます。

C ○ オーストリアの動物行動学者**ローレンツ**（Lorenz,K.）は、身体に比して大きな頭（約４頭身）、丸みをもったぽちゃぽちゃとした体つき、顔の中央よりやや下に位置する大きな目といった乳児の身体的特徴が、大人に思わず「かわいい」と感じさせ、養育行動を引き出させる（**幼児図式**）と主張しました。

D ○ **アタッチメント（愛着）**とは、特定の人との間に形成される情緒的な絆のことをさします。

イギリスの小児科医で精神分析家の**ボウルビィ**（Bowlby,J.）は、乳幼児期のアタッチメント（愛着）の発達を次の４段階に分けています。

① 第１段階（誕生～12週頃）

人物を特定せず、目で追ったり、声の方向を見たりする。

② 第２段階（12週頃～６か月頃）

特定の人物を目で追ったり、特定の人物に微笑んだり、発声したり、身振りなどで合図をしたりする。

③ 第３段階（６か月頃～２・３歳頃）

特定の人物との間に**愛着関係**が成立し、それとともに**人見知り**が始まる。愛着対象を**安全基地**とし、少しずつ**探索活動**を行うが、不安があればすぐに**安全基地**に戻る。

④ 第４段階（２・３歳頃～）

特定の人物の行動や状況を予測できるようになり、その人物がいなくても、情緒の安定を保てるようになる。

解答　**4**

（平成30年後期・地限）　新生児や乳児の行動

・新生児や乳児が大人の表情や動作と同様の反応を示す現象がある。例えば、向かい合って口を開けたり、舌を出したりする保育者の動きをじっと見ていた新生児が、しばらくすると、同じような動きをする。　　　　　　　　　　　　― **共鳴動作**

・保育者と乳児の間では、言葉を話し始める前から、コミュニケーションが成立している。例えば、生後９か月頃になると、保育者の視線を追い、保育者が見ているものに目を向けることができるようになる。　　　　　　　　　　　　― **共同注意**

（平成31年神奈川）　子どもの行動

・外界に興味を示し、探索行動をとるようになる子どもにとって、養育者は「安全基地」のような存在であり、子どもは困ったときに養育者がいつでも助けてくれるというイメージを心の中に持つようになる。　　　　　　　　　　　― **内的ワーキングモデル**

・２枚の異なる図版を同時に提示し、乳児がどちらを長く見るか判定する。この方法で調べた実験から、乳児は単純な色だけの図版よりも複雑な図版、その中でも人の顔に近い図版をより好む傾向が示された。　　　　　　　　　　　― **選好注視法**

発達の方向

精選過去問 ❻

発達には、発達の方向を社会化と捉える考え方がある。この考え方と対照的な次の説を提唱した人物として正しいものを一つ選びなさい。

> 人間の発達では、まず初めに社会的関係があり、それが内面化し、心的機能に転化する。

1　ハヴィガースト（Havighurst,R.J.）
2　ヴィゴツキー（Vygotsky,L.S.）
3　レヴィン（Lewin,K.）
4　ブロンフェンブレンナー（Bronfenbrenner,U.）
5　バルテス（Baltes,P.B.）

解答	

解説 ❻

1　✕　ハヴィガーストは、ライフサイクルのそれぞれの時期（**ライフステージ**）に達成すべき課題「**発達課題**」があることを指摘しました。彼は、各時期の発達課題をうまく達成できないと、次の段階への移行も困難となり、健全な発達に問題が生じると考えました。

2　○　ヴィゴツキーは、人間の発達では、初めに社会的関係があり、それが内面化し、心的機能に転化すると考えました。
　　　彼の「**発達の最近接領域**（さいきんせつりょういき）」理論では、子どもがある課題を解決するとき、「自分の力だけで解決できる水準」と、「仲間や親、先生など他者の助けがあれば解決できる（成熟しつつある）水準」があるとしました。そして、この２つの水準の間にある領域「**発達の最近接領域**」に適切に働きかけることで、「**精神間機能（大人との関わりでできたこと）**」を「**精神内機能（自分でできること）**」に変えていくことができると考えました。
　　　また彼は、言語は他者とのコミュニケーションに用いる言葉（**外言**（がいげん））として生じ、発達していく過程で、子どもは自分の頭の中で情報を整理し、自分の思考のための言葉（**内言**（ないげん））として用いるために変化していくと考えました。そして、子どもの独語（ひとりごと）（どくご）は、思考のための言葉（内言）になる移行過程であると捉えました。

3　✕　レヴィンは、人間の行動を、**個人の特性**とその人を取り巻く**環境**との関数（相互作用）によって説明する「**場の理論**」を提唱しました。
　　　また彼は、人間の心の「**葛藤（コンフリクト）**（かっとう）」を次の３種類に分類しました。

　　　①**接近―接近型**（あれもしたいけど、これもしたいというどちらにも肯定的な感情）
　　　②**接近―回避型**（試験で良い成績をとりたいが、勉強はしたくないという肯定と否定

の感情）

③**回避—回避型**（塾に行くのは嫌だけれど、行かないために親に叱られることも嫌であるというようなどちらも否定的な感情）

4 ✕ ブロンフェンブレンナーは、人間の特性をその生活様式や行動、環境との相互作用から明らかにしようとする生態学の立場から、**生態学的モデル**を提唱しました。この生態学的モデルでは、人間を取り巻く環境を「**入れ子構造**」（同じ形のものを順に、ひと回り小さくして複数入れたもの）と捉えました。

5 ✕ バルテスは、**生涯発達心理学**とは、受胎から死に至る過程における行動の一貫性と変化を研究するものであり、その研究の目的は、生涯発達の一般的原理、発達における個人間の差異性と類似性、発達の可塑性（かそ）とその限界等を明らかにすることであると提唱しました。

	解答 **2**

 CHECK ✓（平成31年前期）　**生涯発達**

・生得的に内在する能力が、時期に応じて自然に展開し、発達すると考える。
　　　　　　　　　　　　　　　　　　　　　　　　— **ゲゼル（Gesell, A.L.）**
・発達は漸次的（ぜんじてき）に展開すると捉え、乳児期から老年期に至る8つの発達期それぞれに危機があると考える。
　　　　　　　　　　　　　　　　　　　　　　　— **エリクソン（Erikson, E.H.）**
・発達を環境との相互作用として捉え、人を取り巻く環境を4つのシステムと考えた後に、時間の影響・時間経過をつけ加え、5つのシステムとした。
　　　　　　　　　　　　　　　— **ブロンフェンブレンナー（Bronfenbrenner, U.）**
・受胎から死に至る過程の行動の一貫性と変化を捉え、生涯発達の一般的原理や発達の可塑性（そせい）と限界を明らかにした。
　　　　　　　　　　　　　　　　　　　　　　　— **バルテス（Baltes, P.B.）**

 CHECK ✓（平成27年）　**子どもの生活環境を捉える考え方の特徴とそれを提唱した人物**

・子どもが所属し、多様な経験をする場として家庭、保育所、地域などがあるとした。
・きょうだいの誕生や就学など、人生の出来事が影響を及ぼすとした。
・しつけとして重視する内容は各家庭で異なっても、文化として共通する面もあるとした。
・人間を取り巻く環境を入れ子構造として捉えた。
　　　　　　　　　　　　　　　— **ブロンフェンブレンナー（Bronfenbrenner, U.）**

学童期の発達

精選過去問 ❼

平成29年前期 問7　／　　／

次の文は、学童期の知的発達についての記述である。次の下線部（ a ）〜（ d ）に該当する用語を【語群】から選択した場合の正しい組み合わせを一つ選びなさい。

　ピアジェ（Piaget, J.）は、子どもの知的発達のなかで、**(a)** 数、重さ、体積などの保存が獲得される時期を示した。例えば、**(b)** 子どもが見ている前で、球状の粘土をソーセージ形などに変える実験を行った。

　この時期には様々な思考活動に可逆性や相補性が加わり、**(c)** 物の分類、順序づけに必要な操作が発達し、次に、**(d)** 抽象的・論理的な操作が可能となる時期へと向かう。

【語群】

ア　形式的操作期	イ　具体的操作期	ウ　密度の保存
エ　重さの保存	オ　群性体	カ　同化

（組み合わせ）

	a	b	c	d
1	ア	ウ	カ	イ
2	ア	エ	オ	イ
3	ア	エ	カ	イ
4	イ	ウ	カ	ア
5	イ	エ	オ	ア

解答　□

解説 ❼

a　イ　具体的操作期　　**b　エ　重さの保存**　　**c　オ　群性体（ぐんせいたい）**
d　ア　形式的操作期

　ピアジェは、認知発達の段階を**感覚運動期、前操作期、具体的操作期、形式的操作期**の４つに区分しました。

　各発達段階には特有の**認知の枠組み（シェマ）**があり、**同化と調節**という環境の相互作用により前段階の枠組みが再構成され、より高次の枠組みに移行します。

　「**同化**」とは、新しい対象をすでに自分がもっている**枠組み**に取り込み、認識することです。「**調節**」とは、対象が自分のもっている枠組みにあてはまらないとき、枠組み自体を新たに変えることです。例えば、コスモスやバラを見て、花は「花びらがあって、葉があって、土の上にある物」という枠組みを持っていたとします。すると、ひまわりを初めて見ても、「花びらと葉がある。土の上にある。これも花だ。」と「**同化**」します。ところが、ハスのように水面に咲いている花を見たとき、「**同化**」できず、花の枠組みを変えようとします。これが「**調節**」です。前段階の枠組みが再構成され、より高次の枠組みに移行して「**均衡化（きんこうか）**」されていきます。

ピアジェの認知発達段階

感覚運動期（0～2歳頃）

　見たり触ったりして自分の感覚と運動で外界を知っていく時期。生まれてすぐは、「**原始反射**[※1]（**新生児反射**）」を基盤に新しい場面に適応していくが、やがて見たものを手でつかんで口に持っていくなど、目と手が**協応**していく。生後4か月頃から少しずつ「**物の概念**」が始まり、生後8か月以降は、物は隠れていても存在し続けているという「**物の永続性**」を獲得し始める。（その後の研究によって、「物の永続性」の理解はピアジェの提唱した月齢よりも早い時期であることが示されている。）

※1 原始反射：新生児にみられる、刺激に対して反射的（自動的）に生じる運動反応

前操作期（2～7歳頃）

　「**表象機能**[※2]」が発達し、**ごっこ遊び**が見られる。イメージや言葉を用いて世界を捉えられるようになるが、他者が自分とは異なる視点をもっているということが理解できず、自分から見える「見かけ」だけで判断する「**自己中心性**」がある。それから、「並べ変えたり、入れ物を変えたりといった「見かけ」が変化しても、量や重さなどの本質は変化しない」という「**保存の概念**」が獲得されていないため、物の量や重さなどについても「見かけ」に左右される。「お花さんが笑っているね」というように、言葉に「**アニミズム**[※3]」表現が現れる。

※2 表象機能：目の前にない物や事柄を頭の中に思い浮かべ、さらにそれを目の前にある物（別の物）で表現するはたらき

※3 アニミズム：全てのものに生命があると考え、物体を擬人化して考えたりする

具体的操作期（7～12歳頃）

　「見かけ」で思考が歪められることがなく、具体的な事象に関しては論理的に考えることができるようになる。ただし、思考の対象は、具体的にイメージできる物や出来事である。a 物の数、重さ、体積などの「**保存の概念**」が獲得される。例えば、b 球状の粘土をソーセージ形に作り変えたとき、「形が変わったけれど、重さは同じである」と答えた子どもは、「**重さの保存**」の概念が獲得されているということになる。

様々な思考活動に**可逆性**（元に戻せば同じ物である）や**相補性**（物体のある側面が他の側面を補う。例えば「長いけれども細い」など）が加わり、c 物の分類、順序づけに必要な操作「**群性体**」が発達する。

　また、自己中心的な思考もなくなり「**脱中心化**」となる。

形式的操作期（12歳頃～）

　d 抽象的・論理的な操作が可能となり、仮定の話を現実に置き換えて検証する「**仮説演繹的思考**」もできるようになる。

※下線部分が出題された箇所です。

解答　5

心の理論

精選過去問 ❽

／   ／

次の文は、心の理論をもっているかどうかを調べるための課題である。この課題について適切な記述を〇、不適切な記述を×とした場合の正しい組み合わせを一つ選びなさい。

> M児とN児が部屋で一緒に遊んでいた。M児がボールをかごの中に入れた後、部屋から出ていった。M児が部屋にいない間に、N児がボールをかごの中から別の箱の中に移した。M児が部屋に戻ってきたとき、ボールを取り出すために、最初にどこを探すだろうか。

A 正答するには、他者が自分とは違う誤った信念（誤信念）をもつことが理解できる必要がある。

B 自閉スペクトラム症の幼児では、知的な遅れがなければ、定型発達児より早く正答する。

C 正答するには、他者の心の状態を推測することができる必要がある。

D 3歳になると、この質問に対してほとんどの子どもが正答することができる。

（組み合わせ）

	A	B	C	D
1	〇	〇	〇	〇
2	〇	〇	×	×
3	〇	×	〇	×
4	×	〇	×	〇
5	×	×	〇	〇

解答

解説 ❽

「**心の理論**」とは、主に他者を見て、嬉しいのか、悲しいのか、どうしたいのか、などの感情や欲求、信念、思考などを憶測する心の機能をいいます。

「心の理論」に関する研究は、1978年、アメリカの動物心理学者ディヴィット・プレマックとガイ・ウッドルフの「チンパンジーは心の理論を持つか」という論文で、チンパンジーなどの動物にも、ほかの動物が考えていることが分かるのではないか、と指摘されたことから始まりました。

「心の理論」の獲得を調べるには、「**誤信念課題**」が一般的に用いられていますが、中でもイギリスの発達心理学者サイモン・バロン＝コーエンが用いた「**サリーとアンの課題**」が有名です。

サリーとアンの課題

① サリーは、ボールを持っています。サリーはボールを「カゴＡ」にしまいました。

② サリーは、外に出かけました。

③ アンは、サリーの留守中、ボールを取り出し、こっそり「カゴＢ」にしまいました。

④ サリーが帰ってきました。

⑤ サリーは「カゴＡ」と「カゴＢ」のどちらからボールを探すと思いますか。

　この問いに対し、大人は「カゴＡから探します。」と言いますね。サリーは留守中にボールを「カゴＢ」に移動されたのを知らないからです。しかし「心の理論」を獲得していないと「カゴＢ」と答えてしまいます。「今、ボールはカゴＢにあるもん」と目の前の事実だけで判断してしまうのです。留守中にボールの移動を見ていなかったサリーの立場（気持ち）はわからないのです。

A　○　正当するには、他者が自分とは違う誤った信念（**誤信念**）をもつことが理解できる、つまり「心の理論」の獲得の必要があります。

B　✕　自閉スペクトラム症の幼児は、「**誤信念課題**」をなかなか正当できない傾向があり、「心の理論」の獲得が難しいと言われています。

C　○　正答するには、他者の心の状態を推測することができる、つまり「心の理論」の獲得の必要があります。

D　✕　「サリーとアンの課題」を用いた研究により、「心の理論」を発達させ始めるのは、**4歳頃**と考えられています。

解答	3

心の理論
CHECK（平成26年）

　他者の意図、**信念**、願望、感情、思考など、直接は観察することのできない他者の**心的状態**の理解は心の理論とよばれる。心の理論の獲得を調べるには、**誤信念課題**が一般的に用いられている。**自閉症**の子どもは心の理論の獲得が困難であるという指摘もある。保育場面において、一人一人の心の理論の獲得に沿った保育士の働きかけが求められる。

乳幼児が日常保育のなかで示す行動
CHECK（平成27年）

・玩具を別の場所に動かしたのをＲちゃんは見ていないことを4歳のＭちゃんは知っていて、「Ｒちゃんは元の場所にあると思っているよ」と言う。　―**心の理論**

・積み木をバスに見立てて、「ブーブー」と言いながら押して動かす。　―**象徴機能**

・保育士が乳児を抱っこして、室内の離れたところにある玩具を指さすと、乳児もそれを見る。　―**共同注意**

幼児期にみられる欲求

精選過去問 ❾

平成29年後期・地限 問8 ／ ／

次の（　　）にあてはまる用語として最も適切なものを一つ選びなさい。

　集団の中に入りたいという思いは、幼児期の子供たちにとってごく自然なことである。幼児期にみられる欲求を分類すると、愛情をもって養育されたいという生理的欲求、安全の欲求、そして、それらが満たされた子供は集団に所属したいという所属の欲求、さらに、認められたいという承認の欲求を抱きつつ、幼児期にふさわしい（　　　）へと動機づけられる。すなわち、（　　　）は、集団の中で自発的な遊びや学びを通して個性を発揮しようとすることである。

1　コンピテンス
2　自己決定
3　エンパワメント
4　自己実現
5　セルフ・モニタリング

解答	

解説 ❾

1　✕　コンピテンス
　　コンピテンスは、人にもともと備わっている潜在的な能力と、まわりの環境に自分から働きかけて自分の能力を試すなどの動機づけを、ひとつの流れとしてとらえる考え方のことをいいます。一方、**コンピテンシー**（能力）は単純に知識や能力だけではなく、技能や態度を含むいろいろな心理的・社会的な資源を活用し、特定の文脈のなかで、複雑な要求（課題）に対応していくことができる力のことをあらわします。

2　✕　自己決定
　　自己決定は、自分自身で物事を決めることですが、本来、個人が決めるべきことでありながら、社会の習わしに従うものとされてきた、結婚、出産、転職などを、個人が決める権利のことを「自己決定権」とよんでいます。そして、自己決定を行い、よりよい生き方を選択できるような能力のことを、「自己決定能力」とよんでいます。

3　✕　エンパワメント
　　エンパワメントは、個人や集団の持っている潜在的な力、能力を引き出して、自分の力で問題や課題を解決してゆけるような支援を行うことをいいます。

4　○　自己実現

この文は「マズローの５段階欲求説」について記しています。

「マズローの５段階欲求説」とは、人間の欲求について５つの段階に分けて理論化したものであり、アメリカの心理学者のアブラハム・マズローが唱えた「**自己実現論**」のことをいいます。この理論では、「人間は、自己実現に向けて成長しつづけている生き物」と仮定をしています。人の欲求には段階があり、一つの欲求が満たされると、より高い段階の欲求を求めるようになると考えられています。欲求は低い順に次の５つにわけられています。

マズローの５段階欲求説

> 1　**生理的欲求**：食べる、寝る、排泄するなど、人間が生きてゆくうえで必要となる本能的な欲求。
>
> 2　**安全欲求**：安全かつ安心して生活を送りたい、経済的に安定したい、豊かな暮らしがしたい、よい健康状態で暮らしたいなど、危険なことから身を守りたいという欲求。
>
> 3　**社会的欲求**：社会に必要とされたい、自分の社会的役割を確認したい、社会の集団に所属していたい、まわりから必要とされたいなどの欲求。これらが十分に満たされないと、不安や孤独を感じやすくなり、心身の不調をきたすこともある。
>
> 4　**承認欲求**：承認欲求は２つのレベルに分かれる。低いレベルでは、他者から尊敬されたい、高い地位につきたい、名声を得たい、注目されたいという欲求である。そして、高いレベルでは、自分自身の価値を感じたい、技術や能力を習得したい、自己信頼感を得たいなど、まわりからの評価よりも自分自身の評価が重要となる。
>
> 5　**自己実現欲求**：自分の能力や技術を存分に発揮して、理想の自分に追いつきたいという欲求。ほかの４つの段階の欲求が満たされていても、自己実現が満たされていないと、欲求不満が解消されず、十分な幸福感が得られないとされている。

5　✕　セルフ・モニタリング

セルフは自分で、モニタリングは観察や監視を意味します。心理学では、社会的な人間関係の中で、自分自身を観察して調整をはかっていく力のことをあらわしています。セルフ・モニタリングは個人差が大きいものですが、成果につながる過程などを観察していくことにより、行動の継続、自信にもつながり、自己効力感※（セルフエフィカシー）にもつながってゆくと考えられています。

※**自己効力感**：ある物事に対して、「自分ならやり遂げることができる」と思える感覚のことです。

	解答　4

自己主張と自己抑制

精選過去問❿

次の文は、自己主張と自己抑制（自己統制）についての記述である。（ a ）〜（ d ）の下線部分が正しいものを○、誤ったものを×とした場合の正しい組み合わせを一つ選びなさい。

　他者に気持ちや行動を調整される段階から、家庭での親やきょうだいとのかかわり、幼稚園や保育所での保育者や友だちとのかかわりを通して、自分の気持ちや行動を適切に表現したり我慢したりすることができるようになる。その機能のうち、ルールを守ることや、ほしいものを待つことを **（a）** 自己抑制（自己統制）という。それに対して、**（b）** 自己主張とは、自分の欲求や意志を他者に対して表現することである。**（c）** 自己抑制（自己統制）は、3歳から4歳にかけて急激に上昇し、その後は停滞や後退を繰り返す。**（d）** 自己主張は、3歳から7歳にかけてゆっくりと発達し、停滞や後退は見られない。

（組み合わせ）

	a	b	c	d
1	○	○	○	○
2	○	○	×	○
3	○	○	×	×
4	×	○	×	○
5	×	×	○	○

解答

解説 ❿

a ○ **自己抑制**（自己統制）とは、自分の気持ちや欲求を我慢するなど、コントロールする能力のことをいいます。

自分で自分の行動をコントロールする能力のことを**自己制御**といいますが、自己制御は自己抑制だけのことを指すわけではなく、**自己抑制**と**自己主張**の両方の側面があります。

b ○ 2歳頃になると、自分の気持ちや欲求を強く主張するようになります（**自己主張**）。自分の意志を言葉や態度で表現し始めたばかりで、表現方法が未熟なために、うまく伝えられずにかんしゃくを起こしたり、泣いて暴れたりすることもあり、大人からすると「わがまま」だと思えることもあるかもしれません。対応が大変なことも多い時期ですが、自己主張は「自分の考えや思いを他者に伝えたい」という自我の発達の表れです。自分の欲求や意思を強く主張するようになるこの時期のことを「**第一次反抗期**」と呼びます。それに対して、性的な成熟がきっかけとなる思春期の反抗を「**第二次反抗期**」と呼びます。

c ✕ **自己主張**は、３歳から４歳にかけて急激に上昇し、その後は停滞や後退を繰り返します。

d ✕ **自己抑制（自己統制）**は、３歳から７歳にかけてゆっくりと発達し、停滞や後退は見られません。

　子どもの自己主張と自己抑制（自己統制）の発達には、周囲の大人たちの「このように育ってほしい」といった期待が大きく影響すると考えられています。例えば、母親が自己主張と自己抑制の２つの側面のうち、どちらに重点をおいて子どもに接するかによって、子どもはそれに応じた行動をより多くとる傾向があります。日本では、自己抑制的な側面が望まれることが多いのですが、自己主張・自己抑制のどちらも、状況を見て適切に使い分けることこそが、感情のコントロールといえます。

解答 **3**

CHECK ✓
（平成29年前期）　**仲間同士の関わり**

　友だちと一緒に遊ぶようになると、子どもは、自分のやりたいことと相手がやりたいことがぶつかり合い、いざこざやトラブルを経験するようになる。子どもは他者との関係のなかで、自分の欲求をぶつけ、実現しようとする**自己主張**と、欲求を我慢しようとする**自己抑制**の両方を求められる。友だちとの関係を築くためには、この両者のバランスを調整する**自己制御**が必要になる。

CHECK ✓
（平成29年後期・地限）　**自我の発達**

　２歳頃に、「自分でやりたい」「イヤ」というような**自己主張**が始まる。これはまわりの大人からすると、わがままを言っているように受け止められるが、自分でやりたいという自我が発達した証である。
　その後、自分の思いを主張するだけでなく、集団の中で相手にあわせて自分の気持ちを抑える**自己抑制**が伸びていく。このような力には、相手の気持ちを推測し、理解して、自分の気持ちを調節する**情動調整**や、ルールに気づき、守ろうとする**規範意識**が関連している。

他者とのかかわり

精選過去問 ⑪

次の文は、人との関わりについての記述である。A〜Dのうち、この記述と関連する用語を○、そうでない用語を×とした場合の正しい組み合わせを一つ選びなさい。

　長期縦断研究によって、自分の乳幼児期の親との関係性の質が、自分が親になった時の子どもとの関係性の質に一定程度、影響を及ぼすことが明らかになってきた。しかしその一方で、乳幼児期に望ましい親子関係を形成することができなかったとしても、適切で継続的なキーパーソンの存在によって、その後の人生において安定的な関係性を築くこともあることが示されている。

A　インクルージョン

B　レジリエンス

C　アタッチメント（愛着）

D　ソーシャル・アクション

（組み合わせ）

	A	B	C	D
1	○	○	○	×
2	○	×	×	○
3	×	○	○	○
4	×	○	○	×
5	×	×	○	○

解答 □

解説 ⑪

A　×　**インクルージョン**とは、組織の中で人々が能力や素質に関係なく同じように関わり、組織に参加し、それぞれの技能や考え方などが認められた上で活用されている状態を指します。

インクルージョンには「含む」「包括的」という意味があり、従来の「**ダイバーシティ**」（多様性の尊重）という言葉に代わって使われています。ダイバーシティは、「さまざまな人が働くことのできる環境を整備する」という考え方ですが、インクルージョンは「個々人が自分の考えを持って組織に参加できる場をつくり、組織に貢献していると感じること」を目指した考え方です。

「障害者の権利に関する条約（障害者権利条約）」第19条では、障害者の地域社会への参加・包容（インクルージョン）の促進が定められています。

B ○ **レジリエンス（弾力性）**とは、困難な状況にあっても、柔軟に対応し、それを乗り越えていく力のことです。レジリエンスを築くためには、子ども自身の能力や気質だけでなく、環境も重要であり、介入によって促進できることが実証されています。

C ○ イギリスの小児科医で精神分析家の**ボウルビィ（Bowlby, J.）**が、子どもは不安や恐怖がある時に親しい他者に身体を近接させる（アタッチさせる）ことで、その不安、恐怖から平常の状態に戻るという特性を見出す、その行為のことを**アタッチメント**といったことから広がった概念です。当初、母親との関係が重視されていましたが、最近は保育者等とのアタッチメント（愛着）は親とは異なるメカニズムで形成され、独自の重要性があるとして指標とされるようになっています。

♪愛着のあるボールとビー玉にタッチ！
（<u>愛着</u> ― <u>ボウル</u>ビィ ― <u>アタッチ</u>メント）

D ✕ **ソーシャル・アクション**とは、社会活動法ともいわれ、社会福祉のために行政に働きかけたり、必要な社会資源を新設したりして、制度や状況の改善を図る方法を指します。**間接援助技術**（援助者が、要援護者の問題解決にあたり、要援護者本人ではなく社会環境に働きかけることによって間接的に援助を行う方法）の一つです。

解答　4

アタッチメント（愛着）についての記述

ここも出た！ CHECK✓（平成26年）

　ボウルビィ（Bowlby, J.）によれば、乳幼児は**特定の人**とアタッチメント（愛着）を形成するようになる。養育者に限らず、乳幼児に**応答的**に関わる人は**特定の人**になり得る。**特定の人**との間に形成されたアタッチメント（愛着）は、他の人との関係性の基盤となる**内的ワーキングモデル**を形成していく。

幼児期の人とのかかわりに関する記述

ここも出た！ CHECK✓（平成29年後期・地限）

　幼い子どもは、不安や恐怖を感じたときに、保育者への接近・接触によって安心感を得る。そうした経験を積み重ねると、保育者がその場にいなくても、保育者のイメージを思い浮かべて、安心するようになる。この経験がその後の人との関係性の基盤になる。
― 内的ワーキング・モデル

学童期後期から青年期にかけての発達

精選過去問 12

平成31年前期 問4　　/　　/

次の文は、児童期から青年期の移行に関する記述である。（　A　）～（　D　）にあてはまる語句を【語群】から選択した場合の適切な組み合わせを一つ選びなさい。

　児童期から青年期に移行する第二次性徴が出現する時期は（　A　）とも呼ばれる。心理的には、一般に児童期の（　B　）傾向から、（　C　）傾向への準備が始まる。その基底に親からの（　D　）があり、精神的独立に向かって歩みだすが、その不安定さと葛藤は、しばしば反抗として現れる。

【語群】

ア	潜伏期	イ	心理的離乳	ウ	自己に基準をおく
エ	仲間に基準をおく	オ	経済的自立	カ	思春期

（組み合わせ）

	A	B	C	D
1	ア	ウ	エ	イ
2	ア	エ	ウ	オ
3	カ	ウ	エ	イ
4	カ	ウ	エ	オ
5	カ	エ	ウ	イ

解答

解説 ⑫

A **カ** **思春期**

児童期（6〜12歳頃）から青年期（12〜22歳頃）に移行する**第二次性徴**が出現する時期は、**思春期**と呼ばれます。**第二次性徴**とは、男子の体毛の発生、声変わり、射精や、女子の乳房の発達、初潮など、大人の体への変化を指します。

B **エ** **仲間に基準をおく**

児童期では、次第に家族よりも同年代の**仲間**と多くの時間を過ごすようになり、例えば、学童期の中・高学年には、凝集性や結束力の高い仲間集団である**ギャング・グループ**が形成されたりします。このような集団での活動を通じて、集団でのルールを学んだり、自己意識が高まるようになるため、この時期の仲間との関係が果たす役割は、ほかの人間関係よりも重要な意味を持っています。

C **ウ** **自己に基準をおく**

青年期では、他者（特に重要な人物）に自分がどう思われているのかが関心事の一つとなり、そのために「自分は何者か」「どのように生きてゆくか」など、自分自身と向き合うようになります。また、一人でいるときの自分と、他の人といるときの自分を比べ、「どれが本当の自己か」と悩むことがあります。

この時期の仲間集団をみると、お互いの価値観を語り合い、他者との違いを認め合う**ピア・グループ**が形成されるようになります。

D **イ** **心理的離乳**

思春期になると、親から自立したい気持ちが一層強くなっていきますが、まだ経済的自立ができず、依存しなくてはならない状況のため、葛藤が生じます。このような葛藤を経て、親への依存を脱して、親から精神的に自立していく過程をアメリカの心理学者**ホリングワース**は**心理的離乳**と呼びました。

解答 **5**

CHECK✓ （平成26年）　**ギャング・グループについての記述**

・学童期の**中・高学年**に形成される**凝集性**や**結束力**の高い仲間集団である。
・**同性**同士で主に**男児**が、自発的に結成するグループである。
・仲間だけのルールや特定の表現を用いることで**一体感**をもつ。
・遊び場や遊び方、生活時間等の変化から、最近では**見られなく**なってきている傾向がある。

精選過去問⓭ 　平成30年前期 問13　／　／

次の文は、エリクソン（Erikson, E.H.）による青年期の特徴についての記述である。（　A　）〜（　D　）にあてはまる語句を【語群】から選択した場合の正しい組み合わせを一つ選びなさい。

青年期を（　A　）の時代と呼んだ。この用語は、（　B　）やある種の社会的責任に猶予が認められる期間の意味で用いられている。この期間に青年は職業生活に必要な知識や技術を獲得するだけでなく、内省力が増し、自分を見つめ、積極的に（　C　）を行い、（　D　）の確立を模索するといわれている。

【語群】

ア	社会的スキル訓練	イ	アイデンティティ	ウ	社会的役割実験
エ	心理的離乳	オ	アサーション	カ	第二次性徴
キ	モラトリアム	ク	経済的自立		

（組み合わせ）

	A	B	C	D
1	ア	エ	オ	ク
2	イ	ク	ア	エ
3	カ	エ	ウ	イ
4	キ	ク	ア	オ
5	キ	ク	ウ	イ

解答

解説⓭

**A　キ　モラトリアム　　B　ク　経済的自立　　C　ウ　社会的役割実験
D　イ　アイデンティティ**

精神分析の父といわれる**フロイト**（Freud, S.）は、心理性的発達段階説を提唱しました。それは、①**口唇期**（0〜1歳半）、②**肛門期**（1歳半〜3歳）、③**男根期（エディプス期）**（4〜5、6歳）、④**潜伏期**（6、7〜11歳）、⑤**性器期**（11、12歳以降）の5つの段階から成ります。発達心理学者の**エリクソン**は、このフロイトの段階説に、**青年期**、**成人期**、**老年期**の3つを加えた「**心理社会的発達理論（ライフサイクル論）**」を提唱しました。

エリクソンは、各段階における「**心理社会的危機**」を説明するのに、**肯定（成功）面**と**否定（失敗）面**に分けました。人は、各段階で肯定面も否定面も体験しますが、否定面を克服し肯定面を得ると、次の段階にスムーズに進むための**人間的な強さ（徳）**を獲得できるとしました。もし、克服できなかったり、危機に直面しなかったりすると、以降の発達段階に影響が現れるとしました。

心理社会的発達理論（ライフサイクル論）

期	心理社会的危機 肯定（成功）面 対 否定（失敗）面	獲得される 強さ
乳児期 0〜1歳	**基本的信頼 対 不信** 養育者との間に結ぶ愛着関係を通じて外界を信頼するようになるが、不適切な養育により不信も経験する。	希望
幼児前期 1〜3歳	**自律性 対 恥・疑惑** 心身を制御できるという感覚を持つようになるが、うまくいかないことが続いたり、批判されたりすると、恥や疑惑を感じる。	意思
幼児後期 3〜6歳	**自発性（自主性）対 罪悪感** 積極的な活動により自発性の感覚を持つが、行動がルールから外れたりすると罪悪感が生まれる。	目的
学童期 6〜12歳	**勤勉 対 劣等感** 規則の中で課題に取り組み、達成すれば勤勉性が生まれるが、失敗すると劣等感を持つ危険性がある。	自信
青年期 12〜22歳	**自我同一性 対 自我同一性拡散** 「自分とは何か」「どのように生きてゆくか」など、自分自身と向き合い、自分の将来や進路を選ぶことで、自我同一性の確立がなされるが、それができないと自分を見失い混乱する。	忠誠
成人前期 22〜35歳	**親密 対 孤独（孤立）** 自我同一性の獲得の上で、他人との親密な関係性を築くが、それがなされない場合は、社会的に孤立していく危険性がある。	愛
成人後期 35〜65歳	**生殖性（世代性）対 停滞** 職場で後輩や部下を指導したり、家庭で子どもを育てたりする立場になるが、自分のことだけに関心を持ち、社会的なものへの配慮がない場合、世界は狭まり、停滞する。	世話
老年期 65歳〜	**自我の統合（完全性）対 絶望** これまでの人生を振り返り、形成してきた自分を受容できると、社会的地位などの喪失や死に立ち向かうことができるが、それができない場合、絶望感を心に抱いてしまう。	英知

　エリクソンは、「経済的自立やある種の社会的責任に猶予（ゆうよ）が認められる期間」という意味で、青年期をモラトリアム（猶予）の時代と呼びました。青年期になると、自我同一性（アイデンティティ）の確立のためにさまざまな試行錯誤を行う（社会的役割実験）といわれています。

解 答　5

成人期以降の発達についての記述

（平成29年後期・地限）

　エリクソン（Erikson, E.H.）によると、発達段階にはそれぞれ顕在化する**心理社会的**課題がある。成人期においても危機的状況に直面するが、否定的要素の**停滞**よりも肯定的要素の**生殖性**が優位となって課題は達成される。その後、高齢期においても、否定的要素を排除するのではなく、それをも含めて**統合**していくことによって課題が達成されるが、そこに至るには大きな困難が伴う、と考えられている。

アイデンティティ・ステイタス

精選過去問 ⑭

平成28年前期 問14 　／　 　／

次の文は、アイデンティティについての記述である。（　A　）～（　D　）にあてはまる語句を【語群】から選択した場合の正しい組み合わせを一つ選びなさい。

　　アイデンティティの実証研究は、マーシア（Marcia, J.E.）によって大きく進展した。彼はエリクソン（Erikson, E.H.）の概念である（　A　）と積極的関与を用いて、4つのアイデンティティの状態を定義し、（　B　）と呼んだ。この発達を検討した縦断的研究によれば、青年期前期から後期にかけて（　C　）状態になることが多くなる一方で、成人期になってから再び（　D　）状態へと戻ることもある。

【語群】

ア	葛藤	イ	危機
ウ	ジェンダー・アイデンティティ	エ	アイデンティティ・ステイタス
オ	早期完了	カ	達成　キ モラトリアム　ク 拡散

（組み合わせ）

	A	B	C	D
1	ア	ウ	オ	キ
2	ア	ウ	カ	ク
3	ア	エ	カ	キ
4	イ	ウ	オ	ク
5	イ	エ	カ	ク

解答

解説 ⑭

A イ 危機　B エ アイデンティティ・ステイタス　C カ 達成　D ク 拡散

　アイデンティティは「**自我同一性**」とも呼ばれ、「**自分が自分らしくある感覚**」のことをいいます。自分は他の誰でもなく、自分が自分であるという真の感覚をもちあわせている人は、アイデンティティが**確立**しているといえます。反対に、自分が自分だと感じられない人は、アイデンティティが**拡散（混乱）**しているとされます。

　マーシアは実証実験によって、4つのアイデンティティの状態を定義しました。その4つの状態は「**アイデンティティ・ステイタス（自我同一性地位）**」と呼ばれ、**危機と積極的関与**の有無により、「**アイデンティティ達成**」、「**モラトリアム**」、「**早期完了（フォークロージャー）**」、「**アイデンティティ拡散**」に分けられます。

　危機とは、自分が何になりたいのか、どういう人生を生きるべきかを悩み、試行錯誤し、探索していく経験をいいます。

　積極的関与とは、「コミットメント（自己参画、自己投入）」ともいい、社会的役割の獲得や目標達成のために行動や努力を行うことです。

アイデンティティ・ステイタス（自我同一性地位）

①**アイデンティティ達成**：危機を経験し、積極的関与している

　自分の人生や価値観について本気で考え、解決に達し、それに基づいて行動や努力ができている状態。

②**モラトリアム**：危機の最中で、積極的関与している

　自分の生き方や職業など人生のいくつもの選択肢を前にして、模索し、決定のために奮闘している状態。

③**早期完了（フォークロージャー）**：危機を経験しておらず、積極的関与している

　親や権威ある人など他者の価値観を疑問も抱かずに自分のものとして受け入れ、自分の生き方や職業を選択してしまう状態。（例：親の職業を迷いなく継ぐ）自分と向き合ってはいないため、アイデンティティ達成はしておらず、その後、「本当にこれでよいのか」という危機を経験することがある。

④**アイデンティティ拡散**：積極的関与をしていない

　自分の人生について、何をしたいかわからなくなり、途方に暮れている状態。

・**危機前**（危機を経験していない）は、今まで自分について考えたことがないため、「何者かである自分」を想像することができない。（例：今まで自分と職業について考えたことがないので、職業人としての自分を想像することができない）

・**危機後**（危機を経験した）は、自分にはさまざまなことが可能であり、可能なままにしておかなければならないと安易に考えている。（例：自分にはさまざまな可能性があるので、職業をひとつに決めたくないと思っている）

<hr>

解答　**5**

出産前後の精神保健

精選過去問 ⑮

平成28年前期 問17 ／ ／

次の文は、出産前後の精神保健に関する記述である。適切な記述を○、不適切な記述を×とした場合の正しい組み合わせを一つ選びなさい。

A 妊娠後期であれば、母親がアルコールを大量に摂取しても、胎児の発達に影響はない。

B 妊娠時の強く、持続的な心理的ストレスは、胎児の発達に影響を与える可能性がある。

C 出産直後から約１週間以内に見られる気分の変調（マタニティ・ブルーズ）は、日本では約100人に１人の頻度であると報告されている。

D 産後うつ病は、乳児にとって心理・社会的発達の危険因子の一つである。

（組み合わせ）

	A	B	C	D
1	○	○	○	×
2	○	×	×	○
3	○	×	×	×
4	×	○	○	○
5	×	○	×	○

解答

A ✕ 古くから妊娠中に大量のアルコールを摂取すると、産まれてくる赤ちゃんに未熟児が生まれるリスクが高い、あるいは流産しやすくなるなどは知られていましたが、少量の飲酒でも赤ちゃんに重大な障害をおこすリスクがあることが分かっています。可能性のある障害として、**精神遅滞**、**小頭症**、**発育不全**などがあげられます。

妊娠中の飲酒によるアルコールの影響で、産まれてくる赤ちゃんに発達障害や行動障害、学習障害などが現れる疾患のことを**胎児性アルコール症候群**（FAS：Fetal Alcohol Syndrome）といいます。

B ○ 一時的なストレスであれば、すぐに胎児に悪影響を与えることはないですが、慢性的にストレスを感じていると、母親のホルモンバランスの乱れなどを通して、胎児にも悪影響をもたらす可能性があります。胎児への栄養や酸素の供給が滞ることで、胎児の健全な成長が遅れてしまうリスクは否定できません。

また、日本産科婦人科学会によると、妊娠中の過度なストレスが切迫早産や早産の原因になるといわれています。妊娠中に過度なストレスがかかることは妊婦の体だけではなく、赤ちゃんにも悪影響を与える可能性があります。

C ✕ 産後2〜3日、15〜35％の方が、情緒不安定（笑ったかと思うと次には泣いている）になったり、不眠、抑うつ気分、不安感、注意散漫、イライラ感などの精神症状を経験します。これらの症状ピークは産後の5日目頃で、10日目位までには軽快します。これが**マタニティー・ブルーズ**で、胎盤からの女性ホルモンのエストロゲンが急激に減少するなど生理的要因が強くかかわっていると考えられています。特別な医療支援よりも、温かく寄り添う等をしながら、通常は経過観察とされます。

D ○ 産後うつ病は子どもの発達にも影響が出ることが分かっています。産後うつ病によって、母子の関わりが希薄になると、子ども自身の情緒のコントロールが出来ず、協調性がなくなる傾向が見られます。その他に、知能の発達にも影響します。

解 答 5

児童虐待

精選過去問⑯

平成29年前期 問19　／　　／

次の文は、児童虐待についての記述である。適切な記述を○、不適切な記述を×とした場合の正しい組み合わせを一つ選びなさい。

A　被虐待体験は、心的外傷とはなり得ない。

B　被虐待体験は、社会・情緒的問題を生むが、脳に器質的・機能的な影響を与えない。

C　発達障害は、虐待を受ける危険因子の一つである。

D　一般に被虐待児への支援は、多機関による連携が求められる。

（組み合わせ）

	A	B	C	D
1	○	○	○	○
2	○	×	×	○
3	×	○	○	×
4	×	×	○	○
5	×	×	×	○

解答

解説⑯

A　**×**　被虐待体験は、子どもにとって強烈なショックを受ける出来事であり、命の危機さえ感じる体験といえます。当然、大きなストレスとなり心的外傷（時間が経過したあと精神障害を引き起こす原因となる心の傷。トラウマともいう）となる可能性も出てきます。それにより、**PTSD（心的外傷後ストレス障害）**の原因となることもあると医学的にも示唆されています。

B　**×**　被虐待体験は、**社会・情緒的問題**を生みますし、**脳に器質的**（原因が明らかである）・**機能的**（症状がないときは医学的所見が見られない、あるいは見えにくい）な影響を及ぼすこともあります。「健やか親子21（第二次）ホームページ」（厚生労働省）によると、脳画像の研究により、子ども時代に辛い体験をした人は、脳に様々な変化を生じていること（厳しい体罰による前頭前野（社会生活に極めて重要な脳部位）の容積の19.1％減少、言葉の暴力による聴覚野（声や音を知覚する脳部位）の変形）が報告されています。

C　**○**　発達障害と虐待が必ずしも関係しているとはいえませんが、保護者のストレスにより虐待の危険因子になることはあり得ます。

D ○ 虐待への支援は多機関および多様な職種による連携が求められます。

機関としては、児童相談所、児童家庭支援センター、保健所、保健相談、発達支援センター、福祉事務所など、保育所、学校、教育委員会、職種としては、警察、医師、心理カウンセラーなど、さまざまな社会資源が挙げられます。

	解答 **4**

 虐待が子どもの発達に与える影響について

　　虐待は子どもの心身の成長や人格形成に重大な影響を与えます。子どもの発達理解においては、子どもが安心できない環境で生活していると落ち着いて学習できず、知的な発達が十分に得られません。また、保護者が言葉かけや遊び（知的発達にとって必要なやりとり）をしないと知的発達を阻害することも分かっています。とりわけ、心理的影響としては、最も安心を与えられる存在であるはずの保護者から虐待をされると、愛着関係を形成することができず、他人との信頼関係の構築が困難となります。虐待的な環境で養育された子どもは、刺激に対して過敏になる（落ち着きのない行動をとる）こと、また、受けた心の傷（トラウマ）を適切な治療を受けないまま放置すると、将来にわたり PTSD として残る（思春期などに問題行動として現れたりする）ことが分かっています。

 **CHECK** ✓ （平成26年再試験） 虐待についての記述

・親から虐待を受けて育った場合、自分自身の子育てにおいて虐待をしてしまう**連鎖**が現れることもある。
・**虐待の連鎖**は、様々な生活体験において出会った新たな人間関係に支えられた場合には、断ち切られることもある。
・被虐待児が保育所に在所している場合、保育士はその子に対し、園生活を通して**情緒が安定**するように個別の配慮を行う。

ここも出た！ **CHECK** ✓ （平成29年後期・地限） 小児期のトラウマについての記述

・迷子になることが**心理的**に大きな傷になることもある。
・トラウマ反応のひとつに**攻撃性の亢進**がある。
・子どもに起きやすいトラウマ反応として、**退行**がある。
・成人に起こるトラウマ反応であるフラッシュバックは、**小児期**にも起こる。

 CHECK ✓ （平成26年） 子どもの心身症の特徴に関する記述

・身体疾患が**精神**の発達や**身体**の成長に影響を与える。
・**生活環境**の影響を受けやすい。

自閉症スペクトラム障害のある子ども

精選過去問⑰

平成30年神奈川 問19 ／ ／

次の文は、自閉症スペクトラム障害の特徴に関する記述である。（ A ）と（ B ）にあてはまる語句の正しい組み合わせを一つ選びなさい。

　自閉症スペクトラム障害のある子どもの、他者とのかかわりの特異性・困難性の特徴は3つのタイプに分類される。（ A ）は、人とかかわること求めず、一人でいることが多く、かかわりは要求などの最小限のものである。（ B ）は、自分からかかわることができず、他者からのはたらきかけに対しては明確な拒否を示さず、ストレスを蓄積することが多い。積極型は、他者に積極的にかかわるが、そのかかわり方が不適切でトラブルの原因になることが多い。

（組み合わせ）

	A	B
1	回避型	葛藤型
2	回避型	受動型
3	孤立型	受動型
4	孤立型	回避型
5	孤立型	拒否型

解答

解説⑰

A 孤立型　　B 受動型

　自閉症スペクトラム障害とは、発達障害の一つであり、**自閉症、アスペルガー症候群、そのほかの広汎性発達障害**が含まれます。（スペクトラムとは「連続体」という意味です。）発達障害は先天性（生まれつき）の脳機能障害で、病気とは異なりますし、もちろん親の育て方が原因でもありません。同じ障害を持っていても、個人差がとても大きいのも特徴です。

　自閉症スペクトラム障害の人には、典型的に**対人関係の障害、コミュニケーションの障害**（この2つを合わせて社会的コミュニケーションの障害と言われることもあります）、**興味や行動の偏り（こだわり）**という3つの特徴が現れます。

分類の仕方で定説はありませんが、この設問では、対人関係に関する３つのタイプについて出題されました。

①孤立型

　聴覚や視覚に過敏さがあったり、人とのかかわりを求めず、一人になりたがったり、集団から離れる傾向のあるタイプです。

②受動型

　自ら積極的に人と関わろうとはしませんが、相手が関わってきたら応じます。このタイプの子どもは、一見、従順で言うことをよく聞くように見えます。ですが、他者から言われたことを聞くばかりなので、ストレスを溜めやすいです。

③積極型

　自ら積極的に人に関わろうとしますが、コミュニケーションがちぐはぐしているというタイプです。

　なお、「保育所保育指針」第１章「総則」３「保育の計画及び評価」では、キ「障害のある子どもの保育については、一人一人の子どもの**発達過程**や**障害の状態**を把握し、適切な環境の下で、障害のある子どもが他の子どもとの生活を通して共に成長できるよう、指導計画の中に位置付けること。また、**子どもの状況**に応じた保育を実施する観点から、**家庭や関係機関と連携した支援のための計画**を**個別**に作成するなど適切な対応を図ること。」と記されています。あわせて確認しておきましょう。

	解答	3

ここも出た！ CHECK✓（平成28年後期・地限）　**親が子どもの障害を受容していく過程に関する記述**

・**段階説**とは、親が子どもの障害を受容していく過程は長期にわたり紆余曲折（うよきょくせつ）するが、いずれは障害のある子を受容するに至り、心理的に安定するという説である。
・**慢性的悲嘆説**とは、親の悲しみは一過性ではなく、子どもの成長に伴うさまざまな出来事によって繰り返されるという説である。
・**螺旋形モデル**とは、適応と落胆という障害に対する肯定と否定の両価的感情を併せ持ちながら進行していくという説である。

ここも出た！ CHECK✓（平成29年後期・地限）　**DSM−5の「反応性アタッチメント障害／反応性愛着障害」に関する記述**

・この障害の行動上の特徴は、どの大人とも相互的に最小限にしか関われず、特に苦痛時に慰めを求めることができないことである。また、**陽性**の情緒の表出が極端に少ない。
・この障害がある子どものほとんどは、**選択的**な愛着対象（アタッチメント対象）を持っていない。

子どもの遊び

精選過去問 ⓲

平成30年神奈川 問16

次の文は、子どもの遊びに関する記述である。（　A　）～（　C　）にあてはまる語句の正しい組み合わせを一つ選びなさい。

（　A　）が示した遊びの参加形態によると、子ども同士で一緒になって遊び、物のやりとりや会話をしながら各々が似たような活動をする遊びの形態は（　B　）と呼ばれる。遊びの共通の目的やイメージのために子ども同士で話し合ったり、仕事を分担したりするという遊びの形態は（　C　）といい、それぞれが役割や仕事の分担を明確にして遊ぶ形態である。

（組み合わせ）

	A	B	C
1	パーテン（Parten, M.B.）	平行遊び	協同遊び
2	パーテン（Parten, M.B.）	平行遊び	連合遊び
3	パーテン（Parten, M.B.）	連合遊び	協同遊び
4	ピアジェ（Piaget, J.）	平行遊び	連合遊び
5	ピアジェ（Piaget, J.）	連合遊び	協同遊び

解答

解説 ⓲

A　パーテン（Parten, M.B.）　　B　連合遊び　　C　協同遊び

　パーテンは、2歳から5歳頃の子どもの遊びを他者との関係性という観点から次のように分類しています。

パーテンによる子どもの遊びの分類

①ひとり遊び（2歳頃まで）	：自分ひとりで行う。
②傍観遊び（2歳半頃）	：他の子どもが遊んでいる様子を近くで見ていたり、口を出したりする。
③平行遊び（3歳頃）	：他の子どもの近くで同じ遊びをしているが、お互いにやりとりはしない。
④連合遊び（4歳頃）	：他の子どもとやり取りをしながら、一緒に同じ活動に関わる。
⑤協同遊び（5歳頃）	：仲間との共通の目的をもって、他の子どもと協力したり、役割分担をしたりしながら行う。

　ただし、①～⑤の遊びは発達の段階的な過程を示すものではないので、幼児期後半の子どもたちでも、ひとり遊びを行う姿はよく見られます。

解答　3

ダジャレで覚えよう♪

♪手を**パー**にして **10** 数える**遊び**

（<u>パー</u>　　<u>テン</u> ― <u>遊びを分類</u>）

ここも出た！ **CHECK✓** （平成28年後期・地限）　パーテン（Parten, M.B.）による子どもの遊びの分類

・他の子どもと一緒に同じ活動に関わる。　　　　　　　　　　　　　　― **連合遊び**
・自分は遊びには参加せずに、仲間が遊んでいる様子を眺めたり、口をだしたりする。
　　　　　　　　　　　　　　　　　　　　　　　　　　　　　　　　― **傍観遊び**
・他の子どものそばで同じような遊びをしているが、互いに交渉はしない。― **平行遊び**
・共通の目的をもって、他の子どもと協力したり役割を分担したりする。― **協同遊び**

ここも出た！ **CHECK✓** （平成31年神奈川）　パーテン（Parten, M.B.）による遊びの分類における「連合遊び」に関する記述

・子ども同士でやりとりや会話をしながら遊びの場を共有しているが、**似たような行動を**一緒にしている状態である。
・厳密な役割分担はされておらず、互いの遊びの**イメージがずれた**ままで、遊びが進行していることがある。

ここも出た！ **CHECK✓** （平成29年後期・地限）　子どもの運動遊び

ボールを投げる・なわとびで二重跳びをする　　　　― **操作系動作**
鬼ごっこで走って逃げる　　　　　　　　　　　　　― **移動系動作**
平均台の上を歩いて渡る・マットの上で前転する　― **平衡系動作**

子どもの理解と援助

精選過去問 ⑲

平成29年後期・地限 問11 ／ ／

次の次の【事例】を読んで、【設問】に答えなさい。

【事例】

　4歳児クラスに進級した頃のT君（男児）は思いどおりにならないと、噛んだり、物を投げたり、ひっくり返って泣き続けたりして、仲間とうまく関わることができなかった。また、活動中に保育室から出てしまうことがしばしばみられた。以下は、T君の6月以降の様子である。

6月：朝の集まりのとき、それぞれが「好きなもの」を発表しあうなかで、U君（男児）が「ボク、T君が好きー」と言った。クラス全員の前で「好き」と言われ、落ち着きなく座っていたT君は慌てて座り直し、姿勢を正して、嬉しそうにしていた。

7月：クラスで乱暴なことをしてしまった時に、そのことを友達に言われても、以前のような激しい行動や大きな混乱は少なくなってきた。

9月：おままごとの最中に、T君は誤ってGちゃん（女児）の袖口に水をかけてしまった。"しまった"というT君の表情に対して、Gちゃんは「いいよ、いいよ、すぐに乾くから」と言った。その言葉にT君は、ほっとしたような表情をみせた。そして気持ちが混乱することなく、おままごとが続いていった。

12月：ゲームで自分の思いどおりにならないと、今までは泣いて保育室から飛び出してしまっていたが、初めて保育室の入口のところで座り込んでみんなの様子を見ていた。ゲームが終わったあと、保育士がT君のところに行き、「ゲーム、楽しかったよ。でもT君がいたほうが、もっともっと楽しかったのにな！」と伝えた。

2月：発表会で『桃太郎』をすることになったが、鬼役のなり手がいなかった。T君は自分から「やる」と鬼役をかってでて、クラスの皆から「ありがとう」と言われた。この頃から、遊びの輪から飛び出していっても、保育士が誘うと自分で気持ちを切り換えて参加してくるようになった。

【設問】

　次の文のうち、適切な記述を○、不適切な記述を×とした場合の正しい組み合わせを一つ選びなさい。

A　思いもよらない友だちの言葉が、T君自身の自己の理解により好ましい影響を与えたと考えられる。

B　集団の一員としてルールを守って友だちと楽しく遊べるようにと、保育士がT君に言い聞かせたという働きかけが役立ったと考えられる。

C　皆から感謝される喜びを通して、自己概念が肯定的なものとなり、さらに情動を制御できるようになっていったと考えられる。

D　T君は他者による評価を自分自身の基準として取り入れ、行動が変化していった。またその結果、仲間からの見方も変わり、さらにT君の自己概念も変化していったと考えられる。

（組み合わせ）

	A	B	C	D
1	○	○	○	○
2	○	×	○	○
3	○	×	○	×
4	×	○	×	○
5	×	○	×	×

解答 ⬜

解説 ⓳

「保育所保育指針」第2章「保育の内容」3「3歳以上児の保育に関するねらい及び内容」イ「人間関係」（ウ）「内容の取扱い」の②「**一人一人**を生かした集団を形成しながら人と関わる力を育てていくようにすること。その際、集団の生活の中で、子どもが自己を発揮し、保育士等や他の子どもに認められる体験をし、自分のよさや特徴に気付き、自信をもって行動できるようにすること。」にあてはめて、考察すると良いでしょう。

A ○ 自己の理解とは、自分自身によって経験したことが積み重なり、自分自身によって自己を意識できるようになることによって、行動を起こす自分を理解することです。

B × 集団の一員としてルールを守って友だちと楽しく遊べるようにと、言い聞かせたという働きかけについての記述はみられません。

C ○ 自分に関する知識や特性を理解することを「**自己概念**（がいねん）」といいます。「自分はこういう人間だ。」という自分に対するイメージのことです。設問では、感謝されたことにより、自分へのイメージが肯定的なものとなった結果、情動（じょうどう）を抑えることができたと考えられます。

D ○ まわりからの評価をT君自身の基準として取り入れたことにより、まわりからの見方が変わっていったことによって、T君の「自分とはこういう人間だ。」という部分に変化がみられ、よい方向へ向かっていったと考えられます。

解答 2

51

次の【事例】を読んで、【設問】に答えなさい。

【事例】

　F君（5歳、男児）は、市内の児童精神科クリニックで、自閉スペクトラム症の診断を受けている。保育所では最近、他児をたたき、怪我をさせてしまうことがある。先日も、迎えにきた母親と一緒にいたF君は、そばにいたG君を押して泣かせてしまった。G君の母親もその場に居合わせ、保育士もそれを見ていた。F君の母親はF君の行動を見ても無関心で、G君やG君の母親に謝罪をせずに、そのまま帰宅してしまった。F君の母親は、最近、他の母親から孤立していることが多い。

【設問】

　次のうち、保育士の対応として適切なものを○、不適切なものを×とした場合の正しい組み合わせを一つ選びなさい。

A　F君の母親と個別に話をする機会を設ける。

B　F君の体にあざがないか、身なりが清潔かどうかなどを確認する。

C　F君の母親も自閉スペクトラム症だと考え、母親に精神科への受診を強く勧める。

D　G君の母親に、F君は自閉スペクトラム症なので、F君とF君の母親を許すように伝える。

（組み合わせ）

	A	B	C	D
1	○	○	○	○
2	○	○	×	×
3	○	×	○	○
4	×	×	○	○
5	×	×	×	×

解答

解説 ⑳

A ◯ F君本人やG君、G君の保護者との同席の話し合いではなく、個別にF君の母親と話す機会を設けるのは適切な対応といえます。F君の家庭での様子などを聞くことと共に、保護者としての養育態度なども見ることができます。

B ◯ F君の行動には家庭内での虐待のストレスが要因である可能性があり、母親のF君に対する無関心はある種のネグレクトが表面化したものともとれます。なんらかの可能性を視野に入れ考慮しつつ、注意を払うことが賢明です。

C ✕ F君の母親に対しては、自閉スペクトラム症との断定はできません。たとえその可能性が見え隠れしていたとしても、保育士が強く受診を勧めるのは適切な対応とはいえません。

D ✕ F君が自閉スペクトラム症であることの理解を周囲に求めることも時として必要ですが、この時点ですぐにG君の母親に許しを求めるのは早計です。まずはF君の母親との面談をし、細かく状況を把握したうえで母親どうしの人間関係も含めて、状況を整理し、多面的にとらえて対応していくことが望まれます。

> 解答 **2**

保育所における発達の援助に関する記述
（平成29年後期・地限）

保育士の援助として
・「○○したらいいよ」と、やり方を具体的に示したり、**見通し**が持てるように働きかけることは重要である。
・新しい活動に取り組む際は、**運動**や**言語**、**社会性**など各領域の発達の様相に配慮することが大切である。
・「気になる行動」を通して子どもが何を訴えているのかを探り、その行動の意味を理解することが重要である。

保育士の望ましい保育姿勢
（平成27年地域限定）

・保育士は、子どもの**主体性**を重視し、自らの意思を持って能動的に関わるように配慮する。
・保育士は、各時期の発達過程の特徴、発達の**順序性や方向性**、発達の相互連関を理解することが大切である。
・保育士は、仲間関係をつなぎ、**子ども相互の関係**を大切にして、集団での活動を豊かにする。
・保育士は、課題達成を確実にするために、発達支援の一つとして**スモールステップに分ける**こともある。

精選過去問 ㉑

次の文は、「保育所保育指針」第2章「保育の内容」3「3歳以上児の保育に関するねらい及び内容」のイ「人間関係」の一部である。A～Eの文のうち、正しいものを〇、誤ったものを×とした場合の正しい組み合わせを一つ選びなさい。

A いろいろな遊びを楽しみながら物事をやり遂げようとする気持ちをもつ。

B 周囲の子ども等への興味や関心が高まり、関わりをもとうとする。

C 自分の思ったことを相手に伝え、相手の思っていることに気付く。

D 保育所の生活の仕方に慣れ、きまりがあることや、その大切さに気付く。

E 友達と楽しく活動する中で、共通の目的を見いだし、工夫したり、協力したりなどする。

（組み合わせ）

	A	B	C	D	E
1	〇	〇	〇	〇	×
2	〇	〇	×	〇	〇
3	〇	×	〇	×	〇
4	×	〇	〇	×	〇
5	×	×	×	〇	×

解答

解説 ㉑

A 〇　B ×　C 〇　D ×　E 〇

「保育所保育指針」第2章「保育の内容」3「3歳以上児の保育に関するねらい及び内容」（2）「ねらい及び内容」のイ「人間関係」からの出題です。しかし**B**と**D**は、2「1歳以上3歳未満児の保育に関わるねらい及び内容」（2）「ねらい及び内容」のイ「人間関係」の一部です。

「保育所保育指針」第2章「保育の内容」2「1歳以上3歳未満児の保育に関わるねらい及び内容」（2）「ねらい及び内容」イ「人間関係」

他の人々と親しみ、支え合って生活するために、**自立心**を育て、**人と関わる力**を養う。

（ア）ねらい

① 保育所での生活を楽しみ、**身近な人**と関わる心地よさを感じる。

② <u>B 周囲の子ども等への興味や関心が高まり、関わりをもとうとする。</u>

③ 保育所の生活の仕方に慣れ、**きまり**の大切さに気付く。

（イ）内容

① 保育士等や周囲の子ども等との**安定した関係**の中で、共に過ごす心地よさを感じる。

② 保育士等の**受容的・応答的**な関わりの中で、**欲求**を適切に満たし、**安定感**をもって過ごす。

③　身の回りに様々な人がいることに気付き、徐々に他の子どもと関わりをもって遊ぶ。

④　**保育士等**の仲立ちにより、他の子どもとの関わり方を少しずつ身につける。

⑤ _D保育所の生活の仕方に慣れ、**きまり**があることや、その大切さに気付く。

⑥　生活や遊びの中で、**年長児**や**保育士等**の真似をしたり、**ごっこ遊び**を楽しんだりする。

（後略）

「保育所保育指針」第２章「保育の内容」３「３歳以上児の保育に関するねらい及び内容」
（2）「ねらい及び内容」イ「人間関係」

他の人々と親しみ、支え合って生活するために、自立心を育て、人と関わる力を養う。

（ア）ねらい

①　保育所の生活を楽しみ、**自分の力**で行動することの充実感を味わう。

②　**身近な人**と親しみ、関わりを深め、**工夫**したり、**協力**したりして一緒に活動する楽しさを味わい、**愛情**や**信頼感**をもつ。

③　**社会生活**における望ましい習慣や態度を身に付ける。

（イ）内容

①　保育士等や友達と共に過ごすことの喜びを味わう。

②　自分で考え、自分で行動する。

③　自分でできることは自分でする。

④ _Aいろいろな遊びを楽しみながら**物事をやり遂げよう**とする気持ちをもつ。

⑤　友達と積極的に関わりながら喜びや悲しみを**共感し合う**。

⑥ _C自分の**思ったこと**を相手に伝え、相手の**思っていること**に気付く。

⑦　**友達のよさ**に気付き、一緒に活動する楽しさを味わう。

⑧ _E友達と楽しく活動する中で、**共通の目的**を見いだし、**工夫**したり、**協力**したりなどする。

⑨　**よいこと**や**悪いこと**があることに気付き、考えながら行動する。

⑩　友達との関わりを深め、**思いやり**をもつ。

⑪　友達と楽しく生活する中で**きまり**の大切さに気付き、守ろうとする。

⑫　**共同の遊具**や用具を大切にし、皆で使う。

⑬　**高齢者**をはじめ地域の人々などの自分の生活に関係の深いいろいろな人に親しみをもつ。

（後略）

※下線部分が出題された箇所です。

解答　3

子育て支援

精選過去問 ㉒

平成30年後期・地限 問6

／　　　／

次の文は、「保育所保育指針」（厚生労働省告示第117号平成29年3月31日）第4章「子育て支援」の（1）「保護者との相互理解」の一部である。（　A　）～（　E　）にあてはまる語句を【語群】から選択した場合の正しい組み合わせを一つ選びなさい。

・（　A　）を活用し子どもの日々の様子の（　B　）、保育所保育の（　C　）などを通じて、保護者との相互理解を図るよう努めること。

・保育の活動に対する（　D　）は、保護者の子育てを（　E　）に寄与することから、これを促すこと。

【語群】

ア　意図の説明	イ　行事や特別な催しなどの機会
ウ　積み重ねと発達過程	エ　伝達や収集
オ　日常の保育に関連した様々な機会	カ　子ども理解
キ　個別に配慮した実践	ク　特性を生かした支援
ケ　保護者の積極的な参加	コ　自ら実践する力の向上

（組み合わせ）

	A	B	C	D	E
1	イ	ウ	ア	ケ	キ
2	イ	ウ	ク	カ	キ
3	イ	エ	ア	ケ	コ
4	オ	ウ	ク	カ	キ
5	オ	エ	ア	ケ	コ

解答

解説 ㉒

A　オ　日常の保育に関連した様々な機会　B　エ　伝達や収集　C　ア　意図の説明

D　ケ　保護者の積極的な参加　E　コ　自ら実践する力の向上

　連絡帳、保護者へのお便り、送迎時の対話、保育参観や保育への参加、親子遠足や運動会などの行事、入園前の見学、個人面談、家庭訪問、保護者会などの機会を活用し、家庭と保育所が互いに理解し合い、その関係を深めることは、子どもの家庭での生活と保育所生活の**連続性**を確保し、育ちを支えるために欠かせないことです。

　なお、「児童福祉施設の設備及び運営に関する基準」第36条では、「**保育所の長**は、常に入所している乳幼児の保護者と**密接な連絡**をとり、保育の内容等につき、その保護者の理解及び協力を得るよう努めなければならない」と定めています。

また、保育の活動に対する**保護者の積極的な参加**については、例えば、保護者が遊びに参加することで、子どもの遊びの世界や言動の意味を理解したり、保育士等の子どもに対してきめ細かに関わる様子を見て、接し方への気付きを得たり、ほかの子どもと関わることで、子どもの発達について見通しを持つことができたりします。ただし、保護者はいつでも容易に時間をつくったりすることができるわけではないので、活動内容を工夫したり、時間や日程に幅をもたせたりするなどの配慮が必要となります。

「保育所保育指針」第4章「子育て支援」
2「保育所を利用している保護者に対する子育て支援」

（1）保護者との相互理解
　ア　<u>日常の保育に関連した様々な機会を活用し子どもの日々の様子の**伝達や収集**、保育所保育の**意図の説明**などを通じて、保護者との相互理解を図るよう努めること。</u>
　イ　保育の活動に対する**保護者の積極的な参加**は、保護者の子育てを<u>**自ら実践する力の**向上に寄与することから、これを促すこと。</u>
（2）保護者の状況に配慮した個別の支援
　ア　保護者の**就労**と**子育て**の両立等を支援するため、保護者の多様化した保育の需要に応じ、**病児保育事業**など多様な事業を実施する場合には、保護者の状況に配慮するとともに、**子どもの福祉**が尊重されるよう努め、子どもの**生活の連続性**を考慮すること。
　イ　子どもに**障害や発達上の課題**が見られる場合には、**市町村や関係機関**と連携及び協力を図りつつ、保護者に対する**個別の支援**を行うよう努めること。
　ウ　**外国籍家庭**など、特別な配慮を必要とする家庭の場合には、状況等に応じて個別の支援を行うよう努めること。
（3）不適切な養育等が疑われる家庭への支援
　ア　保護者に**育児不安**等が見られる場合には、保護者の希望に応じて**個別の支援**を行うよう努めること。
　イ　保護者に**不適切な養育**等が疑われる場合には、**市町村や関係機関**と連携し、**要保護児童対策地域協議会**で検討するなど適切な対応を図ること。また、**虐待**が疑われる場合には、速やかに**市町村又は児童相談所**に通告し、適切な対応を図ること。

※下線部分が出題された箇所です。

	解答　5

  保育士の定義（「児童福祉法」第18条の4）

　この法律で、保育士とは、第18条の18第1項の登録を受け、保育士の**名称**を用いて、専門的知識及び技術をもつて、児童の**保育**及び児童の保護者に対する保育に関する**指導**を行うことを業とする者をいう。

保育所保育指針

精選過去問 ❶ 　　平成30年後期・地限 問2 　／　／

次の文は、「保育所保育指針」（厚生労働省告示第117号平成29年3月31日）に関する記述である。適切な記述を○、不適切な記述を×とした場合の正しい組み合わせを一つ選びなさい。

A　第1章「総則」には、「養護に関する基本的事項」が記載されている。

B　第1章「総則」には、「幼児期の終わりまでに育ってほしい姿」が記載されている。

C　第2章「保育の内容」には、就学前の子どもの発達段階が8区分で記載されている。

D　第3章「健康及び安全」には、「食育の推進」が記載されている。

E　第4章「子育て支援」には、「保育所を利用している保護者に対する子育て支援」の項目として3項目記載されており、それらは「保護者との相互理解」、「保護者の状況に配慮した個別の支援」、「不適切な養育等が疑われる家庭への支援」である。

（組み合わせ）

	A	B	C	D	E
1	○	○	○	×	×
2	○	○	×	○	○
3	○	×	×	○	○
4	×	○	×	○	×
5	×	×	○	×	○

解答

解説 ①

「保育所保育指針」の章立ては以下のようになっています。

第1章「総則」
第2章「保育の内容」
第3章「健康及び安全」
第4章「子育て支援」
第5章「職員の資質向上」

A ○ 「養護に関する基本的事項」は、第1章「総則」の第2節に示されています。保育所保育においては、養護と教育を一体的に行うことが重要です。とりわけ、乳幼児期においては、養護があってはじめて保育は成り立つのです。「養護」に関しては過去にも多く出題されています。第2節冒頭の「養護の理念」は頭に入れておきましょう。

第1章「総則」2「養護に関する基本事項」(1)「養護の理念」

> 保育における養護とは、**子どもの生命の保持及び情緒の安定を図るために**保育士等が行う援助や関わりであり、保育所における保育は、**養護及び教育を一体的に行う**ことをその特性とするものである。保育所における保育全体を通じて、養護に関するねらいおよび内容を踏まえた保育が展開されなければならない。

B ○ 「幼児期の終わりまでに育ってほしい姿」(10の姿)は第1章「総則」4「幼児教育を行う施設として共有すべき事項」(2)に示されています。以下の10項目は暗記しておきましょう。
　①健康な心と体　②自立心　③協同性
　④道徳性・規範意識の芽生え　⑤社会生活との関わり
　⑥思考力の芽生え　⑦自然との関わり・生命尊重
　⑧数量や図形、標識や文字などへの関心・感覚　⑨言葉による伝えあい
　⑩豊かな感性と表現

C ✕ 発達段階の区分は、改定前の「保育所保育指針」では8区分で記載されていましたが、現在の「保育所保育指針」では、「**乳児**」、「**1歳以上～3歳未満児**」、「**3歳以上児**」の**3区分**になっています。

D ○ 第3章「健康及び安全」2「食育の推進」は、「保育所の特性を生かした食育」と、「食育の環境の整備等」の2節からなります。

E ○ 第4章「子育て支援」では、「保育所を利用している保護者に対する子育て支援」と「地域の保護者等に対する子育て支援」に項目を分けて記載されています。設問は、「保育所を利用している保護者に対する子育て支援」からの出題です。この設問の3項目「**保護者との相互理解**」、「**保護者の状況に配慮した個別の支援**」、「**不適切な養育等が疑われる家庭への支援**」は丁寧に確認しておきましょう。

解答　2

精選過去問 ❷

次の文は、「保育所保育指針」第1章「総則」の1「保育所保育に関する基本原則」の（1）「保育所の役割」に関する記述である。適切な記述を○、不適切な記述を×とした場合の正しい組み合わせを一つ選びなさい。

A 保育所は、保育を必要とする子どもの保育を通して、子どもの身体の発達を図ることを目標とした児童自立支援施設である。

B 保育所は、入所する子どもの保護者に対する支援や地域の子育て家庭に対する支援を行う役割を担っている。

C 保育所の保育士は、子どもの保育を行うとともに、子どもの保護者に対する保育に関する指導を行う役割がある。

（組み合わせ）

	A	B	C
1	○	○	○
2	○	○	×
3	×	○	○
4	×	×	○
5	×	×	×

解答 ☐

解 説 ❷

A × 保育所は、「児童福祉法」第**39**条の規定に基づき、**保育を必要とする**子どもの保育を行い、その健全な心身の発達を図ることを目的とする**児童福祉施設**です。

「児童福祉法」第39条では、「保育所は、**保育を必要とする乳児・幼児**を日々保護者の下から通わせて保育を行うことを目的とする施設（利用定員が20人以上であるものに限り、幼保連携型認定こども園を除く。）とする。」と規定されています。

なお、**児童自立支援施設**は、「児童福祉法」第44条において「**不良行為**をなし、又はなすおそれのある児童及び家庭環境その他の環境上の理由により**生活指導**等を要する児童を**入所**させ、又は**保護者の下から通わせて**、個々の児童の状況に応じて必要な指導を行い、その自立を支援し、あわせて退所した者について相談その他の援助を行うことを目的とする施設とする。」と規定されています。

B　○　（1）「保育所の役割」のウの内容です。保育所の役割には、入所する子どもの保育だけでなく、入所する子ども**保護者**に対する支援や地域の**子育て家庭**に対する支援等も含まれます。

C　○　（1）「保育所の役割」のエの内容です。
また、「児童福祉法」第18条の4では、「保育士とは、第18条の18第1項の**登録**を受け、**保育士の名称**を用いて、専門的知識及び技術をもつて、児童の**保育**及び児童の**保護者**に対する保育に関する**指導**を行うことを業とする者をいう。」と規定されています。

「保育所保育指針」第1章「総則」 1「保育所保育に関する基本原則」
（1）「保育所の役割」

> ア　保育所は、児童福祉法（昭和22年法律第164号）第**39**条の規定に基づき、<u>A　**保育を必要とする**子どもの保育を行い、その健全な心身の発達を図ることを目的とする児童福祉施設</u>であり、入所する子どもの**最善の利益**を考慮し、その**福祉**を積極的に増進することに最もふさわしい**生活**の場でなければならない。
>
> イ　保育所は、その目的を達成するために、保育に関する**専門性**を有する職員が、**家庭**との**緊密な連携**の下に、子どもの状況や**発達過程**を踏まえ、保育所における環境を通して、**養護及び教育を一体的**に行うことを特性としている。
>
> ウ　保育所は、入所する子どもを保育するとともに、家庭や地域の様々な**社会資源**との連携を図りながら、<u>B　入所する子どもの**保護者**に対する支援及び地域の**子育て家庭**に対する支援</u>等を行う役割を担うものである。
>
> エ　保育所における保育士は、児童福祉法第18条の4の規定を踏まえ、保育所の役割及び機能が適切に発揮されるように、**倫理観**に裏付けられた**専門的知識**、**技術及び判断**をもって、<u>C　子どもを保育するとともに、子どもの**保護者**に対する保育に関する**指導**を行う</u>ものであり、その職責を遂行するための専門性の向上に絶えず努めなければならない。

※下線部分が出題された箇所です。

解 答　**3**

精選過去問 ❸

次の表は、「保育所保育指針」第1章「総則」の2「養護に関する基本的事項」(2)「養護に関わるねらい及び内容」の一部である。(A)～(E)にあてはまる語句を【語群】から選択した場合の正しい組み合わせを一つ選びなさい。

表

	生命の保持	情緒の安定
ねらい	・一人一人の子どもが、健康で(A)に過ごせるようにする。 ・一人一人の子どもの(B)が、積極的に図られるようにする。	・一人一人の子どもが、(C)をもって過ごせるようにする。 ・一人一人の子どもが、周囲から(D)として受け止められ、(D)として育ち、自分を(E)する気持ちが育まれていくようにする。

【語群】

ア 健康増進	イ 安心感	ウ 主体	エ 肯定	オ 活発
カ 人	キ 安全	ク 成長発達	ケ 安定感	コ 受容

（組み合わせ）

	A	B	C	D	E
1	オ	ア	イ	ウ	コ
2	オ	ク	ケ	カ	コ
3	キ	ア	イ	カ	エ
4	キ	ア	ケ	ウ	エ
5	キ	ク	イ	ウ	エ

解答

解説 ❸

A キ 安全　B ア 健康増進　C ケ 安定感　D ウ 主体　E エ 肯定

「保育所保育指針」第1章「総則」2「養護に関する基本的事項」(2)「養護に関わるねらい及び内容」のア「**生命の保持**」とイ「**情緒の安定**」からの出題です。それぞれの「ねらい」について問われました。

「保育所保育指針」第1章「総則」2「養護に関する基本的事項」

（1）養護の理念

　保育における養護とは、子どもの**生命の保持**及び**情緒の安定**を図るために保育士等が行う援助や関わりであり、保育所における保育は、**養護及び教育を一体的**に行うことをその特性とするものである。保育所における**保育全体**を通じて、養護に関するねらい及び内容を踏まえた保育が展開されなければならない。

（２）養護に関わるねらい及び内容

ア　生命の保持

　（ア）ねらい

　　①　一人一人の子どもが、快適に生活できるようにする。

　　②　一人一人の子どもが、**健康**で**安全**に過ごせるようにする。

　　③　一人一人の子どもの**生理的欲求**が、十分に満たされるようにする。

　　④　一人一人の子どもの健康増進が、積極的に図られるようにする。

　（イ）内容

　　①　一人一人の子どもの平常の健康状態や発育及び発達状態を的確に把握し、異常を感じる場合は、速やかに適切に対応する。

　　②　**家庭**との連携を密にし、**嘱託医等**との連携を図りながら、子どもの疾病（しっぺい）や事故防止に関する認識を深め、**保健的**で**安全**な保育環境の維持及び向上に努める。

　　③　清潔で安全な環境を整え、適切な援助や**応答的**な関わりを通して子どもの生理的欲求を満たしていく。また、**家庭**と協力しながら、子どもの**発達過程等**に応じた適切な**生活のリズム**がつくられていくようにする。

　　④　子どもの**発達過程等**に応じて、適度な**運動**と**休息**を取ることができるようにする。また、食事、排泄（はいせつ）、衣類の着脱、身の回りを清潔にすることなどについて、子どもが**意欲的**に生活できるよう適切に援助する。

イ　情緒の安定

　（ア）ねらい

　　①　一人一人の子どもが、**安定感**をもって過ごせるようにする。

　　②　一人一人の子どもが、**自分の気持ち**を安心して表すことができるようにする。

　　③　一人一人の子どもが、周囲から**主体**として受け止められ、**主体**として育ち、自分を**肯定**する気持ちが育まれていくようにする。

　　④　一人一人の子どもが**くつろいで**共に過ごし、**心身の疲れ**が癒されるようにする。

　（イ）内容

　　①　一人一人の子どもの置かれている状態や**発達過程**などを的確に把握し、子どもの欲求を適切に満たしながら、**応答的**な触れ合いや言葉がけを行う。

　　②　一人一人の子どもの気持ちを**受容**し、**共感**しながら、子どもとの**継続的**な信頼関係を築いていく。

　　③　保育士等との**信頼関係**を基盤に、一人一人の子どもが**主体的**に活動し、**自発性**や**探索意欲**（たんさく）などを高めるとともに、自分への自信をもつことができるよう成長の過程を見守り、適切に働きかける。

　　④　一人一人の子どもの**生活のリズム**、**発達過程**、**保育時間**などに応じて、活動内容のバランスや調和を図りながら、適切な**食事**や**休息**が取れるようにする。

※下線部分が出題された箇所です。

解答　4

精選過去問❹　令和元年後期・地限　問3　／　／

次の文は、「保育所保育指針」第1章「総則」の3「保育の計画及び評価」の（1）「全体的な計画の作成」、（2）「指導計画の作成」に関する記述である。適切な記述を〇、不適切な記述を×とした場合の正しい組み合わせを一つ選びなさい。

A　保育所は、全体的な計画に基づき、長期的な指導計画と短期的な指導計画を作成しなければならない。

B　指導計画の作成にあたっては、一人一人の子どもの興味・欲求に即し主体性を尊重するため、3歳以上児は個別的な計画を作成することが必要である。

C　3歳以上児の指導計画作成にあたっては、「幼児期の終わりまでに育ってほしい姿」を到達目標として、就学前の時期にそれらが身に付くよう計画し、評価・改善することが必要である。

D　全体的な計画は施設長が単独で作成し、それに基づいて担当保育士が具体的な指導計画を作成するというように、分担して計画を作成しなければならない。

（組み合わせ）

	A	B	C	D
1	〇	〇	〇	×
2	〇	×	〇	〇
3	〇	×	×	×
4	×	〇	〇	〇
5	×	〇	×	〇

解答	

解説❹

A　〇　（2）「指導計画の作成」のアの内容です。

B　×　（2）「指導計画の作成」のイの（イ）では、「3歳以上児については、**個**の成長と、子ども相互の関係や**協同的な**活動が促されるよう配慮すること。」と示されています。なお、（ア）によると、「個別的な計画を作成すること」とされているのは**3歳未満**児についてです。

C　×　「保育所保育指針解説」（平成30年2月）では、「「幼児期の終わりまでに育ってほしい姿」は、それぞれを個別に、また就学前の時期に身に付けるというものではなく、それまでの環境を通して行われる保育の中で、様々な経験を重ねることにより、保育所保育において育みたい**資質・能力**が育まれている子どもの具体的な姿である。」と記されています。

D　×　「保育所保育指針解説」（平成30年2月）では、「全体的な計画は**施設長**の責任の下に作成されるものであるが、**全職員**が参画し、共通理解と協力体制の下に創意工夫して作成することが重要である。」と記されています。

「保育所保育指針」第1章「総則」3「保育の計画及び評価」

（1）全体的な計画の作成
　ア　保育所は、1の（2）に示した保育の目標を達成するために、各保育所の保育の方針や目標に基づき、子どもの発達過程を踏まえて、保育の内容が**組織的・計画的**に構成され、保育所の**生活の全体**を通して、**総合的**に展開されるよう、全体的な計画を作成しなければならない。

イ　全体的な計画は、子どもや家庭の状況、地域の実態、保育時間などを考慮し、子どもの育ちに関する**長期的見通し**をもって適切に作成されなければならない。

ウ　_D全体的な計画は、保育所保育の**全体像**を**包括的**に示すものとし、これに基づく**指導計画**、**保健計画**、**食育計画**等を通じて、各保育所が創意工夫して保育できるよう、作成されなければならない。

（２）指導計画の作成

ア　_A保育所は、**全体的**な計画に基づき、具体的な保育が適切に展開されるよう、子どもの生活や発達を見通した**長期的**な指導計画と、それに関連しながら、より具体的な子どもの日々の生活に即した**短期的**な指導計画を作成しなければならない。

イ　指導計画の作成に当たっては、第２章及びその他の関連する章に示された事項のほか、子ども一人一人の**発達過程**や状況を十分に踏まえるとともに、次の事項に留意しなければならない。

（ア）３歳未満児については、一人一人の子どもの**生育歴**、心身の発達、活動の実態等に即して、**個別的**な計画を作成すること。

（イ）_{B・C}３歳以上児については、**個**の成長と、子ども相互の関係や**協同的な**活動が促されるよう配慮すること。

（ウ）異年齢で構成される組やグループでの保育においては、一人一人の子どもの生活や**経験**、**発達過程**などを把握し、適切な援助や環境構成ができるよう配慮すること。

ウ　指導計画においては、保育所の生活における子どもの**発達過程**を見通し、**生活の連続性**、**季節の変化**などを考慮し、子どもの実態に即した具体的なねらい及び内容を設定すること。また、具体的なねらいが達成されるよう、子どもの生活する姿や発想を大切にして適切な環境を構成し、子どもが**主体的**に活動できるようにすること。

エ　一日の**生活のリズム**や**在園時間**が異なる子どもが共に過ごすことを踏まえ、**活動と休息**、**緊張感**と**解放感**等の調和を図るよう配慮すること。

オ　午睡は生活のリズムを構成する重要な要素であり、安心して眠ることのできる安全な睡眠環境を確保するとともに、**在園時間**が異なることや、睡眠時間は子どもの**発達の状況**や**個人**によって差があることから、**一律**とならないよう配慮すること。

カ　長時間にわたる保育については、子どもの**発達過程**、**生活のリズム**及び心身の状態に十分配慮して、保育の内容や方法、職員の協力体制、**家庭との連携**などを指導計画に位置付けること。

キ　障害のある子どもの保育については、一人一人の子どもの**発達過程**や**障害**の状態を把握し、適切な環境の下で、障害のある子どもが**他の子ども**との生活を通して共に成長できるよう、指導計画の中に位置付けること。また、子どもの状況に応じた保育を実施する観点から、**家庭**や**関係機関**と連携した支援のための計画を**個別**に作成するなど適切な対応を図ること。

（後略）

※下線部分が出題された箇所です。

解答　3

精選過去問 ❺

平成31年神奈川 問8 ／ ／

次の文は、「保育所保育指針」第2章「保育の内容」の1「乳児保育に関わるねらい及び内容」の一部である。（　A　）〜（　D　）にあてはまる語句の正しい組み合わせを一つ選びなさい。

・心と体の健康は、相互に密接な関連があるものであることを踏まえ、温かい触れ合いの中で、心と体の発達を促すこと。特に、寝返り、お座り、（　A　）、つかまり立ち、伝い歩きなど、発育に応じて、（　B　）の中で体を動かす機会を十分に確保し、自ら体を動かそうとする意欲が育つようにすること。

・保育士等との（　C　）に支えられて生活を確立していくことが人と関わる基盤となることを考慮して、子どもの多様な感情を受け止め、温かく受容的・（　D　）に関わり、一人一人に応じた適切な援助を行うようにすること。

（組み合わせ）

	A	B	C	D
1	はいはい	保育室	協力関係	連続的
2	はいはい	遊び	信頼関係	応答的
3	指さし	遊び	信頼関係	連続的
4	指さし	遊び	協力関係	連続的
5	指さし	保育室	信頼関係	応答的

解答　

解 説 ❺

A　はいはい　　B　遊び　　C　信頼関係　　D　応答的

「保育所保育指針」第2章「保育の内容」1「乳児保育に関わるねらい及び内容」のア「健やかに伸び伸びと育つ」とイ「身近な人と気持ちが通じ合う」の（ウ）「内容の取扱い」からの出題です。

「乳児保育に関わるねらい及び内容」では、この時期の発達の特徴を踏まえ、**身体的発達に関する視点「健やかに伸び伸びと育つ」**、**社会的発達に関する視点「身近な人と気持ちが通じ合う」**及び**精神的発達に関する視点「身近なものと関わり感性が育つ」**の3つの視点で、「ねらい」、「内容」、「内容の取扱い」が示されています。

ここでは、それぞれの「内容の取扱い」を確認しましょう。

「保育所保育指針」第2章「保育の内容」1「乳児保育に関わるねらい及び内容」
（2）「ねらい及び内容」

ア 「健やかに伸び伸びと育つ」（ウ）「内容の取扱い」

上記の取扱いに当たっては、次の事項に留意する必要がある。

① 心と体の健康は、相互に密接な関連があるものであることを踏まえ、温かい触れ合いの中で、心と体の発達を促すこと。特に、寝返り、お座り、**はいはい**、つかまり立ち、伝い歩きなど、発育に応じて、**遊び**の中で体を動かす機会を十分に確保し、自ら体を動かそうとする意欲が育つようにすること。

② 健康な心と体を育てるためには望ましい**食習慣**の形成が重要であることを踏まえ、離乳食が完了期へと徐々に移行する中で、**様々な食品**に慣れるようにするとともに、**和やかな**雰囲気の中で食べる喜びや楽しさを味わい、進んで食べようとする気持ちが育つようにすること。なお、**食物アレルギー**のある子どもへの対応については、**嘱託医等**の指示や協力の下に適切に対応すること。

イ 「身近な人と気持ちが通じ合う」（ウ）「内容の取扱い」

上記の取扱いに当たっては、次の事項に留意する必要がある。

① 保育士等との**信頼関係**に支えられて生活を確立していくことが人と関わる基盤となることを考慮して、子どもの多様な感情を受け止め、温かく受容的・**応答的**に関わり、一人一人に応じた適切な援助を行うようにすること。

② 身近な人に**親しみ**をもって接し、**自分の感情**などを表し、それに相手が**応答**する言葉を聞くことを通して、次第に言葉が獲得されていくことを考慮して、楽しい雰囲気の中での**保育士等**との関わり合いを大切にし、ゆっくりと優しく話しかけるなど、積極的に言葉のやり取りを楽しむことができるようにすること。

ウ 「身近なものと関わり感性が育つ」（ウ）「内容の取扱い」

上記の取扱いに当たっては、次の事項に留意する必要がある。

① 玩具などは、**音質**、**形**、**色**、**大きさ**など子どもの**発達状態**に応じて適切なものを選び、その時々の子どもの興味や関心を踏まえるなど、遊びを通して感覚の発達が促されるものとなるように工夫すること。なお、**安全な環境**の下で、子どもが**探索意欲**を満たして自由に遊べるよう、身の回りのものについては、常に**十分な点検**を行うこと。

② 乳児期においては、**表情**、**発声**、**体の動き**などで、感情を表現することが多いことから、これらの表現しようとする意欲を積極的に受け止めて、子どもが様々な活動を楽しむことを通して表現が豊かになるようにすること。

※下線部分が出題された箇所です。

解答　2

精選過去問 ❻　　　平成31年神奈川 問9　　／　　　／

次の文は、「保育所保育指針」第2章「保育の内容」の2「1歳以上3歳未満児の保育に関わるねらい及び内容」（3）「保育の実施に関わる配慮事項」の一部である。（　A　）〜（　D　）にあてはまる語句の正しい組み合わせを一つ選びなさい

・（　A　）が十分できるように、事故防止に努めながら活動しやすい環境を整え、全身を使う遊びなど様々な遊びを取り入れること。

・（　B　）が形成され、子どもが自分の感情や気持ちに気付くようになる重要な時期であることに鑑み、（　C　）を図りながら、子どもの（　D　）を尊重するとともに促していくこと。

（組み合わせ）

	A	B	C	D
1	協同活動	仲間	健康の増進	身体表現活動
2	協同活動	自我	情緒の安定	自発的な活動
3	探索活動	仲間	健康の増進	身体表現活動
4	探索活動	自我	健康の増進	自発的な活動
5	探索活動	自我	情緒の安定	自発的な活動

解答　

解説 ❻

A　探索活動　　B　自我　　C　情緒の安定　　D　自発的な活動

　第2章「保育の内容」では、「乳児」、「1歳以上3歳未満児」、「3歳以上児」の保育について、「基本的事項」、「ねらい及び内容」、「保育の実施に関わる配慮事項」が示されています。ここでは、それぞれの「保育の実施に関わる配慮事項」を確認しましょう。

「保育所保育指針」第2章「保育の内容」

1　「乳児保育に関わるねらい及び内容」（3）「保育の実施に関わる配慮事項」

> ア　乳児は疾病への抵抗力が弱く、心身の機能の未熟さに伴う疾病の発生が多いことから、一人一人の**発育**及び**発達状態**や**健康状態**についての適切な判断に基づく**保健的**な対応を行うこと。
>
> イ　一人一人の子どもの**生育歴**の違いに留意しつつ、**欲求**を適切に満たし、**特定の保育士**が**応答的**に関わるように努めること。

ウ　乳児保育に関わる**職員間の連携**や**嘱託医**との連携を図り、第3章に示す事項を踏まえ、適切に対応すること。**栄養士**及び**看護師等**が配置されている場合は、その**専門性**を生かした対応を図ること。

エ　保護者との**信頼関係**を築きながら保育を進めるとともに、保護者からの相談に応じ、保護者への支援に努めていくこと。

オ　担当の保育士が替わる場合には、子どものそれまでの**生育歴**や**発達過程**に留意し、職員間で協力して対応すること。

2　「1歳以上3歳未満児の保育に関わるねらい及び内容」(3)「保育の実施に関わる配慮事項」

ア　特に**感染症**にかかりやすい時期であるので、体の状態、**機嫌**、**食欲**などの日常の状態の観察を十分に行うとともに、適切な判断に基づく**保健的**な対応を心がけること。

イ　**探索活動**が十分できるように、事故防止に努めながら活動しやすい環境を整え、全身を使う遊びなど様々な遊びを取り入れること。

ウ　**自我**が形成され、子どもが自分の感情や気持ちに気付くようになる重要な時期であることに鑑み、**情緒の安定**を図りながら、子どもの**自発的な活動**を尊重するとともに促していくこと。

エ　担当の保育士が替わる場合には、子どものそれまでの**経験**や**発達過程**に留意し、職員間で協力して対応すること。

3　「3歳以上児の保育に関するねらい及び内容」(3)「保育の実施に関わる配慮事項」

ア　第1章の4の(2)に示す「**幼児期の終わりまでに育ってほしい姿**」が、ねらい及び内容に基づく活動全体を通して資質・能力が育まれている子どもの小学校就学時の具体的な姿であることを踏まえ、指導を行う際には適宜考慮すること。

イ　子どもの発達や成長の援助をねらいとした活動の時間については、意識的に保育の計画等において位置付けて、実施することが重要であること。なお、そのような活動の時間については、**保護者の就労状況**等に応じて子どもが保育所で過ごす時間がそれぞれ異なることに留意して設定すること。

ウ　特に必要な場合には、各領域に示すねらいの趣旨に基づいて、具体的な内容を工夫し、それを加えても差し支えないが、その場合には、それが第1章の1に示す保育所保育に関する基本原則を逸脱しないよう慎重に配慮する必要があること。

※下線部分が出題された箇所です。

解答　5

精選過去問 ❼ 　　　　平成31年前期 問14 　　／　　　／

次の文は、「保育所保育指針」第2章「保育の内容」の3「3歳以上児の保育に関するねらい及び内容」の一部である。（　A　）～（　D　）にあてはまる語句の正しい組み合わせを一つ選びなさい。

　子どもが、（　A　）の中で周囲の環境と関わり、次第に周囲の世界に好奇心を抱き、その意味や操作の仕方に関心をもち、（　B　）の法則性に気付き、自分なりに考えることができるようになる（　C　）を大切にすること。また、他の子どもの（　D　）などに触れて新しい（　D　）を生み出す喜びや楽しさを味わい、自分の（　D　）をよりよいものにしようとする気持ちが育つようにすること。

（組み合わせ）

	A	B	C	D
1	生活	自然	活動	表現
2	遊び	自然	活動	考え
3	生活	自然	過程	表現
4	遊び	物事	過程	表現
5	遊び	物事	過程	考え

解答

解説 ❼

A　遊び　　B　物事　　C　過程　　D　考え

「保育所保育指針」第2章「保育の内容」3「3歳以上児の保育に関するねらい及び内容」のウ「環境」（ウ）「内容の取扱い」からの出題です。

「保育所保育指針」第2章「保育の内容」3「3歳以上児の保育に関するねらい及び内容」ウ「環境」（ウ）「内容の取扱い」

上記の取扱いに当たっては、次の事項に留意する必要がある。
① 子どもが、<u>遊び</u>の中で周囲の環境と関わり、次第に周囲の世界に好奇心を抱き、その意味や操作の仕方に関心をもち、<u>物事</u>の法則性に気付き、自分なりに考えることができるようになる<u>過程</u>を大切にすること。また、他の子どもの<u>考え</u>などに触れて新しい考えを生み出す喜びや楽しさを味わい、自分の考えをよりよいものにしようとする気持ちが育つようにすること。
② 幼児期において自然のもつ意味は大きく、自然の**大きさ**、**美しさ**、**不思議さ**などに直接触れる体験を通して、子どもの心が安らぎ、豊かな感情、**好奇心**、**思考力**、**表現力**の基礎が培われることを踏まえ、子どもが自然との関わりを深めることができるよう工夫すること。
③ **身近な事象**や**動植物**に対する感動を**伝え合い**、**共感し合う**ことなどを通して自分から関わろうとする意欲を育てるとともに、様々な関わり方を通してそれらに対する**親しみ**や**畏敬の念**、**生命を大切にする**気持ち、**公共心**、**探究心**などが養われるようにすること。
④ **文化**や**伝統**に親しむ際には、**正月**や**節句**など我が国の伝統的な**行事**、**国歌**、**唱歌**、**わらべうた**や我が国の伝統的な**遊び**に親しんだり、**異なる文化**に触れる活動に親しんだりすることを通じて、**社会とのつながり**の意識や**国際理解**の意識の芽生えなどが養われるようにすること。
⑤ **数量**や**文字**などに関しては、日常生活の中で子ども自身の**必要感**に基づく体験を大切にし、**数量**や**文字**などに関する興味や関心、**感覚**が養われるようにすること。

※下線部分が出題された箇所です。

第2章「保育の内容」の2「1歳以上3歳未満児の保育に関わるねらい及び内容」、3「3歳以上児の保育に関するねらい及び内容」においては、保育の「ねらい」、「内容」について、心身の健康に関する領域「健康」、人との関わりに関する領域「**人間関係**」、身近な環境との関わりに関する領域「**環境**」、言葉の獲得に関する領域「**言葉**」及び感性と表現に関する領域「**表現**」としてまとめ、示されています。

解答 5

精選過去問 ⑧ 　　平成31年前期 問16 ／ ／

次の文は、「保育所保育指針」第２章「保育の内容」の４「保育の実施に関して留意すべき事項」の一部である。（ A ）～（ E ）にあてはまる語句の正しい組み合わせを一つ選びなさい。

・ 子どもの（ A ）の保育に当たっては、できるだけ（ B ）に対応し、子どもが安定感を得て、次第に保育所の（ C ）になじんでいくようにするとともに、既に入所している子どもに不安や動揺を与えないようにすること。
・ 子どもの（ D ）の違いを認め、互いに尊重する心を育てるようにすること。
・ 子どもの（ E ）や個人差にも留意しつつ、性別などによる固定的な意識を植え付けることがないようにすること。

（組み合わせ）

	A	B	C	D	E
1	入所時	応答的	生活	国籍や文化	性格
2	移行期	個別的	環境	伝統や習慣	性格
3	入所時	応答的	環境	国籍や文化	性差
4	入所時	個別的	生活	国籍や文化	性差
5	移行期	応答的	環境	伝統や習慣	性格

解答 [　　]

解説 ⑧

A 入所時　　**B** 個別的　　**C** 生活　　**D** 国籍や文化　　**E** 性差

「保育所保育指針」第2章「保育の内容」4「保育の実施に関して留意すべき事項」の（1）「保育全般に関わる配慮事項」からの出題です。

「保育所保育指針」第2章「保育の内容」4「保育の実施に関して留意すべき事項」
（1）「保育全般に関わる配慮事項」

> ア　子どもの**心身の発達及び活動の実態**などの個人差を踏まえるとともに、**一人一人の子**どもの気持ちを受け止め、援助すること。
>
> イ　子どもの健康は、**生理的・身体的**な育ちとともに、**自主性や社会性**、**豊かな感性**の育ちとがあいまってもたらされることに留意すること。
>
> ウ　子どもが自ら周囲に働きかけ、**試行錯誤**しつつ自分の力で行う活動を見守りながら、適切に援助すること。
>
> エ　子どもの**入所時**の保育に当たっては、できるだけ**個別的**に対応し、子どもが安定感を得て、次第に保育所の**生活**になじんでいくようにするとともに、既に入所している子どもに不安や動揺を与えないようにすること。
>
> オ　子どもの**国籍や文化**の違いを認め、互いに尊重する心を育てるようにすること。
>
> カ　子どもの**性差**や個人差にも留意しつつ、性別などによる固定的な意識を植え付けることがないようにすること。

※下線部分が出題された箇所です。

「保育所保育指針解説（平成30年2月）」では、子どもの入所時について「保護者との連絡を密にし、子どもの**生活リズム**を把握することも大切である。子どもは、**保育士等**との関係を基盤にして、徐々に保育室の環境になじんでいくが、保育士等は、子どもが自分の居場所を見いだし、好きな遊具で遊ぶなど、環境にじっくりと関わることができるよう積極的に援助することが大切である。」とも記されています。

解答 4

  家庭及び地域社会との連携

「保育所保育指針」第2章「保育の内容」では、次のように記されています。

4　保育の実施に関して留意すべき事項
（3）家庭及び地域社会との連携
　子どもの**生活の連続性**を踏まえ、**家庭及び地域社会**と連携して保育が展開されるよう配慮すること。その際、**家庭や地域の機関及び団体**の協力を得て、地域の**自然**、**高齢者や異年齢の子ども等を含む人材**、**行事**、施設等の地域の**資源**を積極的に活用し、**豊かな生活体験**をはじめ保育内容の充実が図られるよう配慮すること。

精選過去問 ❾

平成30年後期・地限 問8　　／　　／

次の文は「保育所保育指針」（厚生労働省告示第117号平成29年3月31日）第2章「保育の内容」の4（2）「小学校との連携」の一部である。（　A　）～（　D　）にあてはまる語句を【語群】から選択した場合の正しい組み合わせを一つ選びなさい。

　保育所保育において育まれた（　A　）を踏まえ、小学校教育が円滑に行われるよう、小学校教師との意見交換や合同の（　B　）の機会などを設け、（中略）「幼児期の終わりまでに育ってほしい姿」を（　C　）するなど連携を図り、保育所保育と小学校教育との円滑な（　D　）を図るよう努めること。

【語群】

ア	資質・能力	イ	心情・意欲・態度	ウ	確認	エ	研修
オ	研究	カ	共有	キ	接続	ク	協働

（組み合わせ）

	A	B	C	D
1	ア	エ	カ	ク
2	ア	オ	カ	キ
3	イ	エ	ウ	キ
4	イ	オ	ウ	ク
5	イ	オ	カ	ク

解答

解 説 ❾

A　ア　資質・能力　　B　オ　研究　　C　カ　共有　　D　キ　接続

「保育所保育指針」第2章「保育の内容」4「保育の実施に関して留意すべき事項」（2）「小学校との連携」からの出題です。

　幼児教育に関わる法律の改正に先立ち、2017（平成29）年「小学校教育指導要領」が改定されました。この改定の中で、1年生の最初に「スタートカリキュラム」という小学校へ入学した子ども達が、幼児教育から小学校教育へと円滑に移行できるように支援するカリキュラムが義務づけられました。幼児教育と小学校の連携の強化は、「保育所保育指針」にも明記されています。

「保育所保育指針」第２章「保育の内容」４「保育の実施に関して留意すべき事項」
（２）「小学校との連携」

> ア　保育所においては、保育所保育が、**小学校以降の生活**や**学習**の基盤の育成につながる
> ことに配慮し、幼児期にふさわしい生活を通じて、**創造的な思考**や**主体的な生活態度**な
> どの基礎を培うようにすること。
> イ　保育所保育において育まれた**資質・能力**を踏まえ、小学校教育が円滑に行われるよう、
> 小学校教師との意見交換や合同の**研究**の機会などを設け、第１章の４の（２）に示す「幼
> 児期の終わりまでに育って欲しい姿」を**共有**するなど連携を図り、保育所保育と小学校
> 教育との円滑な**接続**を図るよう努めること。
> ウ　子どもに関する**情報共有**に関して、保育所に入所している子どもの就学に際し、**市町**
> **村**の支援の下に、子どもの育ちを支えるための**資料**が保育所から小学校へ送付されるよ
> うにすること。

※下線部分が出題された箇所です。

　ここで重視すべきは、精選過去問１でも述べた「幼児期の終わりまでに育ってほしい姿」
（10の姿）に加え、「保育所保育において育みたい**資質・能力**」についてです。「保育所保育指
針」第１章「総則」４「幼児教育を行う施設として共有すべき事項」の（１）「育みたい資質・
能力」についても押さえておきましょう。

「保育所保育指針」第１章「総則」４「幼児教育を行う施設として共有すべき事項」
（１）「育みたい資質・能力」

> ア　保育所においては、生涯にわたる生きる力の基礎を培うため、１の（２）に示す保育の
> 目標を踏まえ、次に掲げる資質・能力を一体的に育むよう努めるものとする。
> （ア）豊かな体験を通じて、感じたり、気付いたり、分かったり、できるようになったり
> する「**知識及び技能の基礎**」
> （イ）気付いたことや、できるようになったことなどを使い、考えたり、試したり、工夫
> したり、表現したりする「**思考力、判断力、表現力等の基礎**」
> （ウ）心情、意欲、態度が育つ中で、よりよい生活を営もうとする「**学びに向かう力、人**
> **間性等**」
> イ　アに示す資質・能力は、第２章に示すねらい及び内容に基づく保育活動全体によって
> 育むものである。

解 答　2

精選過去問❿　平成31年神奈川 問6

次の文は、「保育所保育指針」第3章「健康及び安全」の3「環境及び衛生管理並びに安全管理」の一部である。（　A　）～（　D　）にあてはまる語句の正しい組み合わせを一つ選びなさい。

・　保育中の事故防止のために、子どもの心身の状態等を踏まえつつ、施設内外の安全点検に努め、安全対策のために全職員の（　A　）や（　B　）を図るとともに、家庭や地域の関係機関の協力の下に安全指導を行うこと。

・　事故防止の取組を行う際には、特に、（　C　）、プール活動・水遊び中、（　D　）等の場面では重大事故が発生しやすいことを踏まえ、子どもの主体的な活動を大切にしつつ、施設内外の環境の配慮や指導の工夫を行うなど、必要な対策を講じること。

（組み合わせ）

	A	B	C	D
1	専門性の向上	子どもに対する安全教育	睡眠中	園行事
2	専門性の向上	体制づくり	運動中	食事中
3	共通理解	体制づくり	睡眠中	食事中
4	共通理解	子どもに対する安全教育	運動中	園行事
5	共通理解	体制づくり	睡眠中	園行事

解答

解説❿

A 共通理解　**B** 体制づくり　**C** 睡眠中　**D** 食事中

「保育所保育指針」第3章「健康及び安全」3「環境及び衛生管理並びに安全管理」の（2）「事故防止及び安全対策」からの出題です。

　保育中の事故防止のためには、子どもの**発達特性**と事故との関わりに留意した上で、マニュアル作成など、施設長のリーダーシップの下、組織的に取り組みます。そして、事故防止に向けた環境づくりには、職員間の**情報共有、実践的な研修**の実施等が不可欠です。さらに、子どもが安全な生活習慣を身に付けられるように、**保護者**や**地域の関係機関**と連携して取り組むことも重要です。

　事故防止の取組を行う際には、子どもの**年齢、場所、活動内容**に留意し、**睡眠中**、プール活動・水遊び中、**食事中**等の重大事故が発生しやすい場面では、その場面に応じた適切な対応をします。ただし、重大事故を防ぐため、子どもの活動を過度に制限することについては配慮が必要です。子どもが自分で危険を回避する力を身に付けていくことも重要なのです。

「保育所保育指針」第3章「健康及び安全」3「環境及び衛生管理並びに安全管理」

（1）環境及び衛生管理

　ア　施設の**温度**、**湿度**、**換気**、**採光**、**音**などの環境を常に適切な状態に保持するとともに、施設内外の設備及び用具等の衛生管理に努めること。

　イ　施設内外の適切な環境の維持に努めるとともに、子ども及び全職員が清潔を保つようにすること。また、職員は**衛生知識**の向上に努めること。

（2）事故防止及び安全対策

　ア　保育中の事故防止のために、子どもの心身の状態等を踏まえつつ、施設内外の安全点検に努め、安全対策のために全職員の**共通理解**や**体制づくり**を図るとともに、家庭や地域の関係機関の協力の下に安全指導を行うこと。

　イ　事故防止の取組を行う際には、特に、**睡眠中**、プール活動・水遊び中、**食事中**等の場面では重大事故が発生しやすいことを踏まえ、子どもの主体的な活動を大切にしつつ、施設内外の環境の配慮や指導の工夫を行うなど、必要な対策を講じること。

　ウ　保育中の事故の発生に備え、施設内外の危険箇所の**点検**や**訓練**を実施するとともに、外部からの不審者等の侵入防止のための措置や訓練など不測の事態に備えて必要な対応を行うこと。また、子どもの**精神保健面**における対応に留意すること。

※下線部分が出題された箇所です。

重大事故が発生しやすい場面での事故防止の取組みの例

乳児の睡眠中	・医学的な理由で医師からうつぶせ寝を勧められている場合以外は、子どもの顔が見える**仰向け**に寝かせる。 ・睡眠前には**口の中**に異物等がないかを確認し、**柔らかい**布団やぬいぐるみ等を使用しない。 ・**ヒモ**及び**ヒモ**状のものをそばに置かない。 ・**定期的**に子どもの状態を点検する。
プール活動・水遊び中	・監視体制の空白が生じないよう、専ら監視を行う者とプール指導等を行う者を分けて配置し、役割分担を明確にする。 ・監視の際に見落としがちなリスクや注意すべきポイントについて**事前教育**を十分に行う。
食事中	・子どもの食事に関する情報（咀嚼（そしゃく）や嚥下（えんげ）機能を含む発達や喫食の状況、食行動の特徴など）や当日の子どもの健康状態を把握し、誤嚥（ごえん）等による窒息のリスクとなるものを除去する。 ・食物アレルギーのある子どもについては**生活管理指導表**等に基づいて対応する。

※「保育所保育指針解説（平成30年2月）」をもとに作成

解 答	3

精選過去問⑪ 　　　平成30年後期・地限 問18　　／　　　／

次の文は「保育所保育指針」（厚生労働省告示第117号平成29年3月31日）第3章「健康及び安全」の4「災害への備え」に関する記述である。適切な記述を○、不適切な記述を×とした場合の正しい組み合わせを一つ選びなさい。

A　「災害への備え」に関する内容は「施設・設備等の安全確保」、「災害発生時の対応体制及び避難への備え」、「地域の関係機関等との連携」の全3項目で構成されている。

B　災害の発生時に、保護者等への連絡および子どもの引渡しを円滑に行うため、日頃から保護者との密接な連携に努め、連絡体制や引渡し方法等について確認をしておくこと。

C　避難訓練は、少なくとも6か月に1回定期的に実施するなど、必要な対応を図ること。

D　防火設備、避難経路等の安全性が確保されるよう、定期的にこれらの安全点検を行うこと。

E　避難訓練については、地域の関係機関や保護者との連携の下に行うなど工夫すること。

（組み合わせ）

	A	B	C	D	E
1	○	○	○	×	○
2	○	○	×	○	○
3	×	○	○	○	○
4	×	×	○	×	×
5	×	×	×	○	×

解答

解説⑪

「災害への備え」に関する箇所は、2018（平成30）年に改定された「保育所保育指針」では大幅に変更が加えられています。「保育所保育指針」は10年ごとに改定されていますが、前回の改定から10年の間に、東日本大震災をはじめ洪水や震災などの甚大な自然災害が日本各地を襲うようになったことを踏まえ、より具体的な内容になっています。

A　○　「災害への備え」に関する内容は、設問にある3項目で構成されており、いずれも実務において重要なものになります。

B　○　緊急時にすぐに対応できるように、日頃から**保護者とのコミュニケーション**をとり、**引渡し方法**や**連絡方法**についてのシミュレーションをしておくことが大切です。

C　×　「保育所保育指針」では、**定期的**に実施することとありますが「6か月に1回」という記述はありません。
「児童福祉施設の設備及び運営に関する基準（昭和23年12月29日厚生労働省令第63号）」においては、「避難・消火訓練は、少なくとも**毎月1回**は、これを行わなければならない」とされています。保育施設は、各地方自治体の条例に基づき定期的に

避難及び消火に対する訓練を実施することが義務付けられています。

D　○　保育所における消防計画の作成、消防設備の設置、防火管理者の設置等は、「消防法」第8条第1項で義務付けられています。設備等の定期的な安全点検は、安全性の確保の基本です。

E　○　実際の災害時は地域との連携が重要になります。訓練も地域の方の協力を得て実施するなどの工夫が必要です。

「保育所保育指針」第3章「健康及び安全」4「災害への備え」

（1）_A施設・設備等の安全確保
　ア _D**防火設備、避難経路等**の安全性が確保されるよう、**定期的に**これらの安全点検を行うこと。
　イ　備品、遊具等の配置、保管を適切に行い、日頃から、**安全環境の整備**に努めること。
（2）_A災害発生時の対応体制及び避難への備え
　ア　火災や地震などの災害の発生に備え、**緊急時の対応の具体的内容及び手順、職員の役割分担、避難訓練計画**等に関するマニュアルを作成すること。
　イ _C**定期的に**避難訓練を実施するなど、必要な対応を図ること。
　ウ _B災害の発生時に、**保護者等への連絡及び子どもの引渡し**を円滑に行うため、日頃から**保護者との密接な連携**に努め、連絡体制や**引渡し方法**等について確認をしておくこと。
（3）_A地域の関係機関等との連携
　ア　市町村の支援の下に、地域の関係機関との**日常的な連携**を図り、必要な協力が得られるよう努めること。
　イ _E避難訓練については、**地域の関係機関**や**保護者との連携**の下に行うなど工夫すること。

※下線部分が出題された箇所です。

解答　2

精選過去問 ⑫

次の文は、「保育所保育指針」第4章「子育て支援」の2「保育所を利用している保護者に対する子育て支援」の一部である。（ A ）～（ E ）にあてはまる語句の正しい組み合わせを一つ選びなさい。

・ 保育の（ A ）に対する保護者の積極的な参加は、保護者の（ B ）を自ら実践する力の向上に寄与することから、これを促すこと。

・ 保護者の就労と子育ての両立等を支援するため、保護者の多様化した保育の需要に応じ、（ C ）事業など多様な事業を実施する場合には、保護者の状況に配慮するとともに、子どもの（ D ）が尊重されるよう努め、子どもの（ E ）を考慮すること。

（組み合わせ）

	A	B	C	D	E
1	活動	子育て	病児保育	福祉	生活の連続性
2	活動	子育て	病児保育	最善の利益	心身の状態
3	活動	教育	休日保育	最善の利益	生活の連続性
4	行事	教育	休日保育	最善の利益	心身の状態
5	行事	子育て	休日保育	福祉	生活の連続性

解答

A 活動　**B** 子育て　**C** 病児保育　**D** 福祉　**E** 生活の連続性

　「保育所保育指針」第4章「子育て支援」2「保育所を利用している保護者に対する子育て支援」の（1）「保護者との相互理解」と（2）「保護者の状況に配慮した個別の支援」からの出題です。

「保育所保育指針」第4章「子育て支援」
2「保育所を利用している保護者に対する子育て支援」

（1）保護者との相互理解
　ア　日常の保育に関連した様々な機会を活用し子どもの日々の様子の伝達や収集、保育所保育の意図の説明などを通じて、保護者との相互理解を図るよう努めること。
　イ　保育の活動に対する保護者の積極的な参加は、保護者の子育てを自ら実践する力の向上に寄与することから、これを促すこと。
（2）保護者の状況に配慮した個別の支援
　ア　保護者の就労と子育ての両立等を支援するため、保護者の多様化した保育の需要に応じ、病児保育事業など多様な事業を実施する場合には、保護者の状況に配慮するとともに、子どもの福祉が尊重されるよう努め、子どもの生活の連続性を考慮すること。
　イ　子どもに障害や発達上の課題が見られる場合には、市町村や関係機関と連携及び協力を図りつつ、保護者に対する個別の支援を行うよう努めること。
　ウ　外国籍家庭など、特別な配慮を必要とする家庭の場合には、状況等に応じて個別の支援を行うよう努めること。
（3）不適切な養育等が疑われる家庭への支援
　ア　保護者に育児不安等が見られる場合には、保護者の希望に応じて個別の支援を行うよう努めること。
　イ　保護者に不適切な養育等が疑われる場合には、市町村や関係機関と連携し、要保護児童対策地域協議会で検討するなど適切な対応を図ること。また、虐待が疑われる場合には、速やかに市町村又は児童相談所に通告し、適切な対応を図ること。

※下線部分が出題された箇所です。

解 答　**1**

精選過去問 ⑬　　平成31年前期 問17　　／　　／

次の文は、「保育所保育指針」第5章「職員の資質向上」の一部である。（　A　）〜（　E　）にあてはまる語句の正しい組み合わせを一つ選びなさい。

　保育所においては、保育の内容等に関する（　A　）等を通じて把握した、保育の質の向上に向けた課題に（　B　）対応するため、（　C　）の改善や保育士等の役割分担の見直し等に取り組むとともに、それぞれの（　D　）や職務内容等に応じて、各職員が必要な知識及び（　E　）を身につけられるよう努めなければならない。

（組み合わせ）

	A	B	C	D	E
1	自己評価	柔軟に	保育内容	能力	技能
2	研修	組織的に	保育方法	職位	技術
3	自己評価	組織的に	保育方法	職位	技術
4	研修	柔軟に	保育内容	能力	技術
5	自己評価	組織的に	保育内容	職位	技能

解答

解説 ⓭

A　自己評価　　B　組織的に　　C　保育内容　　D　職位　　E　技能

　「保育所保育指針」第5章「職員の資質向上」の1「職員の資質向上に関する基本的事項」
（2）「保育の質の向上に向けた組織的な取組」からの出題です。

「保育所保育指針」第5章「職員の資質向上」1「職員の資質向上に関する基本的事項」

（1）保育所職員に求められる専門性

　　子どもの最善の利益を考慮し、人権に配慮した保育を行うためには、職員一人一人の倫理観、人間性並びに保育所職員としての職務及び責任の理解と自覚が基盤となる。

　　各職員は、自己評価に基づく課題等を踏まえ、保育所内外の研修等を通じて、保育士・看護師・調理員・栄養士等、それぞれの職務内容に応じた専門性を高めるため、必要な知識及び技術の修得、維持及び向上に努めなければならない。

（2）保育の質の向上に向けた組織的な取組

　　保育所においては、保育の内容等に関する自己評価等を通じて把握した、保育の質の向上に向けた課題に組織的に対応するため、保育内容の改善や保育士等の役割分担の見直し等に取り組むとともに、それぞれの職位や職務内容等に応じて、各職員が必要な知識及び技能を身につけられるよう努めなければならない。

※下線部分が出題された箇所です。

　さらに、同じ章の2「施設長の責務」の内容も確認しておきましょう。

「保育所保育指針」第5章「職員の資質向上」2「施設長の責務」

（1）施設長の責務と専門性の向上

　　施設長は、保育所の役割や社会的責任を遂行するために、法令等を遵守し、保育所を取り巻く社会情勢等を踏まえ、施設長としての専門性等の向上に努め、当該保育所における保育の質及び職員の専門性向上のために必要な環境の確保に努めなければならない。

（2）職員の研修機会の確保等

　　施設長は、保育所の全体的な計画や、各職員の研修の必要性等を踏まえて、体系的・計画的な研修機会を確保するとともに、職員の勤務体制の工夫等により、職員が計画的に研修等に参加し、その専門性の向上が図られるよう努めなければならない。

解　答　5

精選過去問⑭   平成30年神奈川 問11   ／   ／

次の文は、「保育所保育指針」（厚生労働省告示第117号平成29年3月31日）第5章「職員の資質向上」の4「研修の実施体制等」の一部である。（ A ）～（ D ）にあてはまる語句の正しい組み合わせを一つ選びなさい。

・ 保育所においては、当該保育所における保育の課題や各職員の（ A ）等も見据えて、（ B ）から管理職員までの職位や職務内容等を踏まえた（ C ）な研修計画を作成しなくてはならない。

・ 外部研修に参加する職員は、自らの専門性の向上を図るとともに、保育所における保育の課題を理解し、その解決を実践できる力を身に付けることが重要である。また、研修で得た知識及び技能をほかの職員と共有することにより、（ D ）としての保育実践の質及び専門性の向上につなげていくことが求められる。

（組み合わせ）

	A	B	C	D
1	キャリアパス	中堅保育者	教育的	保育所全体
2	キャリアパス	初任者	体系的	保育所全体
3	保育力	初任者	教育的	保育所全体
4	保育力	中堅保育者	体系的	職員一個人
5	保育力	初任者	体系的	職員一個人

解答 □

解説⑭

A キャリアパス   **B** 初任者   **C** 体系的   **D** 保育所全体

「保育所保育指針」第5章「職員の資質向上」4「研修の実施体制等」の（1）「体系的な研修計画の作成」と（2）「組織内での研修成果の活用」からの出題です。

「職員の資質向上」は、「保育の質の向上」にもつながる重要な箇所です。

特に研修に関して、職員のキャリアパスを考慮し、専門性を高めるために体系的な研修計画をたてること、組織として研修を受けやすい仕組みをつくること等、組織的に資質向上に取り組むことが盛り込まれました。

「**キャリアパス**」とは、組織内において、ある職位や職責を担うまでにどのような業務経験を積み上げていくかということです。「キャリアアップの道筋」とも言えます。責任あるポジションを全うするためには、適切な研修の機会が必要不可欠です。

組織として個人のキャリアアップを支援すると同時に、保育士も自分自身のキャリアパスを考え、そこへ向けて主体的に行動していきながらスキルアップを図ることが大切です。

また、「外部研修の活用」に関しては、組織として外部研修への参加機会を確保できるようにすることなどが記されています。

「保育所保育指針」第5章「職員の資質向上」4「研修の実施体制等」

（1）体系的な研修計画の作成

保育所においては、当該保育所における保育の課題や各職員の**キャリアパス**等も見据え（みす）えて、**初任者**から管理職員までの**職位**や**職務内容**等を踏まえた**体系的**な研修計画を作成しなければならない。

（2）組織内での研修成果の活用

外部研修に参加する職員は、自らの<u>**専門性の向上**</u>を図るとともに、保育所における保育の課題を理解し、その解決を実践できる力を身に付けることが重要である。また、研修で得た**知識**及び**技能**を他の職員と共有することにより、<u>**保育所全体**としての保育実践の**質**及び**専門性**の向上</u>につなげていくことが求められる。

（3）研修の実施に関する留意事項

<u>**施設長等**</u>は保育所全体としての保育実践の質及び専門性の向上のために、研修の受講は<u>**特定の職員**</u>に偏ることなく行われるよう、配慮する必要がある。また、研修を修了した職員については、その職務内容等において、当該研修の成果等が適切に勘案されることが望ましい。

※下線部分が出題された箇所です。

解答　2

ポイント解説　「職場における研修」と「外部研修の活用」

「保育所保育指針」第5章「職員の資質向上」3「職員の研修等」では、次のように記されています。

3　職員の研修等
（1）職場における研修

職員が日々の保育実践を通じて、必要な**知識**及び**技術**の修得、維持及び**向上**を図る（はか）とともに、保育の**課題**等への**共通理解**や**協働性**を高め、保育所全体としての保育の質の向上を図っていくためには、日常的に職員同士が**主体的**に学び合う姿勢と環境が重要であり、職場内での研修の充実が図られなければならない。

（2）外部研修の活用

各保育所における保育の**課題**への**的確な対応**や、保育士等の**専門性の向上**を図るためには、職場内での研修に加え、関係機関等による研修の活用が有効であることから、必要に応じて、こうした外部研修への**参加機会**が確保されるよう努めなければならない。

保育士の対応（事例）

精選過去問 ⑮

次の保育所での【事例】を読んで、【設問】に答えなさい。

【事例】

　６月下旬、２歳児のＨ君は、園庭の水道の蛇口をいっぱいにひねって勢いよく水を出し、そこに砂場道具のコップで水を汲むようなしぐさをしています。水の勢いが強すぎて、コップに水は溜まりませんでしたが、Ｈ君はぐっしょり濡れながらもとても嬉しそうにコップを何度もかざしています。しばらくすると、蛇口をひねって水の勢いを弱くしたり、強くしたりしています。どうやらＨ君は、コップに水を汲みたいのではなく、水の勢いで感じるコップに伝わる重さの変化を楽しんでいるのだと分かってきました。

【設問】

　「保育所保育指針」（厚生労働省告示第117号平成29年3月31日告示）の2「1歳以上3歳未満児の保育に関わるねらい及び内容」のウ「環境」に基づいたＨ君への今後の対応を考えた場合、最も不適切な記述を一つ選びなさい。

1　Ｈ君の感覚の働きを豊かにできるように、安全で、より活動しやすい環境として水遊びの場を用意し、水に十分に触れ合えるようにする。

2　実際に水で遊ぶ中で、水の性質等に気付くよう、コップ以外にもホースやたらいなどで水を流したり、汲んだりできるようにする。

3　水に触れ合うよりも、Ｈ君の体が濡れないように、水には触れない環境を用意し、保育者が代わりにやってみせるようにする。

4　様々な大きさの容器やホースなどの玩具や遊具を用意し、それらを使った遊びを楽しめるようにする。

5　Ｈ君がもっと水について発見を楽しんだり、考えたりできるように、水に関する絵本や色水の玩具など様々なものを用意する。

解答	

2015（平成27）年施行「子ども・子育て支援新制度」以降、保育所は、認定こども園や幼稚園と同様、「幼児教育施設」として位置付けられています。設問の2歳児に対しても、保育士は教育の側面を意識して、先を見据えた関わりをしていくことが求められます。

3歳以上児のクラスではこれまでも教育的視点から様々なカリキュラムが実施されていますが、そのカリキュラムの中で力を伸ばしていくための下地をつくるのが、この時期です。1～3歳のこの時期に**受容的**で**応答的**な保育を行うことで、**非認知能力**の基礎を身に着けていきます。

非認知能力とは、**自尊心**や**目的持続力**、**社交性**などの力のことです。これらの力の基礎は、乳幼児期からの人との関わりや、遊びを中心とした豊かな経験で培われていきます。

「保育所保育指針」第2章「保育の内容」
2「1歳以上3歳未満児の保育に関わるねらい及び内容」（2）「ねらい及び内容」
ウ「環境」（イ）「内容」

① 安全で活動しやすい環境での**探索活動**等を通して、見る、聞く、触れる、嗅ぐ、味わうなどの**感覚の働きを豊か**にする。
② **玩具**、**絵本**、**遊具**などに**興味**をもち、それらを使った遊びを楽しむ。
③ **身の回りの物**に触れる中で、形、色、大きさ、量などの**物の性質や仕組み**に気付く。
④ 自分の物と人の物の区別や、**場所的感覚**など、環境を捉える感覚が育つ。
⑤ 身近な生き物に気付き、親しみをもつ。
⑥ 近隣の生活や季節の行事などに興味や関心をもつ。

1 ○ 感覚の働きを伸ばす保育士からの働きかけは、「保育所保育指針」に基づいた対応です。

2 ○ 水という対象物を、H君が自分で工夫して感じられるようにする働きかけで、「保育所保育指針」の内容に基づいた対応です。

3 ✗ 「濡らさないようにする」というのは保育士の主観であり、H君の水に対する好奇心や対象物を五感で感じる機会を奪う対応になります。「保育所保育指針」に基づいた対応ではありません。

4 ○ 身の回りの物を使って対象物を扱うことで、物の性質や仕組みを体感することもできます。「保育所保育指針」の内容に基づいた対応です。

5 ○ 水そのものを扱う以外の側面からも、対象物への理解が深まるような働きかけで、「保育所保育指針」の内容に基づいています。

解 答 3

精選過去問 ⑯

次の保育所での１歳児クラスの【事例】を読んで、【設問】に答えなさい。

【事例】

　Ｋちゃんは登園の際、いつも大人の手のひらほどの小さな白いあひるのぬいぐるみを持っている。母親は家を出るときに、「保育園にはおうちの物は持って行ってはだめなんだよ。あひるさんはおうちにおいていこう。」とＫちゃんに伝えている。だが、Ｋちゃんは受け入れられない。

　登園して支度が終わり、母親が保育室を出るときになっても、Ｋちゃんは手に持つぬいぐるみを離すことはできない。母親が無理にぬいぐるみを離そうとすると、Ｋちゃんは大泣きしてしまう。結局Ｋちゃんは、ぬいぐるみをそのまま保育室に持ち込む日が続く。食事や遊びの際、ぬいぐるみを離せそうなときは、保育士がエプロンのポケットに預かることもあるが、預かろうとすると頑なに首を振り、そのまま手に持って過ごしている日もある。

【設問】

　「保育所保育指針」第１章「総則」、第２章「保育の内容」に照らし、保育士のＫちゃんへの対応として、適切な記述を○、不適切な記述を×とした場合の正しい組み合わせを一つ選びなさい。

A　クラスの他児は、家から玩具などを持ってきていない。不平等になるため、今後は朝の登園の際にぬいぐるみは必ず保育士が預かり、Ｋちゃんが求めても降園まで渡さないようにする。

B　Ｋちゃんの母親に、家を出るときにぬいぐるみを持たせないようにお願いする。

C　Ｋちゃんがぬいぐるみを持つことで安心するのであれば、Ｋちゃんのぬいぐるみを持っていたい気持ちを受け入れる。

D　今すぐにＫちゃんからぬいぐるみを離すのではなく、ぬいぐるみがなくても楽しく遊んで過ごせるように努めていく。

E　園のルールとしておうちの物は持ってきてはいけないことを、Ｋちゃんがわかるまで繰り返し言葉で伝える。

（組み合わせ）

	A	B	C	D	E
1	○	○	×	×	○
2	○	○	×	×	×
3	○	×	○	×	○
4	×	○	×	○	○
5	×	×	○	○	×

解答	

A ✕ 「保育所保育指針」第1章「総則」2「養護に関する基本的事項」（2）「養護に関わる
ねらい及び内容」イ「情緒の安定」では「**一人一人の子どもの置かれている状態**や**発
達過程**などを的確に把握し、子どもの**欲求**を適切に満たしながら、応答的な触れ合い
や言葉がけを行う。」「**一人一人の子どもの気持ちを受容**し、**共感**しながら、子どもと
の**継続的な信頼関係**を築いていく。」と記されています。他児が玩具などを持ってき
ていないからといって、Ｋちゃんにぬいぐるみを渡さないようにすることは適切では
ありません。

B ✕ 「保育所保育指針」第1章「総則」1「保育所保育に関する基本原則」（3）「保育の方
法」では、「**一人一人の子どもの状況**や家庭及び地域社会での**生活の実態**を把握する
とともに、子どもが**安心感**と**信頼感**をもって活動できるよう、子どもの**主体**としての
思いや願いを受け止めること。」と記されています。事例文の中で、すでにＫちゃん
の母親は「あひるさんはおうちにおいていこう。」と伝えていますが、Ｋちゃんは受
け入れていません。そのことを把握し、Ｋちゃんの思いを受け止めることが適切で
す。

C 〇 Ａの解説にあるとおり、Ｋちゃんの気持ちを受け入れながら、Ｋちゃんとの**信頼関係**
を築いていきます。

D 〇 「保育所保育指針」第2章「保育の内容」2「1歳以上3歳未満児の保育に関わるね
らい及び内容」（3）「保育の実施に関わる配慮事項」では、「**自我**が形成され、子ども
が自分の**感情**や**気持ち**に気付くようになる重要な時期であることに鑑み、**情緒の安定**
を図りながら、子どもの**自発的な活動**を尊重するとともに**促していくこと。**」と記さ
れています。保育士等は、子どもの情緒の安定を図りながら、子どもが好きな遊びに
夢中になれる環境を構成していくことが適切です。

E ✕ 「保育所保育指針」第2章「保育の内容」4「保育の実施に関して留意すべき事項」
（1）「保育全般に関わる配慮事項」では、「子どもの**心身の発達**及び活動の実態など
の個人差を踏まえるとともに、一人一人の子どもの気持ちを**受け止め**、**援助するこ
と。**」と記されています。心身の発達に伴い、守るべきルールを理解するようになっ
てきますが、Ｋちゃんの場合は、日々変化する気持ちや欲求を受け止め、適切に援助
する必要があります。

| 解答 | 5 |

児童の権利

精選過去問 ❶❼

次の文は、「児童の権利に関する条約」第7条の一部である。（　A　）～（　C　）にあてはまる語句の正しい組み合わせを一つ選びなさい。

　児童は、出生の後直ちに登録される。児童は、出生の時から氏名を有する権利及び（　A　）を取得する権利を有するものとし、また、できる限りその（　B　）を知りかつその（　B　）によって（　C　）される権利を有する。

（組み合わせ）

	A	B	C
1	市民権	父母	養育
2	国籍	家族	愛
3	住所	父母	養育
4	市民権	家族	愛
5	国籍	父母	養育

解答	

解説 ❶❼

A　国籍　　B　父母　　C　養育

　「児童の権利に関する条約（子どもの権利条約）」は、世界中の子どもたち一人一人に人間としての権利を認め、子どもたちがそれらの権利を行使できるように世界の国々が決めた条約です。1979（昭和54）年を「**国際児童年**」と国連は定め、10年かけて条約をつくりました。これは**1989（平成元）年**の第44回国連総会において採択され、1990（平成2）年に発効し、日本は**1994（平成6）年**に批准しました。この条約は全54条から成り、その大きな特徴は、子どもを人権の主人公として尊重する考え方を明確にしていること（子どもにも大人と同じ人間としての価値を認めていること）にあります。子どもを大人から管理される対象としてではなく、独立した人格をもつ権利の主体としてとらえ、子どもの人権を保障しています。

　「児童の権利に関する条約（子どもの権利条約）」では、子どもの権利として、
- **生きる権利**　：予防できる病気などで命を奪われないこと。病気やけがの治療を受けられること等
- **発達する権利**　：教育を受け、休んだり遊んだりできること、考えることや信じることの自由が守られ、自分らしく育つことができること等
- **保護される権利**：あらゆる種類の虐待や搾取から守られること等
- **参加する権利**　：自由に意見を表明したり、集まってグループをつくったり、自由な活動を行ったりできること等

という**4つの権利**を挙げています。

この設問では、登録、氏名及び国籍等に関する権利（第7条）から出題されましたが、ほかには、差別の禁止（第2条）、児童に対する措置（そち）の原則（第3条）、生命に対する固有の権利（第6条）、意見を表明する権利（第12条）、表現の自由（第13条）、思想、良心及び宗教の自由（第14条）、結社及び集会の自由（第15条）、児童の養育及び発達についての父母の責任と国の援助（第18条）、心身障害を有する児童に対する特別の養護及び援助（第23条）などが規定されています。

　中でも、第3条第1項にある「児童の最善の利益」という言葉は、子どもの権利を象徴する言葉として国際社会でも広く浸透しており、「保育所保育指針」の第1章「総則」でも謳（うた）われていますので、しっかり確認しておきましょう。

「児童の権利に関する条約」第3条第1項

> 　児童に関するすべての措置をとるに当たっては、公的若しくは私的な社会福祉施設、裁判所、行政当局又は立法機関のいずれによって行われるものであっても、**児童の最善の利益**が主として考慮されるものとする。

解答　**5**

児童の権利についての記述

CHECK ✓（平成26年再試）

　1989（平成元）年、「児童の権利に関する条約」が**国際連合**で採択され、日本は**1994（平成6）年**に批准（ひじゅん）した。

　「保育所保育指針」の第1章「総則」には、保育所は、「入所する子どもの最善の利益を考慮し、その**福祉**を積極的に増進することに最もふさわしい生活の場でなければならない」と記されているが、「**子どもの最善の利益**」が謳（うた）われた背景には、「児童の権利に関する条約」がある。これらの経緯から、子どもは「**保護の対象**」としてだけでなく、「**権利の主体**」として尊重することが基本であることが分かる。

「児童の権利に関する条約」第12条の一部

CHECK ✓（平成28年前期）

　締約国は、自己の意見を形成する能力のある児童がその児童に影響を及ぼすすべての事項について**自由**に自己の意見を表明する権利を確保する。この場合において、児童の意見は、その児童の**年齢**及び**成熟度**に従って相応に考慮されるものとする。

保育の思想と歴史

精選過去問 ⑱

次の文は、日本における保育の先駆者についての記述である。適切な記述を○、不適切な記述を×とした場合の正しい組み合わせを一つ選びなさい。

A 倉橋惣三は、幼児教育内容調査委員会の委員として、1948（昭和23）年刊行の「保育要領」の作成に携わった。

B 赤沢鍾美は1890（明治23）年、日本で初めて農繁期託児所を開設した。

C 明石女子師範学校付属小学校・幼稚園の主事であった及川平治は、アメリカの進歩主義教育の影響を受けて、児童中心主義に基づく生活が大切であると主張し、その教育成果を『分団式動的教育法』として著した。

D 野口幽香らによって1900（明治33）年に開設された二葉幼稚園は、貧民家庭の幼児を対象として保育を行い、1916（大正5）年に二葉保育園と改称した。

（組み合わせ）

	A	B	C	D
1	○	○	×	×
2	○	×	○	○
3	○	×	×	○
4	×	○	×	○
5	×	×	○	○

解答 ◯◯◯◯

解説 ⑱

A ○ 倉橋惣三（1882-1955）は、幼児教育内容調査委員会の委員として、1948（昭和23）年、文部省刊行の「**保育要領**」の作成に携わりました。幼稚園における保育内容・方法の基準を示しつつ、保育所や家庭でも役立つ手引き書として作られました。1956（昭和31）年、「**幼稚園教育要領**」が刊行されましたが、これは実質、「保育要領」が改訂されたものです。「保育要領」は、保育所や家庭でも役立つ手引書という形をとっていたため、幼稚園の独自性がなくなるのではと危惧され、この「幼稚園教育要領」では、「幼稚園の教育課程のための基準を示すもの」として編集されました。

B ✕ 日本で初めて農繁期託児所（のうはん）を開設したのは、赤沢鍾美ではなく、筧雄平（あかざわあつとみ）（かけいゆうへい）（1842-1916）です。農繁期託児所とは、農業が忙しい時期だけ運営される託児施設です。

設問の**赤沢鍾美**（1867-1937）は、同じ1890（明治23）年に、自らが経営する私塾「**新潟静修学校**」内に労働階級のための託児所を作りました。生徒の多くは、幼い妹や弟を連れての登校でした。勉強に専念させたい思いから、授業が終わるまで、赤沢鍾美の妻仲子と助手が校内の一角でその子らを預かるようになりました。やがて、生徒が連れてくる以外の子も預かるようになり、この場を「**守孤扶独幼稚児保護会**」（しゅこふどくようちじ）と名づけました。これが「日本初の託児所」といわれています。

C ○ 明石女子師範学校付属小学校・幼稚園の主事であった**及川平治**（おいがわへいじ）（1875-1939）は、アメリカの進歩主義教育の影響を受けて、児童中心主義に基づく生活が大切であると主張し、その教育成果を『**分団式動的教育法**』として著（あらわ）しました。分団とは小さなまとまりのことで、学級単位の教育と個別の教育の良い点を取り入れたのが、分団式動的教育法です。

D ○ **野口幽香**（のぐちゆか）（1866-1950）は**森島峰**（もりしまみね）とともに、1900（明治33）年、東京麹町の借家で二葉幼稚園を開設（ふたば）し、貧民家庭の幼児を対象として保育を行いました。二葉幼稚園は、寄付によって支えられ、保育料は殆（ほとん）ど徴収していませんでした。保育内容は、遊戯を中心に、衛生面や言葉づかいなど日常生活に関する指導も行いました。やがて250人以上の園児を保育するまで大規模な施設となりました。2歳未満児も預かり、保育時間は長く、実質は保育園に近いものであったため、1916（大正5）年に「二葉保育園」と改称しました。

> **解答 2**

CHECK✓
（平成31年前期）　**日本の保育施設の歴史**

・豊田芙雄（とよだふゆ）は、日本初の保姆（ほぼ）となり、松野クララとともにフレーベル主義の保育を展開した。　　　　　　　　　　　　　　　　　　　　　　**― 東京女子師範学校附属幼稚園**
・赤沢鍾美（あかざわあつとみ）によって設立された私塾で、託児施設が設置されていた。
　　　　　　　　　　　　　　　　　　　　　　　　　　　　　　　　　　― 新潟静修学校
・橋詰良一は、露天保育を提唱し、自然の中で子どもたちを自由に遊ばせるために、自動車で郊外に連れ出して保育を行った。　　　　　　　　　　　**― 家なき幼稚園**
・野口幽香（ゆか）と森島峰（みね）（美根）が寄付を募り、1900年に設立した施設で、貧しい家庭の子どもたちを対象にフレーベルの精神を基本とする保育を行った。　**― 二葉幼稚園**

精選過去問 ⑲ 　　　　平成27年地域限定 問7　　／　　　／

次の【Ⅰ群】の記述と【Ⅱ群】の人名を結びつけた場合の正しい組み合わせを一つ選びなさい。

【Ⅰ群】

A　人間の本性は善であり、人間の教育は自己の活動を通して内部から発展させることにあるとした。子どもの自己活動は遊びの中でもっともよく実現されるとし、保育における遊びの重要性を説いた。

B　主に感覚器官を訓練することで、知的、精神的発達を導くとし、自ら教具を考案して実際に用いた。

C　どのような知的教科であっても、方法次第で発達のどの段階のどの子どもにも教えられるという仮説を提示した。

【Ⅱ群】

ア　ブルーナー（Bruner, J.S.）

イ　フレーベル（Fröbel, F.W.）

ウ　ヘファナン（Heffernan, H.）

エ　モンテッソーリ（Montessori, M.）

オ　ヴィゴツキー（Vygotsky, L.S.）

（組み合わせ）

	A	B	C
1	ア	イ	エ
2	イ	エ	ア
3	イ	エ	オ
4	ウ	エ	ア
5	エ	イ	オ

解答　□

解説 ⑲

A　イ　フレーベル（1782〜1852）は、ドイツの教育学者であり、**幼稚園の創始者**として知られています。彼の思想は**万有在神論**（ばんゆうざいしんろん）に基づいており、子どもの内部に宿る「善なる神性」を開発することを基本理念としました。著書『**人間の教育**』では、「遊ぶことないし遊戯は、幼児の発達つまりこの時期の人間の発達の最高の段階である。」と述べ、**遊びの重要性**を説いています。

B　エ　モンテッソーリ（1870〜1952）は、イタリア初の女医で、子どもの教育に生涯を捧げました。モンテッソーリ自らが開発した教具は、**①感覚訓練のための教具**、**②読み書き算数のための教具**、**③実用生活訓練のための教具**の３つで構成されます。これらを含んだ環境を整えることが、保育者の重要な役割であるとしました。

当初は、知的障害児を対象としていましたが、ここで培ったノウハウは、健常児にも応用できると考え、ローマのスラム街に「**子どもの家**」を設立し、教育の実践をして成功を収めました。

C　ア　ブルーナー（1915〜2016）は、アメリカの心理学者であり、著書『**教育の過程**』において、**発見学習**を提唱しました。

また彼は、『教育の過程』の中で「どの教科でも、知的性格をそのまま保って、発達のどの段階の子どもにも効果的に教えることができる」という仮説を提示しました。

解答　**2**

 **CHECK ✓**（平成29年前期）　**諸外国における子どもや保育の思想についての記述**

・**シュタイナー**は、クラリエベック（旧オーストリア）出身の哲学者で、人間の真の姿を認識しようとする学問として、人智学を打ち立てた。1919年、ドイツのシュトゥットガルトで自由ヴァルドルフ学校を設立した。
・**ペスタロッチ**の著書である『隠者の夕暮れ』（1780年）は、「玉座の上にあっても木の葉の屋根の蔭に住まっても同じ人間」という書き出しで始まり、ヒューマニズムに満ちた人間観が描かれている。
・**エリクソン**は、心の発達を社会との関係において理論化し、一生を８つの段階に分けて、それぞれの時期における中心的な発達課題を示し、それが達成されないときには心理・社会的な危機があると説いた。

CHECK ✓（平成28年前期）　**諸外国における子どもや保育の思想についての記述**

・彼の著作である『エミール』において、子ども固有の時期があることを主張し、子どもは未成熟な大人であるとする当時の子ども観に一石を投じた。
　　　　　　　　　　　　　　　　　　　　　　　　　　　　　— ルソー（Rousseau, J.-J.）
・最も恵まれない子どもを豊かに育む方法こそ、すべての子どもにとって最良の方法であるとする信条のもと、保育学校を創設し医療機関とも連携を図って保育を進めた。
　　　　　　　　　　　　　　　　　　　　　　　　　　　　— マクミラン（McMillan, M.）

諸外国の保育

精選過去問⓴

次の【Ⅰ群】の事項と【Ⅱ群】の記述を結びつけた場合の正しい組み合わせを一つ選びなさい。

【Ⅰ群】

A ヘッドスタート計画　　**B** レッジョ・エミリア・アプローチ

C モンテッソーリ・メソッド

【Ⅱ群】

ア 保育方法の特徴は、プロジェクトと呼ばれるテーマ発展型の保育であり、教師、親、行政関係者、教育学の専門家等が支え合って子どもの活動を援助するイタリア北部の保育施設での実践

イ 1998（平成10）年、イギリスにおいて発足した経済的・社会的支援を必要とする地域への早期介入の補償保育・教育プログラム

ウ 1965（昭和40）年にアメリカで開始された、教育機会に恵まれない子どもを対象とした大がかりな就学準備教育

エ 子ども自身が、深く集中し継続するように考案された「日常生活の訓練」「感覚訓練」「読み書きと算数」等の教具を選択して活動し、教師は仲介者に徹する教育法

オ 1996（平成8）年にニュージーランドで作成された、保育の原理と目標の方向性を定めた共通の保育プログラム

（組み合わせ）

	A	B	C
1	ア	イ	オ
2	ウ	ア	エ
3	ウ	ア	オ
4	エ	ア	イ
5	オ	イ	ア

解答	

解説 ⑳

A ウ　「ヘッドスタート計画」は、**アメリカ政府**が支援し、**低所得者層の子どもや家族**に、教育のほかにも、健康、栄養、両親までを含めたサービスを提供するものです。貧困家庭のリスクの高い幼児を対象に、身体的、知的、情緒的な発達上の不利を**小学校入学前**に解消することで、学校での早い時期での成功を目的として入学後の学習効果の促進につなげます。

B ア　「レッジョ・エミリア・アプローチ」は、**イタリア北部**に位置するレッジョ・エミリア市の街全体で取り組んでいる教育理念です。1990年代「世界でもっとも革新的な幼児教育」として雑誌に取り上げられたのをきっかけに、欧米を中心に広がりました。省略して、「レッジョ・アプローチ」と呼ばれる場合もあります。

この保育方法の特徴は、

1．**プロジェクト活動**
2．**自由な芸術活動**
3．**ドキュメンテーション**

です。

「子どもが主体（チャイルドセンター）」という考えを主軸に、大人は、子どもの自由な発想を尊重し、子供の興味や意欲に沿った活動を深めていくよう援助します。また、「子どもは生まれながらにして**100の言葉を持っている**」と表現しています。

ドキュメンテーションとは、子供の絵や作品の記録物を可視化して残していくことです。

C エ　イタリアの医学博士モンテッソーリ（1870-1952）が、ローマのスラム街に創設した「**子どもの家**」で実践した教育理論をまとめた著書が『**モンテッソーリ・メソッド**』です。出版後、世界中に知れ渡り、日本にも大正時代に紹介されました。

解答　**2**

 CHECK✓（平成29年前期）　「ヘッドスタート・プログラム」についての記述

アメリカのリンドン・ジョンソン（Johnson, L.B.）大統領によって、1965年から展開された保育施策である。**貧困**家庭の幼児の保育に対して、特別な支援を提供することで、子どもの学校や社会への適応力を高めることをめざす。子どもの**小学校入学後**の学習効果を促進させることを意図する補償教育プログラムである。子どもの健やかな成長のみならず、**保護者**を支援し、**家庭の教育機能**を高めることも目標に含まれている。

97

日本の保育の現状

精選過去問 ㉑

平成29年前期 問20

次の文は、わが国の保育行政に関する記述である。適切な記述を○、不適切な記述を×とした場合の正しい組み合わせを一つ選びなさい。

A 「児童福祉施設の設備及び運営に関する基準」（昭和23年厚生省令第63号）第36条では、「保育所の長は、常に入所している乳幼児の保護者と密接な連絡をとり、保育の内容等につき、その保護者の理解及び協力を得るよう努めなければならない」とされている。

B 保育士資格について、「保育士でない者は、保育士又はこれに紛らわしい名称を使用してはならない」とされており、これは名称独占資格と呼ばれている。

C 「保育所保育指針」に用いられている「子どもの最善の利益」は、1989（平成元）年に国連で採択され、日本政府が1994（平成6）年に批准した「児童の権利に関する条約」の理念に基づいている。

D 「児童福祉法」においては、「児童福祉施設の職員は、常に自己研鑽に励み、法に定めるそれぞれの施設の目的を達成するために必要な知識及び技能の修得、維持及び向上に努めなければならない」とされている。

（組み合わせ）

	A	B	C	D
1	○	○	○	○
2	○	○	○	×
3	○	×	×	○
4	×	○	○	×
5	×	×	×	○

解答

解説 ㉑

A ○ 「児童福祉施設の設備及び運営に関する基準」では、「**保育所の長**は、常に入所している乳児又は幼児の保護者との**密接な連絡**をとり、保育の内容等につき、その保護者の理解及び協力を得るよう努めなければならない。」（第36条）と明記されています。「児童福祉施設の設備及び運営に関する基準」は、2011（平成23）年に出された省令で、現在では、各都道府県が**国**の定めた基準を基に、条例で基準を定めることにしています。根拠法は「**児童福祉法**」です。

また、保育所の情報提供等に関連して「児童福祉法」第48条の4において、「保育所は、当該保育所が主として利用される地域の住民に対してその行う保育に関し情報の提供を行い、並びにその行う保育に**支障**がない限りにおいて、乳児、幼児等の保育に関する相談に応じ、及び助言を行うよう努めなければならない。」「保育所に勤務す

る保育士は、乳児、幼児等の保育に関する相談に応じ、及び助言を行うために必要な
知識及び技能の修得、維持及び向上に努めなければならない。」と定められています。

B ○ 「児童福祉法」第 18 条の 4 では「この法律で、保育士とは、（中略）登録を受け、保
育士の名称を用いて、専門的知識及び技術をもって、児童の保育及び児童の保護者に
対する保育に関する指導を行うことを業とする者をいう」とあり、第 18 条の 23 で
は「保育士でない者は、**保育士**又はこれに**紛らわしい名称**を使用してはならない」と
定められており、これを**名称独占資格**と呼んでいます。保育士のような名称独占資格
は、資格がなくてもその業務（保育業務等）は行えますが、名乗ることはできない資
格です。保育士以外に、調理師、理学療法士、介護福祉士などが該当します。一方で
業務独占資格とは、資格がなければその業務が行えないものです。医師、看護師、薬
剤師などがこれに当てはまります。資格がないのに業務独占の仕事を行うと刑罰の対
象になります。

C ○ 「保育所保育指針」第 1 章「総則」に、保育所の役割として、「保育所は、児童福祉法
第 39 条の規定に基づき、**保育を必要とする**子どもの保育を行い、その健全な心身の
発達を図ることを目的とする児童福祉施設であり、入所する**子どもの最善の利益**を考
慮し、その福祉を積極的に増進することに最もふさわしい生活の場でなければならな
い」と謳っています。
「保育所保育指針」に用いられている「**子どもの最善の利益**」は、1989（平成元）
年に国連で採択され、日本政府が 1994（平成 6）年に批准した「児童の権利に関す
る条約（子どもの権利条約）」の理念に基づいています。

D ✕ 職員の資質向上に関する記述は、児童福祉法ではなく「**児童福祉施設の設備及び運営
に関する基準**」第 7 条の 2 において次のように定められています。

「児童福祉施設の設備及び運営に関する基準」第 7 条の 2

> ・児童福祉施設の職員は、常に**自己研鑽**に励み、法に定めるそれぞれの施設の目的
> を達成するために必要な**知識**及び**技能**の修得、**維持**及び**向上**に努めなければな
> らない。
> ・児童福祉施設は、職員に対し、その資質の向上のための**研修の機会**を確保しなけ
> ればならない。

解答 **2**

| 精選過去問 ㉒ | 平成30年神奈川 問5 | ／ | ／ |

次の文は、地域型保育事業についての記述である。不適切な記述を一つ選びなさい。

1　家庭的保育事業とは、原則として満3歳未満の保育を必要とする乳児・幼児を対象に、家庭的保育者の居宅その他の場所（当該乳児・幼児の居宅を除く。）において、利用定員5人以下で行う小規模の保育事業である。

2　家庭的保育者とは、市町村長が行う研修を修了した保育士（国家戦略特別区地域限定保育士を含む。）又は保育士と同等以上の知識及び経験を有すると市町村長が認める者であって、保育を必要とする乳児・幼児の保育を行う者として市町村長が適当と認めるものである。

3　小規模保育事業とは、認可保育所の利用定員に満たない小さい保育所において、原則として満3歳未満の保育を必要とする乳児・幼児を対象に、利用定員6人以上30人以下で行う保育事業である。

4　居宅訪問型保育事業とは、原則として満3歳未満の保育を必要とする乳児・幼児を対象に、当該乳児・幼児の居宅において、家庭的保育者による保育を行う事業である。

5　事業所内保育事業とは、原則として満3歳未満の保育を必要とする乳児・幼児を保育するほか、事業所の関係者に限らず、地域において保育を必要とする満3歳未満の乳児・幼児にも保育を提供する事業である。

| 解答 | |

解説 ㉒

2015（平成27）年4月より施行されている「**子ども・子育て支援新制度**」からの出題です。

この制度は、2012（平成24）年8月に成立した「子ども・子育て支援法」、「認定こども園法の一部改正法」、「子ども・子育て支援法及び認定こども園法の一部改正法の施行に伴う関係法律の整備等に関する法律」の子ども・子育て関連3法に基づく制度です。この制度で、待機児童の多い0～2歳の保育受け入れ枠の拡大が図られています。

内閣府から出されている「子ども・子育て支援新制度 なるほどBOOK（平成28年4月改訂版）」をしっかりと読み込んでおきましょう。

1　○　家庭的保育事業では、保育者が1人の場合は定員**3**人、補助者とともに保育する場合は定員**5**人以下です。

2　○　家庭的保育者は、「**保育ママ**」とも呼ばれています。

3　✕　小規模保育事業の定員は**19**人以下です。

4　○　居宅訪問型保育事業の対象となる乳幼児は、**障害**や**疾病**、その他家庭の状況や過疎地などの理由で集団保育やその他の保育形態が困難と、**市町村長**が認めたものになります。

5 ○ 利用者は従業員枠、地域枠にかかわらず、すべて居住自治体において支給認定を申請し、認定証の交付を受けることが必要です。また2016（平成28）年からは**内閣府**が主導し、地域枠の定員を設定しなくてもよい、**企業主導型事業所内保育**の制度も設けられました。

「子ども・子育て支援新制度」に基づく保育施設の全体像は以下の通りです。

施設の種類	対象年齢	
幼稚園	3～5歳	小学校以降の教育の基礎をつくるための幼児期の教育を行う施設 利用時間：教育時間のほか、園により教育時間前後や園の休業中の教育活動（預かり保育）などを実施。 利用できる保護者：制限なし
認定こども園	0～5歳	教育と保育を一体的に行う施設 幼稚園と保育所の機能や特長をあわせ持ち、地域の子育て支援も行うことが義務とされている施設です。
保育所	0～5歳	就労などのため家庭で保育のできない 保護者に代わって保育する施設 利用時間：夕方までの保育のほか、園により延長保育を実施。 利用できる保護者：共働き世帯など、家庭で保育のできない保護者、保育の必要を認定された保護者
地域型保育事業	0～2歳	他施設より小規模の定員で、 0～2歳の子どもを預かる事業 ＜4つのタイプ＞ 1．**家庭的保育** 家庭的な雰囲気のもとで、少人数（**3人**、補助者がいれば**5人**まで）を対象にきめ細かな保育を行います。 2．**小規模保育** 少人数（定員**6～19人**）を対象に、家庭的保育に近い雰囲気のもと、きめ細かな保育を行います。 3．**事業所内保育** 会社の事業所の保育施設などで、従業員の子どもと地域の子どもを一緒に保育します。 4．**居宅訪問型保育** 障害・疾患などで個別のケアが必要な場合や、施設が無くなった地域で保育を維持する必要がある場合などに、保護者の自宅で1対1で保育を行います。

解答 3

第3章 子ども家庭福祉（児童家庭福祉）

子ども家庭福祉の理念

精選過去問 ①

平成30年前期 問1

次の文は、児童家庭福祉の理念に関する記述である。<u>不適切な記述</u>を一つ選びなさい。

1　「児童憲章」は、日本国憲法の精神にしたがい、児童に対する正しい観念を確立し、すべての児童の幸福をはかるために定められた。

2　「児童福祉法」には、全て児童は、児童の権利に関する条約の精神にのっとり、適切に養育されることその他の福祉を等しく保障される権利を有することが明記されている。

3　「児童憲章」には、全て国民は、社会のあらゆる分野において、児童の年齢及び発達の程度に応じて、その意見が尊重されるよう努めなければならないことが明記されている。

4　「児童福祉法」では、国及び地方公共団体は、児童を家庭及び当該養育環境において養育することが適当でない場合にあっては児童ができる限り良好な家庭的環境において養育されるよう、必要な措置を講じなければならないことが明記されている。

5　「児童福祉法」には、児童の保護者は、児童を心身ともに健やかに育成することについて第一義的責任を負うことが明記されている。

解答 　

解説 ①

1　○　これは「児童憲章」前文からの出題です。

児童憲章は、日本国憲法の精神に基づき、児童福祉法の理念を具体的に示すものとして作られたものです。前文と12条から成っています。

前文では、「われらは、**日本国憲法**の精神にしたがい、児童に対する正しい観念を確立し、すべての児童の幸福をはかるために、この憲章を定める。」「児童は、人として**尊ばれる**。児童は、**社会の一員**として重んぜられる。児童は、**よい環境の中**で育てられる。」としています。

2　○　これは「児童福祉法」第1条からの出題です。

「全て児童は、**児童の権利に関する条約**の精神にのっとり、適切に養育されること、その生活を保障されること、愛され、保護されること、その心身の健やかな成長及び発達並びに自立が図られることその他の福祉を等しく保障される権利を有する」としています。

3　×　これは「児童憲章」ではなく、「**児童福祉法**」第2条第1項の内容です。

「全て国民は、児童が良好な環境において生まれ、かつ社会のあらゆる分野において、児童の年齢及び**発達**の程度に応じて、その**意見**が尊重され、その**最善の利益**が優先して考慮され、心身ともに健やかに育成されるよう努めなければならない」と謳われています。

4 ○ これは「児童福祉法」第3条の2からの出題です。

国及び地方公共団体は、「児童が家庭において心身ともに健やかに養育されるよう、児童の保護者を支援しなければならない」ただし、「児童を家庭において養育することが困難であり又は適当でない場合にあつては児童が家庭における養育環境と同様の養育環境において継続的に養育されるよう、児童を家庭及び当該養育環境において養育することが適当でない場合にあっては児童ができる限り良好な家庭的環境において養育されるよう、必要な措置を講じなければならない」としています。

なお、「家庭」とは、実父母や親族等を養育者とする環境を、「家庭における養育環境と同様の養育環境」とは、養子縁組による家庭、里親家庭、ファミリーホーム（小規模住居型児童養育事業）を、「良好な家庭的環境」とは、施設のうち小規模で家庭に近い環境（小規模グループケアやグループホーム等）を指します。

5 ○ これは「児童福祉法」第2条第2項からの出題です。

「児童の保護者は、児童を心身ともに健やかに育成することについて第一義的責任を負う。」としています。

子育ては、保護者に第一義的責任（最も重要な責任）があります。しかし、保護者が子育ての全てを担うことは難しいことから、行政や地域など社会全体で、保護者が子育てに関する責任を果たすことができるような支援の充実に努めることとなっています。

解答 3

  「児童福祉法」の理念を明確化

これまで「児童福祉法」では、子どもは児童福祉の対象として位置付けられていたのですが、2016（平成28）年5月の「児童福祉法」改正で、児童が「権利の主体である」ことを明確にしました。

第1条は、児童福祉をめぐる状況の変化に対応するよう、「児童の権利に関する条約」の精神をとらえた条文に改正されました。

第2条は、児童育成において、児童の意見が尊重されることや、児童の最善の利益が優先されることを明らかにし（第1項）、児童育成に関する責任はあくまで保護者にある（保護者に子育ての第一義的責任がある）ことを明らかにしています。

また、第3条の2では、家庭と同じような環境における養育の推進が謳われています。

児童は保護されるとともに、権利行使の主体であることが明らかになり、それが具現化されたことは画期的といえます。

子ども家庭福祉の歴史的変遷

精選過去問 ❷　　　　　　　　　　平成30年神奈川 問2　　/　　　/

次の文は、わが国の児童家庭福祉の歴史に関する記述である。適切な記述を〇、不適切な記述を×とした場合の正しい組み合わせを一つ選びなさい。

A 高木憲次は、1916（大正5）年から肢体不自由児の巡回療育相談事業に取り組み、1921（大正10）年には「柏学園」を設立した。

B 1933（昭和8）年に制定された「児童虐待防止法」では、16歳未満の者に対する虐待や酷使、人身売買等の不当な取り扱いの禁止を規定していた。

C 糸賀一雄は、1946（昭和21）年に知的障害児施設「近江学園」を、1963（昭和38）年には重症心身障害児施設「びわこ学園」を設立した。

D 1900（明治33）年に野口幽香と森島峰が開設した「二葉幼稚園」は、貧困家庭の子どもを主な対象としたものであり、その後の保育事業の先駆けとなる取り組みといわれている。

（組み合わせ）

	A	B	C	D
1	〇	〇	〇	×
2	〇	×	×	〇
3	×	〇	〇	〇
4	×	×	〇	〇
5	×	×	×	〇

解答 [　　　]

解説 ❷

A × 高木憲次は、日本の肢体不自由児教育の創始者といわれており、1916（大正5）年から肢体不自由児巡回相談を開始し、1932（昭和7）年に日本で最初の肢体不自由児学校「**光明学校**」を開設、1942（昭和17）年に療育施設「**整肢療護園**」を開園しました。なお、1921（大正10）年に、日本で最初の肢体不自由児施設「**柏学園**」を設立したのは、**柏倉松蔵**です。

B × 1933（昭和8）年に制定された「児童虐待防止法」（以下旧児童虐待防止法）は、現行の「児童虐待防止法」とは別のもので、1947（昭和22）年の「**児童福祉法**」制定により廃止されています。
旧児童虐待防止法が制定された当時は、家計困窮救済の手段として児童労働や虐待、口減らしとして人身売買などが行われていたという背景があり、**14**歳未満の者に対する虐待や酷使、人身売買等の不当な取り扱いの禁止を規定していました。

C 〇 糸賀一雄は、「**この子らを世の光に**」を信念に、第二次世界大戦後、**知的障害**のある人たちの教育・福祉に多大な影響を与えた人物です。1946（昭和21）年に知的障害児施設「**近江学園**」を、1963（昭和38）年には重症心身障害児施設「**びわこ学園**」

を設立しています。

D ○ **野口幽香**と森島峰は、東京四谷のスラムで日雇労働に行く親に放任されていた子どもたちを集め、1900（明治33）年東京麹町に「**二葉幼稚園**」を創設しました。
のちに四谷に移転し、事業や社会制度の変化に合わせて、幼稚園から保育園に名称を変更しています。

 連想で覚えよう　野口幽香→二葉（ふたば）幼稚園（野原をイメージしましょう）

解答　4

  子ども家庭福祉の歴史的変遷

　子ども家庭福祉の歴史では、人物と、創設した施設や著書、年代についても出題されています。法律や制定等と合わせた年表を作るなどして、歴史的変遷を把握しましょう。

出題が多い人物（日本）

名前	年代	創設した施設
石井十次	1887（明治20）年	岡山孤児院を開設
赤沢鍾美・仲子夫婦	1890（明治23）年	新潟静修学校附設託児所を開設 （のちに守孤扶独幼稚児保護会と命名）
石井亮一	1891（明治24）年	孤女学院（現：滝乃川学園（知的障害児施設））を開設
留岡幸助	1899（明治32）年	巣鴨家庭学校を開設 （現在の児童自立支援施設の原型となる）
野口幽香、森島峰	1900（明治33）年	二葉幼稚園を開設
高木憲次	1932（昭和7）年 1942（昭和17）年	光明学校（肢体不自由児学校）を開設 整肢療護園（療育施設）を開設
糸賀一雄	1946（昭和21）年 1963（昭和38）年	近江学園（知的障害児施設）を設立 びわこ学園（重症心身障害児施設）を設立

ここも出た！　**CHECK**（平成30年前期）　**子ども観の変遷**

・**エレン・ケイ**（Key, E.）は、1900年に著した『児童の世紀』において、子どもが教育を受ける権利を享受することによって主体的に育つ可能性を示した。
・**ルソー**（Rousseau, J.-J.）は、1762年に『エミール』において、「子ども期」の重要性を指摘した。
・**アリエス**（Ariès, P.）は『＜子供＞の誕生』において、17世紀までの西欧では、子どもは「小さな大人」として扱われ、労働に従事し、大人との違いは明確に意識されていなかったと主張した。
・1601年にイギリスで成立した「**エリザベス救貧法**」では、子どもは、有能貧民、無能貧民とともに保護の対象であることを示した。

児童の権利に関する条約

精選過去問 ③

次の文は、「児童の権利に関する条約」第12条の一部である。（ A ）～（ D ）にあてはまる語句の正しい組み合わせを一つ選びなさい。

1　締約国は、自己の意見を形成する能力のある児童がその児童に影響を及ぼす（ A ）事項について（ B ）を確保する。この場合において、児童の意見は、その児童の年齢及び成熟度に従って相応に考慮されるものとする。

2　このため、児童は、特に、自己に影響を及ぼすあらゆる（ C ）の手続において、国内法の手続規則に合致する方法により直接に又は（ D ）若しくは適当な団体を通じて聴取される機会を与えられる。

（組み合わせ）

	A	B	C	D
1	すべての	正式に自己の意見を表明する機会	司法上及び行政上	保護者
2	一定の	正式に自己の意見を表明する機会	司法上	代理人
3	一定の	自由に自己の意見を表明する権利	行政上	保護者
4	すべての	正式に表現の自由	司法上	保護者
5	すべての	自由に自己の意見を表明する権利	司法上及び行政上	代理人

解答 □

解説 ③

A　すべての　　B　自由に自己の意見を表明する権利　　C　司法上及び行政上
D　代理人

　「児童の権利に関する条約」第12条（**意見を表明する権利**）からの出題です。

　児童の権利に関する世界で最初の宣言は、1924（大正13）年の「**ジュネーブ宣言**」です。これは国際連盟で示され、この「ジュネーブ宣言」を礎（いしずえ）として新しい原則を追加して、1959（昭和34）年に「**児童権利宣言**」が国際連合で採択（さいたく）されました。これらの宣言の良いところを抜き取って受け継ぎ、現代社会の実情に足並みをそろえる形で、「**児童の権利に関する条約（子どもの権利条約）**」が1989（平成元）年に国際連合で採択されたのです。これまでの宣言には、法的拘束力（こうそくりょく）はありませんが、この条約には法的拘束力があることも大きな特徴といえます。子どもの権利に関する国際的なとりきめである条約としては、世界初の条約です。

「児童の権利に関する条約」（一部抜粋）

第1条（児童の定義）

　この条約の適用上、児童とは、**18歳未満のすべての者**をいう。ただし、当該児童で、その者に適用される法律によりより早く成年に達したものを除く。

第2条（差別の禁止）

　1　締約国は、その管轄の下にある児童に対し、児童又はその父母若しくは法定保護者の人種、**皮膚の色**、**性**、言語、宗教、**政治的意見**その他の意見、国民的、種族的若しくは社会的出身、財産、心身障害、出生又は他の地位にかかわらず、いかなる**差別**もなしにこの条約に定める権利を尊重し、及び確保する。

　2　締約国は、児童がその**父母**、**法定保護者**又は**家族の構成員**の地位、活動、表明した意見又は信念によるあらゆる形態の差別又は**処罰**から保護されることを確保するためのすべての適当な措置をとる。

第3条（児童に対する**措置の原則**）

　1　児童に関するすべての措置をとるに当たっては、公的若しくは私的な**社会福祉施設**、**裁判所**、**行政当局**又は**立法機関**のいずれによって行われるものであっても、**児童の最善の利益**が主として考慮されるものとする。

第6条（**生命**に対する**固有**の権利）

　1　締約国は、すべての児童が**生命**に対する**固有**の権利を有することを認める。

　2　締約国は、児童の**生存**及び**発達**を可能な最大限の範囲において確保する。

第13条（**表現の自由**）

　1　児童は、**表現の自由**についての権利を有する。この権利には、口頭、手書き若しくは印刷、芸術の形態又は自ら選択する他の方法により、**国境**とのかかわりなく、あらゆる種類の情報及び考えを求め、受け及び伝える**自由**を含む。

解答　5

「児童の権利に関する条約」に関する記述

CHECK✓（令和元年後期・地限）

・一時的もしくは恒久的にその家庭環境を奪われた児童または児童自身の**最善の利益**に鑑（かんが）み、その家庭環境にとどまることが認められない児童は、国が与える特別の**保護**及び**援助**を受ける権利を有する。

児童の権利に関する記述

CHECK✓（平成28年前期）

・「**日本国憲法**」第27条には、すべて国民は、勤労の権利を有し、義務を負うことが定められているが、児童を酷使してはならないとされている。
・「**児童の権利に関する宣言**」には、「児童は、あらゆる状況にあって、最初に保護及び救済を受けるべき者の中に含められなければならないとされている。
・「**児童憲章**」には、すべての児童は、その労働において心身の発育が阻害されず、教育を受ける機会が失われず、また児童としての生活が妨げられないように、十分に保護されることが掲げられている。
・「児童虐待の防止等に関する法律」においては、児童虐待の定義について、**身体的虐待**、**性的虐待**、**心理的虐待**、保護の怠慢・拒否（**ネグレクト**）の4つを示している。

子ども家庭福祉に関する法律

精選過去問 ❹

平成30年前期 問6 　／　　／

次の文は、児童に関する法律等についての記述である。適切な記述を○、不適切な記述を×とした場合の正しい組み合わせを一つ選びなさい。

A 「特別児童扶養手当等の支給に関する法律」は、特に経済的に厳しいひとり親家庭の子どもに対する現金給付に関して定めている。

B 「児童福祉法」は、障害児相談支援給付費及び特例障害児相談支援給付費の支給に関して定めている。

C 「児童手当法」に基づく児童手当は、児童を養育している者に対して支給される。

D 「発達障害者支援法」は、成人以降の発達障害者支援を対象とした法律であり、発達障害児支援に関しては「児童福祉法」に規定されている。

（組み合わせ）

	A	B	C	D
1	○	×	○	×
2	○	×	×	○
3	×	○	○	×
4	×	○	×	×
5	×	×	○	○

解答

解 説 ❹

A ✕ 記述の内容は、「児童扶養手当法」に関するもので、同法第1条において、「父又は母と生計を同じくしていない児童が育成される家庭の生活の安定と自立の促進に寄与するため、当該児童について児童扶養手当を支給し、もつて児童の福祉の増進を図ること」と定められています。

この法律で児童は、18歳に達する日以後の最初の3月31日までの間にある者又は20歳未満の障害児です。支給には所得制限があります。

「特別児童扶養手当等の支給に関する法律」は、「精神または身体に障害のある児童について特別児童扶養手当を支給し、精神または身体に重度の障害を有する児童に障害児福祉手当を支給するとともに、精神または身体に著しく重度の障害を有する者に特別障害児手当を支給することにより、これらの児童の福祉の増進を図ること」を目的としています。

特別児童扶養手当は、在宅で20歳未満の障害児を養育する者に対して支給されます。

B ○ 「児童福祉法」第24条の25において「障害児相談支援給付費及び特例障害児相談支

援給付費の支給は、**障害児相談支援**に関して（中略）支給する給付とする。」と定められています。障害児相談支援とは、障害児が障害児通所支援を利用する前に障害児支援利用計画を作成し、通所支援開始後、一定期間ごとにモニタリングを行う等の支援のことです。

C ○ 「児童手当法」は、「**児童を養育している者**に児童手当を支給することにより、家庭等における生活の安定に寄与するとともに、次代の社会を担う児童の健全な育成及び資質の向上に資すること」を目的としています。

児童手当の受給対象には**児童養護施設等の管理者（養育者）**も含まれます。また、支給には所得制限があります。

この法律での児童の定義は、**18歳に達する日以後の最初の3月31日までの間にある者**です。

D × 「発達障害者支援法」は、発達障害者の**早期発見**、発達障害者の**自立**及び**社会参加**のための支援を行うことを目的としています。**国**や**地方公共団体**の責務を明らかにするとともに、学校教育における支援、就労支援などについて定めています。

この法律での発達障害児は、発達障害者のうち**18歳未満の者**をいい、**発達障害児支援**についても規定されています。

解答 3

児童福祉に関する法律又は条約

(平成30年神奈川)

児童手当法：児童とは、**18歳に達する日以後の最初の3月31日までの間にある者**と規定されている。

民法：基本原則として、私権は公共の福祉に適合しなければならないと規定されている。

社会福祉法：福祉サービス利用者の利益の保護及び地域における社会福祉の推進を図るとともに、社会福祉事業の公明かつ適正な実施の確保及び社会福祉を目的とする事業の健全な発達を図り、もって社会福祉の増進に資することが目的とされている。

児童の権利に関する条約：児童とは、**18歳未満のすべての者**と規定されている。

母子及び父子並びに寡婦福祉法：児童とは、**20歳に満たない者**と規定されている。

  児童福祉に関する法律

　児童福祉に関する法律には、児童福祉六法「児童福祉法」「児童扶養手当法」「特別児童扶養手当等の支給に関する法律」「母子及び父子並びに寡婦福祉法」「母子保健法」「児童手当法」のほか、「児童虐待防止法」や「少年法」、「生活保護法」等があります。しっかり押さえておきましょう。

精選過去問 ❺

平成31年神奈川 問2

次の文は、「母子保健法」に関する記述である。正しい記述の組み合わせを一つ選びなさい。

A 市町村は、妊娠の届出をした者に対して、母子健康手帳を交付しなければならない。

B 市町村は、「母子保健法」に基づき、子育てについての相談、情報の提供、助言その他の援助を行う地域子育て支援拠点事業を行うこととしている。

C 新生児の訪問指導とは、主に新生児の発育、栄養、生活環境、疾病予防など育児上重要な事項の指導を目的としてすべての新生児の保護者を訪問するとしている。

D 未熟児とは、2500ｇ未満で出生した乳児としている。

E 市町村は、満１歳６か月を超え満２歳に達しない幼児、及び満３歳を超え満４歳に達しない幼児に対して、健康診査を行わなければならないとしている。

（組み合わせ）

1	A	B
2	A	E
3	B	C
4	C	D
5	D	E

解答 [　　　]

解説 ❺

A ○ 「母子保健法」第16条に「**市町村**は、妊娠の届出をした者に対して、母子健康手帳を交付しなければならない。」と定められています。
同法において、「母子健康手帳の様式は、**厚生労働省令で定める。**」とも定められています。（第16条第３項）

B ✕ 「**子ども・子育て支援法**」第59条において、「**市町村**は、内閣府令で定めるところにより、第61条第１項に規定する**市町村子ども・子育て支援事業計画**に従って、**地域子ども・子育て支援事業**として、次に掲（かか）げる事業を行うものとする。」と定められており、掲げられている事業の一つに「**児童福祉法**第６条の３第６項に規定する**地域子育て支援拠点事業**」があります。
なお「**児童福祉法**」第６条の３第６項では、「この法律で、**地域子育て支援拠点事業**とは、厚生労働省令で定めるところにより、乳児又は幼児及びその保護者が相互の交流を行う場所を開設し、子育てについての相談、情報の提供、助言その他の援助を行う事業をいう。」と定められています。

C ✕ 「母子保健法」第11条において、「**市町村長**は、前条の場合において、当該乳児が新生児であつて、**育児上必要があると認めるとき**は、医師、保健師、助産師又はその他の職員をして**当該新生児の保護者**を訪問させ、必要な指導を行わせるものとする。」

と定められています。「すべての新生児の保護者」ではありません。

D ✕ 「母子保健法」第6条第6項において、「この法律において「未熟児」とは、身体の発育が**未熟のまま出生した乳児**であつて、**正常児が出生時に有する諸機能を得るに至るまでのもの**をいう。」と定められています。

　なお、同法第18条において、「体重が**2,500グラム未満の乳児**が出生したときは、その**保護者**は、速やかに、その旨をその乳児の**現在地の市町村に届け出なければならない**。」（**低体重児の届出**）と定められています。

E ○ 「母子保健法」第12条では、**市町村**は、満**1歳6か月を超え満2歳に達しない幼児**及び満**3歳を超え満4歳に達しない幼児**に対して、**厚生労働省令の定めるところにより、健康診査を行わなければならない**としています。ここに出てくる厚生労働省令は、「健康増進法」第9条第1項に規定する健康診査等指針と調和が保たれたものでなければならないとも定められています。

解答　2

  「母子保健法」改正による子育て世代包括支援センターの法定化

　改正「母子保健法」（2016（平成28）年）は妊娠期から子育て期にわたる切れ目のない支援のために、子育て世代包括支援センターに保健師等を配置して、「母子保健サービス」と「子育て支援サービス」を一体的に提供できるよう、児童虐待防止等も含めたきめ細かな相談支援等を行うこととなりました。同法の改正により、子育て世代包括支援センター（法律上は「母子健康包括支援センター」）は法定化されました（2017（平成29）年4月1日施行）。同センターについては、2020（令和2）年度末までに全国展開を目指しています。

ここも出た！　**CHECK✓**（令和元年後期・地限）　**「母子保健法」の一部**

・市町村は、妊産婦若しくはその**配偶者**又は乳児若しくは幼児の保護者に対して、妊娠、出産又は育児に関し、必要な保健指導を行い、又は医師、歯科医師、助産師若しくは保健師について保健指導を受けることを**勧奨**しなければならない。

・市町村長は、（中略）当該乳児が新生児であつて、育児上必要があると認めるときは、医師、保健師、助産師又はその他の職員をして当該新生児の保護者を**訪問**させ、必要な**指導**を行わせるものとする。

・市町村は、（中略）厚生労働省令の定めるところにより、**健康診査**を行わなければならない。

・市町村は、妊娠の届出をした者に対して、**母子健康手帳**を交付しなければならない。

・市町村は、妊産婦が（中略）妊娠又は出産に支障を及ぼすおそれがある疾病につき医師又は歯科医師の診療を受けるために**必要な援助**を与えるように努めなければならない。

精選過去問 ❻

次の文は、「児童福祉法」に定められている国及び地方公共団体の責務に関する記述である。**不適切な記述**を一つ選びなさい。

1 市町村（特別区を含む。以下同じ。）は、基礎的な地方公共団体として、児童の身近な場所における児童の福祉に関する支援に係る業務を適切に行わなければならない。

2 都道府県は、市町村に対する必要な助言及び適切な援助を行う。

3 国及び地方公共団体は、児童が家庭において心身ともに健やかに養育されるよう、児童の保護者を支援しなければならない。

4 国は、市町村の区域を超えた広域的な対応が必要な業務を適切に行わなければならない。

5 国は、市町村及び都道府県に対する助言及び情報提供等の必要な措置を講じなければならない。

解答	

解説 ❻

　2016（平成28）年の「児童福祉法」の改正で、全ての児童が健全に育成されるよう児童を中心に、その福祉の保障等の内容を明らかにするとして、市町村・都道府県・国の役割と責務の明確化等が図られています（「児童福祉法」第3条の2、第3条の3）。

1 ○ **市町村（特別区を含む。）**は、「基礎的な地方公共団体として、児童の身近な場所における児童の福祉に関する支援に係る業務を適切に行わなければならない。」と定められています。

　市町村は、児童及び妊産婦の福祉に関し、実情の把握に努め、情報の提供を行い、家庭その他からの相談に応じて必要な調査・指導、支援を行います。その他、保育所など児童福祉施設の設置と保育の実施、子育て支援事業の実施等を行います。

2 ○ **都道府県**は、「市町村の行うこの法律に基づく児童の福祉に関する業務が適切かつ円滑^{えんかつ}に行われるよう、市町村に対する必要な助言及び適切な援助を行う」と定められています。

3 ○ **国及び地方公共団体**は、「児童が家庭において心身ともに健やかに養育されるよう、児童の保護者を支援しなければならない。」と定められています。

　児童の保護者に第一義的責任（最も重要な責任）がありますが、保護者が子育てのすべてを担うことは難しいことから、行政や地域など社会全体で、保護者が子育てに対する責任を果たすことができるような支援の充実に努めることになっています。

4 ✕ **都道府県**は、「児童が心身ともに健やかに育成されるよう、専門的な知識及び技術並びに各市町村の区域を超えた広域的な対応が必要な業務を適切に行わなければならない。」と定められています。

　なお、都道府県は、児童及び妊産婦の福祉に関して、市町村間の連絡調整、情報提供

などを行います。広域的見地から実情の把握に努め、児童とその保護者について調査・判定を行い、必要な指導や支援を行います。一時保護や施設入所等、行政処分としての措置等も行います。

5 ○ 国は、「市町村及び都道府県の行うこの法律に基づく児童の福祉に関する業務が適切かつ円滑に行われるよう、児童が適切に養育される体制の確保に関する施策、市町村及び都道府県に対する助言及び情報提供その他の必要な各般の措置を講じなければならない。」と定められています。

| 解答 4 |

「児童福祉法」第10条の一部
（令和元年後期・地限）

市町村は、この法律の施行に関し、次に掲げる業務を行わなければならない。
1　児童及び妊産婦の福祉に関し、必要な実情の把握に努めること。
2　児童及び妊産婦の福祉に関し、必要な情報の提供を行うこと。
3　児童及び妊産婦の福祉に関し、家庭その他からの相談に応ずること並びに必要な調査及び指導を行うこと並びにこれらに付随する業務を行うこと。
4　前3号に掲げるもののほか、児童及び妊産婦の福祉に関し、家庭その他につき、必要な支援を行うこと。

市町村子ども家庭総合支援拠点
（平成30年後期・地限）

・実施主体は市町村（一部事務組合を含む。以下同じ。）とする。ただし、市町村が適切かつ確実に業務を行うことができると認めた社会福祉法人等にその一部を委託することができる。
・すべての子どもとその家庭及び妊産婦等を対象として、コミュニティを基盤にしたソーシャルワークの機能を担う。
・原則として、子ども家庭支援員、心理担当支援員、虐待対応専門員の職務を行う職員を置く。

子ども家庭福祉の実施機関

精選過去問 ❼

平成29年前期 問7 ／ ／

次の文は児童家庭福祉の実施機関に関する記述である。適切な記述をひとつ選びなさい。

1 「福祉に関する事務所（福祉事務所）」は「社会福祉法」第14条に規定されており、主に生活保護制度に関する事務を担うが、児童福祉制度に関しての事務は担わない。

2 保健所は「地域保健法」に基づき市町村が設置し、母子保健のほか、栄養の改善、感染症の予防、環境衛生、精神衛生などを担う。

3 児童相談所は、子どもに関するあらゆる相談を担当し、設置数は全国で約1,800か所（平成27年4月1日現在）と、市町村（特別区を含む）の数とほぼ同数となっている。

4 主任児童委員は、厚生労働大臣によって任命された児童委員の中から市町村長によって指名される。

5 社会保障審議会は、社会保障に関する重要事項を調査審議する機関であり、その中に児童福祉に関する事項を取り扱う児童部会が設置されている。

解答

解 説 ❼

1 ✕ 「福祉に関する事務所（福祉事務所）」は、「**社会福祉法**」第14条に規定されており、主に生活保護制度に関する事務を担うことは正しいですが、「児童福祉制度に関しての事務」も行っていますので、誤りとなります。福祉事務所は、生活保護制度に関する事務も児童福祉制度に関する事務も必要に合わせて多面的に取り扱っています。

福祉事務所とは、福祉六法（生活保護法、児童福祉法、母子及び父子並びに寡婦福祉法、身体障害者福祉法及び知的障害者福祉法、老人福祉法）に定める援護、育成又は更生の措置に関する事務を司る第一線の社会福祉行政機関です。**都道府県及び市（特別区を含む）**は条例によって設置が義務付けられており、**町村**は任意で設置することができます。

都道府県主体で207か所に設置され、市（特別区含）997か所、町村43か所、計1247か所（平成29年4月1日現在）にあります。

主な配置職員は、相談にあたる面接相談員、対象者の自立を支援する現業員（社会福祉主事）などの他に、専門的立場から助言・指導をする老人福祉指導主事・身体障害者福祉司・知的障害者福祉司・ホームヘルパーのほか、児童福祉の専門職である**母子自立支援員**、**婦人相談員**、**家庭相談員**などが配置されているところもあります。

2 ✕ 保健所は、「**地域保健法**」第5条第1項に、都道府県等に必置と謳われています。根拠法は「地域保健法」で正しいですが、同法第5条に保健所は、**都道府県**、**指定都市**、**中核市**、その他の政令で定める市又は**特別区**が設置することとなっています。

3 ✕ 児童相談所の設置主体は、**都道府県**、**指定都市**及び**児童相談所設置市**であり、その設

置数は全国 215 か所（平成 31 年 4 月 1 日現在）で、市町村の数と同数ではありません。

児童相談所は、児童の養育、保護、育成などについての相談にあたる第一線の相談・判定機関として児童家庭福祉に欠かせません。都道府県が設置主体となり全国に設置されています。福祉事務所、児童福祉施設、学校、児童委員などと連携し、要保護児童の判定、一時保護、施設入所の決定などを行います。児童相談所には、**児童福祉司**、相談員、査察指導員、心理判定員、医師等が配置されています。なお、東京都の特別区（23 区）ではそれぞれに 1 か所の児童相談所の設置が進められているなど、その増設が計られています。

4　✕　主任児童委員は**厚生労働大臣**が指名します（「児童福祉法」第 16 条第 3 項）。主任児童委員は、関係機関と児童委員との連絡調整や児童委員の活動に対する援助と協力等を行っています。

5　〇　社会保障審議会は、社会保障に関する重要事項を**調査審議**する機関と位置づけられ、その中に児童福祉に関する事項を取り扱う**児童部会**が設置されています。2019（令和元）年 7 月には、第 48 回社会保障審議会（児童部会）が開催されました。

解答　5

CHECK✓（平成30年神奈川）　児童家庭福祉行政に関する記述

・**児童委員**は、担当区域内の児童や妊産婦の生活状況を把握し、必要な援助・情報提供等を行うほか、地域住民による児童相談所等への要保護児童に関する通告を仲介する役割を担う。

・「売春防止法」に基づき設置される婦人相談所は、**「配偶者からの暴力の防止及び被害者の保護等に関する法律」**に基づき設置される配偶者暴力相談支援センターとしての機能も果たすことができる。

児童福祉施設

精選過去問 ❽

／　　　　／

次の【Ⅰ群】の施設名と【Ⅱ群】の説明を結びつけた場合の正しい組み合わせを一つ選びなさい。

【Ⅰ群】

A 児童自立支援施設

B 児童家庭支援センター

C 医療型障害児入所施設

D 福祉型児童発達支援センター

【Ⅱ群】

ア 地域の児童の福祉に関する各般の問題につき、児童に関する家庭その他からの相談のうち、専門的な知識及び技術を必要とするものに応じ、必要な助言を行うとともに、市町村の求めに応じ、技術的助言その他必要な援助等を行うことを目的とする施設。

イ 障害児を日々保護者の下から通わせて、日常生活における基本的動作の指導、独立自活に必要な知識技能の付与又は集団生活への適応のための訓練を提供することを目的とする施設。

ウ 不良行為をなし、又はなすおそれのある児童及び家庭環境その他の環境上の理由により生活指導等を要する児童を入所させ、又は保護者の下から通わせて、個々の児童の状況に応じて必要な指導を行い、その自立を支援し、あわせて退所した者について相談その他の援助を行うことを目的とする施設。

エ 障害児を入所させて、保護、日常生活の指導、独立自活に必要な知識技能の付与及び治療を行うことを目的とする施設。

（組み合わせ）

	A	B	C	D
1	ウ	ア	イ	エ
2	ウ	ア	エ	イ
3	ウ	イ	エ	ア
4	エ	イ	ア	ウ
5	エ	ウ	ア	イ

解答

解説 ❽

これは、「児童福祉法」で定める児童福祉施設からの出題です。児童福祉施設は、児童福祉に関する事業を行う施設の総称で、行政機関の措置による施設と児童や保護者の自由意思（契約）により利用できる施設があります。また、**入所**と**通所**があります。

A　ウ　「児童福祉法」第44条の記述です。児童自立支援施設は、**不良行為**を行った、またはそのおそれのある児童、その他環境上の理由により**生活指導**等の必要がある児童を**入所**させ（又は**保護者の下から通わせて**）指導して自立を支援し、**退所後**も必要な相談援助を行います。**児童自立支援専門員**や**児童生活支援員**等、専門性を有する職員を配置し、「**枠**のある生活」を基盤とする中で、子どもの健全で自主的な生活を志向しながら、社会的自立に向けた支援を実施しています。第1種社会福祉事業で**入所**と**通所**両方の機能をもちます。児童自立支援施設は、「**少年法**」に基づく家庭裁判所の保護処分等により入所する場合もあり、これらの役割から都道府県等に設置義務が課せられており、施設数は58か所（2016（平成28）年10月1日現在）です。

B　ア　「児童福祉法」第44条の2に関する記述です。児童家庭支援センターは、地域の児童や母子の福祉問題について、**専門的な知識**や技術を必要とする相談に応じ、必要な助言と支援を行います。児童養護施設退所者の**アフターケア**も実施しています。

C　エ　「児童福祉法」第42条第2号の記述です。障害児入所施設は、**福祉型**と**医療型**に区分され、医療型は治療も行います。
障害児に対する施設は、以前は障害種別ごとに分かれていましたが、複数の障害に対応できるよう2012（平成24）年4月より通所・入所の利用形態の別により一元化が行われました。

D　イ　「児童福祉法」第43条第1号の記述です。児童発達支援センターは、**障害児**の通所施設であり、**福祉型**と**医療型**に区分され、医療型は治療も行います。

解答　**2**

  児童福祉施設

　児童福祉施設に関しては、目的・対象者や施設の専門職・実施者、「社会福祉法」に規定される種別が出題されています。「児童福祉法」「児童福祉施設の設備及び運営に関する基準」「社会福祉法」等を確認しておきましょう。

児童福祉法に基づく児童福祉施設

施設名	種別※	形態	施設名	種別※	形態
乳児院	第1種	入所	児童自立支援施設	第1種	入所・通所
母子生活支援施設	第1種	入所	助産施設	第2種	入所
児童養護施設	第1種	入所	保育所	第2種	通所
障害児入所施設	第1種	入所	幼保連携型認定こども園	第2種	通所
児童発達支援センター	第2種	通所	児童厚生施設	第2種	通所
児童心理治療施設	第1種	入所・通所	児童家庭支援センター	第2種	通所

※「社会福祉法」第2条に規定される「社会福祉事業」：「第1種」第1種社会福祉事業、「第2種」第2種社会福祉事業。

精選過去問 ⑨

次の文は、「乳児院運営指針」（平成24年3月29日　厚生労働省）の第Ⅰ部「総論」の一部である。（　A　）～（　D　）にあてはまる語句の正しい組み合わせを一つ選びなさい。

　乳児院における養育の基本は、子どもが養育者とともに、時と場所を共有し、共感し、応答性のある（　A　）のなかで、生理的・心理的・（　B　）に要求が充足されることである。家族、（　C　）と連携を密にし、豊かな人間関係を培い社会の一員として（　D　）できる基礎づくりを行っていくべきである。

（組み合わせ）

	A	B	C	D
1	関係	経済的	市区町村	参画
2	関係	社会的	市区町村	生活
3	環境	経済的	地域社会	生活
4	環境	社会的	地域社会	参画
5	関係	経済的	地域社会	生活

解答

解説 ⑨

A　環境　　B　社会的　　C　地域社会　　D　参画

　「乳児院運営指針」第Ⅰ部「総論」の5.「養育のあり方の基本」（2）「養育のいとなみ」からの出題です。

　5.「養育のあり方の基本」は、（1）「養育の基本と原則」、（2）「養育のいとなみ」、（3）「養育を担う人」、（4）「家庭・里親への支援」、（5）「地域支援・地域連携」によって構成されています。ここでは、（1）「養育の基本と原則」と（2）「養育のいとなみ」の内容を確認しましょう。

「乳児院運営指針」第Ⅰ部「総論」5.「養育のあり方の基本」

（1）養育の基本と原則
- 乳児院の養育は、乳幼児の**生命**を守り、**言葉**で意思表示ができず、ひとりでは生活できない乳幼児の**生活**とその**発達**を保障するものでなければならない。
- 乳幼児期は、人生の出発点であり、人生の土台となる極めて大切な時期である。また、この時期は発達の**テンポ**が速く、**環境**の影響も受けやすい。従って、乳幼児の保護や**養育**は、**緊急**かつ**安定性**のある専門的な養育が必要である。
- 乳幼児は、**安全**で**安心感**のある環境のもと、周囲の**豊かな愛情**と、**応答的**で**継続的**なかかわりを通しておとなや世界に対する**絶対的な信頼**を獲得していく。それは、この時期が、子どもの**心身の傷**を癒し、発育・発達を改善していく**回復可能性**の高い時期であり、乳幼児期の適切な手厚い支援の重要性を示している。

・社会的養護の場は、従来の「家庭代替」から、家族機能の**支援・補完・再生**を重層的に果たすさらなる**家庭支援**の場へと転換が求められている。親子間の**関係調整**、家庭機能の回復支援の過程は、施設と保護者が協働することによって果たされる。

・乳児院では乳児の一時保護委託が常態化している。「**養育保障のための子どものアセスメント**」「**家族再構築のための親子の関係性アセスメント**」「養育の場をつなぐための**社会資源アセスメント**」など、**児童相談所**との連携の下で、乳児院のアセスメント機能の充実を図る必要がある。

（2）養育のいとなみ

・乳児院における養育の基本は、子どもが養育者とともに、時と場所を共有し、共感し、応答性のある**環境**のなかで、生理的・心理的・**社会的**に要求が充足されることである。家族、**地域社会**と連携を密にし、豊かな人間関係を培い社会の一員として**参画**できる基礎づくりを行っていくべきである。

・職員は、個々の子どもの状態や家庭的背景を知った上で、子どもをあたたかく受け入れ、適切な養育を行い、子どもが職員に対して安心と信頼を抱ける存在になっていく。そして、子どもが必要とするときに、その要求に気づき応じられる、**応答的**な存在としての職員が求められる。

・養育単位を**小規模化**し、落ち着いた雰囲気で安定した**生活リズム**によって、養育担当者との深い**継続的**な愛着関係を築きながら、乳児期初期からの**非言語的コミュニケーション**を保障することにより、**情緒**、**社会性**、**言語**をはじめとする全面的な発達を支援する。乳児院の小規模化は、**1対1**のかかわりを理想とする**少人数制**による養育である。

・乳児院には、**被虐待児**も多く入所している。乳幼児の虐待は生命への危険、その後の**人格形成**に及ぼす影響は大きい。しかし、その**回復力**の可能性も高く、乳幼児期の虐待対応は極めて重要である。また、**身体発育不良**、精神運動発達の遅滞、**感情表出**、養育者との関係などに広範な問題を抱えており専門的な対応が必要である。

・近年、入所が増加傾向にある**病児・虚弱児**や**障害児**は、心身ともに特別なかかわりを必要とする。日常的な**全身状態のチェック**や**看護的**かかわりなど**医療的**かかわりのほか、リハビリなどの**療育的**かかわり、その特性に応じた養育の**個別ステップ**をつくっていく**治療的**かかわりも必要である。

・乳児院の養育では、子どもの**健康**と**安全**には最大限留意している。乳児を養育するには、保育に関連した**生理的特性**や病気や**看護**についての十分な理解が不可欠であるとともに、看護師にも保育への理解が求められる。乳児院の養育の専門性を表す「**保育看護**」の質の向上が求められる。

（後略）

※下線部分が出題された箇所です。

解答　4

少子高齢化

精選過去問❿   平成29年前期 問3   /   /

次の文は、少子高齢化に関する記述である。**不適切な記述**を一つ選びなさい。

1 1989（平成元）年の合計特殊出生率が、「ひのえうま」にあたった1966（昭和41）年を下回り、「1.57ショック」とよばれた。

2 「平成26年人口動態統計月報年計（概数）の概況」（厚生労働省）によると、2014（平成26）年の合計特殊出生率は1.42で、第二次世界大戦後最も低かった2005（平成17）年の1.26より多少増加傾向がみられた。

3 1994（平成6）年に「今後の子育て支援のための施策の基本的方向について（エンゼルプラン）」が策定され、同年「少子化対策基本法」が施行された。

4 平成27年版「高齢社会白書」によると、平成26年10月1日現在、わが国の総人口に占める65歳以上人口の割合（高齢化率）は26.0％であるのに対し、0〜14歳の年少人口の割合は12.8％であった。

5 2015（平成27）年より、「子ども・子育て支援法」を含む子ども・子育て関連3法に基づき「子ども・子育て支援新制度」が開始された。

解答

解説❿

1 〇 1989（平成元）年の合計特殊出生率が1.57と、「ひのえうま」にあたった1966（昭和41）年の1.58を下回り、当時戦後最低を記録し、**1.57ショック**とよばれました。

2 〇 2014（平成26）年の合計特殊出生率は1.42で、第二次世界大戦後最も低かった2005（平成17）年の1.26より多少増加傾向がみられました。2015（平成27）年の合計特殊出生率は1.45と上昇しましたが、2016（平成28）年は1.44、2017（平成29）年は1.43と再び低下しており、さらに2018（平成30）年は1.42でした。

3 ✕ 1994（平成6）年12月、今後10年間に取り組むべき基本的方向と重点施策を定めた「今後の子育て支援のための施策の基本的方向について（エンゼルプラン）」（文部、厚生、労働、建設の4大臣合意）が策定されました。なお、「少子化対策基本法」が施行とありますが、実在する法律名称は**少子化社会対策基本法**であり、成立年号は2003（平成15）年です。2003（平成15）年は、少子化に大きく関係する**次世代育成支援対策推進法**「**少子化社会対策基本法**」という2つの法律が施行されている特徴のある年ですから、あわせて、押さえましょう。

4 〇 日本の総人口に占める65歳以上人口の割合（高齢化率）は26.0％（約1/4）であるのに対し、年少人口（0〜14歳）の割合は12.8％でした（平成27年版「高齢社会

白書」)。

「高齢社会白書」は、「高齢社会対策基本法」に基づき、1996（平成8）年から毎年政府が国会に提出している年次報告書であり、高齢化の状況や政府が講じた高齢社会対策の実施の状況、また、高齢化の状況を考慮して講じようとする施策について明らかにしているものです。

5 〇 2012（平成24）年8月に「**子ども・子育て関連3法**」が可決・成立し、公布されました。この3法に基づき、幼児期の学校教育・保育、地域の子ども・子育て支援を総合的に推進するための、「**子ども・子育て支援新制度**」が2015（平成27）年にスタートしています。

子ども・子育て支援新制度の目的は、①質の高い幼児期の**学校教育・保育**の総合的な提供、②**地域**の子ども・子育て支援の充実、③保育の**量的拡大・確保**です。

子ども・子育て関連3法とは幼児期の学校教育・保育、地域の子ども・子育て支援を総合的に推進するために制定された次の3つの法律のことです。

「**子ども・子育て支援法**」

認定こども園、幼稚園、保育所を通じた共通の給付や小規模保育等への給付を創設するとともに、地域の子ども・子育て支援の充実を図ります。

「**認定こども園法の一部改正法**」

幼保連携型認定こども園について、単一の施設として認可・指導監督等を一体化したうえで、学校と児童福祉施設としての法的な位置づけを付与します。

「**子ども・子育て支援法及び認定こども園法の一部改正法の施行に伴う関係法律の整備等に関する法律**」

※上記3法は略称で示しています。正式名称は以下の通りです。
「子ども・子育て支援法」「就学前の子どもに関する教育、保育等の総合的な提供の推進に関する法律の一部を改正する法律」「子ども・子育て支援法及び就学前の子どもに関する教育、保育等の総合的な提供の推進に関する法律の一部を改正する法律の施行に伴う関係法律の整備等に関する法律」

解答 3

ここも出た！ **CHECK✓**（平成30年後期・地限）「**平成28年版 少子化社会対策白書**」における、わが国の少子化に関する記述

・合計特殊出生率は2014（平成26）年に1.42となり、2005（平成17）年と比較すると**増加**している。
・1973（昭和48）年ごろの第二次ベビーブームの時期と比べると、2016（平成28）年の出生数は**半数**以下となった。
・出生数は2014（平成26）年では、かろうじて100万人を保ったが、2005（平成17）年と比較すると**減少**している。

地域子ども・子育て支援事業

精選過去問 ⑪

／ ／

次のうち、「子ども・子育て支援法」における地域子ども・子育て支援事業を構成する事業として、誤ったものを一つ選びなさい。

1　多様な事業者の参入促進・能力活用事業
2　放課後児童健全育成事業
3　児童館事業
4　妊婦健康診査
5　利用者支援事業

解答	

解説 ⑪

　地域子ども・子育て支援事業とは、「子ども・子育て支援法」第59条に規定されており、**市町村子ども・子育て支援事業計画**に従って、子ども・子育て家庭等を対象として行う事業です。費用負担割合は、国・都道府県・市町村それぞれ**1／3**（妊婦健診については交付税措置）となります。

1　○　「多様な事業者の参入促進・能力活用事業」は、新規参入事業者に対する相談・助言巡回支援等や、私学助成（幼稚園特別支援教育経費）や障害児保育事業の対象とならない特別な支援が必要な子どもを認定こども園で受け入れるための職員の加配を促進するための事業です。

2　○　「放課後児童健全育成事業（放課後児童クラブ）」は、保護者が労働等により**昼間家庭にいない小学校に就学している児童**に対し、授業の終了後等に小学校の余裕教室や児童館等において適切な遊び及び生活の場を与えて、その健全な育成を図る事業です。

3　✕　「児童館事業」は、児童の**健全な遊び場**の確保、**健康増進**、**情操**を高めることを目的とした事業ですが、地域子ども・子育て支援事業を構成する事業には含まれていません。

4　○　「妊婦健康診査」は、「**母子保健法**」に基づき、妊婦の健康の保持及び増進を図るため、妊婦に対する健康診査として、①健康状態の把握、②検査計測、③保健指導を実施するとともに、妊娠期間中の適時必要に応じた医学的検査を実施する事業です。

5　○　「利用者支援事業」は、子どもや保護者の**身近な場所**で、教育・保育施設や地域の子育て支援事業等の利用について**情報収集**を行うとともに、それらの利用に当たっての**相談**に応じ、必要な**助言**を行い、関係機関等との連絡調整等を実施する事業です。

主な地域子ども・子育て支援事業

・利用者支援事業	・子育て援助活動支援事業
・地域子育て支援拠点事業	（ファミリー・サポート・センター事業）
・妊婦健康診査	・一時預かり事業
・乳児家庭全戸訪問事業	・延長保育事業
・養育支援訪問事業	・病児保育事業
・子育て短期支援事業	・放課後児童健全育成事業
	（放課後児童クラブ）

解答 3

 CHECK ✓ （平成30年後期・地限） **地域子ども・子育て支援事業に関する記述**

・「**子育て援助活動支援事業**」とは、乳幼児や小学生等の児童を有する子育て中の労働者や主婦等を会員として、児童の預かり等の援助を受けたい者と当該援助を行いたい者との相互援助活動に関する連絡、調整を行うことにより、地域における育児の相互援助活動を推進するとともに、病児・病後児の預かり、早朝・夜間等の緊急時の預かりや、ひとり親家庭等の支援など多様なニーズへの対応を図る事業をいう。
・「**一時預かり事業（一般型）**」とは、主として保育所、幼稚園、認定こども園等に通っていない、又は在籍していない乳幼児で、家庭において保育を受けることが一時的に困難となった乳児又は幼児について、主として昼間において、保育所、認定こども園その他の場所において、一時的に預かり、必要な保護を行う事業をいう。
・「**養育支援訪問事業**」とは、保護者の養育を支援することが特に必要と認められる児童若しくは、保護者に監護させることが不適当であると認められる児童及びその保護者又は出産後の養育について出産前に支援を行うことが特に必要と認められる妊婦に対し、そのよういくが適切に行われるよう、当該要支援児童等の居宅において、養育に関する相談、指導、助言その他必要な支援を行う事業をいう。
・「**乳児家庭全戸訪問事業**」とは、原則として全ての乳児のいる家庭を訪問することにより、子育てに関する情報の提供並びに乳児及びその保護者の心身の状況及び養育環境の把握を行うほか、養育についての相談に応じ、助言その他必要な支援を行う事業をいう。

 CHECK ✓ （平成30年前期） **利用者支援事業に関する記述**

・本事業の「**基本型**」では、子ども及びその保護者等が、教育・保育施設や地域の子育て支援事業等を円滑に利用できるよう、**身近な場所**において、当事者目線の寄り添い型の支援を実施する。
・**地域子ども・子育て支援事業**の一つである。
・本事業の実施主体は、**市町村（特別区及び一部事務組合を含む）**である。
・本事業の内容には、関係機関との**連絡・調整、連携、協働**の体制づくりを行うとともに、地域の子育て資源の育成、**地域課題**の発見・共有、地域で必要な**社会資源**の開発等に努めることも含まれる。

子ども虐待（児童虐待）

精選過去問 ⑫　　　　　　　　平成31年神奈川　問8　／　／

次の文は、児童虐待についての記述である。適切な記述を○、不適切な記述を×とした場合の正しい組み合わせを一つ選びなさい。

A 「平成29年度福祉行政報告例」（厚生労働省）によると、主たる虐待者は実母が最も多い。

B 民法では、親権を行う者は、子の利益のために監護及び教育に必要な範囲内でその子を懲戒することができるとしている。

C 「平成29年度福祉行政報告例」（厚生労働省）によると、児童相談所に寄せられた虐待相談の相談経路で一番多いのが近隣・知人であり、次に多いのが警察である。

D 平成29年度に全国の児童相談所で対応した児童虐待相談の内容別件数では、最も割合が多いものは身体的虐待、次いで心理的虐待となっている。

（組み合わせ）

	A	B	C	D
1	○	○	×	×
2	○	×	○	○
3	○	×	○	×
4	×	○	×	○
5	×	×	○	○

解答　□

解説 ⑫

A ○ 「平成29年度福祉行政報告例」（厚生労働省）によると、**児童相談所**が対応した児童虐待相談における主な虐待者別構成割合をみると「**実母**」が46.9％と最も多く、次いで「**実父**」が40.7％となっており、「実父」の構成割合は年々**上昇**しています。

B ○ 民法820条において「親権を行う者は、子の利益のために子の**監護及び教育**をする権利を有し、義務を負う。」と、そして民法822条において「親権を行う者は、第820条の規定による**監護及び教育**に必要な範囲内でその子を**懲戒**することができる。」と定められています。

C × 「平成29年度福祉行政報告例」（厚生労働省）によると、**児童相談所**に寄せられた虐待相談の相談経路で一番多いのは**警察等**（49％）で、次に多いのが**近隣・知人**（13％）となっています。

D × 平成29年度に全国の児童相談所で対応した児童虐待相談の内容別件数では、割合が多い順に、**心理的虐待**（54.0％）、**身体的虐待**（24.8％）、**ネグレクト**（20.0％）、**性的虐待**（1.2％）となっています。

解答　**1**

ポイント解説　児童虐待の分類

児童虐待の４分類を覚えましょう。

[身体的虐待]

殴る、蹴る、投げ落とす、激しく揺さぶる、やけどを負わせる、溺れさせる、首を絞める、縄などにより一室に拘束する　など

[性的虐待]

子どもへの性的行為、性的行為を見せる、性器を触る又は触らせる、ポルノグラフィの被写体にする　など

[ネグレクト（保護の怠慢・拒否・育児放棄）]

家に閉じ込める、食事を与えない、ひどく不潔にする、自動車の中に放置する、重い病気になっても病院に連れて行かない　など

[心理的虐待]

言葉による脅し、無視、きょうだい間での差別的扱い、子どもの目の前で家族に対して暴力をふるう（ドメスティック・バイオレンス：DV）　など

※ DV が心理的虐待に入っていることに注意しましょう。

ここも出た！　CHECK（平成30年前期改）
「子ども虐待による死亡事例等の検証結果等について（第15次報告）」についての記述

・心中以外の虐待死では、死亡した子どもの年齢として **0 歳**が最も多かった。
・心中以外の虐待死では、主たる加害者は「**実母**」が最も多く、４割を超えていた。
・心中による虐待死（未遂を含む）における加害の動機としては「**経済的困窮（多額の借金など）**」が６割を超えていた。

ここも出た！　CHECK（平成28年後期・地限）
児童虐待についての記述

・「子ども虐待対応の手引き」（平成 25 年：厚生労働省）による児童虐待の分類は、**身体的虐待**、**心理的虐待**、**性的虐待**、**ネグレクト**の４種類となっている。
・児童虐待防止のための施策として、**乳児家庭全戸訪問事業**や**養育支援事業**などが位置づけられている。
・**要保護児童対策地域協議会**は、要保護児童の適切な保護を図るため、関係機関等により構成され、要保護児童及びその保護者に関する情報の交換や支援内容の協議を行う。

障害のある子どもへの対応

精選過去問⑬　　平成29年後期・地限 問20　　／　　／

次の文は、障害のある児童への支援についての記述である。つぎの【Ⅰ群】の語句と【Ⅱ群】の記述を結びつけた場合の正しい組み合わせを一つ選びなさい。

【Ⅰ群】

A　障害児相談支援　　B　行動援護　　C　計画相談支援

D　児童発達支援　　E　保育所等訪問支援

【Ⅱ群】

ア　「児童福祉法」に基づき、障害児通所支援の申請に係る給付決定の前に利用計画案を作成する。給付決定後、事業者等と連絡調整等を行うとともに利用計画を作成する。

イ　「児童福祉法」に基づき、保育所等を訪問し、障害児に対して、障害児以外の児童との集団生活への適応のための専門的な支援等を行う。

ウ　「障害者の日常生活及び社会生活を総合的に支援するための法律」に基づき、自己判断能力が制限されている人が行動するときに、危険を回避するために必要な支援、外出支援を行う。

エ　「障害者の日常生活及び社会生活を総合的に支援するための法律」に基づき、サービス申請に係る支給決定前にサービス等利用計画書を作成する。

オ　「児童福祉法」に基づき、日常生活における基本的な動作の指導、知識技能の付与、集団生活の適応訓練等の支援を行う。

（組み合わせ）

	A	B	C	D	E
1	ア	イ	エ	オ	ウ
2	ア	ウ	エ	オ	イ
3	エ	イ	ア	ウ	オ
4	エ	オ	ア	ウ	イ
5	オ	ア	イ	エ	ウ

解答　　　　　

解説⑬

　障害児に対する通所（在所・在宅・居宅等ともいいます）福祉サービスは、「**児童福祉法**」による障害児通所支援と、「**障害者の日常生活及び社会生活を総合的に支援するための法律（障害者総合支援法）**」によるホームヘルプサービス、ショートステイ等があります。

　障害児通所支援の実施主体は**市町村**です。これまで「障害者自立支援法（現：障害者総合支援法）」をもとに、障害児へのデイサービスが行われていましたが、法の改正とともに、「児童福祉法」を拠り所にした福祉サービスとされています。

A ア 障害児相談支援では、「児童福祉法」に基づき、障害児通所支援の申請に係る給付決定の前に利用計画案を作成します。給付決定後、事業者等と連絡調整等を行うとともに利用計画を作成します。

障害児相談支援には障害児支援利用援助と継続障害児支援利用援助の２つのサービスがあります。障害児支援利用援助は、障害児が障害児通所支援（児童発達支援・放課後等デイサービスなど）を利用する前に「**障害児利用計画案**」を作成し、利用が決定した際は、サービス事業者等との連絡調整、決定内容に基づく「**障害者支援利用計画**」の作成を行います。継続障害児支援利用援助は、通所支援開始後、一定期間ごとにモニタリングを行い、その結果に基づき、計画の変更申請などを勧奨します。

B ウ 行動援護は、「**障害者の日常生活及び社会生活を総合的に支援するための法律（障害者総合支援法）**」に基づき、判断能力が制限されている人が行動するときに、危険を回避するために必要な支援、外出支援を行うものです。行動に著しい困難を有する知的障害や精神障害のある人が、行動する際に生じ得る危険を回避するために必要な援護です。外出時における移動中の介護、排せつ、食事等の介護のほか、行動する際に必要な援助を行います。

C エ 計画相談支援では、「**障害者の日常生活及び社会生活を総合的に支援するための法律**」に基づき、サービス申請に係る支給決定前にサービス等利用計画書を作成します。作業所への通所やケアホームを利用するために必要な受給者証の申請や更新の時に、相談支援事業所で「計画相談支援」が必要となります。介護保険を利用している人には介護支援専門員（ケアマネジャー）がケアプランを立てますが、これと同じように、障害福祉の分野でも相談支援事業所の相談支援専門員が、個々人に応じた「サービス等利用計画」（ケアプラン）を作成することになっています。

D オ 児童発達支援は、「**児童福祉法**」の規定に基づき、障害のある子どもに対し、児童発達支援センター等において、日常生活における基本的な動作の指導、知識技能の付与、集団生活への適応訓練その他の便宜を提供するものです。障害のある子どもの健やかな育成のためには、子どものライフステージに沿って、地域の保健、医療、障害福祉、保育、教育、就労支援等の関係機関が連携を図り、切れ目の無い一貫した支援を提供する体制の構築を図る必要があります。

E イ 保育所等訪問支援では、「**児童福祉法**」に基づき、保育所等を訪問し、障害児に対して、障害児以外の児童との集団生活への適応のための専門的な支援等を行います。保育所等訪問支援の重要性がうたわれて久しいですが、保育所等訪問支援は、2012（平成24）年４月１日施行の改正児童福祉法により創設された支援です。訪問支援の場所は、保育所や幼稚園、認定こども園、教育機関など通所して集団生活をおくる施設でしたが、対象が乳児院・児童養護施設等入所して集団生活を営む施設にも拡大されました。

解答 **2**

　平成29年前期 問14 　／　　／

次のA〜Fのうち、「障害者総合支援法」に基づく福祉サービスとして正しい組み合わせを一つ選びなさい。

A 重度訪問介護　　　　B 児童発達支援
C 居宅介護　　　　　　D 保育所等訪問支援
E 放課後等デイサービス　F 短期入所

（組み合わせ）
1 A C D
2 A C E
3 A C F
4 B D E
5 B E F

解答

解説⓮

「障害者総合支援法（障害者の日常生活及び社会生活を総合的に支援するための法律）」に基づく障害福祉サービスに関する問題です。

A ○ 重度訪問介護は、「**障害者総合支援法**」を根拠とします。「障害者総合支援法」第5条には「障害者福祉サービス」が記されています。同法第5条第3項に「重度訪問介護」があり、「重度訪問介護」は重度の肢体不自由者その他の障害者であって常時介護を要するものとして厚生労働省令で定めるものにつき、居宅又はこれに相当する場所として厚生労働省令で定める場所における入浴、排せつ又は食事の介護その他の厚生労働省令で定める便宜及び外出時における移動中の介護を総合的に供与することをいいます。

B × 児童発達支援は、**障害のある子ども**の発達支援のことで、「**児童福祉法**」第6条の2の2第2項を根拠とします。児童発達支援とは、障害児につき、**児童発達支援センター**、その他の厚生労働省令で定める施設に**通わせ**、日常生活における基本的な動作の指導、知識技能の付与、集団生活への適応訓練、その他の厚生労働省令で定める便宜を供与することをいいます。

C ○ 居宅介護は、「**障害者総合支援法**」第5条第2項を根拠とします。居宅介護とは、障害者などにつき、居宅（在宅）において入浴、排せつ又は食事の介護その他の厚生労働省令で定める便宜を供与することをいいます。

D × 保育所等訪問支援は、「**児童福祉法**」第6条の2の2第6項に記載があります。保育所その他の児童が集団生活を営む施設として厚生労働省令で定めるものに通う障害児又は乳児院その他の児童が集団生活を営む施設として厚生労働省令で定めるものに入

所する障害児につき、その施設を訪問し、その施設における障害児以外の児童との集団生活への適応のための専門的な支援、その他の便宜を供与することをいいます。なお、対象が、**乳児院・養護施設**等に入所する障害児にも拡大されました。

E ✕ 放課後等デイサービスは、「**児童福祉法**」第6条の2の2第4項を根拠とし、学校（幼稚園及び大学を除く。）に就学している障害児に、授業の終了後又は休業日に、生活能力の向上のために必要な訓練、社会との交流の促進その他の便宜を供与します。
放課後等デイサービスは、支援を必要とする障害のある子どもに対して、学校や家庭とは異なる時間、空間、人、体験等を通じて、個々の子どもの状況に応じた発達支援を行うことにより、**子どもの最善の利益**の保障と健全な育成を図るものです。

F ◯ 短期入所（ショートステイ）は、**介護給付**にも該当する項目で、自宅で介護する人が病気の場合などに、短期間、夜間も含めて施設で入浴、排せつ、食事の介護等を行います。「**障害者総合支援法**」第5条第8項を根拠としています。

　ポイントは、「障害をもつ児童の福祉」を分けて覚える事です！
　障害児は、障害者と異なり、「障害者総合支援法」ではなく、「**児童福祉法**」を福祉サービスの基本的な根拠としています。
　障害児施設の一元化、市町村主体の通所サービス（保育所等訪問支援、放課後等デイサービス、児童発達支援、医療型児童発達支援、居宅訪問型児童発達支援）、障害児相談支援などが行われています。

障害児が利用可能な支援

「児童福祉法」に基づく福祉サービス		「障害者総合支援法」に基づく福祉サービス	
障害児通所系	児童発達支援	訪問系	居宅介護（ホームヘルプ）
	医療型児童発達支援		同行援護
	居宅訪問型児童発達支援		行動援護
	放課後等デイサービス		重度障害者等包括支援
	保育所等訪問支援	日中活動系	短期入所（ショートステイ）
障害児入所系	福祉型障害児入所施設		
	医療型障害児入所施設		
相談支援系	障害児相談支援	相談支援系	計画相談支援

解答 3

少年非行

精選過去問 ⑮

平成30年前期 問19改 ／ ／

次の文は、「少年法」および少年非行等についての記述である。不適切な記述を一つ選びなさい。

1 「少年法」は、少年の健全な育成を期し、非行のある少年に対して性格の矯正及び環境の調整に関する保護処分を行うとともに、少年の刑事事件について特別の措置を講ずることを目的とする。

2 「平成30年版 犯罪白書」（法務省）によると、少年による刑法犯の検挙人員は近年増加の一途をたどっている。

3 「少年法」における「少年」とは、20歳に満たないものを指す。

4 「平成30年版 犯罪白書」（法務省）によると、平成29年の触法少年の補導人員は、1万人に満たなかった。

5 「平成30年版 犯罪白書」（法務省）によると、平成29年の少年による刑法犯の検挙人数の人口比は、成人の刑法犯の検挙人数の人口比よりも高い。

解答

解説 ⑮

1 ◯ 「少年法」第1条からの出題です。「少年の健全な育成を期し、非行のある少年に対して**性格の矯正**及び環境の調整に関する保護処分を行うとともに、少年の**刑事事件**について**特別の措置**を講ずることを目的とする。」としています。

2 ✕ 「平成30年版 犯罪白書」（法務省）によると、「少年による刑法犯の検挙人員は、平成16年以降**減少**し続けており、29年は3万5,108人（前年比12.5%**減**）であった」としています。

3 ◯ 「少年法」第2条において、「この法律で「少年」とは、**20**歳に満たない者をいい、「成人」とは満**20**歳以上の者をいう。」としています。
また、「保護者」とは、少年に対して**法律上**監護教育の**義務**のある者及び少年を**現に監護する**者をいいます。
「児童福祉法」における「少年」（小学校就学の始期から満**18**歳に達するまでの者）とは定義が異なりますので注意しましょう。

4 ◯ 「平成30年版 犯罪白書」（法務省）によると、平成29年触法少年の補導人員は、8,311人と1万人に満たない人数でした。
尚、「少年法」第3条により家庭裁判所の審判を受ける非行少年は、次のように区別されています。
① 罪を犯した少年（**犯罪少年**）
② **14**歳に満たないで刑罰法令に触れる行為をした少年（**触法少年**）

③　その性格又は環境に照らして、将来、罪を犯し、又は刑罰法令に触れる行為をする虞のある少年（虞犯少年）

5　○　「平成30年版　犯罪白書」（法務省）によると、「平成29年の少年による刑法犯の検挙人数の人口比は307.2であり、成人の人口比と比較すると、依然として約1.7倍と高いものの、人口比の最も高かった昭和56年（1,432.2）の約5分の1になっている」としています。成人の人口比は179.0でした。

　「犯罪白書」は、犯罪の防止と犯罪者の改善更生を願って、刑事政策の策定とその実現に資するため、それぞれの時代における犯罪情勢と犯罪者処遇の実情を報告し、また、特に刑事政策上問題となっている事柄を紹介する白書です。少年犯罪については、主に第3編「少年非行の動向と非行少年の処遇」において記載されています。

解答　**2**

　CHECK✓（平成30年神奈川改）　「平成30年版 犯罪白書」（法務省）についての記述

・少年の刑法犯、危険運転致死傷及び過失運転致死傷等の検挙人員について、平成29年は**戦後最少**であった。
・犯罪少年による特別法犯の送致人員について、平成18年以降は薬物犯罪より軽犯罪法違反の人員が**多く**なっている。
・犯罪少年による大麻取締法違反の送致人員は、平成26年から4年連続で**増加**している。

　ポイント解説　非行少年への措置

・14歳未満の者は基本的に刑法の対象となりません。「**児童福祉法**」に基づき、家庭環境に非行の主な原因がある場合は、児童相談所で①児童又は保護者への訓戒、または誓約書の提出、②児童福祉士、社会福祉主事、児童委員などの指導、②里親への委託、または**児童自立支援施設**などへの入所、③**家庭裁判所**への送致、という措置がとられます。
　※多くの場合、**児童自立支援施設**へ入所させて指導を行います。
・犯罪少年は、**家庭裁判所**で調査・審判を受けます。家庭裁判所は、**少年鑑別所**が行った鑑別結果を総合的に考慮し、適当と認められる保護処分（**少年院**送致、保護観察所の保護観察及び**児童自立支援施設**又は**児童養護施設**送致）を決定します。

子どもの貧困対策

精選過去問⓰　令和元年後期・地限 問15改　／　／

次の文は、「子どもの貧困対策の推進に関する法律」第１条の一部である。（　Ａ　）〜（　Ｃ　）にあてはまる語句の正しい組み合わせを一つ選びなさい。

　この法律は、（　Ａ　）がその生まれ育った環境によって左右されることのないよう、全ての子どもが心身ともに健やかに育成され、及びその（　Ｂ　）の機会均等が保障され、子ども一人一人が夢や希望を持つことができるようにするため、子どもの貧困の解消に向けて、児童の権利に関する条約の精神にのっとり、子どもの貧困対策に関し、基本理念を定め、（　Ｃ　）の責務を明らかにし、及び子どもの貧困対策の基本となる事項を定めることにより、子どもの貧困対策を総合的に推進することを目的とする。

（組み合わせ）

	Ａ	Ｂ	Ｃ
1	子どもの現在及び将来	成長	地方自治体
2	子どもの自立	成長	地方自治体
3	子どもの自立	成長	国等
4	子どもの自立	教育	地方自治体
5	子どもの現在及び将来	教育	国等

解答 ☐

解説⓰

Ａ　子どもの現在及び将来　　Ｂ　教育　　Ｃ　国等

　わが国では、子どもの貧困が深刻化しています。国は、貧困の拡大を抑えようと、その貧困の対策を**国**の責務としました。そして、2013（平成25）年６月に、「**子どもの貧困対策の推進に関する法律**」が新しく制定されるに至りました。「**子どもの将来**が育った環境によって左右されることのないよう」にと、貧困対策が推進されることになったのです。同法第８条によって、2014（平成26）年８月に、「**子供の貧困対策に関する大綱**」を策定し、教育の機会均等と必要な環境整備をはかって、親の就労支援や教育費の負担軽減等に取り組むこととなりました。

　2019（令和元）年の改正（同年９月施行）においては、子供の「**将来**」だけではなく「**現在**」に向けた対策を推進すること、各施策を子供の状況に応じ包括的かつ早期に講ずること、貧困の背景に様々な社会的要因があることを踏まえること等、目的・基本理念の充実が図られたほか、**市町村**に対する子どもの貧困対策計画の努力義務が規定されています。また、「子供の貧困対策に関する大綱」の記載事項について、「**一人親世帯**の貧困率」「生活保護世帯に属する子どもの**大学等進学率**」「生活の安定に資するための支援」「保護者に対する職業生活の安定と向上に資するための就労の支援」等、趣旨の明確化が図られています。

2016（平成28）年「国民生活基礎調査」では、2015（平成27）年の**相対的貧困率**（熊本県を除く）は 15.7%、**子どもの貧困率**※は 13.9%、「大人が一人」の世帯では、**50.4%** でした。「相対的貧困率」とは、国民の所得の低い額から順に並べた時、ちょうど真ん中の額の半分に満たない人の割合をいいます。

「国民生活基礎調査」は、3年ごとに大規模な調査（世帯、健康、介護、所得、貯蓄）を実施し、中間の各年には、小規模で簡易な調査（世帯、所得のみ）を実施しています。そのため、貧困率の状況に関しては3年ごとの調査となっています。

※子どもの貧困率：等価可処分所得が貧困線に満たない 17 歳以下の子どもの割合。「等価可処分所得」は世帯の可処分所得（収入から税金・社会保険料等を除いたいわゆる手取り収入）を世帯人員の平方根で割って調整した所得を、「貧困線」は等価可処分所得の中央値の半分のことを指す。

解答 5

わが国の子どもの貧困に関する記述 （平成28年前期）

・2014（平成26）年に内閣府に「**子どもの貧困対策会議**」が設置された。
・2014（平成26）年に「**子どもの貧困対策の推進に関する法律**」が施行された。
・2014（平成26）年に「**子供の貧困対策に関する大綱**」が閣議決定された。
・**相対的貧困率の貧困線**とは、等価可処分所得の中央値の半分の額を指し、「**子どもの貧困率**」は、等価可処分所得が貧困線に満たない 17 歳以下の子どもの割合を指す。

UNICEF（国際連合児童基金）の「世界子供白書 2016」に関する記述 （平成30年神奈川）

・最も貧しい子どもたちの5歳未満の死亡率を、最も裕福な子どもたちと比較すると、およそ**2倍**となっている。
・世界のおよそ**4割**の子どもたちが読んだり、書いたり、簡単な算数を学ぶことなく小学校を卒業している。
・現状のままだと、2030年に極度の貧困下（1日あたり1.90米ドル未満）で生活する世界の子ども10人に9人は**サハラ以南のアフリカ**に暮らすと予測している。
・世界の就学年齢の子どもたちの**4人に1人**は、紛争の影響下の国で暮らしている。

次世代育成支援

精選過去問 ⑰　　　　平成31年前期 問3改　　／　　／

次の文は、「平成29年版　子供・若者白書」における子ども・若者育成支援施策に関する記述である。不適切な記述を一つ選びなさい。

1　「子ども・若者育成支援推進法」は、社会生活を円滑に営む上で困難を有する子供や若者を支援するための地域ネットワークの整備を主な内容とするものである。

2　「子ども・若者育成支援推進法」に基づき、「子ども・若者ビジョン」が策定された。

3　「子ども・若者育成支援推進法」に基づき、厚生労働省は「子ども・若者計画」を作成することとされた。

4　内閣府に設置された子ども・若者育成支援推進本部により「子供・若者育成支援推進大綱」が作成された。

5　「子供・若者育成支援推進大綱」では、全ての子供・若者が健やかに成長し、自立・活躍できる社会が目指されている。

解答

解説 ⑰

「平成29年版 子供・若者白書」第1章「子供・若者育成支援施策の総合的な推進」の第2節「「子ども・若者育成支援推進法」の制定と同法に基づく取組」からの出題です。

1　○　2010（平成22）年4月1日に施行された「**子ども・若者育成支援推進法**」は、
・**国**における本部の設置、子供・若者育成支援施策の推進を図るための**大綱**の作成、地域における子供・若者育成支援についての**計画**の作成、**ワンストップ相談窓口**の整備といった枠組みの整備
・社会生活を円滑に営む上で困難を有する子供や若者を支援するための**地域ネットワーク**の整備
を主な内容とするものです。

2　○　「**子ども・若者育成支援推進法**」施行に伴い、同法第26条に基づく特別の機関として**内閣府**に設置された**子ども・若者育成支援推進本部**において、2010（平成22）年7月23日、同法第8条に基づく大綱として「**子ども・若者ビジョン**」が決定されました。

3　✕　「子ども・若者計画」を作成することとされたのは、厚生労働省ではありません。「子ども・若者計画」については、「子ども・若者育成支援推進法」第9条第1項及び第2項において、**都道府県**及び**市町村**が作成するよう努めるものとすることが定められています。

「子ども・若者育成支援推進法」（都道府県子ども・若者計画等）

第9条　都道府県は、子ども・若者育成支援推進大綱を勘案して、当該都道府県の区域内
における子ども・若者育成支援についての計画（以下この条において「**都道府県子ども・
若者計画**」という。）を作成するよう努めるものとする。

2　市町村は、子ども・若者育成支援推進大綱（都道府県子ども・若者計画が作成されて
いるときは、子ども・若者育成支援推進大綱及び都道府県子ども・若者計画）を勘案し
て、当該市町村の区域内における子ども・若者育成支援についての計画（次項において
「**市町村子ども・若者計画**」という。）を作成するよう努めるものとする。

（後略）

4　○　有識者からなる**子ども・若者育成支援推進点検・評価会議**では、2015（平成27）年
11月、新たな大綱の策定に向け、「新たな大綱に盛り込むべき事項について（意見の
整理）」を取りまとめました。政府においては、同会議における指摘を踏まえつつ、
総合的な見地から検討を行い、2016（平成28）年2月9日、**内閣府に設置された子
ども・若者育成支援推進本部**において新たな「**子供・若者育成支援推進大綱**」が決定
されました。検討に当たっては、全国から募集した中学生以上30歳未満のユース特
命報告員に対する意見募集やパブリックコメントを実施し、若者を含む国民から幅広
い意見を募り、これらの意見も参考としました。

5　○　「子供・若者育成支援推進大綱」の副題が、「**全ての子供・若者が健やかに成長し、自
立・活躍できる社会を目指して**」となっています。

　　この大綱では、
　　　①**全ての子供・若者**の健やかな育成
　　　②困難を有する子供・若者やその家族の支援
　　　③子供・若者の成長のための**社会環境**の整備
　　　④子供・若者の成長を支える**担い手**の養成
　　　⑤**創造的な未来**を切り拓く子供・若者の応援
　　という**5つの課題**について重点的に取り組むことを基本的な方針としています。

解答　3

 **子供・若者を地域で支える担い手**（「**平成30年版
子供・若者白書**」）

・犯罪や非行歴のある人の自立及び社会復帰に協力することを目的として、その事情を承
知した上で職場を提供し、その人の立ち直りに協力しようとする民間の事業主である。
　　　　　　　　　　　　　　　　　　　　　　　　　　　　　　　　— **協力雇用主**
・民生委員をもって充てられ、子供と妊産婦の生活の相談役として保護・援助・指導を
行っている。　　　　　　　　　　　　　　　　　　　　　　　　　　— **児童委員**
・市町村長の委嘱を受け、母性と乳幼児の健康の保持増進のため、地域の実情に応じた独
自の子育て支援と健康増進のための啓発活動を行っている。　　　　— **母子保健推進員**
・法務大臣から委嘱された非常勤の国家公務員である。地域社会における犯罪予防等の活
動に当たっている。　　　　　　　　　　　　　　　　　　　　　　　— **保護司**

子育て支援

精選過去問 ⑱

次の文は、子育て支援事業に関する記述である。適切な記述を○、不適切な記述を×とした場合の正しい組み合わせを一つ選びなさい。

A 一時預かり事業（一般型）では、保育従事者のうち2分の1以上を保育士とし、保育士以外は一定の研修を受けた者を配置することが認められている。

B 子育て援助活動支援事業においては、病児や病後児の預かりも行われている。

C 子育て短期支援事業におけるショートステイ事業は、冠婚葬祭、学校等の公的行事への参加などの理由では利用できない。

D 病児保育事業は、病児対応型、病後児対応型、非施設型（訪問型）の3つの事業類型で構成される。

（組み合わせ）

	A	B	C	D
1	○	○	○	×
2	○	○	×	×
3	○	×	×	○
4	×	○	○	○
5	×	×	○	○

解答

解説 ⑱

　この設問で出題された一時預かり事業、子育て援助活動支援事業、子育て短期支援事業、病児保育事業は、いずれも「子ども・子育て支援新制度」の**地域子ども・子育て支援事業**に位置づけられています。

A ○　一時預かり事業とは、家庭において**保育**を受けることが一時的に**困難**となった乳幼児について、厚生労働省令で定めるところにより、主として**昼間**において、**保育所**、**認定こども園**などにおいて、一時的に預かり、必要な**保護**を行う事業をいいます。（「児童福祉法」第6条の3第7項）

「一時預かり事業実施要綱」において、「一般型」の職員の配置は「乳幼児の年齢及び人数に応じて当該乳幼児の処遇を行う者（**保育従事者**）を配置し、そのうち保育士を**1／2以上**とすること。」「当該保育従事者の数は**2**人を下ることはできないこと。ただし、保育所等と一体的に事業を実施し、当該保育所等の職員（保育従事者に限る。）による支援を受けられる場合には、保育士1人で処遇ができる乳幼児数の範囲内において、保育従事者を保育士1人とすることができること。」「1日当たり平均利用児童数がおおむね**3**人以下の場合には、**家庭的保育者**※を保育士とみなすことができる。」

「保育士以外の保育従事者の配置は、一定の研修を修了した者とすること。」などと定められています。

なお、「一般型」のほかに、「幼稚園型」「余裕活用型」「居宅訪問型」「地域密着Ⅱ型」があります。

※家庭的保育者：「家庭的保育事業等の設備及び運営に関する基準」に定める市町村長が行う研修を修了した保育士と同等以上の知識及び経験を有すると市町村長が認めた者

B ○ 子育て援助活動支援事業（**ファミリー・サポート・センター**事業）は、乳幼児や小学生等の児童を有する子育て中の労働者や主婦等を会員として、児童の預かりの援助を受けることを希望する者と当該援助を行うことを希望する者との相互援助活動に関する連絡、調整を行う事業です。2009（平成21）年度からは、**病児・病後児の預かり**、**早朝・夜間等の緊急時の預かり**などの事業（病児・緊急対応強化事業）が行われています。

C ✕ 「子育て短期支援事業実施要綱」では、**短期入所生活援助**（ショートステイ）事業の内容として「市町村は、保護者が**疾病**、**疲労**その他の**身体上**若しくは**精神上**又は**環境上**の理由により家庭において児童を養育することが一時的に困難になった場合や**経済的**な理由により緊急一時的に**母子**を保護することが必要な場合等に実施施設において養育・保護を行うものとする。」と示されています。

そして、その該当となる事由には「児童の保護者の疾病」「育児疲れ、慢性疾患児の看病疲れ、育児不安など身体上又は精神上の事由」「出産、看護、事故、災害、失踪など**家庭養育上**の事由」「**冠婚葬祭**、転勤、出張や**学校等の公的行事への参加**など**社会的**な事由」「経済的問題等により緊急一時的に母子保護を必要とする場合」があります。

D ✕ 「病児保育事業実施要綱」では、病児保育事業の内容として「保育を必要とする乳児・幼児又は保護者の**労働**もしくは**疾病**その他の事由により家庭において保育を受けることが困難となった小学校に就学している児童であって、**疾病**にかかっているものについて、保育所、認定こども園、**病院**、**診療所**、その他の場所において、保育を行う事業。」と示されています。

対象となる事業類型には、**病児対応型**、**病後児対応型**、**体調不良児対応型**、**非施設型**（**訪問型**）、**送迎**対応があります。

解答　**2**

CHECK ✓（令和元年後期・地限）　**多様な保育に関する記述**

・「平成30年版　少子化社会対策白書」によると、おおむね午後10時頃まで開所する**夜間保育所**に対して必要な補助が行われており、2017（平成29）年度の実施ヵ所数は約**80**ヵ所である。

・**企業主導型保育事業**とは、「企業が従業員の働き方に応じた柔軟な保育サービスを提供するために設置する保育施設や、地域の企業が共同で設置・利用する保育施設に対し、施設の整備費及び運営費の助成を行う事業」をいう。

精選過去問⓳

平成30年後期・地限 問4　／　／

次の文は、「保育所保育指針」（厚生労働省告示第117号平成29年3月31日）第4章「子育て支援」の1「保育所における子育て支援に関する基本的事項」の一部である。（　A　）〜（　D　）にあてはまる語句の正しい組み合わせを一つ選びなさい。

（1）保育所の特性を生かした子育て支援

ア　保護者に対する子育て支援を行う際には、各地域や家庭の実態等を踏まえるとともに、保護者の気持ちを受け止め、相互の（　A　）を基本に、保護者の（　B　）を尊重すること。

イ　保育及び子育てに関する知識や技術など、保育士等の（　C　）や、子どもが常に存在する環境など、保育所の特性を生かし、保護者が子どもの成長に気付き子育ての（　D　）を感じられるように努めること。

（組み合わせ）

	A	B	C	D
1	協力関係	自己決定	専門性	喜び
2	協力関係	自己判断	力量	実感
3	信頼関係	自己判断	専門性	喜び
4	信頼関係	自己決定	力量	実感
5	信頼関係	自己決定	専門性	喜び

解答　

解説⓳

A　信頼関係　B　自己決定　C　専門性　D　喜び

「保育所保育指針」第4章「子育て支援」1「保育所における子育て支援に関する基本的事項」の（1）「**保育所の特性**を生かした子育て支援」からの出題です。

「保育所保育指針」第4章「子育て支援」では、保育所における保護者に対する子育て支援は、「全ての子どもの健やかな育ちを実現することができるよう、子どもの育ちを家庭と連携して支援していくとともに、保護者及び地域が有する子育てを自ら実践する力の向上」を目指してしています。

保育所における子育て支援に当たり、保育士等には、一人一人の保護者を尊重しつつ、ありのままを受け止める**受容的態度**が求められます。受容とは、不適切と思われる行動等を無条件に肯定することではなく、そのような行動も保護者を理解する手がかりとする姿勢を保ち、援助を目的として敬意をもってより深く保護者を理解することです。また、援助の過程においては、保育士等は保護者自らが選択、決定していくことを支援することが大切です。保育士等が**守秘義務**を前提としつつ保護者を受容し、その**自己決定**を尊重する過程を通じて両者の間に**信頼関係**が構築されていきます。

また、保護者とのコミュニケーションにおいては、子育てに不安を感じている保護者が子育

てに自信をもち、子育てを楽しいと感じることができるよう、保育所や保育士等による働きかけや環境づくりが望まれます。

「保育所保育指針」第4章「子育て支援」

1 「保育所における子育て支援に関する基本的事項」

（1）　保育所の特性を生かした子育て支援

　ア　保護者に対する子育て支援を行う際には、各地域や家庭の実態等を踏まえるとともに、保護者の気持ちを受け止め、相互の**信頼関係**を基本に、保護者の**自己決定**を尊重すること。

　イ　保育及び子育てに関する知識や技術など、保育士等の**専門性**や、子どもが常に存在する環境など、保育所の特性を生かし、保護者が子どもの成長に気付き子育ての**喜び**を感じられるように努めること。

（2）　子育て支援に関して留意すべき事項

　ア　保護者に対する子育て支援における地域の関係機関等との**連携及び協働**を図り、保育所全体の体制構築に努めること。

　イ　**子どもの利益**に反しない限りにおいて、保護者や子どもの**プライバシー**を保護し、知り得た事柄の**秘密を保持する**こと。

※下線部分が出題された箇所です。

解答　5

ここも出た！ **CHECK**（平成30年神奈川）　**保育士に関する記述**

・保育所に勤務する保育士は、乳児、幼児等の**保育**に関する**相談**に応じ、及び**助言**を行うために必要な知識及び技能の修得、維持及び向上に努めなければならない。

・保育士でない者は、保育士又はこれに紛らわしい名称を使用してはならず、これに違反した者は**30万円以下の罰金**に処される。

・保育士は、その**信用を傷つける**ような行為をしてはならず、これに違反したときは、その**登録**を取り消され、又は**期間**を定めて**保育士の名称の使用**の停止を命ぜられることがある。

・保育士は、正当な理由なくその業務に関して知り得た**人の秘密**を漏らしてはならず、これは**保育士でなくなった後**も同様である。

精選過去問⑳　平成29年後期・地限 問16　／　／

次の［事例］を読んで、問に答えなさい。

［事例］

　Z保育所では、週に1回園庭開放や子育て相談を実施している。毎回、数組の親子が園庭開放を利用している。そこに母親のXさんと子どもY君（1歳6か月）がやってきた。Xさん親子は、これまで数回園庭開放を利用している。担当のW保育士は、Xさんの暗い表情や他の親子と全く関わりが無いことが気になっていた。ある日、W保育士がXさんに話しかけ、話を始めた。子育てのことに話が及ぶと、「Yが泣くとイライラして怒鳴ってしまう。それが毎日続き、いつか手をあげそうです。」と声を詰まらせた。落ち着いたところで、詳しく話を聞くと次のことが分かった。

・夫の転勤でV市に引っ越してきたばかりで、知り合いが誰もいない。
・夫は仕事のため帰宅が遅い。Xさんは専業主婦である。
・Z保育所の園庭開放以外の社会資源は利用していない。
・子どもとの関わり方がよく分からず、迷ったり、戸惑ったりすることが多い。そのためイライラして、Y君に怒鳴ってしまう。

次の文のうち、これからのXさんへのW保育士の対応として適切な記述を○、不適切な記述を×とした場合の正しい組み合わせを一つ選びなさい。

A　Y君との関わり方で分からないことに対して、具体的な関わり方を提案する。

B　Y君と同年齢のクラスを見学し、保育士がどのように関わっているかを紹介する。

C　Xさんの話を傾聴し、不安やストレスを受けとめる。

D　「もっとY君としっかり向き合って、イライラしてはいけない」と言う。

（組み合わせ）

	A	B	C	D
1	○	○	○	○
2	○	○	○	×
3	○	×	○	×
4	×	○	×	○
5	×	×	○	○

解答　□

解説⑳

　「子ども・子育て支援法」がスタートして、地域の子育て支援に関しては、一層保育所の果たす役割が期待されています。社会福祉援助技術の基本を押さえておけば、正答を導きだす手がかりになった問題です。今回の【事例】では、**インテーク（初回面接）**に必要な心得として、相談員（保育士）は、心のバイアス（偏見や先入観）を排除した状態で臨むことが肝要となります。

A　○　Y君とのかかわり方で分からないことに対して、具体的な関わり方を提案することは適切な対応といえます。Xさんの不安な気持ちに寄り添い、前向きな話へと進めていくために大切なことです。

B　○　Y君の同年齢のクラスを見学し、保育士がどのように関わっているかを紹介すること

は、適切な対応といえます。実際に同じような年齢の子ども達を見てもらうことにより、Xさんの不安を取り除くきっかけとなり、心にはたらきかけることにもつながります。

C ○ Xさんの不安やストレスを受け止めるように、話を傾聴することは適切な対応といえます。Xさんの心の整理にもつながり、まさに、**バイスティック（バイステック）の7原則**に即した対応です。

D × 「もっとY君としっかり向き合って、イライラしてはいけない」とXさんに言うことは、Xさんを追い込むだけでなく、場合によってはXさんの育児を否定することにもつながるため、**エンパワメント**（潜在的な力を引き出す支援）を視野に入れた相談支援の姿勢が大切です。

　この問題は1つの事例に対し、連続した2つの設問で構成されていたため、配点が大きい問題でもありました。当設問に続く問17では、「Z保育所以外で、W保育士がXさんに利用を勧める事業として適切なものを一つ選びなさい。」という問題が出題されています。この事例の場合は、**地域子育て支援拠点事業**等を勧めることが望ましいといえます。

　地域子育て支援拠点事業は、地域の親子の交流や、保護者に対する育児相談等を実施し、子育ての孤立感、負担感の解消を図り、全ての子育て家庭を地域で支える取り組みとしてその拡充を図ってきたものです。「子ども・子育てビジョン」においても、1万か所（中学校区に1か所）の設置を目標として掲げ、重点的に取り組みを推進しています。今では実施形態も多様化しています。さらに、「**子ども・子育て支援法**」では、子育てをしている家庭が、子育て支援の給付・事業の中から適切な選択ができるよう、地域の身近な場所で相談や情報提供、助言等を行う**利用者支援事業**も法定化されています。

解答　2

  バイスティック（バイステック）の7原則

　相談員が、相談者に援助を行う場合、信頼関係が最も大切となり、その信頼関係の構築のために重要な以下の7つの原則のことを、「バイスティック（バイステック）の7原則」とよびます。
①個別化の原則　②意図的な感情表出の原則　③統制された情緒的関与の原則
④受容の原則　⑤非審判的態度の原則　⑥自己決定の原則　⑦秘密保持の原則

 （平成30年前期）　**対人援助におけるコーディネーションに関する記述**

　狭義の領域としては、保健、医療、福祉の**専門職**間連携であり、広義には**クライエント**はもとより家族、近隣、**ボランティア**などの**インフォーマル・サポート**および生活関連資源の連携までを含める。また、その連携は、既存の主体や社会資源間だけでなく、**クライエント**の利益に必要な支援を開発、創造することを含んだ連携のあり方である。

妊娠出産支援

精選過去問 ❷❶

平成29年前期 問17　／　　／

次の文は、平成27年度版「厚生労働白書」の妊娠出産支援についての記述である。
（　A　）～（　D　）にあてはまる語句の正しい組み合わせを一つ選びなさい。

　平成27年度からは、妊娠期から子育て期にわたるまでの様々なニーズに対して総合的相談支援を提供するワンストップ拠点（子育て世代包括支援センター）を立ち上げ、保健師、助産師、ソーシャルワーカー等のコーディネーターが（　A　）妊産婦等の状況を継続的に把握し、必要に応じて支援プランを作成することにより、妊産婦等に対し（　B　）支援の実施を図っているところである。

　なお、子育て世代包括支援センターは、子ども・子育て支援新制度の（　C　）における利用者支援事業の（　D　）として実施することとしており、保健師等の専門職が全ての妊産婦を対象に、「利用者支援」と「地域連携」の両方を行う形態となる。

（組み合わせ）

	A	B	C	D
1	すべての	切れ目のない	地域型保育事業	地域保健型
2	ニーズの高い	切れ目のない	地域型保育	母子保健型
3	ニーズの高い	ニーズに対する	地域型給付事業	地域保健型
4	すべての	切れ目のない	地域子ども・子育て支援事業	母子保健型
5	ニーズの高い	ニーズに対する	地域型保育	地域保健型

解答 □

解 説 ❷❶

A　すべての　　B　切れ目のない　　C　地域子ども・子育て支援事業　　D　母子保健型

　平成27年度版「厚生労働白書」第1部「人口減少社会を考える」第2章第1節「若い世代が新しい世代を希望通り産み育てられるために」2「妊娠出産支援」からの出題です。

　地域子ども・子育て支援事業の一つである**利用者支援事業**は、子育て家庭や妊産婦が、教育・保育施設や地域子ども・子育て支援事業、保健・医療・福祉等の関係機関を円滑に利用できるようにサポートする事業で、3つの事業類型があります。

　「**基本型**」利用者支援と地域連携を共に実施
　「**特定型**」（いわゆる「保育コンシェルジュ」）主に利用者支援を実施
　「**母子保健型**」保健師等の専門職が**すべての**妊産婦を対象として利用者支援と地域連携を共に実施

母子保健型は、「母子保健法」に規定されていた母子保健センターが子育て世代包括支援センターの機能をもつこととなり、2017（平成29）年4月の「母子保健法」改正により**子育て世代包括支援センター（母子健康包括支援センター）**※として、**市区町村**に設置することが努力義務とされました。さらに、「ニッポン一億総活躍プラン」（平成28年6月2日閣議決定）においては、2020（令和2）年度末までにセンターの全国展開を目指すこととされています。

　子育て世代包括支援センターは、2014（平成26）年から実施されている妊娠・出産包括支援事業（産前・産後サポート事業及び産後ケア事業）や「**子ども・子育て支援法**」に基づく利用者支援、「**児童福祉法**」に基づく子育て支援なども包括的に運営する機能を担うものであり、専門知識を生かしながら利用者の視点に立った妊娠・出産・子育てに関する支援のマネジメントを行うことが期待されています。

※子育て世代包括支援センターの法律における名称は「母子健康包括支援センター」です。

解 答　4

CHECK （平成31年前期）　**「子ども・子育て支援法」に基づく利用者支援事業（母子保健型）に関する記述**

・実施場所は、主として**市町村保健センター**等母子保健に関する相談機能を有する施設とされる。
・母子保健に関する専門知識を有する**保健師**、**助産師**、**看護師**又はソーシャルワーカー（**社会福祉士**等）を1名以上配置する。
・妊娠・出産・子育てに関する相談に応じ、必要に応じて個別に**支援プラン**を策定する。

CHECK （平成30年後期・地限）　**産前・産後サポート事業に関する記述**

・妊産婦等が抱える妊娠・出産や子育てに関する悩み等について**相談支援**を行い、家庭や地域での妊産婦等の孤独感の解消を図ることを目的とする。
・対象となる時期は、**妊娠初期（母子健康手帳交付時等）から出産後4か月まで**が目安となるが、母子の状況、地域におけるニーズや社会的資源等の状況を踏まえ、**市町村（特別区含む）**において判断する。
・「**参加型**」は、公共施設等を活用し、同じ悩み等を有する妊産婦に対して集団形式により相談に対応する。
・「**パートナー型**」は、助産師等の専門職や子育て経験者やシニア世代等が、妊産婦等の自宅に赴く等により個別に相談に対応する。

放課後児童健全育成事業

精選過去問㉒　　　平成31年前期　問11　　／　　／

次の文は、放課後児童健全育成事業に関する記述である。適切な記述を一つ選びなさい。

1　1つの支援の単位を構成する児童の数は、おおむね50人以下とする。

2　特別支援学校の小学部の児童は、本事業ではなく放課後等デイサービス事業を利用することとする。

3　本事業の実施主体は、市町村（特別区及び一部事務組合を含む。）とする。

4　放課後児童支援員は、保育士資格や教員免許取得者でなければならない。

5　対象児童は、保護者が労働等により昼間家庭にいない小学校低学年までとする。

解答　　　　　

解説㉒

　放課後児童健全育成事業は、「**児童福祉法**」第6条の3第2項によって、「**小学校に就学している児童**であつて、その保護者が労働等により**昼間家庭**にいないものに、授業の終了後に**児童厚生施設**等の施設を利用して適切な**遊び**及び**生活**の場を与えて、その健全な育成を図る事業をいう。」と定められています。

1　✕　「放課後児童健全育成事業の設備及び運営に関する基準」第10条第4項で「支援の単位は、放課後児童健全育成事業における支援であって、その提供が同時に1又は複数の利用者に対して一体的に行われるものをいい、1の支援の単位を構成する児童の数は、おおむね**40人**以下とする。」と定められています。

2　✕　「放課後児童健全育成事業実施要綱」別添1「放課後児童健全育成事業」3「対象児童」では、「対象児童は、法第6条の3第2項及び基準に基づき、保護者が労働等により昼間家庭にいない小学校に就学している児童とし、その他に**特別支援学校の小学部の児童**も加えることができること。（中略）なお、「保護者が労働等」には、保護者の疾病や介護・看護、障害なども対象となること。」と示されています。（「法」とは「児童福祉法」、「基準」とは「放課後児童健全育成事業の設備及び運営に関する基準」を指します。以下も同じです。）

3　○　「放課後児童健全育成事業実施要綱」別添1「放課後児童健全育成事業」2「実施主体」において、「本事業の実施主体は、**市町村（特別区及び一部事務組合**を含む。）とする。」と示されています。
　　加えて、「ただし、市町村が適切と認めた者に**委託**等を行うことができるものとする。」とも記されています。

4 ✕ 「放課後児童健全育成事業実施要綱」別添1「放課後児童健全育成事業」5「職員体制」によると、放課後児童支援員は、基準第10条第3項各号のいずれかに該当するものであって、**都道府県知事**または指定都市市長が行う研修（認定資格研修）を修了したものでなければならないということが示されています。

ここで出てくる「基準第10条第3項各号」には、**保育士・社会福祉士**の資格を有する者、高等学校卒業者等で**2年以上児童福祉事業**に従事した者、幼稚園・小学校・中学校・高等学校・中等教育学校の**教諭**となる資格を有する者、**大学**（外国の大学も含む）において、社会福祉学、心理学、教育学、社会学、芸術学もしくは体育学を専修する学科またはこれらに相当する課程を修めて卒業した者、高等学校卒業者等で**2年以上放課後児童健全育成事業**に類似する事業に従事した者で**市町村長**が適当と認めた者などが示されています。保育士資格や教員免許取得者だけではありません。

5 ✕ 選択肢2の解説のとおり、対象児童は、保護者が労働等により昼間家庭にいない**小学校に就学している**児童と特別支援学校の小学部の児童です。小学校低学年までではありません。

解答 **3**

CHECK ✓
（平成30年前期）

・「放課後子ども総合プラン」は、2014（平成26）年に**文部科学省**と**厚生労働省**が共同で、いわゆる「**小1の壁**」を打破するとともに、**次代を担う人材**を育成するために策定された。
・「**放課後子ども総合プラン**」では、放課後児童クラブを利用できない児童の解消を目指し、2019（平成31）年度末までにさらなる受け皿を確保することを目指している。

小1の壁

　保育所等に預けていた子どもが、保育所より終了時間（下校時間）が早くなり、夏休み等長期の休暇がある小学校に就学した途端、保護者はこれまでどおり働くことが困難になる問題を「**小1の壁**」といいます。

要保護児童対策地域協議会

精選過去問㉓

次の文は、要保護児童対策地域協議会についての記述である。適切な記述を〇、不適切な記述を×とした場合の正しい組み合わせを一つ選びなさい。

A 要保護児童を早期に発見することを目的としている。

B 要保護児童だけでなく、すべての児童に対し健全育成から保護までの幅広い支援を行うことができる。

C 各関係機関等の連携促進のため、協議会の構成機関以外の機関・団体等とも積極的にすべての情報を共有することができる。

D 情報の共有化を通じて、それぞれの関係機関等の間で、それぞれの役割分担について共通の理解を持つことができる。

E 関係機関等が同一の認識の下に役割分担しながら支援を行うため、支援を受ける家庭がより良い支援を受けられるようになる。

（組み合わせ）

	A	B	C	D	E
1	〇	〇	〇	×	〇
2	〇	×	×	〇	〇
3	×	〇	〇	×	×
4	×	〇	×	〇	×
5	×	×	〇	〇	〇

解答	

解説㉓

要保護児童対策地域協議会（**子どもを守る地域ネットワーク**）に関する問題です。

要保護児童対策地域協議会の対象児童は、「**児童福祉法**」第6条の3に規定する「**要保護児童**（保護者のない児童又は保護者に監護させることが不適当であると認められる児童）」であり、**虐待を受けた子ども**に限られず、**非行児童**なども含まれます。

2004（平成16）年に、**市町村**は児童相談の第一義的窓口になりました。そして、新しく要保護児童の通告先にも加わりました。このことから、市町村の児童福祉に関係する業務が拡張され、市町村を支えるための要保護児童対策地域協議会の設置が求められました。いまでは、100％に近い市町村が設置をしています。（2017（平成29）年は1,735か所で、99.7％です。）

A 〇 要保護児童を早期に発見することを目的としています。
　　「児童福祉法」では、虐待を受けている児童をはじめとする要保護児童（第6条の3）の**早期発見**や適切な**保護**は重要課題となっています。

B ✕ すべての児童が対象というわけではありません。**要保護**児童もしくは**要支援**児童及びその**保護者**、**特定妊婦**が対象です（「児童福祉法」第25条の2第2項）。

C ✕ 要保護児童対策地域協議会には**秘密保持**義務があります（「児童福祉法」第25条の5）。地域協議会を構成する関係機関等に対し**守秘義務**を課すとともに、地域協議会は、要保護児童等に関する情報の交換や支援内容の協議を行うため必要があると認めるときは、関係機関に対して資料又は情報の提供、その他必要な協力を求めることができるとしています（「児童福祉法」第25条の3）。

D ○ 情報の共有化を通じて、それぞれの関係機関等の間で、それぞれの役割分担について共通の理解を持つことができます。関係機関からの円滑な情報の提供を図るための個人情報保護の要請と関係機関における情報共有の関係の明確化が必要です。

E ○ 要保護対策地域協議会は、支援を受ける家庭がより良い支援を受けられるように、関係機関等が**同一の認識**のもとに**役割分担**をしながら支援を行います。

> 解答 2

要保護児童対策地域協議会

要保護児童対策地域協議会は「要保護児童対策地域協議会設置・運営指針」（厚生労働省）からが頻出です。「児童福祉法」と併せて確認しておきましょう。
・虐待を受けている子どもをはじめとする要保護児童（「児童福祉法」第6条の3）の**早期発見**や適切な**保護**を目的とし、2004年（平成16）年の「児童福祉法」改正により法定化されました。
・2008（平成20）年の「児童福祉法」改正により、地方公共団体は、単独で又は共同して要保護児童対策地域協議会を設置するよう**努力義務**化されました。
・設置主体は**地方公共団体**であり、**市町村**及び**都道府県**の他、特別区や地方公共団体の組合なども含まれます。
・要保護児童対策地域協議会という組織として、地域の関係機関等が子どもやその家庭に対する情報や考え方を共有し、適切な連携のもとで対応してゆくこととなるため、要保護児童の早期発見や早期支援の開始等をはじめとする複数の利点が期待できます。

要保護児童発見者の通告義務（「児童福祉法」第25条）

要保護児童を発見した者は、これを市町村、都道府県の設置する**福祉事務所**若しくは**児童相談所**又は**児童委員**を介して市町村、都道府県の設置する福祉事務所若しくは児童相談所に**通告**しなければならない。ただし、罪を犯した満**14**歳以上の児童については、この限りでない。この場合においては、これを**家庭裁判所**に通告しなければならない。

第4章 社会福祉

社会福祉の歴史的変遷

精選過去問 ❶

平成29年前期 問1 ／ ／

次の文は、わが国の社会福祉の発展過程に関する記述である。適切な記述を○、不適切な記述を×とした場合の正しい組み合わせを一つ選びなさい。

A 家族及び地域社会等の仲間集団における相互扶助の変容は、第二次世界大戦後の家族制度の大転換や人口の流動化の影響を受けている。

B 福祉国家による社会保障制度は、1970年代の石油危機（オイルショック）等を契機とした経済成長の鈍化による影響を受けて変容した。

C 社会福祉事業における経営主体の変容は、高齢化の進展によって誕生した介護保険制度の影響を受けている。

D 社会福祉分野における市民活動の変容は、「特定非営利活動促進法」による影響を受けている。

（組み合わせ）

	A	B	C	D
1	○	○	○	○
2	○	○	○	×
3	○	×	×	○
4	×	○	×	○
5	×	×	○	×

解答

解説 ❶

A ○ 「相互扶助」の歴史は古く、明治維新にまで遡ります。地租改正や士族・職人層等の解体で、「賃金労働」の構造が変化したことに伴い、貧困層が増大しました。これを受け、1874（明治7）年に明治政府は、日本初の公的な貧困層救済制度「恤救規則」を制定しました。この制度は、国による公的救済ではなく、家族や地域共同体の相互扶助を前提とした、「人民相互の情誼」を基本的な考え方とするものでした。これが仲間集団における相互扶助のはじまりです。その後、第二次世界大戦後の新憲法公布に伴う民法改正（家族制度の転換）、さらに人口の流動化、産業構造の変化を経て、老齢、障害または死亡によって国民生活の安定が損なわれることを国民の共同連帯によって防止する理念のもと、「国民年金法」が1959（昭和34）年に制定されました。わが国における社会保障制度は、もともと家族や地域における相互扶助という形から始まってきましたが、第二次世界大戦後の家族制度の大転換から、社会経済の発展に伴い相互扶助に限界が訪れたことから、国や地方公共団体などの公的機関の介

入の必要性が高まってきました。

B　○　**福祉国家**とは、一般的には社会保障制度の充実などで国民の福祉を増進しようとする国家のことです。資本主義の結果としての貧困の増大を抑制したり雇用の安定を図ったりすることも含まれます。イギリスでは、1970年代の石油危機（オイルショック）を機に経済が停滞した中でサッチャー政権が誕生し、「規制緩和」「民営化」による社会保障費の大幅な削減が行われました。わが国は1973（昭和48）年と1979（昭和54）年の二度にわたり石油危機を経験し、それによって経済成長も減速していき、凹凸が見えはじめ、税収の減少によって福祉政策のための財源も減少していきました。

C　○　介護分野に関しては、元来「措置制度」と呼ばれる行政によるサービスが中心でしたが、現在は、行政および社会福祉法人などの非営利法人等によって数多くの介護サービスを展開しています。日本では、介護保険法の成立等を受けて、社会福祉の共通基盤制度の見直しとして、2000（平成12）年には**社会福祉基礎構造改革**が行われ、社会福祉法人制度についても幅広い見直しが行われました。高齢者介護の分野における措置制度から契約制度への変更をはじめ、サービスの普遍化という劇的な変化は、利用者のニーズに応じたサービスの提供、事業展開、自主的なサービスの質の向上、経営の効率化・安定化といった、措置制度の下で行われていたような施設管理にはない法人経営を軸とするという形を社会福祉法人により強く求めることとなっていきました。

（介護保険制度の創設）

○ 1997（平成9）年の**介護保険法**の成立によって、「介護」は、保健医療サービスと福祉サービスが総合的に受けられるサービスとして再構築され、従来の措置制度による制限的なサービスから、保険制度による普遍的なサービスへと大きな転換を遂げました。

D　○　「**特定非営利活動促進法**」は、1998年（平成10）年12月に施行された法律で、「NPO法」の名で広く知られるようになりましたが、この法律によって、特定非営利活動を行う団体が簡単に法人格を取得できるようになりました。こうした団体は法人になることによって、団体として財産の共有やさまざまな契約行為を行ったりすることができるようになりました。これにより、市民が行うボランティア活動をはじめとした特定非営利活動を発展・促進させることができるようになり、地域福祉の幅が広がっています。

解答　**1**

精選過去問 ❷

平成30年後期・地限 問20 ／ ／

次のうち、国際連合総会で採択された時期が最も古いものを一つ選びなさい。

1 世界人権宣言
2 児童の権利に関する条約
3 障害者の権利に関する条約
4 障害者の権利宣言
5 児童の権利に関する宣言

解答 ☐

解 説 ❷

　児童や障害者等の人権・権利に関する宣言や条約等については、他の科目でも頻出です。流れをしっかりと確認しましょう。

語呂合わせ：「行くよ！（194）」とハチ（8）の世界で人権宣言

1948（昭和23）年 「世界人権宣言」採択（第3回国連総会）

　「すべての人間が基本的人権をもっている」ということを公式に宣言したもの。

1951（昭和26）年 「児童憲章」制定

　子どもの人格や人間的権利を保障するため、わが国で制定された。

「児童憲章」の前文

> われらは、**日本国憲法の精神**にしたがい、児童に対する正しい観念を確立し、すべての児童の幸福をはかるために、この憲章を定める。
> 児童は、**人**として尊ばれる。
> 児童は、**社会の一員**として重んぜられる。
> 児童は、**よい環境の中**で育てられる。

語呂合わせ：いく（19）つの児童も号泣（59）して権利を宣言

1959（昭和34）年　「児童の権利に関する宣言（児童権利宣言）」採択（第14回国連総会）

30年後

世界で最初の児童の権利に関する宣言である「ジュネーブ宣言」（国際連盟1924（大正13）年採択）、「世界人権宣言」の精神を踏まえて、国連総会で採択された。児童は、**保護される存在**として捉えられている。

1971（昭和46）年　「知的障害者の権利宣言」採択（第26回国連総会）

1975（昭和50）年　「障害者の権利宣言」採択（第30回国連総会）

障害者が他の市民と同じように基本的権利を有することが明示された。

1981（昭和56）年　**国際障害者年**

障害者の「**完全参加と平等**」をスローガンに掲げ、世界各地で障害者のための活動が行われた。

語呂合わせ：一休（19）さんが、児童の権利を約束（89）する条約

1989（平成元）年　「児童の権利に関する条約（子どもの権利条約）」採択（第44回国連総会）

31年後

児童は、**権利の主体であり能動的存在**として捉えられており、「子どもの最善の利益」「意見表明権」等が明示されたことが特徴である。
日本は、国連総会において採択されてから5年後の1994（平成6）年に批准した。

2006（平成18）年　「障害者の権利に関する条約（障害者権利条約）」採択（第61回国連総会）

障害者の人権や基本的自由の享有を確保し、障害者の固有の尊厳の尊重を促進するため、「障害者の権利を実現するための措置」等を規定している。

解答　1

CHECK （平成26年）　**児童の人権に関する法規等とその内容の一部**

・「児童の権利に関するジュネーブ宣言」
── 「児童は、危難に際して最先に救済されるものでなければならない。」

・「児童憲章」
── 「すべての児童は、家庭で、正しい愛情と知識と技術をもって育てられ、家庭に恵まれない児童には、これに代わる環境が与えられる。」

・「児童の権利に関する条約」
── 「児童は、出生の後直ちに登録される。児童は、出生の時から氏名を有する権利及び国籍を取得する権利を有するものとし、また、できる限りその父母を知り、かつその父母によって養育される権利を有する。」

社会福祉の対象

精選過去問 ❸

平成26年再試 問2　／　／

次の文は、社会福祉の対象に関する記述である。適切な記述を○、不適切な記述を×とした場合の正しい組み合わせを一つ選びなさい。

A 災害による被災者の生活問題への対応は、「災害救助法」の対象であり、社会福祉の対象ではない。

B 社会福祉は生活問題を対象とするが、その問題状況を解明するために、生活の全体像を理解することが求められる。

C 働く女性の保育所へのニーズや要介護高齢者の介護サービスへのニーズなどを表す福祉ニーズという言葉は、社会福祉の対象を表すために用いられる。

D 病院に入院している患者が、医療費を支払えない等の問題を抱えている場合は、社会福祉の対象となる。

（組み合わせ）

	A	B	C	D
1	○	○	○	×
2	○	×	○	○
3	○	×	×	○
4	×	○	○	○
5	×	×	○	○

解答

解 説 ❸

A　×　「災害救助法」の目的は、災害に対して、国が地方公共団体、日本赤十字社その他の団体及び国民の協力の下に、応急的に必要な救助を行い、被災者の保護と社会秩序の保全を図ることであり、災害による被災者の生活問題への対応は、「**災害救助法**」の対象であり、**社会福祉の対象**です。既存の建物を活用し、介護が必要な高齢者や障害者等、一般の避難所では生活に支障をきたす人に対してケアが行われるほか、要援護者に配慮したポータブルトイレ、手すりや仮設スロープ等バリアフリー化が図られた**福祉避難所**は、まさに被災者の生活問題への対応を考えた社会福祉領域の支援対象です。また、避難所で生活保護を受給することも可能です。その根拠として、「日本国憲法」第25条では「すべての国民は、健康で文化的な最低限度の生活を営む権利を有する。国は、すべての生活部面について、社会福祉、社会保障および公衆衛生の向上および増進に努めなければならない」（これを**生存権（社会権）**といいます）と規定されています。わが国の社会福祉や社会保障および公衆衛生に関する諸法律は、国民の**生存権の保障**を具体化したものです。とりわけ、我が国の災害対策法制は、災害

の予防、発災後の応急期の対応及び災害からの復旧・復興の各ステージを網羅的にカバーする「災害対策基本法」を中心に、各ステージにおいて、災害類型に応じて各々の個別法によって対応する仕組みとなっており、「災害救助法」は、発災後の応急期における応急救助に対応する主要な法律です。

なお、これまで厚生労働省で所管されていた「災害救助法」等は、2013（平成25）年10月より厚生労働省から、**内閣府**に移管されています。「災害対策基本法」は、国民の生命、身体及び財産を災害から保護し、もって、社会の秩序の維持と**公共の福祉の確保**に資することを目的としています。

B ○ 「社会福祉」は、障害や貧困等で困っている人も、皆が健康に人間らしく生きられるように社会で支えていくことです。社会福祉の捉え方は変化し、社会福祉の対象は時代とともに広がり、障害者、高齢者、貧困者やひとり親家庭、子育て中の一般家庭なども福祉の対象となっています。それぞれの生活問題に当たる際、その背景や本質を理解して支援に取り組まなければなりません。「社会福祉法」では、社会福祉は「**サービス**」であると位置づけています。また、社会福祉における「社会資源」とは、社会福祉制度や施設、公的機関や家族、ソーシャルワーカーによる人的資源も含まれます。それぞれの対象者（利用者）の生活の全体像をつかみ、福祉サービスを提供していくことが望まれます。

C ○ 働く女性の保育所へのニーズや要介護高齢者の介護サービスへのニーズなどを表す福祉ニーズという言葉は、**社会福祉の対象**を表すために使われています。利用者のニーズを把握することが、福祉サービスの成否を分けるほど重要とされます。

D ○ 日本には、病気やけが、失業、障害等による生活の不安を和らげ、困ったときでも日常生活が送れるよう、国家または社会が保障する仕組みがあり、これを「**社会保障制度**」といいます。社会保障制度は、社会保険、社会福祉、公的扶助（生活保護）、保健医療、公衆衛生からなります。例えば、社会保障のセーフティーネットとして機能している生活保護の利用申請を検討することもできますし、病院のソーシャルワーカーや福祉事務所で相談をして、生活保護を受給していない場合であっても利用できる「福祉医療費助成制度（所得制限や助成内容の定めに合えば、受けられる医療費等の助成）」等の検討や、自治体独自の医療費助成を用意している場合もあります。経済的な問題の窓口となっているのが、**福祉事務所**です。福祉事務所は**都道府県**、**市**、**特別区**には必置で、町村は地域の実情に合わせて設置しています。

解答 4

社会福祉の実施主体

精選過去問 4　　　　　　　　　　平成27年地域限定 問3　　／　　　／

次の文は、社会福祉の実践主体に関する記述である。適切な記述を一つ選びなさい。

1　社会福祉法人は、第一種社会福祉事業の経営主体とはなれない。

2　株式会社は、第二種社会福祉事業の経営主体とはなれない。

3　特定非営利活動法人（NPO法人）は、原則として第一種社会福祉事業の経営主体とはなれない。

4　国民は、社会福祉活動の実践主体とはなれない。

5　国は、第二種社会福祉事業の経営主体とはなれない。

解答　□

解説 4

1　✕　社会福祉法人は、「社会福祉法」の定めるところにより、社会福祉事業を行うことを目的として設立される法人をいいます。
社会福祉事業には、「第一種社会福祉事業」と「第二種社会福祉事業」がありますが、第一種社会福祉事業は、**国、地方公共団体**または**社会福祉法人**が経営することが原則とされています。第一種社会福祉事業は、利用者への影響が大きいため、経営安定を通じた利用者の保護の必要性が高い事業（主として入所施設サービス）です。

2　✕　**第二種社会福祉事業**は、特に設置・運営主体を法で限定していません。国と都道府県以外の者の場合、原則として、事業の開始に当たって**都道府県に必要な事項の届け出**をすれば、その経営主体となれます。

3　○　特定非営利活動法人（NPO法人）とは、「**特定非営利活動促進法（NPO法）**」に基づいて設置される**法人**のことです。ボランティア活動が発展した形態であり、市民が主体となって、社会貢献活動を行うことを目的として設立されます。

4　✕　社会福祉活動の実践主体とは、社会福祉政策の具体的行動化を担うもののことです。行政、社会福祉法人、専門職などが代表的な主体ですが、近年、**福祉問題の多様化**や**規制緩和**によって、**企業、特定非営利活動法人（NPO法人）、住民参加型サービス供給主体**など、さまざまな主体の参入が図られています。

5　✕　**第二種社会福祉事業**は、経営主体に制限がありませんので、国が経営主体となることは可能です。

解答　3

ポイント解説 社会福祉法人

　「社会福祉法」第6章第22条に定義をもつ社会福祉法人は、社会福祉事業を行うことを目的として設立された法人（法律上の人格で財産の取得や契約の権利能力をもつ）です。社会福祉という公益性の高い事業を行うための特別法人として、民法上の公益法人（財団法人、社団法人等）よりも経営上の安定性・継続性が求められ、行政による監査指導が厳しい一方で、施設整備等についての公的補助や税制における優遇措置もあります。また、「社会福祉法」第26条第1項では、「その経営する社会福祉事業に支障がない限り、公益を目的とする事業（**公益事業**）又はその収益を社会福祉事業若しくは公共事業の経営に充てることを目的とする事業（**収益事業**）を行うことができる」と規定されています。

ここも出た！ CHECK✓ （平成27年） 「社会福祉法」第75条の一部

第75条
　社会福祉事業の経営者は、福祉サービス（社会福祉事業において提供されるものに限る。以下この節及び次節において同じ）を利用しようとする者が、**適切**かつ**円滑**にこれを利用することができるように、その経営する社会福祉事業に関し情報の提供を行うよう努めなければならない。
2　国及び**地方公共団体**は、福祉サービスを利用しようとする者が必要な情報を**容易**に得られるように、必要な措置を講ずるよう努めなければならない。

ここも出た！ CHECK✓ （平成27年地域限定） 各種法人に関する記述

・特定非営利活動法人（NPO法人）は、「**特定非営利活動促進法**」で規定されている。
・社会福祉法人は、本来の事業に支障のない範囲で、**収益事業**を行うことができる。
・特定非営利活動法人（NPO法人）の活動内容として定められている活動には、**経済活動**の活性化を図る活動も含まれる。

ここも出た！ CHECK✓ （令和元年後期・地限） 社会福祉事業に関する記述

・保育所は、第二種社会福祉事業である。
・障害者支援施設は、第一種社会福祉事業である。
・共同募金を行う事業は、第一種社会福祉事業である。
・児童養護施設は、第一種社会福祉事業である。

社会福祉に関する法律

精選過去問 ❺

　　／　　　／

次の社会福祉分野の権利擁護に関する法律を公布の古い順に並べた場合の正しい組み合わせを一つ選びなさい。

A 「児童虐待の防止等に関する法律」

B 「障害者虐待の防止、障害者の養護者に対する支援等に関する法律」

C 「高齢者虐待の防止、高齢者の養護者に対する支援等に関する法律」

D 「配偶者からの暴力の防止及び被害者の保護等に関する法律」

E 「障害を理由とする差別の解消の推進に関する法律」

（組み合わせ）

1　A→B→D→E→C

2　A→D→C→B→E

3　B→C→E→D→A

4　C→A→E→D→B

5　D→A→C→E→B

解答	

解説 ❺

各法律の公布年を古い順に並べると **A → D → C → B → E** の順になります。

A 「児童虐待の防止等に関する法律」2000（平成12）年

D 「配偶者からの暴力の防止及び被害者の保護等に関する法律」2001（平成13）年

C 「**高齢者虐待の防止、高齢者の養護者に対する支援等に関する法律**」2005（平成17）年

B 「**障害者虐待の防止、障害者の養護者に対する支援等に関する法律**」2011（平成23）年

E 「障害を理由とする差別の解消の推進に関する法律」2013（平成25）年

A 「児童虐待の防止等に関する法律（児童虐待防止法）」は、児童虐待が児童の心身の成長及び人格の形成に重大な影響を与えること等に鑑み、児童に対する虐待の禁止、児童虐待の予防及び早期発見その他の児童虐待の防止に関する国及び地方公共団体の責務、児童虐待を受けた児童の保護及び自立の支援のための措置等を定めることにより、児童虐待の防止等に関する施策を促進し、児童の権利利益の擁護に資することを目的とする法律です。この法律において「児童虐待」とは、保護者（親権を行う者、未成年後見人その他の者で、児童を現に監護するものをいう）がその監護する児童（18歳未満）に対し、①**身体的虐待**、②**性的虐待**、③**ネグレクト（放任・怠惰）**、④**心理的虐待**を行うことをいいます。児

童虐待を受けたと思われる児童を発見した者は、速やかに市町村、都道府県の設置する**福祉事務所**、もしくは**児童相談所に通告**しなければなりません。

B 「障害者虐待の防止、障害者の養護者に対する支援等に関する法律（障害者虐待防止法）」は、障害者の自立及び社会参加にとって障害者に対する虐待を防止することが極めて重要であること等に鑑み、障害者に対する虐待の禁止、障害者虐待の予防及び早期発見その他の障害者虐待の防止等に関する国等の責務、障害者虐待を受けた障害者に対する保護及び自立の支援のための措置、養護者に対する支援のための措置等を定めることにより、障害者虐待の防止、養護者に対する支援等に関する施策を促進し、障害者の権利利益の擁護に資することを目的とする法律です。「障害者虐待」とは、①**養護者**による障害者虐待、②**障害者福祉施設従事者等**による障害者虐待、③**使用者**による障害者虐待をいいます。**障害者手帳**を取得していなくても、「身体障害、知的障害、精神障害（発達障害を含む）、その他心身の機能の障害がある人で、障害及び社会的障壁により継続的に日常生活又は社会生活に相当な制限を受ける状態にある人」は「障害者虐待防止法」の対象となります。障害者虐待の発見者には、**通報**が義務付けられています（速やかに**市町村**に通報）。

C 「高齢者虐待の防止、高齢者の養護者に対する支援等に関する法律（高齢者虐待防止法）」では「高齢者」を **65** 歳以上の者と定義し、高齢者虐待の発見者には、**通報**が義務付けられています（速やかに**市町村**に通報）。また、高齢者虐待により、当該高齢者の生命又は身体に重大な危険が生じるおそれがあると認めるときは、**市町村**の職員等が高齢者の住所又は居所に立ち入り、必要な調査又は質問をすることができます。

D 「配偶者からの暴力の防止及び被害者の保護等に関する法律（ドメスティックバイオレンス防止法又は DV 防止法）」は、配偶者からの暴力に係る通報、相談、保護、自立支援等の体制を整備し、配偶者からの暴力の防止及び被害者の保護を図ることを目的とする法律です。配偶者からの暴力を受けている者を発見した者は、その旨を**配偶者暴力相談支援センター**、または**警察官**に通報するよう努めなければなりません。被害者が男性の場合もこの法律の対象となりますが、被害者は、多くの場合女性であることから、女性被害者に配慮した内容の前文が置かれています。

E 「障害を理由とする差別の解消の推進に関する法律（障害者差別解消法）」は、国連の「**障害者の権利に関する条約**」の締結に向けた国内法制度の整備の一環として、全ての国民が、障害の有無によって分け隔てられることなく、相互に人格と個性を尊重し合いながら共生する社会の実現に向け、障害を理由とする差別の解消を推進することを目的として制定されました。

解答　**2**

精選過去問 ❻

　／　／

次の文は、社会福祉の概念等に関する記述である。適切な記述を〇、不適切な記述を×とした場合の正しい組み合わせを一つ選びなさい。

A 「生活保護法」の第1条には、「社会福祉法の理念に基き、国が生活に困窮するすべての国民に対し、その困窮の程度に応じ、必要な保護を行い、その最低限度の生活を保障すること」が、定められている。

B 「母子及び父子並びに寡婦福祉法」の第1条には、「母子家庭等及び寡婦に対し、その生活の安定と向上のために必要な措置を講じ、もつて母子家庭等及び寡婦の福祉を図ること」が、定められている。

C 「身体障害者福祉法」の第1条には、「身体障害者の自立と社会経済活動への参加を促進するため、身体障害者を援助し、及び必要に応じて保護し、もつて身体障害者の福祉の増進を図ること」が、定められている。

D 「精神保健及び精神障害者福祉に関する法律」の第1条には、「その社会復帰の促進及びその自立と社会経済活動への参加の促進のために必要な援助を行い、並びにその発生の予防その他国民の精神的健康の保持及び増進に努めること」が、定められている。

（組み合わせ）

	A	B	C	D
1	○	○	×	×
2	○	×	○	○
3	○	×	○	×
4	×	○	○	○
5	×	○	×	○

解答

A ✕ 「生活保護法」の第1条には、「この法律は、**日本国憲法第25条に規定する理念に基**き、国が生活に困窮するすべての国民に対し、その困窮の程度に応じ、必要な保護を行い、その**最低限度の生活**を保障するとともに、その**自立**を助長することを目的とする。」と、この法律の目的が定められています。「社会福祉法の理念に基き」ではありません。

ここに出てくる「日本国憲法」第25条は、「**生存権**」と「国民生活の社会的進歩向上に努める**国の義務**」を規定しています。

> **「日本国憲法」第25条**
>
> 〔生存権及び国民生活の社会的進歩向上に努める国の義務〕
> 第25条 すべて国民は、**健康で文化的な最低限度**の生活を営む権利を有する。
> 2 国は、すべての生活部面について、**社会福祉**、**社会保障**及び**公衆衛生**の向上及び増進に努めなければならない。

B ◯ 「母子及び父子並びに寡婦福祉法」の第1条には、「この法律は、母子家庭等及び寡婦の福祉に関する原理を明らかにするとともに、母子家庭等及び寡婦に対し、その生活の安定と向上のために必要な措置を講じ、もつて母子家庭等及び寡婦の福祉を図ることを目的とする。」と、この法律の目的が定められています。

この法律において、「**母子家庭等**」とは母子家庭及び父子家庭のことをいいます。また「**寡婦**」とは、配偶者のない女子であって、かつて配偶者のない女子として「民法」第877条の規定により児童を扶養していたことのあるものをいいます。

C ◯ 「身体障害者福祉法」の第1条には、「この法律は、**障害者の日常生活及び社会生活を総合的に支援するための法律**（平成17年法律第123号）と相まつて、身体障害者の**自立と社会経済活動への参加**を促進するため、身体障害者を援助し、及び必要に応じて保護し、もつて身体障害者の**福祉**の増進を図ることを目的とする。」と、この法律の目的が定められています。

ここに出てくる「障害者の日常生活及び社会生活を総合的に支援するための法律」（通称：**障害者総合支援法**）とは、「障害者自立支援法」を改称して、2013（平成25）年4月1日に施行された法律です。

D ◯ 「精神保健及び精神障害者福祉に関する法律」（通称：**精神保健福祉法**）の第1条には、「この法律は、精神障害者の医療及び保護を行い、**障害者の日常生活及び社会生活を総合的に支援するための法律**（平成17年法律第123号）と相まつてその**社会復帰**の促進及びその**自立と社会経済活動**への参加の促進のために必要な援助を行い、並びにその**発生の予防**その他国民の精神的健康の**保持**及び**増進**に努めることによつて、精神障害者の**福祉**の増進及び国民の精神保健の向上を図ることを目的とする。」と、この法律の目的が定められています。

解 答 **4**

地方公共団体の社会福祉相談支援機関

精選過去問 ❼

平成30年前期 問5改 ／ ／

次の文は、地方公共団体の社会福祉相談支援機関に関する記述である。適切な記述を○、不適切な記述を×とした場合の正しい組み合わせを一つ選びなさい。

A 「社会福祉法」に定められている福祉事務所は、都道府県、市（特別区を含む）、町、村に、必ず設置されなければならない。

B 「児童福祉法」に定められている児童相談所は、児童養護施設の入所に関する措置権限をもった機関である。

C 「知的障害者福祉法」に定められている知的障害者更生相談所では、発達障害者に交付する精神保健福祉手帳申請の判定を行っている。

D 「売春防止法」に定められている婦人相談所は、「配偶者からの暴力の防止及び被害者の保護等に関する法律（DV防止法）」の配偶者暴力相談支援センターとしての機能も果たしている。

（組み合わせ）

	A	B	C	D
1	○	○	×	○
2	○	○	×	×
3	○	×	○	×
4	×	○	×	○
5	×	×	○	○

解答

解説 ❼

A ✕ 「社会福祉法」第14条第1項では「都道府県及び市（特別区を含む。）は、条例で、福祉に関する事務所を**設置しなければならない。**」と定められていますが、同法第14条第3項では「町村は、条例で、その区域を所管区域とする福祉に関する事務所を**設置することができる。**」と定められています。つまり、**町村**には設置義務はありません。

B ○ 児童相談所の基本的機能には、「児童又はその保護者を児童福祉司、児童委員（主任児童委員を含む）、児童家庭支援センター等に指導させ、又は児童を児童福祉施設、指定医療機関に**入所**させ、又は里親に委託する等の機能（**措置機能**）」があります。（「児童福祉法」第26条、第27条（第32条による都道府県知事（指定都市又は児童相談所設置市の市長を含む。）の権限の委任））

C ✕ 知的障害者更生相談所は、**都道府県**に設置が義務付けられており、知的障害者に関する相談及び指導のうち専門的な知識及び技術を必要とするものや**18**歳以上の知的障害者の医学的、心理学的及び職能的判定などを行っています。(「知的障害者福祉法」第12条)

知的障害者更生相談所(または児童相談所)において知的障害であると判定された者に対して交付されるのは、**療育手帳**です。

また、一定程度の精神障害の状態にあることを認定するものに「精神障害者保健福祉手帳」がありますが、その申請は市町村の窓口で行い、申請すると各都道府県・政令指定都市の**精神保健福祉センター**で判定が行われ、認められると手帳が交付されます。

D ○ 婦人相談所は、「**売春防止法**」第34条により、**都道府県**に設置が義務付けられており、要保護女子に関する問題について相談に応じ、要保護女子及びその家族について調査・判定・指導を行い、また要保護女子の一時保護を行っています。そして、「配偶者からの暴力の防止及び被害者の保護等に関する法律(DV防止法)」第3条では、「**都道府県**は、当該都道府県が設置する**婦人相談所**その他の適切な施設において、当該各施設が**配偶者暴力相談支援センター**としての機能を果たすようにするものとする。」と規定されています。

配偶者暴力相談支援センターは、配偶者からの暴力の防止及び被害者の保護のため、相談・指導・緊急時における安全の確保及び一時保護・就業の促進、住宅の確保、援護等に関する制度の利用等情報の提供、助言、関係機関との連絡調整等を行っています。

	解 答 4

ここも出た！ CHECK✓ (令和元年後期・地限) 「配偶者からの暴力の防止及び被害者の保護等に関する法律(DV防止法)」に関する記述

・配偶者からの暴力だけでなく、**事実上婚姻関係と同様の事情**にある相手からの暴力にも適用される。
・この法律には、「**売春防止法**」に基づく婦人保護施設が暴力被害女性の保護を行うことができる旨、記載されている。

地域福祉

精選過去問 ❽

平成30年後期・地限 問17

/ /

次の文は、地域福祉に関する記述である。適切な記述を〇、不適切な記述を×とした場合の正しい組み合わせを一つ選びなさい。

A 民生委員は、「生活保護法」に基づいて、生活保護業務の補助的な役割を担う。

B 共同募金は、都道府県社会福祉協議会が実施しており、募金の配分計画の策定を行う。

C 厚生労働大臣は、児童委員のうちから、主任児童委員を指名する。

D ボランティアセンターは、ボランティア活動の拠点となり、ボランティアの登録及びあっせん、啓発、グループの組織化、情報提供などを行う。

（組み合わせ）

	A	B	C	D
1	〇	〇	〇	〇
2	〇	〇	×	×
3	〇	×	〇	〇
4	×	〇	×	×
5	×	×	〇	〇

解答

解説 ❽

A × 「生活保護法」第22条において、「**民生委員法**に定める民生委員は、この法律の施行について、**市町村長、福祉事務所長又は社会福祉主事**の事務の執行に**協力**するものとする。」と規定されています。

B × 共同募金事業は**共同募金会**が実施しており、共同募金会以外の者は共同募金事業を行ってはならないと「**社会福祉法**」で規定されています。共同募金会は、**第一種社会福祉事業**の社会福祉法人であり、**都道府県**の区域を単位として、毎年**1**回、**厚生労働大臣**が定める期間に寄附金の募集を行います。寄附金の公正な配分に資するため、共同募金会には**配分委員会**が置かれています。（「社会福祉法」第112条〜第115条）

C 〇 児童委員は、「**児童福祉法**」に基づき、担当区域内の児童や妊産婦について、福祉の増進を図るための活動を行います。そして、主任児童委員は、児童の福祉に関する機関と児童委員との連絡調整や児童委員の活動に対する援助・協力を行うことを職務としています。（「児童福祉法」第17条）
「児童福祉法」第16条第3項において、「**厚生労働大臣**は、児童委員のうちから、主任児童委員を指名する。」と規定されています。

D ○ 国民のボランティア活動への理解を深め、参加を促進するための拠点としてのボランティアセンターは、**社会福祉協議会**などに設置されており、ボランティア活動に関する相談、登録、あっせん、啓発、各種の研修などを行っています。ボランティアセンターには、市区町村ボランティアセンター、都道府県・指定都市ボランティアセンター、全国ボランティア活動振興センターがあります。

解答　**5**

 **CHECK✔**（平成30年前期）　**共同募金に関する記述**

・毎年12月に実施される「歳末たすけあい運動」は、**共同募金**の一環として行われている。
・共同募金は、実施される区域における**地域福祉の推進**を図るために行われている。
・共同募金による寄附金の公正な配分を行うために、共同募金会に**配分委員会**が置かれている。

 **CHECK✔**（平成28年前期）　**地域福祉に関する記述**

・小地域福祉活動を推進する主な機関は、**社会福祉協議会**である。
・バリアフリーということも、**地域福祉推進**の構成要素となる。
・**市町村地域福祉計画**は、地域福祉の推進に関する事項として、①福祉サービスの適切な利用の推進、②事業の健全な発達、③住民参加の促進を定める計画とされた。
・「**社会福祉法**」第10章「地域福祉の推進」の中に共同募金の規定がある。

  民生委員と児童委員

　民生委員は、**都道府県知事の推薦**を受けて**厚生労働大臣**が委嘱（いしょく）するものです。任期は**3**年で、給与は支給されない**民間の奉仕者**です。（「民生委員法」第5条・第10条）「民生委員法」第1条では「民生委員は、社会奉仕の精神をもつて、常に住民の立場に立つて相談に応じ、及び必要な援助を行い、もつて社会福祉の増進に努めるものとする。」と謳（うた）われています。また、民生委員は、「**児童福祉法**」第16条第2項により、同時に**児童委員**を兼ねることになっています。

全国保育士会倫理綱領

精選過去問 ❾

平成30年神奈川 問11　／　　／

次の文は、「全国保育士会倫理綱領」に関する記述である。（　A　）～（　D　）にあてはまる語句を【語群】から選択した場合の正しい組み合わせを一つ選びなさい。

　すべての子どもは、豊かな（　A　）のなかで心身ともに健やかに育てられ、自ら伸びていく無限の可能性を持っています。私たちは、子どもが現在（いま）を幸せに生活し、未来（あす）を生きる力を育てる保育の仕事に誇りと（　B　）をもって、自らの（　C　）と（　D　）の向上に努め、一人ひとりの子どもを心から尊重し、次のことを行います。

　私たちは、子どもの育ちを支えます。

　私たちは、保護者の子育てを支えます。

　私たちは、子どもと子育てにやさしい社会をつくります。

（組み合わせ）

	A	B	C	D
1	ア	オ	キ	ク
2	イ	ア	カ	オ
3	イ	カ	エ	オ
4	ウ	カ	ア	キ
5	エ	オ	ア	キ

解答　[　　　]

【語群】

ア	知識	イ	愛情	ウ	環境
エ	人間性	オ	専門性	カ	責任
キ	技術	ク	ネットワーク		

解説 ❾

A　イ　愛情　　B　カ　責任　　C　エ　人間性　　D　オ　専門性

　全国保育士会倫理綱領は、前文及びそれに続く8か条で、保育士に必要とされる倫理や行動の指針を示したものです。過去に出題された箇所を確認しながら、全文をよく読み込んでおきましょう。

全国保育士会倫理綱領

> 　すべての子どもは、豊かな愛情のなかで心身ともに健やかに育てられ、自ら伸びていく無限の可能性を持っています。
> 　私たちは、子どもが現在（いま）を幸せに生活し、未来（あす）を生きる力を育てる保育の仕事に誇りと責任をもって、自らの人間性と専門性の向上に努め、一人一人の子どもを心から尊重し、次のことを行います。
> ・私たちは、子どもの育ちを支えます。
> ・私たちは、保護者の子育てを支えます。
> ・私たちは、子どもと子育てにやさしい社会をつくります。 H30神奈川
> **1．子どもの最善の利益の尊重** H29前（保育原理）
> 　私たちは、一人一人の子どもの最善の利益を第一に考え、保育を通してその福祉を積極的に増進するよう努めます。

２．子どもの発達保障 H28前

　私たちは、**養護**と**教育**が一体となった保育を通して、一人一人の子どもが心身ともに健康、安全で**情緒**の安定した生活ができる**環境**を用意し、生きる喜びと力を育むことを基本として、その健やかな育ちを支えます。H27

３．保護者との協力

　私たちは、子どもと保護者のおかれた状況や意向を受けとめ、保護者とより良い協力関係を築きながら、子どもの育ちや子育てを支えます。

４．プライバシーの保護 H29前（保育原理）

　私たちは、一人一人のプライバシーを保護するため、保育を通して知り得た個人の情報や秘密を守ります。

５．チームワークと自己評価 H28前 H29前（保育原理）

　私たちは、職場におけるチームワークや、関係する他の専門機関との連携を大切にします。

　また、自らの行う保育について、常に子どもの視点に立って自己評価を行い、保育の質の向上を図ります。

６．利用者の代弁 H28前

　私たちは、日々の保育や子育て支援の活動を通して子どものニーズを受けとめ、子どもの立場に立ってそれを代弁します。

　また、子育てをしているすべての保護者のニーズを受けとめ、それを代弁していくことも重要な役割と考え、行動します。

７．地域の子育て支援

　私たちは、地域の人々や関係機関とともに子育てを支援し、そのネットワークにより、地域で子どもを育てる環境づくりに努めます。

８．専門職としての責務 H28前 H29前（保育原理）

　私たちは、研修や自己研鑽を通して、常に自らの人間性と専門性の向上に努め、専門職としての責務を果たします。

社会福祉法人　全国社会福祉協議会

全国保育協議会

全国保育士会

（平成 15 年 2 月 26 日　平成 14 年度第 2 回全国保育士会委員総会採択）

※過去に出題された箇所には赤い下線を付け、また出題された語句は赤字にして、出題年を記載しています。

解答　**3**

社会福祉の専門職

精選過去問❿   平成30年後期・地限 問10   ／   ／

次のうち、社会福祉機関とそこに配置される社会福祉専門職の組み合わせとして、適切なものを〇、不適切なものを×とした場合の正しい組み合わせを一つ選びなさい。

A 児童相談所 ─────── 児童福祉司
B 福祉事務所 ─────── 社会福祉主事
C 身体障害者更生相談所 ─ 身体障害者支援員
D 婦人相談所 ─────── 母子相談員

（組み合わせ）

	A	B	C	D
1	○	○	×	○
2	○	○	×	×
3	○	×	×	○
4	×	○	○	×
5	×	×	○	○

解答

解説❿

A ○ 児童福祉司は、「児童福祉法」第13条第1項において、**児童相談所**に配置が義務付けられている公的機関の職員であり、児童相談所の中心的役割を担います。**児童相談所長**の命を受けて、児童の保護や福祉に関する相談に応じ、専門的技術に基づいて必要な指導を行う等児童の福祉増進に努めます。

B ○ 社会福祉主事は、「**社会福祉法**」第18条及び第19条を根拠とします。（「社会福祉法」で専門職を示す条文は「社会福祉主事」だけです。）社会福祉主事は、業務独占ではなく**任用資格**※で、福祉事務所等に配置されています。福祉事務所の現業員は**社会福祉主事**でなければならないことは、同法第15条に記されています。各種社会福祉施設の生活相談員、社会福祉協議会の職員として、「生活保護法」、「児童福祉法」、「身体障害者福祉法」、「知的障害者福祉法」、「母子及び父子並びに寡婦福祉法」、「老人福祉法」に定める援護、育成、更生の措置に関する事務を行います。
※任用資格とは、業務を遂行する者として任用されるために求められる資格のことです。

C × 身体障害者更生相談所に配置されるのは、身体障害者支援員ではなく、**身体障害者福祉司**です。
「**身体障害者福祉法**」において、「都道府県は、その設置する身体障害者更生相談所に、**身体障害者福祉司**を置かなければならない。」「市及び町村は、その設置する福祉事務所に、**身体障害者福祉司**を置くことができる。」と規定されています。（第11条

の2第1～2項）

身体障害者更生相談所は、**都道府県**に設置が義務付けられており、身体障害者に関する相談及び指導のうち専門的な知識及び技術を必要とするもの、身体障害者の医学的、心理学的及び職能的判定、補装具の処方及び適合判定などを行っています。（「身体障害者福祉法」第11条）

D ✕ 婦人相談所に配置されるのは、母子相談員ではなく、**婦人相談員**です。

婦人相談所は、「**売春防止法**」第34条により、**都道府県**に設置が義務付けられており、要保護女子に関する問題について相談に応じ、要保護女子及びその家族について調査・判定・指導を行い、また要保護女子の一時保護を行っています。そして、「配偶者からの暴力の防止及び被害者の保護等に関する法律（DV防止法）」第3条により、**配偶者暴力相談支援センター**の機能も担っています。

「**売春防止法**」第35条により「婦人相談員は、要保護女子につき、その発見に努め、相談に応じ、必要な指導を行い、及びこれらに付随する業務を行うものとする。」と規定されています。また、「**配偶者からの暴力の防止及び被害者の保護等に関する法律（DV防止法）**」第4条により「婦人相談員は、被害者の相談に応じ、必要な指導を行うことができる。」と規定されています。

都道府県知事（婦人相談所を設置する指定都市の長を含む）は、社会的信望があり、かつ、その職務を行うに必要な熱意と識見を持っている者のうちから、婦人相談員を委嘱します。また、**市長**（婦人相談所を設置する指定都市の長を除く）も婦人相談員を委嘱することができます。（「売春防止法」第35条）

解答 2

 **CHECK✓**（平成30年前期）**社会福祉の相談員に関する記述**

・**婦人相談員**は、婦人相談所を中心として関係機関との連携を図り、要保護女子の発見に努め、相談に応じ、必要な指導を行う。
・**社会福祉主事**は、「社会福祉法」に基づく福祉事務所の現業員の任用資格であり、社会福祉諸法に定める援護または更生の措置に関する事務等を行う。
・**母子・父子自立支援員**は、母子家庭、父子家庭、寡婦家庭の相談や指導、職業能力の向上と求職活動に関する支援等の業務を担っている。

 **CHECK✓**（平成30年神奈川）**社会福祉の専門職についての記述**

・社会福祉士は**名称独占**資格である。
・言語聴覚士は**国家資格**である。

精選過去問⑪

次の文は、社会福祉分野における人材に関する記述である。正しいものを○、誤ったものを×とした場合の正しい組み合わせを一つ選びなさい。

A　障害児相談支援事業所には相談支援専門員を置かなければならない。

B　児童福祉司は、社会福祉主事として３年以上児童福祉事業に従事した経験があればなることができる。

C　児童委員の職務の一つとして、児童及び妊産婦に対する保護、保健その他福祉に関し、サービスを適切に利用するために必要な情報の提供その他の援助及び指導がある。

D　禁錮以上の刑に処せられ、その執行を終わり、又は執行を受けることがなくなった日から起算して５年を経過しない者は、保育士になることができない。

E　社会福祉士は、その業務を行うに当たり、福祉サービス等が総合的かつ適切に提供されるよう、地域に即した創意と工夫を行いつつ、福祉サービス関係者等との連携を保たなければならない。

（組み合わせ）

	A	B	C	D	E
1	○	○	×	○	×
2	○	×	○	×	○
3	×	○	○	×	×
4	×	○	×	○	○
5	×	×	○	×	○

解答

A ○ 「児童福祉法に基づく指定障害児相談支援の事業の人員及び運営に関する基準」第3条に定められています。なお、相談支援専門員とは、指定障害児相談支援の提供に当たる者として**厚生労働大臣**が定めるものをいいます。

B ✕ 児童福祉司の任用資格要件は、①**都道府県知事**の指定する児童福祉司等養成校を卒業、又は都道府県知事の指定する講習会の課程を修了した者、②大学で**心理学**、**教育学**もしくは**社会学**を専修する学科等を卒業し、指定施設で**1**年以上相談援助業務に従事したもの、③医師、④社会福祉士、⑤**社会福祉主事**として**2**年以上児童福祉事業に従事した者であって、厚生労働大臣が定める講習会の課程を修了したもの、⑥ ①〜⑤と同等以上の能力を有する者であって、厚生労働省令で定めるもの、のいずれかです。(「児童福祉法」第13条第3項)

C ○ 「児童福祉法」第17条に定められています。
児童委員のその他の職務には、**児童・妊産婦**の生活及び取り巻く環境の状況の適切な把握、**児童・妊産婦**に係る社会福祉を目的とする事業を経営する者または児童の健やかな育成に関する活動を行う者との密接な連携、その事業・活動の支援、**児童福祉司・社会福祉主事**の職務に協力することなどがあります。

D ✕ 「児童福祉法」第18条の5において、次のいずれかに該当する者は、保育士となることができないことが定められています。
　　①**成年被後見人又は被保佐人**
　　②禁錮(きんこ)以上の刑に処せられ、その執行を終わり、又は執行を受けることがなくなった日から起算して**2**年を経過しない者
　　③この法律の規定その他児童の福祉に関する法律の規定であって政令で定めるものにより、罰金の刑に処せられ、その執行を終わり、又は執行を受けることがなくなった日から起算して**2**年を経過しない者
　　④第18条の19第1項第2号又は第2項の規定により登録を取り消され、その取消しの日から起算して**2**年を経過しない者
　　⑤国家戦略特別区域法第12条の5第8項において準用する第18条の19第1項第2号又は第2項の規定により登録を取り消され、その取消しの日から起算して**2**年を経過しない者

E ○ 「社会福祉士及び介護福祉士法」第47条に定められています。
なお、社会福祉士とは、同法に基づく**名称独占**の国家資格であり、社会福祉士の名称を用いて、専門的知識及び技術をもって、身体上もしくは精神上の障害があること又は環境上の理由により日常生活を営むのに支障がある者の福祉に関する相談に応じ、助言、指導、福祉サービスを提供する者又は医師その他の保健医療サービスを提供する者などとの連絡・調整その他の援助を行うことを業とする者をいいます。

解答　**2**

生活困窮者支援

精選過去問⑫ 　　　平成31年前期 問6 　／ 　／

次の文は、生活困窮者支援に関する記述である。適切な記述を○、不適切な記述を×とした場合の正しい組み合わせを一つ選びなさい。

A 生活困窮者自立支援対策の一つに、安定した住居の確保と就労自立を図ることを目的として、生活困窮者住居確保給付金制度がある。

B 生活困窮者自立支援制度のうち、自立相談支援事業の実施主体は、福祉事務所の設置自治体の直営のみとされており、民間団体への委託は禁止されている。

C 「子供の貧困対策に関する大綱」では、重点施策として、教育の支援、生活の支援、保護者に対する就労の支援、経済的支援等をあげている。

D 福祉事務所では、低所得世帯などを対象にして、生活福祉資金貸付制度を行っている。

（組み合わせ）

	A	B	C	D
1	○	○	×	×
2	○	×	○	×
3	○	×	×	○
4	×	○	×	○
5	×	×	○	○

解答

解説⑫

A ○ 「生活困窮者住居確保給付金」は、「生活困窮者のうち**離職**又はこれに準ずるものとして厚生労働省令で定める事由により経済的に困窮し、居住する住宅の**所有権**若しくは**使用及び収益**を目的とする権利を失い、又は現に賃借して居住する住宅の**家賃を支払**うことが困難となったものであって、**就職**を容易にするため住居を確保する必要があると認められるものに対し支給する給付金をいう。」と「**生活困窮者自立支援法**」第3条第3項に定められています。

なお、同法第3条第1項では、「生活困窮者」の定義として、「**就労**の状況、**心身**の状況、**地域社会との関係性**その他の事情により、**現に**経済的に困窮し、**最低限度の生活**を維持することができなくなるおそれのある者をいう。」と定められています。

B × 福祉事務所設置自治体が**直営**または**委託**により自立相談支援事業を実施します。

自立相談支援事業は、生活困窮者などからの相談を受け、彼らが抱えている課題を評価・分析（アセスメント）し、その課題を踏まえた「自立支援計画」を作成するなどの支援を行います。また、関係機関との連絡調整なども行います。自立相談支援事業の実施については、**福祉事務所設置自治体が必ず実施しなければならない必須事業**と

して位置付けられています。

なお、福祉事務所は、**都道府県及び市（特別区を含む。）**は設置が義務付けられています。（町村は**任意**で設置することができます。）

C　○　「子供の貧困対策に関する大綱」では、「指標の改善に向けた当面の重点施策」として、**教育**の支援、**生活**の支援、**保護者に対する就労**の支援、**経済的**支援等があげられています。

「指標」とは、子供の貧困に関する指標のことで、生活保護世帯に属する子供の高等学校等進学率：93.7％（平成30年）、母子家庭の就業率：80.8％（平成27年）、父子家庭の就業率：88.1％（平成27年）、子供の貧困率：**13.9％**（平成27年）などがあります。

2019（令和元）年10月現在、政府ではこの大綱の改定作業が進められています。

D　✕　生活福祉資金貸付制度の実施主体は、**都道府県社会福祉協議会**です。また、住んでいる地域の**市区町村社会福祉協議会**が窓口となります。

この制度の貸付対象は、**低所得世帯（低所得者世帯）**（必要な資金を他から借り受けることが困難な世帯（市町村民税非課税程度））、**障害者世帯**（身体障害者手帳、療育手帳、精神障害者保健福祉手帳の交付を受けた者等の属する世帯）、**高齢者世帯**（65歳以上の高齢者の属する世帯）です。

> 解答　2

  生活困窮者自立支援法

2015（平成27）年4月から「**生活困窮者自立支援法**」が施行され、生活に困る人に対する新たな支援制度としてスタートしました。この制度は、近年の**生活保護受給者**の増加を踏まえ、生活保護に至る前の自立支援策の強化を図るとともに、生活保護から脱却した人が再び生活保護に頼らなくてもすむようにすることを目的としています。

2018（平成30）年の一部改正では、生活困窮者等の一層の自立の促進を図るため、生活困窮者に対する**包括的**な支援体制の強化、子どもの学習支援事業の強化、居住支援の強化（一時生活支援の拡充）が講じられています。

 **子どもの貧困問題への対応に関する記述**
（平成30年前期）

・「生活困窮者自立支援法」は、生活困窮世帯の子どもやその保護者に対して包括的な支援を行う**自立相談支援事業**を規定している。
・「生活困窮者自立支援法」は、生活困窮者である子どもに対する学習支援事業を**都道府県等**の任意事業としている。
・「母子及び父子並びに寡婦福祉法」は、ひとり親家庭の子どもの生活の向上を図るための事業として、**生活**に関する相談に応じ、又は**学習**に関する支援を行うことができると規定している。

生活保護制度

精選過去問⓭

平成29年前期 問11 ／ ／

次の文は、生活保護制度に関する記述である。適切な記述を〇、不適切な記述を×とした場合の正しい組み合わせを一つ選びなさい。

A 「生活保護法」は、生活困窮を事前に予防することを目的としている。

B 住宅扶助は、地域によって基準額が異なる。

C 申請後の資産調査の結果、保護の対象外となる場合がある。

D 小学校の給食費は、教育扶助として給付される。

（組み合わせ）

	A	B	C	D
1	〇	〇	〇	×
2	〇	〇	×	〇
3	〇	×	〇	×
4	×	〇	〇	〇
5	×	〇	×	〇

解答

解説⓭

A × 「生活困窮を事前に予防すること」は「生活保護法」の目的に含まれていません。「生活保護法」の目的はそのまま生活保護制度の趣旨となっていますが、生活保護制度は、生活に困窮する人に対し、その困窮の程度に応じて必要な保護を行い、健康で文化的な最低限度の生活を保障するとともに、自立を助長することを目的としています。ですから、予防のためではなく、現に（既に）生活に困窮する人に対し、その困窮の程度に応じて必要な保護を行うのが、本法（本制度）の目的です。

B 〇 住宅扶助は、**地域**によって基準額が異なります。「支給される保護費は、地域や世帯の状況によって異なる。」ということも含めて覚えておきましょう。

C 〇 生活保護制度の目的として、資産、能力等すべてを活用してもなお生活に困窮する者に対し、困窮の程度に応じた保護を実施し、自立の助長も含め支援していきます。そのために、保護の開始時に**調査**を行い、預貯金、年金、手当等の受給の有無や可否、傷病の状況等を踏まえた就労の可否、扶養義務者の状況及び扶養能力等によって、判定されます。そのため、申請後の調査結果により、生活保護の**対象外**となる場合もあります。

D 〇 教育扶助について、「生活保護法」第13条では「**学校給食**その他義務教育に伴って必要なもの」と明記されています。

他に「義務教育を受けるために必要な学用品」「義務教育に伴って必要な通学用品」が記されていますが、教育扶助に定められた基準額を支給することとなっています。

生活保護制度の扶助の種類

- **生活**扶助→衣食住等、日常生活に必要な費用（食費・被服費・光熱水費等）
- **住宅**扶助→家賃や住宅の維持のために必要なもの（定められた範囲内で実費支給）
- **教育**扶助→義務教育を受けるために必要な学用品費（定められた基準額を支給）
- **医療**扶助→医療サービスの費用（直接医療機関へ支払（本人負担なし）※**現物給付**）
- **介護**扶助→介護保険のサービスに準じるもの（直接介護事業者へ支払（本人負担なし）※**現物給付**）
- **出産**扶助→出産（分娩）費用（定められた範囲内で実費を支給）
- **生業**扶助→就労（生業）に必要な資金、技能の修得等にかかる費用（高等学校等就学に関する費用を含む。）
- **葬祭**扶助→葬祭費用　※冠婚葬祭ではなく、葬祭のみ。冠婚は含まない。

 覚えよう!

- 生活保護申請先である福祉事務所の設置状況は、全国で 1,247 カ所です。（2017（平成 29）年 4 月 1 日現在）
- 保護費については、国が **3/4**、地方自治体が **1/4** を負担します。
- 生活保護費は、**最低生活費**から**収入**を引いた額を支給します。
- 世帯の実態に応じて、年数回の**訪問調査**があります。

解答　4

 CHECK✓（平成30年後期）　**生活保護制度に関する記述**

- 生活保護制度の扶助の種類は、**生活**扶助、**教育**扶助、**住宅**扶助、**医療**扶助、**介護**扶助、**出産**扶助、**生業**扶助、**葬祭**扶助の 8 つである。
- 「被保護者調査（平成 27 年度（月次調査確定値））」（厚生労働省）によると、平成 27 年度の保護開始の理由の中で、「**傷病**による」が全体の約 4 分の 1 を占めている。

CHECK✓（平成29年後期・地限）　**生活保護制度に関する記述**

- 生活保護制度の基本原理の一つに、「**保護の補足性**」の原理がある。
- 生活保護制度の原則の一つに、「**申請保護の原則**」がある。
- 生活保護制度の扶助の種類の一つに、「**教育扶助**」がある。
- 近年の生活保護制度の世帯類型別の被保護世帯数の動向は、**高齢者**世帯が一貫して増加傾向にある。

社会保険制度

精選過去問⑭

平成31年前期 問8　　／　　／

次の文は、わが国の社会保険制度に関する記述である。適切な記述を○、不適切な記述を×とした場合の正しい組み合わせを一つ選びなさい。

A 介護保険制度の保険者は、国民に最も身近な行政単位である市町村（特別区を含む）とされている。

B 厚生年金保険制度では、適用事業所に常時使用されている75歳未満の者は必ず被保険者となることになっている。

C 雇用保険制度では、失業等給付を行うほか、雇用安定事業、能力開発事業を行っている。

D 労働者災害補償保険制度では、業務災害及び通勤災害に関する保険給付、二次健康診断等給付、社会復帰促進等事業等を行っている。

（組み合わせ）

	A	B	C	D
1	○	○	×	×
2	○	×	○	○
3	○	×	○	×
4	×	○	×	○
5	×	×	○	○

解答

解説⑭

A ○ 介護保険制度の保険者は**市町村（特別区を含む）**であり、被保険者は65歳以上の者（**第1号被保険者**）と40〜64歳の医療保険加入者（**第2号被保険者**）です。

介護保険サービスは、65歳以上の者は原因を問わず要支援・要介護状態となったときに、40〜64歳の者は末期がんや関節リウマチ等の老化による病気が原因で要支援・要介護状態になった場合に、受けることができます。介護保険サービスを利用した場合、介護サービスにかかった費用の**9**割（一定以上所得者は**8**割または**7**割）は保険給付され、要介護者は、原則として残りの費用の**1**割（一定以上所得者は**2**割または**3**割）のほか、施設サービスを利用した場合の食費及び居住費を負担します。

B ✕ 厚生年金保険制度では、適用事業所に常時使用されている70歳未満の一定の者は必ず被保険者となることになっています。

民間サラリーマンや公務員等は、国民年金（基礎年金）に加え、**厚生年金保険**に加入し、基礎年金の上乗せとして報酬比例年金の給付を受けます。

C ◯ 雇用保険制度では、労働者の生活及び雇用の安定と就職の促進のために、失業した者や**教育訓練**を受ける者等に対して、**失業等給付**を行うほか、失業の予防、雇用状態の是正（ぜせい）及び雇用機会の増大、労働者の能力の開発及び向上その他労働者の福祉の増進等をはかるための二事業（**雇用安定事業、能力開発事業**）を行っています。

D ◯ 労働者災害補償保険制度では、**業務災害**（労働者の業務上の負傷、疾病、障害又は死亡）及び**通勤災害**（労働者の通勤による負傷、疾病、障害又は死亡）に関する保険給付、**二次健康診断等給付、社会復帰促進等事業**等を行っています。

「労働者災害補償保険法」第1条では、「労働者災害補償保険は、**業務上の事由又は通勤**による労働者の負傷、疾病、障害、死亡等に対して迅速かつ公正な保護をするため、必要な**保険給付**を行い、あわせて、**業務上の事由又は通勤**により負傷し、又は疾病にかかつた労働者の**社会復帰の促進**、当該労働者及び**その遺族の援護**、労働者の**安全及び衛生の確保**等を図り、もつて労働者の福祉の増進に寄与することを目的とする。」と定められています。

> 解答 **2**

CHECK （平成30年前期）　社会保険制度に関する記述

・企業に勤めているWさんは、通勤途上で転倒し負傷したため、**労働者災害補償制度**に必要な保険給付の申請を行った。
・大学を卒業後、銀行に約15年間勤めていたXさんは、銀行を退職して、長年の夢であった花屋を開業したため、**国民健康保険**に加入する手続きを行った。
・企業に約10年間勤めていたZさんは、会社の都合により退職し、**雇用保険**から基本手当の給付を受けながら、新たな職場を探している。

精選過去問 ⑮

平成27年地域限定 問9 ／ ／

次の文は、国民年金保険制度に関する記述である。適切な記述を〇、不適切な記述を×とした場合の正しい組み合わせを一つ選びなさい。

A　20歳になれば、学生であっても被保険者となる。

B　年金保険料は、20歳から59歳までの間、納付する。

C　国民年金の支給開始年齢は55歳である。

D　第二号被保険者の被扶養配偶者は、第一号被保険者である。

（組み合わせ）

	A	B	C	D
1	〇	〇	〇	〇
2	〇	〇	〇	×
3	〇	〇	×	×
4	×	〇	〇	〇
5	×	×	〇	〇

解答

解説 ⑮

A　〇　日本国内に住む全ての人は、**20歳**になったときから国民年金の被保険者となり、保険料の納付が義務づけられています。従って、**20歳**になれば、学生であっても被保険者となります。

かつて、学生については任意加入となっていましたが、未加入時に障害者となると無年金者となってしまうことから、1991（平成3）年より、学生についても国民年金の強制加入の対象となりました。ただし、本人の所得が一定以下の学生については、申請し、承認された期間は納付が猶予される「学生納付特例制度」が設けられていて、障害基礎年金の受給要件の対象となります。

B　〇　年金保険料は、**20歳から59歳までの間**、納付します。

1985（昭和60）年の**国民年金法**改正により、国民全ての基礎的所得保障を実現するために、**20歳以上60歳未満の全ての国民**が国民年金に加入することとなりました。この改正により、サラリーマンの被扶養配偶者（専業主婦）の国民年金制度への強制適用（第三号被保険者制度の創設）が行われ、女性の年金権が確立しました。

なお、学生のとき、あるいは失業した、所得が低いなどの経済的な理由で保険料を納めることが難しい場合には、所定の手続きを行い、保険料の納付を一時的に猶予したり、納付が免除される制度があります。

C　×　国民年金の支給開始年齢は**65歳**で、納付した期間に応じて給付額が決定します。

原則65歳からの支給ですが、60歳から65歳になるまでの間でも、希望すれば給付

を繰上げて受けることができます（**繰上げ受給**）。ただし、繰上げ支給の請求をした時点に応じて年金額は減額されます。一方、66歳から70歳までの間で老齢基礎年金を繰下げて請求することもできます（**繰下げ受給**）。この場合、繰下げ支給の請求をした時点に応じて年金額は増額されます。

D ✕ 被保険者とは保険事故が起きた場合、保険金の支払われる者をいいます。被扶養者とは、被保険者と同じように病気やけがをした際に保障される者をいいます。

第二号被保険者の被扶養配偶者は、**第三号被保険者**です。

被保険者は次の3種類に分類されます

　　　①**第一号被保険者**：**自営業者**、**学生**などです。**国民年金のみ**に加入します。ただし、希望すれば「国民年金基金」や「確定拠出年金」に加入することもできます。

　　　②**第二号被保険者**：**民間サラリーマン**、**公務員**などです。**国民年金**に加え、**厚生年金保険**に加入します。

　　　かつて、公務員や私学教職員は**国民年金**と**共済年金**に加入していましたが、2015（平成27）年10月より、共済年金は厚生年金に統一されました。これは、同一の報酬であれば同一の保険料を負担し、同一の公的年金給付を受けるという公平性を確保することを目指したためです。

　　　③**第三号被保険者**：**第二号被保険者の被扶養配偶者**です。**国民年金のみ**の加入で、配偶者が加入する年金制度が負担します。保険料は徴収されません。

解答 **3**

国民年金保険制度に関する記述
（平成26年）

- 年金給付の主要なものは、**障害年金**、**遺族年金**、**老齢年金**の3種である。
- 基本的に厚生年金保険の被保険者は、同時に国民年金の第二号被保険者となる。
- 基本的に国民年金は **20** 歳以上 **60** 歳未満のすべての国民を被保険者とする制度である。

公的年金保険制度に関する記述
（平成30年前期）

- 1961（昭和36）年の国民年金の創設によって、**自営業者**なども年金制度の対象に加えられ、**国民皆年金**が整えられた。
- 公的年金制度の年金給付の種類には、**老齢基礎年金**、**老齢厚生年金**、**障害基礎年金**、**障害厚生年金**、**遺族基礎年金**、**遺族厚生年金**等がある。
- 公的年金制度は、**社会保険**方式によって国民に対して所得保障を行う制度の一つである。

社会保障・社会福祉の制度と実施機関

精選過去問 ⓰　　　　　　平成26年再試 問7　　／　　／

次の組み合わせは、社会保障・社会福祉の「制度」とその「実施機関」の組み合わせである。適切な組み合わせを一つ選びなさい。

（組み合わせ）

1　生活福祉資金　――――――　地域包括支援センター
2　雇用保険　――――――――　労働基準監督署
3　特別児童扶養手当　―――　児童相談所
4　労働者災害補償保険　――　公共職業安定所（ハローワーク）
5　「配偶者からの暴力の防止及び被害者の保護等に関する法律」　―　婦人相談所

解答	

解説 ⓰

1　✕　「生活福祉資金」の実施主体は、**都道府県社会福祉協議会**です。「生活福祉資金貸付制度」は、低所得世帯、障害者世帯、高齢者世帯等世帯単位に、各々の状況と必要に合わせた資金、例えば、就職に必要な知識・技術等の習得や高校、大学等への就学、介護サービスを受けるための費用等の貸付けを行う制度です。県内の**市区町村社会福祉協議会**が窓口となって実施されています。また、この貸付制度では、資金の貸付けによる経済的な援助に併せて、地域の民生委員によって資金を借り受けた世帯の相談支援が行われます。

　　地域包括支援センターは、高齢者が住み慣れた地域で安心して暮らせるよう「地域住民の心身の健康の保持及び生活の安定のために必要な援助を行うことにより、その保健医療の向上及び福祉の増進を**包括的**に支援することを目的とする施設」（「介護保険法」第115条の46）です。**市町村**が当センターを設置することができます。

2　✕　雇用保険は、政府が管掌する**強制保険制度**です（労働者を雇用する事業は、原則として強制的に適用されます）。雇用保険は、労働者が失業してその所得の源泉を喪失した場合、労働者について雇用の継続が困難となる事由が生じた場合、及び労働者が自ら職業に関する教育訓練を受けた場合に、生活及び雇用の安定と就職の促進のために失業等給付を支給し、失業の予防、雇用状態の是正及び雇用機会の増大、労働者の能力の開発及び向上その他労働者の福祉の増進を図るための事業を実施する、雇用に関する総合的機能を有する制度です。

　　一方、**労働基準監督署**とは、各都道府県に複数置かれた、法定された労働条件の遵守（じゅんしゅ）確保のための臨検等や労災保険給付関連業務を行う行政監督機関です。

3 ✕ 特別児童扶養手当は、「特別児童扶養手当等の支給に関する法律」に基づいて、精神または身体に障害のある 20 歳未満の児童の福祉の向上を目的とした手当です。法令により定められた程度の障害を有する児童を監護する父母または養育者に対して支給される国の手当です。

児童相談所は、「児童福祉法」第 12 条の規定に基づく児童福祉のための専門機関で、すべての都道府県及び政令指定都市に設置されています（中核市は任意。2016（平成 28）年 6 月の「児童福祉法」改正により、特別区（東京都）の設置も可能となりました）。18 歳未満の児童に関するあらゆる問題について、児童の福祉や健全育成等に関する相談に応じ、児童や保護者に最も適した援助や指導を行う行政機関です。

4 ✕ 労働者災害補償保険（労災保険）は「労働者災害補償保険法」に基づく制度で、政府が管掌します。業務上災害または通勤災害により、労働者が負傷した場合、疾病にかかった場合、障害が残った場合、死亡した場合等について、被災労働者またはその遺族に対し所定の保険給付を行います。また、労働者の社会復帰等を図るための事業も行います。

なお、公共職業安定所（ハローワーク）は、民間の職業紹介事業等では就職へ結びつけることが難しい就職困難者を中心に支援する最後のセーフティーネットとしての役割を担い、地域の総合的雇用サービス機関として、職業紹介、雇用保険、雇用対策などの業務を一体的に実施する国民に最も身近な行政機関のひとつです。

5 ○ 「配偶者からの暴力の防止及び被害者の保護等に関する法律（DV 防止法）」は、今まで家庭内に潜在してきた女性への暴力について、女性の人権擁護と男女平等の実現を図るため、夫やパートナーからの暴力の防止、及び被害者の保護・支援を目的として作られた法律です。同法では、「都道府県は、当該都道府県が設置する婦人相談所その他の適切な施設において、当該各施設が配偶者暴力相談支援センターとしての機能を果たすようにするものとする。」（第 3 条）、「婦人相談員は、被害者の相談に応じ、必要な指導を行うことができる」（第 4 条）、「都道府県は、婦人保護施設において被害者の保護を行うことができる」（第 5 条）としています。2014（平成 26）年の改正では、生活の本拠を共にする交際相手からの暴力及びその被害者についても、配偶者からの暴力及びその被害者に準じて、法の適用対象とされています。

解答 **5**

福祉サービス利用援助事業（日常生活自立支援事業）

精選過去問⑰　　　　　　　　　　平成30年前期 問17　　／　　　　／

次の文は、福祉サービス利用援助事業（日常生活自立支援事業）についての記述である。適切な記述を○、不適切な記述を×とした場合の正しい組み合わせを一つ選びなさい。

A　サービスの利用料は、原則として利用者が負担する。

B　利用者が申請することは可能である。

C　利用者は、原則として65歳以上の者である。

D　実施主体は、本事業の実施状況を運営適正化委員会に定期的に報告することとされている。

（組み合わせ）

	A	B	C	D
1	○	○	○	×
2	○	○	×	○
3	○	×	○	○
4	×	○	×	×
5	×	×	○	○

解答

解 説⑰

日常生活自立支援事業とは、「社会福祉法」第2条第3項第12号において、**第二種社会福祉事業**の「**福祉サービス利用援助事業**」として規定されており、認知症高齢者、知的障害者、精神障害者等のうち判断能力が不十分な者が、地域において自立した生活が送れるよう、利用者との契約に基づき、福祉サービスの利用援助等を行うものです。実施主体は**都道府県・指定都市社会福祉協議会**ですが、窓口業務等は**市町村**の社会福祉協議会等で実施します。

A　**○**　実施主体（都道府県・指定都市社会福祉協議会）が定める利用料を**利用者**が負担します。ただし、契約締結前の初期相談等に係る経費や生活保護受給世帯の利用料については、無料です。

B　**○**　利用希望者は、実施主体に対して**申請（相談）**を行います。実施主体は、利用希望者の生活状況や希望する援助内容を確認するとともに、本事業の契約の内容について判断し得る能力の判定を行い、利用希望者が本事業の対象者の要件に該当すると判断した場合には、利用希望者の意向を確認しつつ、援助内容や実施頻度等の具体的な支援を決める「支援計画」を策定し、契約が締結されます。

C ✕ この事業の対象者は、判断能力が**不十分**な者であり、かつ事業の契約の内容について**判断し得る能力**を有していると認められる者です。なお、「判断能力が不十分な者」とは、具体的には、認知症高齢者、知的障害者、精神障害者等であって、日常生活を営むのに必要なサービスを利用するための情報の入手、理解、判断、意思表示を本人のみでは適切に行うことが困難な者のことです。

D ◯ 利用者が安心して利用できる仕組みとして、契約内容や本人の判断能力等の確認を行う「契約締結審査会」や、適正な運営を確保するための監督を行う第三者的機関である「運営適正化委員会」があります。

解答 2

  日常生活自立支援事業の援助内容

日常生活自立支援事業に基づく援助内容は、次に掲げるものが基準となります。
① 福祉サービスの利用援助
② 苦情解決制度の利用援助
③ 住宅改造、居住家屋の貸借、日常生活上の消費契約及び住民票の届出等の行政手続に関する援助等

①〜③に伴う援助内容は、次に掲げるものが基準となります。
・預金の払い戻し、預金の解約、預金の預け入れの手続等利用者の日常生活費の管理（日常的金銭管理）
・定期的な訪問による生活変化の察知

 **CHECK** ✓（平成30年神奈川） 日常生活自立支援事業における福祉サービス利用援助事業に関する記述

・対象は、認知症高齢者や知的障害者、精神障害者などのうち、判断能力が**十分でない**者であり、かつ本事業の契約の内容について**判断し得る**能力を有していると認められる者である。

CHECK ✓（平成29年前期） 福祉サービス利用援助事業（日常生活自立支援事業）に関する記述

・福祉サービス利用援助事業（日常生活自立支援事業）は幅広い役割を担い、例えば、**預金通帳**の預かりサービス、預金の**入出金**などのサービスが含まれる。
・福祉サービス利用援助事業（日常生活自立支援事業）を適正に実施するために、**契約締結審査会**と**運営適正化委員会**が設けられている。

相談援助（ソーシャルワーク）

精選過去問⑱

平成28年前期 問12 ／ ／

次の文は、関連援助技術についての記述である。適切な記述を○、不適切な記述を×とした場合の正しい組み合わせを一つ選びなさい。

A スーパービジョンは、保育士の経験不足を補う教育的機能、支持的機能、管理的機能がある。

B カウンセリングは、聞き上手な保育士なら誰でも行うことができる容易な援助技術である。

C ケアマネジメントは、ケースの発見から終結に至る過程をもち、計画した支援をモニタリングすることが求められる。

D ネットワーキングは、異なる専門職が連携して支援することを意味しており、ボランティアがネットワークに入り込むことはない。

（組み合わせ）

	A	B	C	D
1	○	×	○	×
2	○	×	×	○
3	×	○	○	×
4	×	○	×	○
5	×	×	○	×

解答

解説⑱

A ○ **スーパービジョン**とは、経験豊かな専門職（**スーパーバイザー**）が、新任や経験が浅い援助者（**スーパーバイジー**）に対し適切な助言、指導をし、スーパーバイジーの援助技術向上を目指す方法であり、**教育的機能**、**支持的機能**、**管理的機能**があります。

【スーパービジョンの機能】
・**教育的機能**：社会福祉援助技術を実践の場で活用し、専門性を高められるように教育していく機能
・**支持的機能**：ストレスを抱えることを防ぐため、スーパーバイジーの仕事上の悩み等を受け止め、支持していく機能
・**管理的機能**：組織の一員として活動できるように、所属する機関、組織の業務内容などを指導する機能

B　✕　カウンセリングには、**専門的技術（専門的アプローチ）**や知識が不可欠であり、誰でも容易に行えるものではありません。専門的技術を正しく活用できる専門職が行う、大事な技法（相談援助技術）です。

C　○　相談援助技術の展開に関する問題です。相談援助では、一度に問題の解決を見出すことはしません。**スモールステップ（小さな段階）**を踏んで、進めていきます。ケースの発見→インテーク（受理面接）→アセスメント（事前評価）→プランニング（援助計画）→インターベンション（介入）→**モニタリング**（効果測定）→エバリュエーション（事後評価）→ターミネーション（終結）という流れで、保育分野に限らず、他の福祉分野でも同様の段階を経て、相談援助は行われています。

D　✕　専門職が連携することはもとより、ボランティア（社会資源）を包括したインフォーマルな主体も参加（参画）するのが、**ネットワーキング**です。社会福祉（地域福祉）の視点から見るネットワーキングは、要保護者を支えるソーシャル・サポート・ネットワークを形作る意味で用いられます。このようなネットワークを作る働きかけや、ネットワーク全体をとおして、「ソーシャルワーク」または「社会福祉援助技術」と呼ばれることもあります。

解答　1

ここも出た！　CHECK✓（平成29年前期）　集団援助技術（グループワーク）に関する記述

・集団援助技術の展開過程において、ワーカーとしての保育士は、実際のグループ活動が始まる前の「**準備期**」、「**開始期**」においても大切な役割をもつ。
・保育所の５歳児クラスにおいて、保育士は集団援助技術を適用して、メンバー同士の受容や協力関係を利用して、子どもたちの**成長・発達**を意図することは可能である。
・児童養護施設において、保育士は集団援助技術を適用して、入所している子どもたちの**主体性、社会性**の伸長を意図することは可能である。
・集団援助技術においても、**個別化の原則**は遵守されるべきである。

ここも出た！　CHECK✓（平成30年前期）　相談援助（ソーシャルワーク）の専門性とその進め方に関する記述

・相談援助（ソーシャルワーク）において、**自己決定**は最も重要な原則の一つである。
・相談援助（ソーシャルワーク）は、心理療法を行うカウンセリングと混同されてはならないが、カウンセリングは**相談援助**の一環として活用されることがある。

精選過去問 ❶⓰

令和元年後期・地限 問13 　／　　　／

次の文は、ソーシャルワークの援助のあり方に関する記述である。適切な記述を〇、不適切な記述を×とした場合の正しい組み合わせを一つ選びなさい。

A 「インテーク」では、クライエントのニーズを多面的に把握する。

B 「アセスメント」では、クライエントの抱えている問題について情報収集を行う際、クライエントのストレングスについて情報収集をすると、援助の焦点がぼやけてしまうため行うべきではない。

C 「モニタリング」では、提供しているサービスに対して、その提供状況に不具合があるかどうかをチェックするため、利用者のサービスに対する満足感を評価する必要はない。

D 多様なニーズを抱えているケースに対する「インターベンション」では、ソーシャルワーカーが中心となって関係機関に声をかけ、チームアプローチで行う場合がある。

（組み合わせ）

	A	B	C	D
1	〇	〇	×	×
2	〇	×	×	〇
3	×	〇	〇	×
4	×	〇	×	〇
5	×	×	〇	〇

解答

解説 ❶⓰

ソーシャルワーク（相談援助）は、次のような過程をたどります。

ソーシャルワーク（相談援助）の展開過程

①**インテーク（受理面接）**

　サービスを利用しようとする申請者と援助機関の援助者との最初の接点。援助者が申請者との**信頼関係**を築くとともに主訴を明確に把握することが必要である。

②**アセスメント（事前評価）**

　利用者の解決すべき課題を明確にする段階。主に利用者の情報収集と分析を行う。利用者の話を傾聴し、その生活状況、問題の捉え方、問題に関する状況などを把握することが必要である。また、利用者の希望、価値観なども組み込む。

③**プランニング（援助計画）**

　アセスメント等に基づいて、具体的な問題解決の方法を計画する段階。利用者の参加が不可欠であり、参加することで本人にも自覚が生まれ、次の展開（インターベンション）に効果が現れる。そのためにも、利用者の理解できる言葉を使って内容を説明する。

④インターベンション（介入）

　プランニングを実行に移す段階。**直接的介入**（利用者本人に直接行う援助）と**間接的介入**（利用者の家族への働きかけや、他の施設や機関と連携して行う援助）がある。

⑤モニタリング（効果測定）

　援助が円滑に、効果的に行われているかどうかを吟味する段階。ここで何か問題があった場合は**再アセスメント**を行い、計画を立て直す。

⑥エバリュエーション（事後評価）

　進めてきた援助が、利用者を問題解決に導いたかどうかを判断する段階。

⑦ターミネーション（終結）

　問題が解決し、これ以上の援助が必要でない場合には終結する。

A ○ 「インテーク（受理面接）」では、クライエント（利用者）の不安を緩和しながら相談内容を確認し、ニーズを**多方面**から把握します。

B ✕ 「アセスメント（事前評価）」では、クライエントの情報収集をする際、クライエントの**ストレングス（強み）**などの情報収集も行います。

C ✕ 「モニタリング（効果測定）」では、提供しているサービスに対して、その過程と成果を観察しますが、その際に利用者の満足感も評価する必要があります。

D ○ 「インターベンション（介入）」では、利用者の状況によっては、**ソーシャルワーカー**（ソーシャルワークに従事する専門職）が中心となって関係機関に声をかけ、**チームアプローチ**で行う場合があります。

解答　2

 **CHECK** ✓（平成30年神奈川）**ソーシャルワークの展開過程における受理面接（インテーク）**

　受理面接では、クライエントの**不安**を緩和しながらの相談内容の確認、ソーシャルワーカーを含む機関・施設の説明をすると同時に、クライエントの基本的な**情報**を得る一方で、支援を受理しソーシャルワークの展開過程に進んでいくかどうかを判断する。結果的に他機関・他施設への紹介・送致に至る場合も、クライエントを**受容**して**ラポール**の形成に努めなければならない。

 **CHECK** ✓（平成29年後期・地限）**相談援助（ソーシャルワーク）の過程**

・相談援助の開始期において、地域社会に潜在している多くのニーズを発見するように**アウトリーチ**を行うことは重要である。
・**アセスメント**において、利用者のニーズを評価したり、利用者の**ストレングス**などを評価したりする。
・**プランニング**に先立ち、具体的に支援すべき目標を設定しなければならない。
・**モニタリング**は、支援計画実施後に行う事後評価を行う上で不可欠な経過観察である。

精選過去問⑳

平成30年後期・地限 問12 ／   ／

次の文は、バイスティックによる相談援助の原則に関する記述である。適切な記述を〇、不適切な記述を×とした場合の正しい組み合わせを一つ選びなさい。

A 「自己決定の原則」とは、来談者の判断に誤りがあったとしても、それを指摘せず、来談者の決定に従うというものである。

B 「秘密保持の原則」とは、本人や他者の生命や身体を保護するために必要な場合であっても、来談者からの相談で知りえた情報を来談者の了解なく部外者に伝えることはしてはならないというものである。

C 「受容の原則」とは、相談当初においては来談者の言うことをすべて肯定するよう努めなければならないというものである。

D 「非審判的態度の原則」とは、問題の発生の原因に対して、来談者にどの程度責任があるか、あるいは、道徳的にどんな罪があるかと、決めつけることを排除するというものである。

（組み合わせ）

	A	B	C	D
1	〇	〇	×	×
2	〇	×	〇	×
3	×	〇	×	〇
4	×	×	〇	〇
5	×	×	×	〇

解答

解説⑳

アメリカのケースワーク（個別援助技術）の研究者バイスティックが打ち立てた「バイスティックの7原則」は、援助者の取るべき基本的姿勢を体系化したものであり、我が国でもよく知られている援助原則です。

バイスティックの7原則 （※出題された原則には赤い下線を引いています。）

①個別化
似たような問題を抱える複数の利用者がいても、同じ問題として捉えず、個別的な対応をする。その利用者を「個人」としてとらえる。

②意図的な感情表出
利用者が、自分の考えや肯定的・否定的な感情を心のままに表現できるようにはたらきかける。

③統制された情緒的関与

援助者は、自身の個人的感情を自覚し、制御することで、利用者の表出した感情に共感する。

④受容

利用者の長所・短所、好感のもてる態度・もてない態度などに対して、それらを受け止めて、あるがままの姿を受け入れる。

⑤非審判的態度

援助者は、自分の倫理観や価値観から利用者の問題行動や思考に対して批判をしたり、審判をしてはならない。

⑥利用者の自己決定

利用者の問題や課題を解決するための行動を選択や決定をする主体は利用者であって、援助者ではない。

⑦秘密保持

援助関係において知り得た利用者の個人情報や相談内容は、他人に漏らしてはならない。

A ✕ 「自己決定の原則」とは、「来談者の決定に従う」ということではなく、「決定をする主体は**来談者**であって援助者ではない」という原則です。

B ✕ 生命や身体を保護するために必要な場合、例えば児童虐待の通告などの場合、来談者の了解は必要ありません。

C ✕ 「受容の原則」とは、「来談者の言うことをすべて肯定するよう努めなければならない」ということではなく、「来談者の**あるがままの姿**を受け入れる」という原則です。

D 〇 「非審判的態度の原則」については、記述のとおりです。

解 答　5

 **「バイスティックの7原則」に基づく援助に関する記述**
（平成26年再試）

・利用者を一方的に非難せず、**多面的**に評価する。

 **相談援助（ソーシャルワーク）の生活モデルに関する記述**
（平成30年前期）

・生活モデルには、**エコロジカル（生態学）**アプローチが含まれている。
・生活モデルは、生活全体の中で問題をとらえ、人と**環境**の相互作用に焦点を当てることを特徴とする。
・生活モデルでは、利用者のニーズを充足するために既存の社会資源を活用するだけでなく、**利用者を取り巻く環境**への適応力を強める援助をも行う。

ノーマライゼーション

精選過去問㉑　　　　　　　　平成29年前期 問2　　　／　　　／

次の文は、ノーマライゼーションに関する記述である。適切な記述を〇、不適切な記述を✕
とした場合の正しい組み合わせを一つ選びなさい。

A 児童福祉施設において食事時間や入浴時間など日課が決められているが、これはノーマライ
ゼーションの理念に反している。

B 知的障害児の放課後等デイサービスにおいて、地域交流機会の提供や余暇の提供等を実施
することは、ノーマライゼーションの理念に合致している。

C 児童養護施設において、児童による自治会を組織化して行事計画などに自治会が参画する
配慮を行うことはノーマライゼーションの理念に合致している。

D 知的障害者の作業所において、労働の対価として工賃を得るということは、仕事や責任を
与えられるという点で、ノーマライゼーションの理念に合致する。

（組み合わせ）

	A	B	C	D
1	〇	〇	〇	✕
2	〇	〇	✕	〇
3	〇	✕	〇	✕
4	✕	〇	〇	〇
5	✕	✕	✕	〇

解答　　　　　

解説㉑

　ノーマライゼーションとは、「障害がある人も、ない人も同じように生活・権利などが保障
されるような環境づくりを目指す」という理念を意味しています。

A ✕ 児童福祉施設に限らず、一般家庭でも食事時間や入浴時間などの日課は存在し、小中
学校等でも、時間割で給食の時間や掃除の時間等日課を定めて教育活動が行われてい
ます。とりわけ子どものときに身に付けたい社会性や、健全育成の基本でもある規則
正しい生活を日常生活の中に組み込むことは、ノーマライゼーションの理念（考え
方）そのものといえます。

B 〇 **放課後等デイサービス**は、2012（平成24）年の「児童福祉法」の改正により設置さ
れ、同法第6条の2の2第4項に定められており、**学校に就学している**障害をもつ児
童を**授業終了後又は休業日**に厚生労働省令で定める施設に通わせ、生活能力の向上の
ための訓練や交流を行うことができるサービスです。地域の中で幅広い世代の人々
が、お互いを理解し、つながりを強めていくことで、住みやすい地域となっていきま

す。そのために、家庭や学校、地域など様々な場面において、気軽に集まれる場や機会を提供し、交流やふれあいを促進していきます。また、活動の拠点づくりや活動の情報提供を積極的に行い、人材や施設、自然環境などの地域の社会資源を活用し地域福祉の活動を推進します。

C ○ 児童養護施設はもちろんのこと、児童福祉施設等において、児童による自治会を組織化して、行事計画などに自治会が参画する配慮を行うことは、互いの顔や暮らしぶりが見える関係を構築し、あいさつからはじまる近所づき合いなどを行うことで、誰もが安心して暮らせる地域づくりへとつながります。すべての人が地域で安心して暮らすことができ、互いに自立を支え合う福祉コミュニティの推進を図るため、自治会、地区社会福祉協議会など、小地域における近隣住民をはじめ、様々な団体・機関との連携による福祉のネットワークを構築し、子どもから高齢者までが助け合い支え合う、小地域ネットワークづくりに努めることで、地域福祉の課題解決につながることが期待されています。

D ○ ノーマライゼーションの理念の浸透から、障害をもつ人々の社会参加が進み、企業や地域など様々な場所で活躍する人も増え、同時に就職を希望する人も多くなっています。地域のネットワークも拡大しつつあり、ジョブコーチ制度や実習制度、委託訓練といった就労を支援する仕組みも普及してきています。障害者が生き生きと働き、生活していくためには、事業主や一緒に働く人、地域の人々の理解と支援が必要です。企業における障害者雇用を促進し、職場定着を図る事はもちろん、事業主が障害者雇用や障害者の能力・特性を理解し、障害者雇用へ積極的にチャレンジすることで、障害をもつ人も、もたない人も共に働く、笑顔のある職場が基本となります。そして、その社会におけるノーマルな経済的水準とそれを得る権利等のもとに、障害をもつ人々の労働の対価としての工賃は、正当に担保されなければなりません。

	解答 **4**

社会福祉の基本理念に関する記述
（平成29年後期・地限）

・**北欧**に起源を持つノーマライゼーション（normalization）の思想は、わが国の社会福祉分野の共通基礎概念として位置付けられることが多い。

ノーマライゼーションに関する記述
（平成31年神奈川）

・ノーマライゼーションは、**デンマーク**の主に**知的障害者**の施設の改善運動から始まったものである。
・国連が**国際障害者年**（1981 年）及び**国連障害者の10 年**の中で強調したこともあり、国際的に浸透していった。

子ども・子育て支援新制度

精選過去問 22

平成29年前期 問5　　/　　/

次の文は、「子ども・子育て支援法」の利用者支援事業に関する平成27年版「厚生労働白書」の記述の一部である。（　A　）～（　C　）にあてはまる正しい組み合わせを一つ選びなさい。

　利用者支援事業とは、（　A　）の身近な場所で、教育・保育施設や地域の子育て支援事業等の利用について（　B　）を行うとともに、それらの利用に当たっての相談に応じ、必要な助言を行い、関係機関等との（　C　）を実施する事業である。

（組み合わせ）

	A	B	C
1	乳児や保護者	広報活動	役割分担等
2	子どもや地域社会	資料配布	相互連絡等
3	地域住民	利用状況調査	切磋琢磨等
4	子どもや保護者	情報収集	連絡調整等
5	乳幼児や少年	利用支援	有機的連携等

解答　□

解説 22

A 子どもや保護者　　**B** 情報収集　　**C** 連絡調整等

　平成27年版「厚生労働白書」第1部「人口減少社会を考える」第2章「人口減少克服に向けた取組み」からの出題です。

　2015（平成27）年4月より、「**子ども・子育て関連3法**※」に基づく「**子ども・子育て支援新制度**」が施行されました。この新制度の主なポイントは、①認定こども園、幼稚園、保育所を通じた共通の給付（「**施設型給付**」）及び小規模保育等への給付（「**地域型保育給付**」）の創設、②認定こども園制度の改善、③地域の実情に応じた子ども・子育て支援の充実を図ることです。

　※「**子ども・子育て支援法**」「就学前の子どもに関する教育、保育等の総合的な提供の推進に関する法律の一部を改正する法律」「子ども・子育て支援法及び就学前の子どもに関する教育、保育等の総合的な提供の推進に関する法律の一部を改正する法律の施行に伴う関係法律の整備等に関する法律」

　平成27年版「厚生労働白書」では、「子ども・子育て支援新制度」の地域子ども・子育て支援事業について次のように概説しています。

地域子ども・子育て支援事業では、**市町村**は、子ども・子育て家庭等を対象とする事業として、市町村子ども・子育て支援事業計画に従って、以下の事業を実施することとしている。

① **利用者支援事業：子どもとその保護者**の身近な場所で、教育・保育施設や地域の子育て支援事業等の情報提供や必要に応じ相談・助言等を行い、また、関係機関との**連絡調整等**を行うもの

② **地域子育て支援拠点事業**：乳幼児とその保護者が交流を行う場を開設し、子育てについての相談や情報の提供、助言など援助を行うもの

③ **妊婦健康診査**：妊婦の健康の保持・増進を図るため、妊婦に対する健康診査として、健康状態の把握、検査計測、保健指導を実施し、また、妊娠期間中に必要に応じ医学的検査を実施するもの

④ **乳児家庭全戸訪問事業**：生後 4 か月までの乳児のいる**全て**の家庭を訪問し、子育て支援に関する情報提供や養育環境の把握を行うもの

⑤ **養育支援訪問事業**：養育支援が特に必要な家庭を訪問し、養育に関する指導・助言等を行うことにより、その家庭の適切な養育の実施を確保するもの

・**子どもを守る地域ネットワーク機能強化事業：要保護児童対策協議会**（子どもを守る地域ネットワーク）の機能強化を図るため、職員等の専門性強化と、ネットワーク機関間の連携強化を図る取組を実施するもの

⑥ **子育て短期支援事業**：保護者の病気等により家庭で養育を受けることが一時的に困難となった児童を児童養護施設等に入所させ、必要な保護を行うもの（**ショートステイ事業・トワイライトステイ事業**）

⑦ **子育て援助活動支援事業（ファミリー・サポート・センター事業）**：子育て中の保護者等を会員として、児童の預かり等の援助を受けることを希望する者と、援助を行うことを希望する者との相互援助活動に関する連絡・調整を行うもの

⑧ **一時預かり事業**：家庭で保育を受けることが一時的に困難となった乳幼児を、主として**昼間**に、認定こども園、幼稚園、保育所、地域子育て支援拠点等で、一時的に預かり、必要な保護を行うもの

⑨ **延長保育事業**：保育認定を受けた子どもに、通常の利用日や利用時間以外の日・時間に、認定こども園、保育所等で保育を実施するもの

⑩ **病児保育事業**：病児を、病院・保育所等に付設された専用スペース等で、**看護師**が一時的に保育等するもの

⑪ **放課後児童クラブ**：保護者が労働等により昼間家庭にいない小学生に対し、授業の終了後に小学校の余裕教室や児童館等を利用して、適切な遊び・生活の場を与え、健全な育成を図るもの

⑫ **実費徴収に係る補足給付を行う事業**：保護者の世帯所得の状況等を勘案して、特定教育・保育施設等に対して保護者が支払うべき日用品、文房具等の物品の購入に必要な費用や行事への参加に必要な費用等を助成するもの

⑬ **多様な主体が本制度に参入することを促進するための事業**：特定教育・保育施設等への民間事業者の参入促進についての調査研究など多様な事業者の能力を活用した特定教育・保育施設等の設置又は運営を促進するためのもの

解答　**4**

第5章 教育原理

教育の制度

精選過去問 ①

平成30年後期・地限 問1 ／ ／

次の文は、「教育基本法」第16条の一部である。（ A ）・（ B ）にあてはまる語句の正しい組み合わせを一つ選びなさい。

教育は、（ A ）に服することなく、この法律及び他の法律の定めるところにより行われるべきものであり、（ B ）は、国と地方公共団体との適切な役割分担及び相互の協力の下、公正かつ適正に行われなければならない。

（組み合わせ）

	A	B
1	政治の圧力	教育行政
2	政治の圧力	学校教育
3	不当な支配	教育行政
4	不当な支配	学校教育
5	不当な支配	社会教育

解答

解説 ①

A 不当な支配　B 教育行政

「教育基本法」は頻出で、当科目において最も重要な法律であるといえます。平成27年以降は以下の箇所が出題されました。

「教育基本法」（平成27年以降の出題箇所を中心に抜粋）

第1章　教育の目的及び理念
（教育の目標）
第2条　教育は、その目的を実現するため、学問の自由を尊重しつつ、次に掲げる目標を達成するよう行われるものとする。
一　幅広い知識と教養を身に付け、真理を求める態度を養い、豊かな情操と道徳心を培うとともに、健やかな身体を養うこと。
二　個人の価値を尊重して、その能力を伸ばし、創造性を培い、自主及び自律の精神を養うとともに、職業及び生活との関連を重視し、勤労を重んずる態度を養うこと。
三　正義と責任、男女の平等、自他の敬愛と協力を重んずるとともに、公共の精神に基づき、主体的に社会の形成に参画し、その発展に寄与する態度を養うこと。**H29前**
四　生命を尊び、自然を大切にし、環境の保全に寄与する態度を養うこと。
五　伝統と文化を尊重し、それらをはぐくんできた我が国と郷土を愛するとともに、他国を尊重し、国際社会の平和と発展に寄与する態度を養うこと。
（生涯学習の理念）
第3条　国民一人一人が、自己の**人格**を磨き、豊かな人生を送ることができるよう、その生涯にわたって、あらゆる**機会**に、あらゆる場所において学習することができ、その成果を適切に生かすことのできる**社会**の実現が図られなければならない。**H30前**

（教育の機会均等）

第4条　すべて国民は、ひとしく、その能力に応じた教育を受ける機会を与えられなければならず、人種、信条、性別、社会的身分、経済的地位又は門地によって、教育上差別されない。 **H28 前**

2　国及び地方公共団体は、障害のある者が、その障害の状態に応じ、十分な教育を受けられるよう、教育上必要な支援を講じなければならない。 **H27**

3　国及び地方公共団体は、能力があるにもかかわらず、経済的理由によって修学が困難な者に対して、奨学の措置を講じなければならない。

第2章　教育の実施に関する基本

（義務教育）

第5条　国民は、その保護する子に、別に法律で定めるところにより、普通教育を受けさせる義務を負う。

2　義務教育として行われる普通教育は、各個人の有する能力を伸ばしつつ社会において自立的に生きる基礎を培い、また、国家及び社会の形成者として必要とされる基本的な資質を養うことを目的として行われるものとする。 **H27**

3　国及び地方公共団体は、義務教育の機会を保障し、その水準を確保するため、適切な役割分担及び相互の協力の下、その実施に責任を負う。

4　国又は地方公共団体の設置する学校における義務教育については、授業料を徴収しない。

（教員）

第9条　法律に定める学校の教員は、自己の崇高な使命を深く自覚し、絶えず研究と修養に励み、その職責の遂行に努めなければならない。 **H27** **H31 前**

2　前項の教員については、その使命と職責の重要性にかんがみ、その身分は尊重され、待遇の適正が期せられるとともに、養成と研修の充実が図られなければならない。 **H31 前**

（家庭教育）

第10条　父母その他の保護者は、子の教育について第一義的責任を有するものであって、生活のために必要な習慣を身に付けさせるとともに、自立心を育成し、心身の調和のとれた発達を図るよう努めるものとする。 **H27**

2　国及び地方公共団体は、家庭教育の自主性を尊重しつつ、保護者に対する学習の機会及び情報の提供その他の家庭教育を支援するために必要な施策を講ずるよう努めなければならない。

（幼児期の教育）

第11条　幼児期の教育は、生涯にわたる人格形成の基礎を培う重要なものであることにかんがみ、国及び地方公共団体は、幼児の健やかな成長に資する良好な環境の整備その他適当な方法によって、その振興に努めなければならない。 **H27** **R1 後・地**

（学校、家庭及び地域住民等の相互の連携協力）

第13条　学校、家庭及び地域住民その他の関係者は、教育におけるそれぞれの役割と責任を自覚するとともに、相互の連携及び協力に努めるものとする。 **H27 地**

※過去に出題された箇所には、赤い下線を付け、出題年を記載しています。
　赤字部分は、出題された語句です。

解答　3

精選過去問 ❷

令和元年後期・地限　問2　／　　／

次の文は、「学校教育法」第24条の一部である。（　A　）・（　B　）にあてはまる数字及び語句の正しい組み合わせを一つ選びなさい。

　幼稚園においては、第（　A　）条に規定する目的を実現するための教育を行うほか、幼児期の教育に関する各般の問題につき、保護者及び地域住民その他の関係者からの相談に応じ、必要な（　B　）及び助言を行うなど、家庭及び地域における幼児期の教育の支援に努めるものとする。

（組み合わせ）

	A	B
1	9	子育て支援
2	9	情報の提供
3	22	子育て支援
4	22	情報の提供
5	22	対応

解答

解 説 ❷

A　22　　B　情報の提供

　「学校教育法」の出題は多く、当科目において、法律では「教育基本法」に次ぐ出題頻度です。同法は、第13章までありますが、出題されやすいのは、第1章「総則」、第2章「義務教育」、第3章「幼稚園」、第4章「小学校」、第8章「特別支援教育」です。

　特に第3章「幼稚園」（第22条～第28条）は、幼児を扱う保育士の国家試験にふさわしい内容であり、今後も出題がおおいに予想されるため、暗記に近い状態で覚える必要があります。

「学校教育法」第3章「幼稚園」（抜粋）

第22条　幼稚園は、義務教育及びその後の教育の**基礎**を培（つちか）うものとして、幼児を**保育**し、幼児の健やかな成長のために適当な**環境**を与えて、その**心身の発達**を**助長**することを目的とする。 H22 H27地 H29前 H30前

第23条　幼稚園における教育は、前条に規定する目的を実現するため、次に掲げる目標を達成するよう行われるものとする。

一　健康、安全で幸福な生活のために必要な**基本的な習慣**を養い、身体諸機能の調和的発達を図ること。 H24再 H26

二　集団生活を通じて、喜んでこれに参加する態度を養うとともに家族や身近な人への信頼感を深め、自主、自律及び協同の精神並びに**規範意識**の芽生えを養うこと。 H24再 H26

三　身近な社会生活、生命及び自然に対する興味を養い、それらに対する正しい理解と態度及び思考力の芽生えを養うこと。 H26 R1後・地

四　日常の会話や、絵本、童話等に親しむことを通じて、言葉の使い方を正しく導くとともに、相手の話を理解しようとする態度を養うこと。 `R1後・地`

五　音楽、身体による表現、造形等に親しむことを通じて、豊かな感性と表現力の芽生えを養うこと。 `H26`

第24条　幼稚園においては、第**22**条に規定する目的を実現するための教育を行うほか、幼児期の教育に関する各般の問題につき、保護者及び地域住民その他の関係者からの相談に応じ、必要な**情報の提供**及び助言を行うなど、家庭及び地域における幼児期の教育の支援に努めるものとする。 `H27` `H30前` `R1後・地`

第25条　幼稚園の教育課程その他の保育内容に関する事項は、第22条及び第23条の規定に従い、文部科学大臣が定める。

第26条　幼稚園に入園することのできる者は、満3歳から、小学校就学の始期に達するまでの幼児とする。 `H30前`

第27条　幼稚園には、園長、教頭及び教諭を置かなければならない。

②　幼稚園には、前項に規定するもののほか、副園長、主幹教諭、指導教諭、養護教諭、栄養教諭、事務職員、養護助教諭その他必要な職員を置くことができる。

③　第一項の規定にかかわらず、副園長を置くときその他特別の事情のあるときは、教頭を置かないことができる。

※過去に出題された箇所には、赤い下線を付け、出題年を記載しています。
　赤字部分は、出題された語句です。

解答　4

CHECK✓（平成28年前期・平成29年前期）　「学校教育法」の一部

・この法律で、学校とは、幼稚園、小学校、中学校、義務教育学校、高等学校、中等教育学校、特別支援学校、大学及び**高等専門学校**とする。（第1条）
・経済的理由によつて、就学困難と認められる学齢児童又は学齢生徒の保護者に対しては、**市町村**は、必要な援助を与えなければならない。（第19条）
・特別支援学校は、視覚障害者、聴覚障害者、知的障害者、肢体不自由者又は病弱者（身体虚弱者を含む。以下同じ。）に対して、幼稚園、小学校、中学校又は高等学校に準ずる教育を施すとともに、障害による学習上又は**生活**上の困難を克服し**自立**を図るために必要な**知識技能**を授けることを目的とする。（第72条）

精選過去問 ③

平成30年神奈川 問7 ／ ／

次の文は、「幼稚園教育要領」に関する記述である。不適切な記述を一つ選びなさい。

1 前文には、「教育基本法」の条文に対する言及があり、教育がそれら条文に依拠して行われるべきものであることが確認されている。

2 第1章「総則」の中で、幼稚園教育において育みたい資質・能力及び「幼児期の終わりまでに育ってほしい姿」が記され、教育課程の編成においてそれらに留意すべきであることが記されている。

3 第1章「総則」の中で、教育課程を中心に教育時間の終了後等に行う教育活動の計画や学校保健計画、学校安全計画などを関連させた全体的な計画の作成について述べられている。

4 第1章「総則」の中で、特別な配慮を必要とする幼児への指導について述べられており、その中には性的少数者にあたる幼児への配慮についても述べられている。

5 第1章「総則」の中で、視聴覚教材やコンピュータなどの情報機器を幼稚園教育において活用する際の留意点が述べられている。

解答

解説 ③

1 ○ 前文において、「教育は、**教育基本法第1条**に定めるとおり、人格の完成を目指し、平和で民主的な国家及び社会の形成者として必要な資質を備えた心身ともに健康な国民の育成を期すという目的のもと、**同法第2条**に掲げる次の目標を達成するよう行われなければならない。（中略）また、幼児期の教育については、**同法第11条**に掲げるとおり、生涯にわたる人格形成の基礎を培う重要なものであることにかんがみ、国及び地方公共団体は、幼児の健やかな成長に資する良好な環境の整備その他適当な方法によって、その振興に努めなければならないこととされている。」と示し、教育が「教育基本法」のそれらの条文に依拠して（基づいて）行われるべきものであることが確認されています。

2 ○ 第1章「総則」の第2「幼稚園教育において育みたい資質・能力及び「幼児期の終わりまでに育ってほしい姿」」では、育むように努める資質・能力として、①「**知識及び技能の基礎**」②「**思考力、判断力、表現力**等の基礎」③「**学びに向かう力、人間性**等」が記されています。そして、①「健康な心と体」②「自立心」③「協同性」④「道徳性・規範意識の芽生え」⑤「社会生活との関わり」⑥「思考力の芽生え」⑦「自然との関わり・生命尊重」⑧「数量や図形，標識や文字などへの関心・感覚」⑨「言葉による伝え合い」⑩「豊かな感性と表現」について「**幼児期の終わりまでに育ってほしい姿**」が記されています。この「幼児期の終わりまでに育ってほしい姿」は、第2章に示すねらい及び内容に基づく活動全体を通して資質・能力が育まれている幼児の幼稚園修了時の具体的な姿であり、教師が指導を行う際に考慮するものであるとしています。

また、第3「教育課程の役割と編成等」では、「教育課程の編成に当たっては、幼稚園教育において育みたい資質・能力を踏まえつつ、各幼稚園の教育目標を明確にするとともに、教育課程の編成についての基本的な方針が**家庭や地域**とも共有されるよう努めるものとする。」と記されています。

3 ○ 第1章「総則」の第3「教育課程の役割と編成等」の中で、「各幼稚園においては、教育課程を中心に、第3章に示す教育課程に係る教育時間の終了後等に行う教育活動の計画、学校保健計画、学校安全計画などとを関連させ、一体的に教育活動が展開されるよう全体的な計画を作成するものとする。」と述べられています。

4 ✕ 第1章「総則」の第5「特別な配慮を必要とする幼児への指導」では、1「**障害のある幼児などへの指導**」と2「**海外から帰国した幼児や生活に必要な日本語**の習得に困難のある幼児の幼稚園生活への適応」について述べられています。

5 ○ 第1章「総則」の第4「指導計画の作成と幼児理解に基づいた評価」の中で、「幼児期は**直接的な体験**が重要であることを踏まえ、視聴覚教材やコンピュータなど情報機器を活用する際には、幼稚園生活では**得難い体験**を補完するなど、**幼児の体験との関連**を考慮すること。」と述べられています。

解答 4

 CHECK ✓（令和元年後期・地限） 「幼稚園教育要領」（平成29年告示）第1章 第1「幼稚園教育の基本」の一部

　教師は、幼児との信頼関係を十分に築き、幼児が**身近な環境**に主体的に関わり、環境との関わり方や意味に気付き、これらを取り込もうとして、**試行錯誤**したり、考えたりするようになる幼児期の教育における見方・考え方を生かし、幼児と共によりよい教育環境を創造するように努めるものとする。

 CHECK ✓（平成30年後期・地限） 「幼保連携型認定こども園教育・保育要領」（内閣府・文部科学省・厚生労働省告示第1号平成29年3月31日）第1章「総則」の第3「幼保連携型認定こども園として特に配慮すべき事項」の一部

　当該幼保連携型認定こども園に入園した年齢により**集団生活の経験年数**が異なる園児がいることに配慮する等、0歳から小学校就学前までの一貫した教育及び保育を園児の発達や学びの連続性を考慮して展開していくこと。特に満3歳以上については入園する園児が多いことや同一学年の園児で編制される**学級**の中で生活することなどを踏まえ、家庭や他の保育施設等との連携や引継ぎを円滑に行うとともに、**環境**の工夫をすること。

人権と教育

精選過去問 ④
平成26年 問7 ／ ／

次の【Ⅰ群】の記述と【Ⅱ群】の憲章・宣言を結びつけた場合の正しい組み合わせを一つ選びなさい。

【Ⅰ群】

A 戦争は人の心の中で生まれるものであるから、人の心の中に平和のとりでを築かなければならない。

B すべての人間は、生まれながらにして自由であり、かつ、尊厳と権利とについて平等である。人間は、理性と良心とを授けられており、互いに同胞の精神をもって行動しなければならない。

C 児童は、人として尊ばれる。

児童は、社会の一員として重んぜられる。

児童は、よい環境の中で育てられる。

【Ⅱ群】

ア 世界人権宣言

イ 国際連合教育科学文化機関憲章（ユネスコ憲章）

ウ 児童憲章

（組み合わせ）

	A	B	C
1	ア	イ	ウ
2	ア	ウ	イ
3	イ	ア	ウ
4	イ	ウ	ア
5	ウ	ア	イ

解答

解説 ④

A イ 「国際連合教育科学文化機関憲章（ユネスコ憲章）」の前文の一部です。ユネスコ（国際連合教育科学文化機関）とは、国際連合の専門機関です。「ユネスコ憲章」第1条第1項では、「この機関の目的は、国際連合憲章が世界の諸人民に対して人種、性、言語又は宗教の差別なく確認している正義、法の支配、人権及び基本的自由に対する普遍的な尊重を助長するために教育、科学及び文化を通じて諸国民の間の協力を促進することによって、平和及び安全に貢献すること」としています。

B ア 「世界人権宣言」第1条です。「世界人権宣言」は、すべての人間が基本的人権をもっているということを公式に宣言したものです。1948（昭和23）年、パリで行われた第3回国際連合総会で採択されました。第1条、第2条第1項は、他の宣言や法律と紛らわしいため、注意して覚える必要があります。また、第26条第1項では、「**教育を受ける権利**」について記されています。

「世界人権宣言」（抜粋）

> 第2条
>   1　すべて人は、人種、皮膚の色、**性**、**言語**、**宗教**、**政治上**その他の意見、国民的若しくは社会的出身、財産、**門地**その他の地位又はこれに類するいかなる事由による差別をも受けることなく、この宣言に掲げるすべての権利と自由とを享有することができる。
> 第26条
>   1　すべて人は、**教育を受ける権利**を有する。教育は、少なくとも初等の及び基礎的の段階においては、**無償**でなければならない。初等教育は、**義務的**でなければならない。**技術教育及び職業教育**は、一般に利用できるものでなければならず、また、高等教育は、**能力**に応じ、すべての者に**ひとしく**開放されていなければならない。

C ウ 「児童憲章」の前文の一部です。
「児童憲章」前文

> われらは、**日本国憲法**の精神にしたがい、児童に対する正しい観念を確立し、**すべての児童の幸福**をはかるために、この憲章を定める。
> 児童は、**人**として尊ばれる。
> 児童は、**社会の一員**として重んぜられる。
> 児童は、**よい環境の中**で育てられる。

　第二次大戦後の1946（昭和21）年には「**日本国憲法**」が、翌年1947（昭和22）年には戦後困窮する児童を保護するため「**児童福祉法**」が、そして1951（昭和26）年5月5日（子どもの日）には「**児童憲章**」が制定されました。

　また、国連総会では1948（昭和23）年の「**世界人権宣言**」を踏まえ、1959（昭和34）年「**児童権利宣言**」が採択され、その30周年にあわせ、「**児童の権利に関する条約（子どもの権利条約）**」が1989（平成元）年に採択されました。わが国は、1994（平成6）年に「児童の権利に関する条約」を批准しました。

　法律・憲章等の歴史も重要ですので、整理して確認するようにしましょう。

　　　　　　　　　　　　　　　　　　　　　　　　　　　　　　　　　　　解 答　**3**

教育の思想と歴史

精選過去問 ❺

　／　／

次の【Ⅰ群】の記述と【Ⅱ群】の人物を結びつけた場合の正しい組み合わせを一つ選びなさい。

【Ⅰ群】

A 　自分が無知であることを自覚する「無知の知」を思索の出発点とすることによって臆見を排し、知を愛し求めることを人間性の根本ととらえた。弟子たちに対話の中で問いかけ、学ぶ者が自ら答えを見出すよう促す「産婆術」という教育の方法を示した。

B 　経験論の代表者。人間の精神は本来白紙（タブラ・ラサ　tabula rasa）のようなものであり、経験が意識内容として観念を与えるとした。これは「白紙説」ともよばれ、知識を獲得させる教育は、白紙の子どもの精神に外からいろいろと刺激を与え、観念を構成していくことだとした。

【Ⅱ群】

ア　ソクラテス（Sōkratēs）

イ　ロック（Locke, J.）

ウ　アリストテレス（Aristotelēs）

（組み合わせ）

	A	B
1	ア	イ
2	ア	ウ
3	イ	ア
4	イ	ウ
5	ウ	ア

解答

解説 ❺

A　ア　古代ギリシャの哲学者**ソクラテス**は、アテナイ（アテネ）の街角において、対話の相手を見つけては疑問を投げかけ、問答を行うことで、相手に自らの無知を自覚させました。このように「**無知の知**」を引き出そうとする対話法は、出産する妊婦を助ける産婆の働きにたとえて「**産婆術**」と呼ばれています。「無知の知」を思索の出発点とすることによって臆見（憶測による考え）を排し、知を求愛することを人間性の根本と捉えました。

B イ イギリス思想家であり、教育者の**ロック**は、自らの経験を生かした教育論を著書『**教育に関する若干の見解**』に示しました。その中で彼は、幼児期の正しい習慣形成こそが教育の基本とした理論を説きましたが、その根底にあるのが「**タブラ・ラサ（白紙説）**」で、「子どもの心は**白紙**のようなものであり、外からの力によって、どのような形にも変化し得るものである」と唱えました。

また同書の序文では、「**健全な身体に宿る健全な精神**」という言葉を挙げて、人間の身体と精神の関係の重要性を明らかにしました。

アリストテレスは、古代ギリシャの哲学者であり、**プラトン**の弟子で、アテナイ（アテネ）に「リュケイオン」と呼ばれる学校を設立した人物です。『形而上学（存在論）』、『自然学』等を著し、古代で最大の学問体系を樹立しました。

♪即（**そく**）、　　　　**ムチ**を持つ　**産婆**

　　（ソクラテス ― 無知の知 ― 産婆術）

♪「**ラ・ラ〜♪**」と歌う白い衣装の**ロック**ミュージシャン

　　（タブ**ラ・ラサ** ― 白紙説 ― ロック）

解答　1

プラトン（B.C.427〜B.C.347）は、古代ギリシャの哲学者であり、**ソクラテス**に影響を受け、**アリストテレス**などの弟子を育てました。彼が**アテナイ（アテネ）**に開いた学校「**アカデメイア（アカデミア）**」では、青年たちに、読み書き、天文学、数学、生物学、音楽、体育などの幅広い教育活動を行い、それは**教育史上初の全体的、統一的なカリキュラム**であったといわれています。

 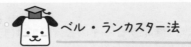

産業革命時代の庶民教育で有名になった「ベル・ランカスター法」は、ベル（1753〜1832）とランカスター（1778〜1838）が、別々の場所でほぼ同時期に開発した方法です。それは、生徒集団の中から優秀な生徒を**助教**として任用し、助教が教師の指示を他の生徒に伝えるという方法をとり、多数の生徒を一律・効率的に教育することを可能にしました。「**助教法**」ともいいます。

精選過去問 ❻

次の文の著者として、正しいものを一つ選びなさい。

　わたしたちは、わたしたちの意志と選択とは無関係に、わたしたちの先祖を通して、わたしたちの生命の一番奥の基礎となる運命が決っているのを知っている。わたしたちが自分でつくる子孫を通して、わたしたちはある程度は自由な存在として、種族の運命を決めることができるのである。

　人類がすべて、これを全く新しい見方で認識しはじめ、これを発展の信仰の光のなかに見て、20世紀は児童の世紀になるのである。これは二重の意味をもっている。一つは、大人が子どもの心を理解することであり、一つは、子どもの心の単純性が大人によって維持されることである。そうなって初めて、古い社会が新しくなる。

1　ルター（Luther, M.）

2　コメニウス（Comenius, J.A.）

3　デューイ（Dewey, J.）

4　エレン・ケイ（Key, E.）

5　ペスタロッチ（Pestalozzi, J.H.）

解答	

解説 ❻

1　✕　16世紀ドイツの宗教改革者ルターは、キリスト教宗教改革を主唱し、プロテスタント（ルター派）という新たなキリスト教の流れを創った一人です。親の教育義務と市当局の学校設立義務を説き、のちの義務教育につなげたとされています。

2　✕　チェコの思想家であるコメニウスの著書には、万人に共通する教育の目的や方法などを記した教育者向けの書物『大教授学』があります。
また、彼は、ある知識を得るにはできるだけ実際の事物に触れたり五感を使うことが望ましいとし、「直観教授」を提唱しました。ただ、いつも事物があるわけではないので、事物を絵にし、絵の解説を加えた仕立ての書物も作りました。それが、世界初の絵入りの教科書と呼ばれる『世界図絵』です。

3　✕　アメリカの教育学者であり、社会思想家であるデューイの教育思想は自発性を重視することで、自発的な成長を促すための環境を整えることが教育の役割としました。実践的な研究のために「シカゴ大学付属小学校（実験学校）」を設立し、著書『学校と社会』ではそこでの実践報告もしています。「児童中心主義」に基づいた「新教育」の提唱者として名高く、日本の倉橋惣三らにも影響を与えました。

4 ○ この文は、スウェーデンの女性思想家エレン・ケイの著書『児童の世紀』の一部です。1900年に著した同書では、20世紀が子どものための世紀にならなければならないとし、子どもの自己決定力の育成、体罰の拒否、子ども固有の権利などを訴えました。

5 × スイスの思想家であるペスタロッチは、民衆救済のための農場や孤児のための貧民学校を創り、民衆側の立場に立って教育を実践しました。彼にとっては、「人間とは何であるか」の探求が生涯の命題であり、著書『隠者の夕暮れ』では「玉座の上にあっても、木の葉の屋根の陰に住まっても、その本質において同じ人間。その本質から見た人間、そも彼は何であるか」と記しています。また、「頭と心と手」に象徴される精神力、心情力、技術力という3種の根本的な能力を調和的に発達させることが教育の課題であるとしました。そして、孤児を保護だけでなく自活していけるようにという考えから、「技術力」を重要視し、「生活が陶冶する」という言葉を残しました。

ダジャレで覚えよう♪

♪**大きな教授**が、米（**こめ**）に臼（**うす**）を持ってきた！
　（大教授学　―　　コメニウス）

♪自動（**じどう**）的に正規（**せいき**）の連携（**れんけい**）
　　（児童の　　　　世紀　　―　　エレン・ケイ）

♪**ペタ**ペタと**ロッジ**を歩く**隠者**
　（ペスタロッチ　―　隠者の夕暮れ）

解答 4

CHECK✓ （平成30年前期）　　**教育者の著書**

　旧教育は、これを要約すれば、重力の中心が子どもたち以外にあるという一言につきる。重力の中心が、教師・教科書、その他どこであろうとよいが、とにかく子ども自身の直接の本能と活動以外のところにある。（中略）いまやわれわれの教育に到来しつつある変革は、重力の中心の移動である。それはコペルニクスによって天体の中心が地球から太陽に移されたときと同様の変革であり革命である。このたびは子どもが太陽となり、その周囲を教育の諸々のいとなみが回転する。子どもが中心であり、この中心のまわりに諸々のいとなみが組織される。

　　　　　　　　　　　　　　　　　　　　　　　— デューイ（Dewey, J.）

精選過去問 ❼　　　平成27年地域限定 問5　　／　　／

次の文の著者として正しいものを一つ選びなさい。

　人間が生まれた時から負わされている注文は、①あらゆる事物を知る者となり、②さまざまな事物と自分自身とを支配する者となり、③万物の源泉である神に、自分自身とあらゆるものとをかえす者となれ、ということであります。この三者を、世間ふつうの三つの言葉で表わせば、①学識、②徳性、あるいは尊敬に値する徳行、③神に帰依する心、あるいは敬神、でありましょう。

1　コメニウス（Comenius, J.A.）

2　ルソー（Rousseau, J.-J.）

3　フレーベル（Fröbel, F.W.）

4　モンテッソーリ（Montessori, M.）

5　ヘルバルト（Herbart, J.F.）

解答	

解説 ❼

1　○　この文は、近代教育学の父と呼ばれるチェコの思想家コメニウスの著書『大教授学』の一部です。設問の文の後には、「学識とは、さまざまな事物、技術および言語をことごとく認識することであり、徳行とは、うわべだけの礼儀でなく、さまざまな行動が内面でも外面でもすべて釣り合いがとれていることであり、神に帰依する心とは、人間の魂を至高の神に結びつけ引き寄せるあの内面の畏敬のことである、と考えます。」と続きます。『大教授学』は、万人に共通する教育の目的や方法などを記した教育者向けの書物であり、その副題には「すべての人にすべてのことを教える普遍的技術」と記されています。

2　✕　フランスの社会思想家ルソーは、性善説を支持し、子どもには自ら学び成長していく力があるので大人が無理に教え込む必要はないと消極教育を提唱しました。主著『エミール』の冒頭の「万物をつくる者の手をはなれるときはすべてはよいものであるが、人間の手にうつるとすべてが悪くなる」という言葉からもそれが読み取れます。彼は、子ども特有の感じ方や考え方を尊重することが教育の基本だとし、新しい子ども観を打ち出したことから、「子どもの発見者」と呼ばれることがあります。

3　✕　ドイツの教育者フレーベルは、著書『人間の教育』の中で、「遊ぶことないし遊戯は、幼児の発達つまりこの時期の人間の発達の最高の段階である」と述べ、遊びの重要性を説きました。また、彼の著書『母の歌と愛撫の歌』では、家庭教育における子どもに向けた歌や詩、遊戯の方法などを分かりやすく書いています。

4 ✕ モンテッソーリは、イタリア初の女性医学博士で、1907 年にローマのスラム街に設立された貧困層の子どもたちのための保育施設「**子どもの家**」において、知的障害児の教育のために開発した**感覚教育法**を、健常児に応用して指導を行いました。そこで行われた彼女の教育理論は「**モンテッソーリ・メソッド（法）**」と呼ばれ、世界中に広がりました。また、そこで開発され、使用された教具は「**モンテッソーリ教具**」と呼ばれ、現在の幼児教育においても使用されています。

5 ✕ ヘルバルトは、ドイツの哲学者・教育学者で、著書『一般教育学』において、学習者の学習過程を「**明瞭→連合→系統→方法**」という４つの段階に沿って進める**四段階教授法**を論じました。また、彼は「道徳的品性をつくりあげること」を教育の目的とし、教育課程を「**管理**」「**訓練**」「**教授**」の３つの機能に分割して提示しました。
なお、彼はスイスの思想家**ペスタロッチ**の影響を強く受けており、『**ペスタロッチの直観の ABC**』を著（あらわ）しています。

ダジャレで覚えよう♪

♪**モン**チッチの　　　**子ども**、**家**に帰ったら、今日（**きょう**）は**グ**ラタン！
（モンテッソーリ ― 子どもの家 ― モンテッソーリ教具）

	解答	1

ここも出た！ **CHECK✓**（平成29年後期・地限） 医学博士と教育者に関する記述

・イタリア初の女性医学博士。子どもは自ら発達する力を持っている、という考えに基づき、幼児期には精神的発達の基礎として「感覚の訓練」が特に重要である、との観点から教具を開発した。　　　　　　　　　　― **モンテッソーリ**（Montessori, M.）
・ドイツの教育者。神と自然と人間を貫く神的統一の理念に基づき、「自己活動」と「労作」の原理を中心とした教育の理論を展開した。生まれたばかりの子どもでもあらゆる能力を本来自分の内にもっている、という思想のもとに恩物を開発した。
　　　　　　　　　　― **フレーベル**（Fröbel, F.W.）

精選過去問 ❽

次の文のうち、正しいものを一つ選びなさい。

1 ピアジェ（Piaget, J.）は、恩物によって子どもの活動を引き出すことを提唱した。

2 ロック（Locke, J.）は、子どもには生得的な観念があるとして、白紙説を否定した。

3 エレン・ケイ（Key, E.）は、世界で最初の幼稚園を創設した。

4 カイヨワ（Caillois, R.）は、遊びを4つの項目（競争、偶然、模擬、眩暈（めまい））に区分した。

5 オーエン（Owen, R.）は、シュタンツで孤児のための学校を経営した。

解答 □

解 説 ❽

1 ✕ 恩物（おんぶつ）によって子どもの活動を引き出すことを提唱したのは、ドイツの教育家**フレーベル（Fröbel, F.W.）**です。
フレーベルの思想は、**万有在神論（ばんゆうざいしん）**に基づいています。万有在神論とは、「神は万物を支配し、世界のすべては神の内に存在する」という考えで、彼は「子どもにも神が宿っている」と考えたのです。子どもが時間を忘れ、遊びに夢中になり創造していく姿は、神がすべてのものを創造していった姿と重なって見えたのでしょう。そのため、「子どもに宿る神性な部分を開発することが教育の本質だ」と考えました。また、その神性を開発するべく、熱中できる遊具として「**恩物（おんぶつ）**」（**Gabe（ガーベ）**＝「神からの贈り物」という意味）を考案しました。

2 ✕ イギリスの哲学者・教育者ロックは、生得観念の考え方を否定し、**白紙説**を唱えました。彼は、子どもは白紙の状態で生まれるとし、そのため教育が与える影響が大きいと主張しました。
また、彼の著書『**教育に関する考察**』では、紳士教育における「**体育**」「**徳育**」「**知育**」の必要性を述べ、「体育」では鍛錬主義（たんれん）に、「徳育」では幼児期の正しい習慣形成に、「知育」では知性が活発に活動することに重きを置きました。

3 ✕ 世界で最初の幼稚園を創設したのは、**フレーベル**であり、彼は「**幼稚園の父**」と呼ばれています。世界で最初の幼稚園は「**キンダーガルテン（Kindergarten）**」と名付けられましたが、それはドイツ語で「子どもたちの花園」を意味します。

4 ○ フランスの社会学者カイヨワは、著書『**遊びと人間**』の中で、遊びを4つの項目（**競争、偶然、模擬、眩暈（めまい）**）に区分しました。また彼は、同書の中で、遊びの定義として6つの活動（自由な活動、隔離された活動、未確定の活動、非生産的活動、規則のある活動、虚構の活動）を挙げています。

5 ✕ シュタンツで孤児のための学校を経営したのは、**ペスタロッチ（Pestalozzi, J.H.）**です。彼はスイスの思想家で、民衆救済のための農場や貧民学校を作るなどし、民衆の側に立ち、本格的に教育を実践した人物です。1798年には、シュタンツという村

で孤児院を作り、親を亡くし、乞食や泥棒をして生きてきた子どもたちと共に過ごしました。その日々を綴ったものが、著書『シュタンツだより』です。

♪ **フレー！フレー！** 　**世界で最初の幼稚園！**
（フレーベル 　―　 世界で最初の幼稚園）

	解答	4

CHECK ✓
（平成26年）

フレーベル（Fröbel, F.W.）に関する記述

・「あらゆる善の源泉は**遊戯**の中にあるし、また**遊戯**から生じてくる」として、**遊戯（遊び）** の重要性を述べた。
・子どものすべての活動は**神的なもの**の自己表現であり、創造的な活動であるとした。
・家庭教育を向上させるために母親のための教育書『**母の歌と愛撫の歌**』を著した。
・幼児のための教育遊具を考案、製作し「**恩物（Gabe）**」と名付けた。

CHECK ✓
（平成31年神奈川）

社会学者の著書

　さまざまの可能性を検討した結果、その目的を達成するために、私はここに四つの項目による区分を提案したい。すなわち遊びにおいては、競争か、偶然か、模擬か、眩暈か、そのいずれかの役割が優位を占めているのである。私はそれを、それぞれアゴン〔Agôn ギリシア語、試合、競技〕、アレア〔Alea ラテン語、さいころ、賭け〕、ミミクリ〔Mimicry 英語、真似、模倣、擬態〕、イリンクス〔Ilinx ギリシア語、渦巻〕と名づける。これら四つはいずれも明らかに遊びの領域に属している。

― カイヨワ（Caillois, R.）

CHECK ✓
（平成28年前期）

教育者の著書

　知的観点においては、基礎陶冶の理念は、その教育原則を「生活が陶冶する」という全く同じ言葉で言うことができる。道徳陶冶が本質的にわれわれ自身の内的直観から、すなわちわれわれの内的本性に生き生きと語りかける諸印象から出発するのと同様に、精神陶冶はわれわれの外的感覚に語りかけ、活気づける対象の直観から出発する。自然はわれわれの感覚の印象全般を、われわれの生活に結びつける。われわれの外的認識すべては、その生活の感覚の印象の結果である。　　　　― ペスタロッチ（Pestalozzi, J.H.）

精選過去問 ❾

平成28年前期 問7 　／　　　／

次の文は、ある学習の方法に関する記述である。（　A　）・（　B　）にあてはまる語句の正しい組み合わせを一つ選びなさい。

（　A　）は、発見学習に対して、その効率の悪さに異を唱え、文化の継承として知識をそのまま受け容れて身につけることが大切であると主張した。そのためには機械的に知識を覚えさせるのではなく、新しい学習内容を学習者が既に所有している知識と関連づけて、その意味や重要性を理解できる形で提示すれば、新しい知識の定着がよくなるとして、（　B　）を提唱した。学習内容を理解しやすく方向づけるためにあらかじめ与える情報を、先行オーガナイザーという。

（組み合わせ）

	A	B
1	スキナー（Skinner, B.F.）	プログラム学習
2	ヘルバルト（Herbart, J.F.）	四段階教授法
3	ブルーム（Bloom, B.S.）	完全習得学習
4	オーズベル（Ausubel, D.P.）	有意味受容学習
5	キルパトリック（Kilpatrick, W.H.）	プロジェクト・メソッド

解答 ［　　　］

解説 ❾

1 ✕ スキナーは、アメリカの心理学者であり、「**プログラム学習**」という理論を打ち立てました。彼は、1920年代のアメリカでプレッシー（Pressy,S.L.）が考案した「テスティング・マシーン（テストし、採点し、教える簡単な機械）」と呼ばれる機器に目を向け、1950年代に「ティーチング・マシーン（自動学習機）」を開発しました。そして、この機器の利用が学習指導の個別化に有効であるということを明確にしたのですが、それが「プログラム学習」の理論です。「プログラム学習」は、次のような原理によって進行します。

　　①**スモールステップ**（学習内容を論理に従って細分化し、一歩ずつ進ませる）
　　②積極的反応（ステップごとに学んだ内容を質問して答えさせる）
　　③即時確認（解答の正誤について即座にフィードバックがなされ、復習につなげる）
このような特徴により、学習者のレベルに応じた個別の進度で学習を進めることができ、効率化を図ることができるとされています。

2 ✕ ヘルバルトは、ドイツの哲学者・教育学者で、著書『一般教育学』において、学習者の学習過程を「**明瞭→連合→系統→方法**」という4つの段階に沿って進める「**四段階教授法**」を論じました。
　　なお、この四段階教授法は、弟子の**ライン**によって「予備→提示→比較→概括→応用」の**五段階教授法**へと改編され、明治期の日本の教育に取り入れられました。今日

の授業で見られる「導入→展開→まとめ」は、**ヘルバルト**派の影響を受けています。

3 ✕ ブルームは、アメリカの教育心理学者で、評価論の研究者であり、「**完全習得学習（マスタリー・ラーニング）**」を提唱しました。彼は、これまでの教育が生徒の3分の1程度の者にしか十分な理解ができないということを前提に行われてきたことを批判し、個々の生徒の学習状況を把握し、適切な指導を行うために、教育評価を**診断的評価**、**形成的評価**、**総括的評価**の3つに分類しました。

「診断的評価」とは、指導の前に、指導者が学習者の状態を把握するために行う評価、「形成的評価」とは、指導の途中で、現段階における学習の理解度や成果を把握するための評価、「総括的評価」とは、指導の最後に、学習成果を総合的に行う評価です。これら3つの評価を適切に行い、学習条件を整備すれば、大多数の児童生徒にとって完全習得学習は可能であると考えました。

4 ○ この文の学習の方法は、**オーズベル**の「**有意味受容学習**」です。彼は、アメリカの心理学者であり、学習の際、学習内容が理解しやすくなるように先行して身近な内容で知識や情報（「**先行オーガナイザー**」といいます）を与えておくと、効率よく学ぶことができるという「有意味受容学習」を提唱しました。

なお、文中にある「**発見学習**」とは、同じくアメリカの心理学者である**ブルーナー**が、著書『教育の過程』で提唱した「教師に教わる学習ではなく、子ども自身の力で学び、気付く」という学習方法です。

5 ✕ キルパトリックは、アメリカの教育学者で、**デューイ（Dewey,J.）**の後継者の一人であり、「**プロジェクト・メソッド**」を確立しました。「プロジェクト・メソッド」は、「**問題解決学習**」の一種と考えられており、**目的の設定**、**計画の立案**、**実践**、**反省・評価**という一連の学習活動を子ども自身が行う学習法です。ここでいうプロジェクトとは、「社会的環境の中で行われる全精神を打ち込んだ目的を持った活動」とされています。

	解答 **4**

CHECK ✓（平成27年地域限定）　**教育方法の提唱者**

　アメリカの行動主義心理学者。動物が箱内部のレバーを押すと餌が出る実験装置を開発し、オペラント条件づけの実験を行った。この装置を用いて彼は実験的行動分析という学問分野を確立し、人間の行動の分析と修正を目的とした応用行動分析という臨床手法の基礎を築いた。また、学習者がなるべく誤りをしないで目標に到達できるように学習内容を細かいステップに分割するスモールステップの原理などを特色とするプログラム学習という教育方法を提唱したことでも知られる。　**― スキナー（Skinner, B.F.）**

精選過去問❿　　平成28年後期・地限 問5　　／　　／

次の文の著者として正しいものを一つ選びなさい。

　子供が日々幼稚園へ来てその日何をするかはあらかじめきめられません。幼稚園として、先ず用意して置けるものは誘導準備だけです。誘導以外のことは、子供が来てからのことであります。子供が来たら、こういうふうに充実指導をしてやろうと考えて置きましても、幼児自らがどういう活動をするかを見なくてはどう充実してやるべきかわかりません。ただしどういう活動にはどういうふうな誘導を与えてやるかということは、個々の場合を離れて広く研究しておかれることですから、機会に応じて誘導保育案を実行していくことは、幼稚園の平生の心がけだと思うのであります。

1　松野クララ

2　森有礼

3　倉橋惣三

4　城戸幡太郎

5　澤柳政太郎

解答	

解説❿

1　✕　幼児教育家である松野クララは、1876年（明治9）年に開設された日本初の官立幼稚園「**東京女子師範学校附属幼稚園**」で主任保姆を務め、**フレーベル**の保育学を導入し、日本の幼稚園教育の礎を築きました。

2　✕　森有礼（もりありのり）は、1885（明治18）年に**初代文部大臣**に就任しました。1886（明治19）年には小学校令、中学校令、帝国大学令、師範学校令を公布し、日本の近代学校制度の骨格を造りました。

3　○　倉橋惣三（そうぞう）は、著書『**幼稚園保育法真諦（しんてい）**』において、子どもの興味に即した主題を持たせながらその生活や活動をさらに発展させるような保育方法として「**誘導**」の考え方を提唱しました。そして、子どもの生き生きしさや心持ちを大切にし、子どもの生活の中に保育者が教育目的を持ちながら近づき、その生活が充実するように導く「**生活を生活で生活へ**」という理論をもとに、子どもが主体の自由保育である「**児童中心主義**」を主張しました。

ダジャレで覚えよう♪

♪「生活を生活で生活へ」→「生活」が**3**回出てくる！：倉橋惣**三**

♪橋へ**誘導**する**保育**を想像（**そうぞう**）してごらん（倉橋惣三（そうぞう）─ 誘導保育）

4 ✕ 城戸幡太朗は、著書『幼児教育論』の中で倉橋惣三の「児童中心主義」を批判し、「社会中心主義」を唱え、大人が子どもを正しく導くことの重要性を説きました。1936（昭和11）年に保育問題研究会を設立した教育学者です。

5 ✕ 澤柳政太郎は、大正自由教育運動で中心的役割を果たした人物です。成城小学校（成城学園）を創立し、ドルトン・プランの導入など新教育運動に大きな影響を与えました。

解答　3

 **教育者の著書**　CHECK✔（平成29年後期・地限）

　自分の生活に或系統をつけた時に、生活興味が起つて来ると云ふ大きな問題であります。其の意味からしまして、幼児をして断片の生活を或中心へ結び付けさせて行く事が出来るならば、幼児の興味を深からしめ、又幼児の生活を、一層生活として発展させて行く事が出来ます。すなはち此所に誘導の問題が起つて来るのであります。指導だけならば「ああそれかい。それを斯うしようとするのかい。ブランコを漕ぎ度いのかい。絵が書き度いのかい。」と言つてその時その子を指導して居ればいゝのですが、誘導はそれ以上のことです。

— 倉橋惣三

 **日本の教育に関わる人物についての記述**　CHECK✔（平成30年前期）

・玉川学園の創始者。『全人教育論』を著し、労作教育をとり入れた。　— 小原國芳
・石門心学の創始者。『都鄙問答』を著し、町人への実践哲学を説いた。
　　　　　　　　　　　　　　　　　　　　　　　　　　　　　　　— 石田梅岩
・能役者、謡曲作家。『風姿花伝』において年齢段階の特質に応じた心や稽古のあり方を説いた。　　　　　　　　　　　　　　　　　　　　　　　　　　— 世阿弥

精選過去問⑪

次の【Ⅰ群】の人物と【Ⅱ群】の記述とを結びつけた場合の正しい組み合せを一つ選びなさい。

【Ⅰ群】

A 緒方洪庵

B 吉田松陰

C 伊藤仁斎

【Ⅱ群】

ア 萩で儒学・史学・兵学など広い分野から人間教育を行い、維新の志士を多く輩出した。

イ 京都の堀川に古義堂を開き、教育の目的は道の実践にありとして、実行と個性尊重の教育を施した。

ウ 医師を志して修業を行ったのち、大坂（大阪）に蘭学の適塾を開き、学級組織を工夫して多くの門人を輩出した。

（組み合わせ）

	A	B	C
1	ア	イ	ウ
2	ア	ウ	イ
3	イ	ア	ウ
4	イ	ウ	ア
5	ウ	ア	イ

解答

解説⑪

A **ウ** 医師で蘭学者の緒方洪庵が、1838（天保9）年に大坂（大阪）に開いたのが私塾「**適塾**」です。「適塾」からは医学、政治、教育、文学等多方面で明治維新以降の日本を築いた人々が輩出されました。塾出身者には**福沢諭吉、大村益次郎**等がいます。

B **ア** 儒学者の吉田松陰が、1857（安政4）年に山口県（萩）で開いたのが私塾「**松下村塾**」です。松陰による教育が行われたのはわずか1〜2年あまりでしたが、**高杉晋作、伊藤博文、山県有朋**等といった幕末・明治に活躍する多くの塾生を輩出しています。

C **イ** 儒学者である伊藤仁斎が、1662（寛文2）年に京都の堀川で私塾「**古義堂**」を開設しました。全国から集まってきた門人は3000人ともいわれています。著書には『**童子問**』等があります。

この設問では私塾を開いた人物について問われましたが、江戸時代の教育機関としては藩校や**手習塾（寺子屋）**もあります。手習塾（寺子屋）は、庶民に読み書き・そろばん等の基礎教育をする初等教育のための学校のようなもので、一方、私塾はより専門的な学問を習う高等教育のための学校のようなものでした。江戸時代後期には、西洋の学問や医学などを学べる私塾が増えました。

その他の代表的な私塾とそれを開いた人物

近江の藤樹書院 ― **中江藤樹**　　伊勢の鈴屋　― **本居宣長**　　日田の咸宜園 ― **広瀬淡窓**
江戸の蘐園塾 ― **荻生徂徠**　　長崎の鳴滝塾 ― **シーボルト**

解答　5

1 2 3 4 5 6 7 8 9

ここも出た！　**CHECK✓**（平成27年）　**日本の教育に関わる人物についての記述**

・伊勢国松坂に鈴屋という書斎をもった。日本の古典研究を通して「もののあはれ」を知ることが重要であると考えた。その共感的な態度のもと、「まづかの学のしなじなは、他よりしひて、それをとはいひがたし、大抵みづから思ひよれる方にまかすべき也」と、学ぶ者の主体性を大事にした。　　　　　　　　　　― **本居宣長**

・豊後国日田に咸宜園という私塾を開いた。「三奪の法」により、入塾生の年齢、入塾前の修学歴、身分（家柄）の三つを無視し、本人の入塾後の学問への努力に基づく達成度、実力を重視した。「鋭きも鈍きも共に捨てがたし　錐と槌とに使い分けなば」とよみ、門人一人一人の持ち味を尊重しようとした。　　　　　　　　　　― **広瀬淡窓**

ここも出た！　**CHECK✓**（平成26年）　**寺子屋に関する記述**

・**寺院**での庶民教育を起源とするが、やがて**寺院**から独立し、**江戸時代**に著しく普及した。
・寺子屋の教師は「**師匠**」などとよばれ、**生徒**は「寺子」などとよばれた。
・教育内容は、読み書き算の基礎教育で、教科書としては**往来物**などが用いられた。
・指導方法は、**手習（てならい）**という個別指導が主流であった。

精選過去問⑫

次の【Ⅰ群】の記述と、【Ⅱ群】の人名を結びつけた場合の正しい組み合わせを一つ選びなさい。

【Ⅰ群】

A 子育てについて具体的なたとえ話をまじえながら、庶民にもわかりやすく説いた。また、「知行合一説」を唱え、陽明学の普及に努めた。

B 階級や僧俗を問わず、一般庶民の子弟にも門戸を開いた「綜芸種智院」を創設した。

C 「人の性は本善」であるという性善説の立場であった。「和俗童子訓」を著した。

【Ⅱ群】

ア 貝原益軒

イ 中江藤樹

ウ 空海

エ 聖徳太子

オ 大原幽学

（組み合わせ）

	A	B	C
1	ア	エ	イ
2	イ	ア	エ
3	イ	ウ	ア
4	イ	エ	オ
5	オ	ウ	ア

解答	

解説 ⑫

A　イ　**中江藤樹**（1608 年～1648 年）は「知行合一説」を唱え、わが国における**陽明学の祖**とされ、また、「**近江聖人**」とも呼ばれています。「知行合一」とは、知識と行為は一体であり、「知る」ということは実践を伴う必要があるということです。

　　　彼の主著『**翁問答**』では、「**孝**」が道徳の根本とされ、幼少期からの教育の徳教（道徳により人をよい方向へ導く教え）が重視されています。

B　ウ　**空海**（774 年～835 年）は 828 年頃、京都に「**綜芸種智院**」を創設しました。当時、教育機関は主に貴族階級を対象として開かれていましたが、そこでは階級や僧俗を問わず、一般庶民の子弟にも門戸を開き、幅広い知識の獲得（綜芸）を通して、自己を取り巻く世界の把握（種智）の実現に至る道程を示しました。

C　ア　**貝原益軒**（1630 年～1714 年）は、「人の性は本善」であるという**性善説**の立場でした。彼の教育論は、日本最初の体系的な児童教育書とされている『**和俗童子訓**』を中心に展開されており、「**小児の教えは早くすべし**」と早い時期からの善行の習慣形成の必要性を主張しました。

　　　彼は、イギリスの思想家**ロック**（Locke, J.）と共通点が多かったことから「**日本のロック**」と称されることもあります。彼らは、ほぼ同時代の人物で、両者とも医学を修めましたが、自分自身の健康に恵まれませんでした。また、２人とも鍛錬主義やしつけを強調しました。

解答　3

ここも出た！　CHECK ✓（平成27年 地域限定）　**教育者の著書**

　予　とは、かねてよりといふ意。小児の、いまだ悪にうつらざる先に、かねて、はやくをしゆるを云。はやくをしえずして、あしき事にそみならひて後は、おしえても、善にうつらず。いましめても、悪をやめがたし。古人は、小児の、はじめてよく食し、よく言時よりはやくおしえしと也。

（予めとは、かねてよりという意味で、子どもがまだ悪にうつらないさきに前もって教えるのをいう。早く教えないでおいて悪いことに染まり、習慣になったあとからでは教えても善にならない。戒めても悪をやめにくい。古人は子どもがはじめてものを食べ、はじめてものの言える時から早く教えたということである。）

― 貝原益軒

※原文の後に（　　）で現代語訳を示しています。

215

精選過去問 ⑬

平成27年地域限定 問8 ／ ／

次のA～Cは、日本の教育についての記述である。これらを年代の古い順に並べた場合の正しい組み合わせを一つ選びなさい。

A 「国民学校令」が公布され、小学校の名称が「国民学校」と改められた。

B 「学制」により、全国を8大学区、各大学区を32中学区、各中学区を210小学区に分け、1小学区に1つの小学校を設置することを原則とした。

C 内閣制度が発足し、森有礼が初代文部大臣に就任した。

（組み合わせ）

1 A→C→B
2 B→A→C
3 B→C→A
4 C→A→B
5 C→B→A

解答

解説 ⑬

B→C→A

日本の教育の歴史について、ここでは明治～戦後までの流れをつかんでおきましょう。

1871（明治4）年　文部省を設置

B 1872（明治5）年　「学制」を発布

> 語呂合わせ：学生（学制）さん、一肌（はだ）（18）脱いで、なに（72）学ぶ？

日本で初めての近代学校制度では、**フランス**の教育制度が参考にされました。その教育理念の一つには「**必ず邑（むら）に不学の戸なく家に不学の人なからしめん事を期す**」とあり、**国民皆学・義務教育**の思想が示されました。

5年後には全国で25,000校以上の小学校が作られましたが、就学率は40％程度で、就学者も1年以内に80％は退学してしまう状況でした。この時代の子どもは、親たちにとっては重要な働き手でしたし、学費納入の義務も負担となったのです。また、授業が実生活の役に立つ内容ではなかったので、一般市民に不満が募りました。

> 語呂合わせ：新しい「教育令」で、いやな空気（1879）を打開！

1879（明治12）年　「教育令」を発布

一般市民の不満が募った「学制」は廃止され、新しい「教育令」が制定されました。「自由教育令」ともいわれ、今度は**アメリカ**の教育制度が参考にされました。これにより、教育の権限が国から地方に委譲（いじょう）され、小学校は市町村が設置するものとしました。また、就学義務は「最低4年、その間少なくとも16か月でよい」と緩和されました。

その結果、学校閉鎖や就学率の低下などを招いたため、1880（明治13）年、小学校教育の改善と普及に対する国家による統制を強めた「**改正教育令**」が発布されました。

C **1885（明治18）年　森有礼　初代文部大臣に就任**

語呂合わせ：門（文部大臣）に、冷奴（1885）あり（有礼）

　森有礼は、教育を「国家富強の根本」とし、国家主義的な国民教育制度を推進しました。

1886（明治19）年　各種の学校令を制定

　森有礼は、「小学校令」「中学校令」「帝国大学令」「師範学校令」等の各種の学校令を制定し、近代学校制度の基礎を確立しました。「小学校令」により、小学校は「尋常小学校」と「高等小学校」の2段階になり、「尋常小学校」の4年間は義務付けられ、義務教育制度も確立しました。

1890（明治23）年　「小学校令」の改正

　普通教育の代わりに道徳教育・国民教育・知識技能の教授という3つの目的が示されました。また、義務教育は3年となりました。

語呂合わせ：一役（189）・おまかせ（0）教育勅語

1890（明治23）年　「教育に関する勅語（教育勅語）」の発布

　「教育勅語」は、天皇により発せられた、第二次世界大戦前の教育の根幹となる方針です。

1900（明治33）年　「小学校令」の大幅改正

　義務教育が4年間となりました。また、義務教育の授業料は原則として徴収しないこととしました。

1907（明治40）年　義務教育が6年間となりました。

1918（大正7）年　「大学令」「高等学校令」の公布

　帝国大学以外に公私立大学の設置が認められ、官立高等学校の増設とともに、公私立高等学校の設立も認められました。

語呂合わせ：行くよ、いまから（1941）国民学校

A **1941（昭和16）年　「国民学校令」の公布**

　「小学校」の名称を「国民学校」と改めました。また、義務教育を延長して8年間としましたが、第二次世界大戦の激化で実現されませんでした。

1946（昭和21）年　「日本国憲法」の公布

1947（昭和22）年　「教育基本法」の制定

　教育の機会均等、義務教育の無償、男女共学、教育の政治的・宗教的中立などの戦後の新しい理念や原則が明確に示されました。

1947（昭和22）年　「学校教育法」の制定

　6・3・3・4制の「単線型」の学校制度と9年間の義務教育制度が規定されました。また、「国民学校」は「小学校」に改称されました。なお、幼稚園は学校のひとつと位置づけられました。

解答　3

精選過去問⓮ 　　平成30年神奈川 問9　　　／　　　／

次の文は、生涯学習に関する記述である。（　A　）～（　C　）にあてはまる語句の正しい組み合わせを一つ選びなさい。

　　ラングラン（Lengrand, P.）は、1965年、（　**A**　）の成人教育推進国際委員会において、「生涯にわたって統合された教育」を提唱した。また、（　**B**　）は、1973年の報告書において、「（　**C**　）教育」について論じている。

（組み合わせ）

	A	B	C
1	ユネスコ	OECD	リカレント
2	ユニセフ	OECD	初等
3	OECD	ユニセフ	リカレント
4	OECD	ユネスコ	初等
5	ユニセフ	ユネスコ	リカレント

解答　

解説⓮

A　ユネスコ　　B　OECD　　C　リカレント

　フランスの教育思想家**ラングラン**は、1965（昭和40）年、**ユネスコ**の成人教育推進国際委員会において、「生涯にわたって統合された教育」を提唱しました。人間は、変化の厳しい社会から挑戦を受けており、批判精神や物事を客観視するといった新しい能力を身につけなければならず、それには、教育・学習のあり方が問題だと主張しました。これにより、**生涯教育**という考え方が各国に紹介されることとなりました。

　1968（昭和43）年、アメリカの教育者の**ハッチンス（Hutchins,R.M.）**は、著書『学習社会論』の中で、「教育は、人生の真の価値とし、人間が賢く、楽しく、健康に生きるのを助けることに関わるもの」と示しました。そして、成人男女の教育の目的を人間的になることとして、あらゆる制度をその実現のために方向づけるよう、価値の転換に成功した社会を「**学習社会**」と定義しました。

　一方、**OECD（経済協力開発機構）**は、1973（昭和48）年の報告書において、「**リカレント教育**」について論じています。「リカレント教育」とは、生涯教育の一形態で、学校教育を終えて社会の諸活動に従事した後、個人の必要に応じて教育機関に戻るなど、生涯にわたって教育とその他の諸活動（労働など）を交互に行う教育システムのことです。

　わが国では、1967（昭和42）年に「生涯教育」という言葉が、「社会教育の新しい方向──ユネスコの国際会議を中心として──」（文部省）において、公の文書の中で初めて使われ、その後、広く使われるようになりましたが、1980年代に入ると、「**生涯学習**」へ転換されていきました。1981（昭和56）年の中央教育審議会答申「生涯教育について」では、「**生涯学習**」という言葉が初めて使われて、「生涯教育とは、国民の一人一人が充実した人生を送ることを目指して**生涯にわたって行う学習**を助けるために、教育制度全体がその上に打ち立てられるべ

き基本的な理念である。」と示しています。

　1984（昭和59）年から1987（昭和62）年の臨時教育審議会では、**学歴社会**から**生涯学習社会**への転換を目指し、「生涯学習体系への移行」が提言されました。1990年（平成2）年には「生涯学習の振興のための施策の推進体制等の整備に関する法律（**生涯学習振興法**）」が制定され、2006（平成18）年には「教育基本法」改正により、第3条「**生涯学習の理念**」が定められました。

♪**ランナー**を**グラウンド**で、障害（**しょうがい**）物競争の**教育**
（ラングラン　　　　　　　　　　生涯教育）

解答　1

  生涯学習の理念（「教育基本法」第3条）

　国民一人一人が、自己の人格を磨き、豊かな人生を送ることができるよう、その生涯にわたって、**あらゆる機会**に、**あらゆる場所**において学習することができ、その成果を適切に生かすことのできる社会の実現が図られなければならない。

  OECD（経済協力開発機構）

　OECD は、「Organisation for Economic Co-operation and Development：経済協力開発機構」の略で、先進国間の自由な意見交換・情報交換を通じて、経済成長・貿易自由化・途上国支援に貢献することを目的としています。本部はフランスのパリに置かれており、我が国は 1964（昭和39）年に OECD 加盟国となりました。

 **CHECK** ✓
（平成24年）　**生涯教育についての記述**

　生涯教育とは、人々が生涯にわたって行う学習を援助し、推進するもので、**家庭教育・学校教育・社会教育**を有機的に統合するものである。

教育の実践

精選過去問 ⑮

平成27年 問8　／　／

次の【Ⅰ群】の記述と【Ⅱ群】の語句を結びつけた場合の正しい組み合わせを一つ選びなさい。

【Ⅰ群】

A 個人の興味関心が尊重できるが、習得する知識や技能に偏りができることがある。

B 系統的に教えることができるため、既習事項の把握を行いながら、効率的に多くのことを学ぶことができる。

C 体験学習や問題解決学習が多く取り入れられる。

【Ⅱ群】

ア 教科カリキュラム

イ 経験カリキュラム

（組み合わせ）

	A	B	C
1	ア	ア	イ
2	ア	イ	ア
3	イ	ア	ア
4	イ	ア	イ
5	イ	イ	イ

解答 ☐

解説 ⑮

　教科カリキュラムとは、教育の効果を考えて学習内容を分野に分け、系統的に教えるように編成されたカリキュラムです。そして、経験カリキュラムとは、学習者の興味や関心を尊重して学習内容が編成されるカリキュラムです。

A　イ **経験カリキュラム**は、個人の興味関心が尊重できる反面、系統的になりにくいことから、知識や技能の習得に偏りが出やすくなってしまいます。つまり、子どもの成熟に必要な知識・技能が網羅（もうら）されているという保証が必ずしもあるわけではないということが指摘されています。

B　ア **教科カリキュラム**は、教育内容を系統化しやすく、効率的に多くのことを学習できます。その一方で、学習者の興味のない内容になりやすい点や、理解度を越えた内容になりやすい点などが指摘されています。**学問中心カリキュラム**とも呼ばれています。また、「教科」固有の領域に固執（こしつ）するあまり、教科同士の関連性も無視されてしまうこともあります。教科カリキュラムは、「国語」「算数」など、それぞれが独立した教科を編成し、決められた時間数や日数のなかで進めていくものですが、異なる教科同士を一緒に学ぶことで、興味や関心につながることもあります。そうした期待をこめて登場したのが「相関カリキュラム」や「融合カリキュラム」と呼ばれる方法です。

C　イ　**経験カリキュラム**は、日常の生活や経験、活動などを中心に進めていくような編成の
　　　カリキュラムをいいます。体験学習や問題解決学習もこれにあたります。学習者の興
　　　味のある内容になりやすいことから、もっと知りたい、もっと試したいと学習意欲を
　　　喚起しやすくなります。

　カリキュラムの方法には、コア・カリキュラム、相関カリキュラム、融合カリキュラム、広
領域カリキュラムなどがあります。

・**コア・カリキュラム**：コア（中核）になる教材や学習内容を選び、さらに、それに関連した
　　　　　　　　　　　　基礎的な知識・技術などを設定し、編成されるカリキュラム。

・**相関カリキュラム**：　例えば「数的処理について物理と数学を結びつける」など、複数の教
　　　　　　　　　　　科について、関連付けて学習できるように構成するカリキュラム。

・**融合カリキュラム**：　複数の関連する教科を統合して1つの教科にするカリキュラム。
　　　　　　　　　　　（例：歴史・地理・政治・経済などが「社会科」にまとめられる
　　　　　　　　　　　　　　物理・化学・地学・生物などが「理科」にまとめられる）

・**広領域カリキュラム**：融合カリキュラムで統合した教科をさらにまとめたもの。
　　　　　　　　　　　（例：小学校低学年の「生活科」は、理科と社会科がまとめられたもの）

解答　4

 **「経験カリキュラム」の説明** （平成29年後期・地限）

学習者の**活動**や**体験**を中心としながら学びを進めていくように編成している。

 **形式陶冶（とうや）に関する記述** （平成27年地域限定）

・**形式陶冶**では、習得された知識・技能の分量よりも、習得の過程で培われる記憶力・推
　理力・思考力などの能力を重視する。
・形式陶冶と実質陶冶という面から教育を見た場合、今日推奨されている「ものの見方・
　考え方の育成」や「学び方を学ばせる」という方法知の育成を目指す教育は、**形式陶
　冶**に分類される。
・形式陶冶では、**一般的な諸能力**こそが生活のあらゆる場面で転移して活用できると想定
　している。

 **ポートフォリオ評価に関する記述** （平成25年）

　ポートフォリオ評価とは、児童生徒の学習記録や作品、感想などを時間の経過に沿っ
てファイルなどに整理保管して評価に利用する方法であり、個人内評価のひとつである。
この整理保管などを児童生徒が行うことで評価に参加させ、自らの学習の到達や課題を
客観的にとらえさせることにより、学習意欲を高め自発的に学習を進めていくことにつ
ながる。

現代教育をめぐる課題

精選過去問 ⑯

平成29年前期 問10 ／ ／

次の文は、「いじめ防止対策推進法」第1条の一部である。（　A　）～（　C　）にあてはまる語句の正しい組み合わせを一つ選びなさい。

　この法律は、いじめが、いじめを受けた児童等の（　A　）を著しく侵害し、その心身の健全な成長及び（　B　）に重大な影響を与えるのみならず、その生命又は身体に重大な危険を生じさせるおそれがあるものであることに鑑み、（　C　）を保持するため、いじめの防止等（いじめの防止、いじめの早期発見及びいじめへの対処をいう。以下同じ。）のための対策に関し、基本理念を定め、（以下略）

（組み合わせ）

	A	B	C
1	教育を受ける権利	その後の生活	児童等の尊厳
2	生存権	人格の形成	安全な学校生活
3	教育を受ける権利	その後の生活	安全な学校生活
4	生存権	その後の生活	児童等の尊厳
5	教育を受ける権利	人格の形成	児童等の尊厳

解答

解説 ⑯

A　教育を受ける権利　B　人格の形成　C　児童等の尊厳

　この設問は、「いじめ防止対策推進法」第1章「総則」第1条「目的」からの出題でした。当科目において、過去には第1章「総則」の他の条文からも出題されています。

「いじめ防止対策推進法」第1章「総則」（抜粋）

（定義）
第2条　この法律において「いじめ」とは、児童等に対して、当該児童等が在籍する学校に在籍している等当該児童等と一定の**人的関係**にある他の児童等が行う心理的又は物理的な影響を与える行為（**インターネット**を通じて行われるものを含む。）であって、当該行為の対象となった児童等が**心身**の苦痛を感じているものをいう。 H27

（基本理念）
第3条　いじめの防止等のための対策は、いじめが全ての児童等に関係する問題であることに鑑み、児童等が安心して学習その他の活動に取り組むことができるよう、学校の内外を問わずいじめが行われなくなるようにすることを旨として行われなければならない。
2　いじめの防止等のための対策は、全ての児童等がいじめを行わず、及び他の児童等に対して行われるいじめを認識しながらこれを放置することがないようにするため、いじめが児童等の心身に及ぼす影響その他のいじめの問題に関する児童等の理解を深めるこ

とを旨として行われなければならない。

3　いじめの防止等のための対策は、いじめを受けた児童等の生命及び心身を保護することが特に重要であることを認識しつつ、国、地方公共団体、学校、地域住民、家庭その他の関係者の連携の下、いじめの問題を克服することを目指して行われなければならない。

（いじめの禁止）

第4条　児童等は、いじめを行ってはならない。

（国の責務）

第5条　国は、第3条の基本理念（以下「基本理念」という。）にのっとり、いじめの防止等のための対策を総合的に策定し、及び実施する責務を有する。

（地方公共団体の責務）

第6条　地方公共団体は、基本理念にのっとり、いじめの防止等のための対策について、国と協力しつつ、当該地域の状況に応じた施策を策定し、及び実施する責務を有する。

（学校の設置者の責務）

第7条　学校の設置者は、基本理念にのっとり、その設置する学校におけるいじめの防止等のために必要な措置を講ずる責務を有する。

（学校及び学校の教職員の責務）

第8条　学校及び学校の教職員は、基本理念にのっとり、当該学校に在籍する児童等の保護者、地域住民、児童相談所その他の関係者との連携を図りつつ、学校全体でいじめの防止及び早期発見に取り組むとともに、当該学校に在籍する児童等がいじめを受けていると思われるときは、適切かつ迅速にこれに対処する責務を有する。 H28後・地

（保護者の責務等）

第9条　保護者は、子の教育について第一義的責任を有するものであって、その保護する児童等がいじめを行うことのないよう、当該児童等に対し、規範意識を養うための指導その他の必要な指導を行うよう努めるものとする。

※過去に出題された箇所については、赤い下線を付け、出題年を記載しています。
　赤字部分は、出題された語句です。

解答　5

CHECK ✓ （平成28年前期）　「いじめ防止対策推進法」の一部（第15条）

　学校の設置者及びその設置する学校は、児童等の**豊かな情操**と道徳心を培い、心の通う対人交流の能力の素地を養うことがいじめの防止に資することを踏まえ、全ての教育活動を通じた道徳教育及び**体験活動等**の充実を図らなければならない。

精選過去問 ⑰ 　　　　　　　平成29年前期 問7　／　　／

次の文は、「体罰根絶に向けた取組の徹底について（通知）」（平成25年8月　文部科学省）の一部である。（　A　）～（　C　）にあてはまる語句の正しい組み合わせを一つ選びなさい。

　体罰は、（　A　）に違反するのみならず、児童生徒の心身に深刻な悪影響を与え、（　B　）による解決の志向を助長し、いじめや暴力行為などの土壌を生む恐れがあり、いかなる場合でも決して許されません。（中略）

　厳しい指導の名の下で、若しくは保護者や児童生徒の理解を理由として、体罰や体罰につながりかねない不適切な指導を見過ごしてこなかったか、これまでの取組を検証し、体罰を未然に防止する（　C　）な取組、徹底した実態把握、体罰が起きた場合の早期対応及び再発防止策など、体罰防止に関する取組の抜本的な強化を図る必要があります。

（組み合わせ）

	A	B	C
1	学校教育法	話し合い	個別的
2	教育基本法	話し合い	組織的
3	学校教育法	力	組織的
4	教育基本法	力	組織的
5	学校教育法	力	個別的

解答　[　　　]

解説 ⑰

A　学校教育法　　B　力　　C　組織的

　「体罰根絶に向けた取組の徹底について（通知）」では、1.「体罰の未然防止」2.「徹底した実態把握及び早期対応」3.「再発防止」について留意の上、学校や市町村教育委員会などに対し、実態把握の結果について連絡するとともに、改めて体罰根絶へ向けた取組を点検し、更なる強化を図るよう通知しています。

　「学校教育法」第11条では、学生・生徒等の懲戒及び体罰について、次のように定められています。

「学校教育法」第11条（学生・生徒等の懲戒）

> **校長**及び**教員**は、教育上必要があると認めるときは、**文部科学大臣**の定めるところにより、児童、生徒及び学生に**懲戒**を加えることができる。ただし、**体罰**を加えることはできない。

また、「体罰の禁止及び児童生徒理解に基づく指導の徹底について（通知）」（平成25年3月文部科学省）では、懲戒と体罰の区別が明確にされ、別紙では次のような参考事例が示されています。

学校教育法第11条に規定する児童生徒の懲戒・体罰等に関する参考事例（抜粋）

（1）体罰（通常、体罰と判断されると考えられる行為）

○身体に対する侵害を内容とするもの

・体育の授業中、危険な行為をした児童の背中を足で踏みつける。

・帰りの会で足をぶらぶらさせて座り、前の席の児童に足を当てた児童を、突き飛ばして転倒させる。

・授業態度について指導したが反抗的な言動をした複数の生徒らの頬を平手打ちする。

○被罰者に肉体的苦痛を与えるようなもの

・放課後に児童を教室に残留させ、児童がトイレに行きたいと訴えたが、一切、室外に出ることを許さない。

・宿題を忘れた児童に対して、教室の後方で正座で授業を受けるよう言い、児童が苦痛を訴えたが、そのままの姿勢を保持させた。

（2）認められる懲戒（通常、懲戒権の範囲内と判断されると考えられる行為）（ただし肉体的苦痛を伴わないものに限る。）

※学校教育法施行規則に定める退学・停学・訓告以外で認められると考えられるものの例

・立ち歩きの多い児童生徒を叱って席につかせる。

・練習に遅刻した生徒を試合に出さずに見学させる。

（3）正当な行為（通常、正当防衛、正当行為と判断されると考えられる行為）

○児童生徒から教員等に対する暴力行為に対して、教員等が防衛のためにやむを得ずした有形力の行使

・児童が教員の指導に反抗して教員の足を蹴ったため、児童の背後に回り、体をきつく押さえる。

○他の児童生徒に被害を及ぼすような暴力行為に対して、これを制止したり、目前の危険を回避するためにやむを得ずした有形力の行使

・休み時間に廊下で、他の児童を押さえつけて殴るという行為に及んだ児童がいたため、この児童の両肩をつかんで引き離す。

・試合中に相手チームの選手とトラブルになり、殴りかかろうとする生徒を、押さえつけて制止させる。

※赤い下線の箇所は、平成27年の試験で出題されました。

そして同通知では、部活動指導についても、「部活動は学校教育の一環であり、体罰が禁止されていることは当然である。成績や結果を残すことのみに固執せず、教育活動として逸脱することなく適切に実施されなければならない。」と示しています。

解答 3

精選過去問 ⑱

平成30年前期 問6 ／ ／

ESDとは、「持続可能な開発のための教育」（Education for Sustainable Development）を表す。次の文は、ESDに関する記述である。適切な記述を〇、不適切な記述を×とした場合の正しい組み合わせを一つ選びなさい。

A 国際連合は、2005年から2014年までを「国連持続可能な開発のための教育の10年（UNDESD）」とし、ユネスコ主導のもとESDの重要性を提唱した。

B 持続可能な社会では、一人一人が社会の一員として、人間・社会・環境・経済の共生をめざし、生産・消費や創造・活用のバランス感覚を持つことが求められる。

C 持続可能な社会を構築するためには、生産活動と消費活動を優先することが重要であり、「生産消費型」社会の形成を目指している。

（組み合わせ）

	A	B	C
1	〇	〇	〇
2	〇	〇	×
3	〇	×	〇
4	×	〇	×
5	×	×	〇

解答

解説 ⑱

A 〇 1992（平成4）年にリオ・デ・ジャネイロで開催された「環境と開発に関する国連会議（国連地球サミット）」では、「持続可能な開発」が中心的な考え方として「環境と開発に関するリオ宣言」や「アジェンダ21」に具体的に示され、その中では、持続可能な開発の実現に向けて教育が果たす役割も記されました。そして、その10年後の2002（平成14）年に開催された「持続可能な開発に関する世界首脳会議（ヨハネスブルグ・サミット）」では、**日本**（当時の小泉首相）が、持続可能な開発における人材育成の重要性を強調し、「持続可能な開発のための教育の10年」を提唱しました。これを受けて、同年の国連第57回総会決議により、2005（平成17）年から2014（平成26）年までの10年を「**国連持続可能な開発のための教育の10年（UNDESD）**」とし、**ユネスコ（国際連合教育科学文化機関）**が主導機関として指名されました。

そして2013（平成25）年11月には、第37回ユネスコ総会において、「国連持続可能な開発のための教育の10年（UNDESD）」の後継として、「**ESDに関するグローバル・アクション・プログラム（GAP）**」が採択され、2014（平成26）年に第69回国連総会で承認されました。

B ○ 中央教育審議会答申「新しい時代を切り拓く生涯学習の振興方策について〜知の循環型社会の構築を目指して〜」（平成20年2月19日）では、「持続可能な社会では、各個人が社会の構成員として、人間・社会・環境・経済の共生を目指し、生産・消費や創造・活用のバランス感覚を持ちながら、それぞれが社会で責任を果たし、社会全体の活力を持続させようとする「**循環型社会**」への転換が求められる。したがって、各個人が、自らのニーズに基づき学習した成果を社会に還元し、社会全体の持続的な教育力の向上に貢献するといった「**知の循環型社会**」を構築することは、持続可能な社会の基盤となり、その構築にも貢献するものと考えられる。」と記されています。

C ✕ 「生産消費型」社会の形成ではなく、選択肢Bの解説にも記したとおり、「**知の循環型社会**」を構築することが、持続可能な社会の構築にも貢献するものと考えられます。

解 答 2

ESD (Education for Sustainable Development) についての説明

（平成28年後期・地限）

　現在、世界には、環境・貧困・人権・平和・開発といった様々な地球規模の課題があります。

　ESDとは、地球に存在する人間を含めた命ある生物が、遠い未来までその営みを続けていくために、これらの課題を自らの問題として捉え、一人ひとりが自分にできることを考え、実践していくこと（think globally, act locally）を身につけ、課題解決につながる**価値観や行動**を生み出し、**持続可能な社会**を創造していくことを目指す学習や活動です。

「持続可能な開発のための教育」についての説明

（平成26年）

　「**持続可能な開発のための教育**」を国際的な立場から推進することを提唱したのは日本政府である。2002年9月に開催された**持続可能な開発**に関する世界首脳会議（ヨハネスブルグ・サミット）での日本の提案に基づき、同年12月の第57回国連総会において、2005年から2014年までの10年を「国連**持続可能な開発**のための教育の10年」とし、ユネスコをその主導機関とするとの決議が採択された。

　国内実施計画では、「**持続可能な開発のための教育**」の目指すべきは、「地球的視野で考え、様々な課題を自らの問題として捉え、身近なところから取り組み、持続可能な社会づくりの担い手となる」よう個々人を育成し、意識と行動を変革することとされている。また、人格の発達や、自律心、判断力、責任感などの人間性を育むという観点、個々人が他人、社会、自然環境との関係性の中で生きており、「関わり」、「つながり」を尊重できる個人を育むという観点が必要であるとされている。

精選過去問⑲

次の文は、中央教育審議会答申「今後の学校におけるキャリア教育・職業教育の在り方について」（平成23年1月）に示された、キャリア教育と職業教育の3つの基本的方向性である。（ A ）～（ C ）にあてはまる語句の正しい組み合わせを選びなさい。

① 幼児期の教育から高等教育まで体系的にキャリア教育を進めること。その中心として、基礎的・（ A ）能力を確実に育成するとともに、社会・職業との関連を重視し、実践的・体験的な活動を充実すること。

② 学校における職業教育は、基礎的な知識・技能やそれらを活用する能力、仕事に向かう意欲や（ B ）等を育成し、専門分野と隣接する分野や関連する分野に応用・発展可能な広がりを持つものであること。職業教育においては実践性をより重視すること、また、職業教育の意義を再評価する必要があること。

③ 学校は、生涯にわたり社会人・職業人としての（ C ）を支援していく機能の充実を図ること。

（組み合わせ）

	A	B	C
1	実用的	態度	職業観育成
2	実用的	態度	キャリア形成
3	実用的	関心	キャリア形成
4	汎用的	関心	職業観形成
5	汎用的	態度	キャリア形成

解答	

解説 ⑲

A 汎用的（はんよう）　**B** 態度　**C** キャリア形成

　中央教育審議会答申「今後の学校におけるキャリア教育・職業教育の在り方について」（平成23年1月）の第1章「キャリア教育・職業教育の課題と基本的方向性」からの出題です。

　第1章においては、「**キャリア教育**」「**職業教育**」とは何かを明らかにし、現在見受けられる課題を踏まえた上で、その基本的方向性や視点をまとめています。この章において、「キャリア教育」とは「一人一人の**社会的・職業的**自立に向け、必要な基盤となる能力や態度を育てることを通して**キャリア発達**を促す教育」、「職業教育」とは「一定又は特定の職業に従事するために必要な**知識、技能能力**や態度を育てる教育」と示されています。

※「汎用的（はんよう）」とは、広くものごとをとらえることを意味します。

解答 **5**

CHECK（平成25年）　中央教育審議会答申「今後の学校におけるキャリア教育・職業教育の在り方について」（平成23年1月31日）の一部

　キャリア教育は、キャリアが子ども・若者の発達の段階やその発達課題の達成と深くかかわりながら段階を追って発達していくことを踏まえ、**幼児期の教育**から高等教育に至るまで体系的に進めることが必要である。その中心として、後述する「基礎的・汎用的能力」を、子どもたちに確実に育成していくことが求められる。また、社会・職業との関連を重視し、実践的・体験的な活動を充実していくことが必要である。

CHECK（平成29年後期・地限）　中央審議会答申「新しい時代における教養教育の在り方について」（平成14年2月）の一部

　核家族化、少子化、都市化などが進行し、家族の在り方が大きく変わり、また、地域における地縁的なつながりが希薄化する中で、家庭の教育力や地域社会が従来持っていた教育力が低下してきている。従来は家族や他人との日常のかかわりの中で自然にはぐくまれてきた子どもたちの**社会性**や規範意識が不足がちになっており、このことが学級崩壊、弱いものに対するいじめや暴力行為などの問題行動の一因とも言われている。

　これらの状況に対し、**家庭教育**の支援や地域における青少年教育の充実を図る観点から様々な施策が講じられてきたが、現時点では十分な成果があがっているとは言い難い。

（中略）

　児童生徒の現状を見ると、数学や理科が好きであるとか、将来これらに関する職業に就きたいと思う者の割合が国際的に低い水準になっているなど、自ら進んで学ぶ意欲や、学ぶことと将来の生き方とを結び付けて考えようとする姿勢に欠ける面が見られるようになった。

　このことの背景には、我が国の教育が、形式的な平等を重視する余り、**画一的なもの**になりがちで、一人一人の多様な個性や能力の伸長という点に必ずしも十分に意を用いてこなかったこと、自ら学び、自ら考える力や、豊かな人間性をはぐくむ教育がおろそかになってきたことなどがある。

次の文は、「障害者差別解消法【合理的配慮の提供等事例集】」（平成29年11月　内閣府障害者施策担当）の一部である。適切な記述を〇、不適切な記述を×とした場合の正しい組み合わせを一つ選びなさい。

A 言葉だけでの指示だと、内容を十分に理解できないで混乱してしまうことがある。
→ 小学校へ入学してから苦労しないように、言葉だけで指示を聞けるよう指導を続けた。

B 咀嚼することが苦手であり、通常の給食では喉に詰まらせてしまう可能性がある。
→ 大きな食材については、小さく切ったりミキサーで細かくしたりして、食べやすいサイズに加工することとした。

C 触覚に過敏さがあり、給食で使うステンレスの食器が使用できず、手づかみで食べようとする。
→ 根気強くステンレスの食器を使用することで慣れさせることとした。

D 多くの人が集まる場が苦手で、集会活動や儀式的行事に参加することが難しい。
→ 集団から少し離れた場所で本人に負担がないような場所に席を用意したり、聴覚に過敏があるのであれば、イヤーマフなどを用いることとした。

E 聴覚に過敏さがあり、運動会のピストル音が聞こえると、パニックを起こしてしまうかもしれない。
→ すぐ近くではピストルの音をならさないようにしたが、小学校ではピストルを使うことが多いので、少し離れたところからピストルでスタートの合図をすることとした。

（組み合わせ）

	A	B	C	D	E
1	〇	〇	〇	×	〇
2	〇	〇	×	〇	×
3	〇	×	〇	〇	〇
4	×	〇	×	〇	×
5	×	〇	〇	×	×

解答

解説⑳

A × B 〇 C × D 〇 E ×

「障害者差別解消法【合理的配慮の提供等事例集】」（平成29年11月　内閣府障害者施策担当）の1.「合理的配慮の提供事例」1（5）「**知的障害**」【生活場面例：教育】からの出題です。

1-(5)- 3　学習活動の内容や流れを理解することが難しく、何をやるのか、いつ終わるのかが明確に示されていないと、不安定になってしまい、学習活動への参加が難しくなる。

→　本人の理解度に合わせて、実物や写真、シンボルや絵などで活動予定を示した。

1-(5)- 4　A 言葉だけでの指示だと、内容を十分に理解できないで混乱してしまうことがある。

→　身振り手振りやコミュニケーションボードなども用いて内容を伝えるようにした。

1-(5)- 5　B 咀嚼（そしゃく）することが苦手であり、通常の給食では喉に詰まらせてしまう可能性がある。

→　大きな食材については、小さく切ったりミキサーで細かくしたりして、食べやすいサイズに加工することとした。

1-(5)- 6　C 触覚に過敏さがあり、給食で使うステンレスの食器が使用できず、手づかみで食べようとする。

→　シリコン製やポリプロピレン製など、学校にある素材の食器のうちから受け入れやすい触感の食器を用いることとした。

1-(5)- 7　D 多くの人が集まる場が苦手で、集会活動や儀式的行事に参加することが難しい。

→　集団から少し離れた場所で本人に負担がないような場所に席を用意したり、聴覚に過敏があるのであれば、イヤーマフなどを用いることとした。

1-(5)- 8　E 聴覚に過敏さがあり、運動会のピストル音が聞こえると、パニックを起こしてしまうかもしれない。

→　ピストルは使用せず、代わりに笛・ブザー音・手旗などによってスタートの合図をすることとした。

1-(5)- 9　卒業式での証書授与の際に、どこで立ち止まり、どこを歩くのかを理解するのが難しい。

→　会場の床に足形やテープなどで動線と目的の場所を示すことで、どこを歩くのかを理解しやすいようにした。

1-(5)-10　外部で行われる体験学習に参加したいが、学校内と同じように配慮をしてほしい。

→　体験学習先と内容や所要時間などについて打合せをし、外部でも同じような配慮を提供できるように調整した。

※下線部分が出題された箇所です。

　この事例集は、**障害のある人**も社会参加しやすくするための合理的配慮の提供等の事例（想定事例を含む。）を、関係省庁、地方公共団体、障害者団体などから収集・整理し、取りまとめられたもので、内閣府のホームページで確認できます。

解答　4

第6章 社会的養護

社会的養護の理念

精選過去問 ❶

平成31年神奈川 問1 　／　 　／

次の文は、「社会的養育の推進に向けて」（平成31年1月 厚生労働省子ども家庭局家庭福祉課）に示された社会的養護の基本理念に関する記述である。（　A　）～（　C　）にあてはまる語句の正しい組み合わせを一つ選びなさい。

　社会的養護は、「子どもの（　A　）のために」と「（　B　）で子どもを育む」を基本理念としており、社会的養護は、保護者の適切な養育を受けられない子どもを、（　C　）で社会的に保護養育するとともに、養育に困難を抱える家庭への支援を行うものである。

（組み合わせ）

	A	B	C
1	健やかな成長	地域全体	施設
2	最善の利益	地域全体	施設
3	健やかな成長	社会全体	地域
4	最善の利益	社会全体	公的責任
5	幸福	社会全体	公的責任

解答 _____

解説 ❶

A　最善の利益　　B　社会全体　　C　公的責任

　「社会的養育の推進に向けて」（平成31年1月 厚生労働省子ども家庭局家庭福祉課）2.「社会的養護の基本理念と原理」の「社会的養護の基本理念」からの出題ですが、このように「社会的養護の考え方」を問う設問は頻出です。まずは、厚生労働省のホームページから「社会的養育の推進に向けて」を確認することをおすすめします。

「社会的養育の推進に向けて」2.「社会的養護の基本理念と原理」
「社会的養護の基本理念」

> ①子どもの**最善の利益**のために
> ・児童福祉法第1条「全て児童は、児童の権利に関する条約の精神にのつとり、適切に養育されること、その生活を保障されること、愛され、保護されること、その心身の健やかな成長及び発達並びにその自立が図られることその他の福祉を等しく保障される権利を有する。」
> ・児童の権利に関する条約第3条「児童に関するすべての措置をとるに当たっては、**児童の最善の利益**が主として考慮されるものとする。」
> ②**社会全体**で子どもを育む
> ・社会的養護は、保護者の適切な養育を受けられない子どもを、**公的責任**で社会的に保護養育するとともに、養育に困難を抱える家庭への支援を行うもの。

※下線部分が出題された箇所です。

２．「社会的養護の基本理念と原理」では、「社会的養護の原理」と「社会的養護の基盤づくり」についても記されています。

「社会的養育の推進に向けて」２.「社会的養護の基本理念と原理」
「社会的養護の原理」

①家庭養育と個別化：
・**すべて**の子どもは、適切な養育環境で、安心して自分をゆだねられる養育者によって養育されるべき。「**あたりまえの生活**」を保障していくことが重要。
②発達の保障と<u>自立支援</u>：
・未来の人生を作り出す基礎となるよう、子ども期の健全な心身の発達の保障を目指す。愛着関係や基本的な信頼関係の形成が重要。自立した社会生活に必要な基礎的な力を形成していく。
③<u>回復</u>をめざした支援：
・虐待や分離体験などによる悪影響からの癒しや回復をめざした専門的ケアや心理的ケアが必要。安心感を持てる場所で、大切にされる体験を積み重ね、**信頼関係**や**自己肯定感（自尊心）**を取り戻す。
④**家族**との連携・協働：
・親と共に、親を支えながら、あるいは親に代わって、子どもの発達や養育を保障していく取り組み。
⑤<u>継続的支援</u>と<u>連携</u>アプローチ：
・**アフターケア**までの継続した支援と、できる限り特定の養育者による一貫性のある養育。様々な社会的養護の担い手の連携により、トータルなプロセスを確保する。
⑥**ライフサイクル**を見通した支援：
・入所や委託を終えた後も長くかかわりを持ち続ける。虐待や貧困の世代間連鎖を断ち切っていけるような支援。

「社会的養育の推進に向けて」２.「社会的養護の基本理念と原理」
「社会的養護の基盤づくり」

○**家庭養育優先**原則に基づき、家庭での養育が困難又は適当でない場合は、養育者の家庭に子どもを迎え入れて養育を行う**里親**や**ファミリーホーム**（**家庭養護**）を優先するとともに、児童養護施設、乳児院等の施設についても、できる限り**小規模**かつ**地域分散化**された**家庭的**な養育環境の形態（**家庭的養護**）に変えていく。
○大規模な施設での養育を中心とした形態から、一人一人の子どもをきめ細かく育み、親子を総合的に支援していけるよう、**ハード・ソフト**ともに変革していく。
○施設は、社会的養護の地域の拠点として、家庭に戻った子どもへの**継続的な**フォロー、**里親支援**、**自立支援**や**アフターケア**、地域の子育て家庭への支援など、高機能化及び多機能化・機能転換を図る。
○**ソーシャルワーク**とケアワークを適切に組み合わせ、家庭を総合的に支援する仕組みづくりが必要。

解答　４

社会的養護の歴史

精選過去問 ❷ 　平成30年前期 問1　｜ ／ ｜ ／ ｜

次の文は、ある福祉に関係する施設の設立に携わった人物の説明である。その人物として正しいものを一つ選びなさい。

この人物は女学校の教頭であったが、明治24年に発生した濃尾地震の被災孤児のための施設、「孤女学院」を開設し、女学校を退職した。その後、入所児童の中に知的障害のある少女がいたことがきっかけとなり、渡米して知的障害児教育を学んだ。また孤児院を、知的障害児を対象とした施設に転換し、施設名称の変更を行った。

1　石井十次
2　石井亮一
3　留岡幸助
4　渋沢栄一
5　高木憲次

解答　

解説 ❷

1　✕　石井十次（じゅうじ）は、1887（明治20）年に日本初の**児童養護施設「岡山孤児院」**を設立し、「**児童福祉の父**」と呼ばれています。この施設では、戦争孤児や地震で被災した孤児などを受け入れ、養護を行いました。そして、孤児教育を通して作り上げた「**岡山孤児院12則**」は、現在の児童養護の考え方の基礎とされています。その12則とは、①家族主義（小舎制）、②委託主義、③満腹主義、④実行主義、⑤非体罰主義、⑥宗教主義、⑦密室主義、⑧旅行主義、⑨米洗主義、⑩小学教育、⑪実業教育、⑫托鉢（たくはつ）主義から成ります。

2　〇　石井亮一（りょういち）は、1891（明治24）年に日本初の**知的障害児施設「滝乃川学園」**（設立当初は「孤女学院」）を設立し、「**知的障害児教育**の父」と呼ばれています。

3　✕　留岡幸助（とめおかこうすけ）は、1899（明治32）年、東京府巣鴨に「**家庭学校**」（**感化院**）を設立し、**非行少年**に対する感化教育を行いました。

4　✕　渋沢栄一は、幕末には幕臣、明治政府では大蔵省の一員として活躍し、1873（明治6）年に大蔵省を辞した後には「**第一国立銀行**」の総監役（後に頭取）となり、その後は実業家として活躍し、「**日本資本主義の父**」と呼ばれています。生涯に約500もの企業に関わったといわれていますが、その一方で、多くの教育機関・社会公共事業の支援に尽力しました。その一つに「養育院」の設立があります。「養育院」は、

1872（明治5）年、東京の困窮者、病者、孤児、老人、障害者の保護施設として設立されました。

5　✕　高木憲次は、1932（昭和7）年に日本初の**肢体不自由児学校「光明学校」**を開設、1942（昭和17）年には「**整肢療護園**」を開園しました。「**肢体不自由**」という言葉を提唱した人物で、「**肢体不自由児の父**」と呼ばれています。

♪**岡山**駅に10時（**じゅうじ**）集合！
（石井十次（じゅうじ）─ 岡山孤児院）

♪**涼**（**りょう**）を**一**番感じられる**滝と川**へ・・・
（石井亮一（りょういち）─ 滝乃川学園）

♪**家庭**の**幸**せを**助**ける**学校**（留岡幸助 ─ 家庭学校）

♪**高**い**木**に**明**るい**光**が当たっているよ！（高木憲次 ─ 光明学校）

解答　2

**ここも出た！**　**CHECK✔**（平成27年）　**石井十次によりまとめられた「岡山孤児院十二則」の考え方**

・**委託**主義とは、収容した幼児や虚弱児の養育を農家等に委託するという考え方である。
・**満腹**主義とは、収容後に食事を無制限に食べさせることで、盗癖の過半はなくなるという考え方である。
・**実行**主義とは、言葉ではなく職員自身が自ら実行して、院児を導くという考え方である。

ここも出た！　**CHECK✔**（平成30年神奈川）　**糸賀一雄に関する記述**

・「この子らに世の光を」ではなく「**この子らを世の光に**」という言葉を残した。
・滋賀県庁職員時代から既に**障害児**に対するさまざまな活動をしていた。
・池田太郎、田村一二とともに、知的障害児や**戦災孤児**などを保護する**近江学園**を設立した。
・重症心身障害児のための施設として、**びわこ学園**を設立した。

精選過去問❸ 　　平成29年前期 問1　／　／

次の文は、社会的養護の歴史に関する記述である。適切な記述を○、不適切な記述を×とした場合の正しい組み合わせを一つ選びなさい。

A 　イギリスでは、1870年にバーナードホームが設立され、小舎制による養護を実施した。

B 　日本では、1899年に留岡幸助が家庭学校を設立し、非行少年の教護を実施した。

C 　イギリスでは、1948年に制定された「児童法」で、保護が必要な児童への行政の責任を明確化し、できるだけ児童を家庭から分離せず、必要がある場合は里親委託が望ましいとする考え方を示した。

D 　日本では、1950年代以降ホスピタリズム論争が起こり、家庭的処遇の必要性が提唱され、それに対して集団養護をめざす考え方も論じられた。

（組み合わせ）

	A	B	C	D
1	○	○	○	○
2	○	○	○	×
3	○	○	×	○
4	○	×	○	○
5	×	○	○	○

解答　　　　

解説❸

A ○ 「バーナードホーム」は、後に**イギリス**で発展した**里親制度**の基盤となっています。従来の大収容施設に代わり、一般家庭のような小規模な建物で、おもに夫婦の保父・保母が少人数の一般家庭のような日常生活を送る**小舎制**を採用し、職業教育やアフターケアなどを行いました。

B ○ 留岡幸助によって設立された「**家庭学校**」は、非行少年のための感化教育施設として機能し、そこで施された感化教育は、非行少年や**虞犯少年**（将来罪を犯すおそれのある少年）、保護者のいない少年を保護し、教育をしてその更生をはかることを担いました。

　　現在、**児童自立支援施設**は、「不良行為をなし、又はなすおそれのある児童及び家庭環境その他の環境上の理由により、生活指導等を要する児童を入所させ、又は保護者の下から通わせて、個々の児童の状況に応じて必要な指導を行い、その自立を支援し、あわせて退所した者について相談その他の援助を行うことを目的とする施設」（「児童福祉法」第44条）です。以前は「**感化院**」、その後「**教護院**」と名称が変わり、1997（平成9）年に「児童自立支援施設」に改称されています。

C ○ イギリスの要保護児童処遇の特徴は、家庭での養護にあります。**里親**方式が現代のイギリスでは主流となっています。

2010（平成 22）年前後の状況をみると、イギリスの要保護児童に占める里親委託児童の割合は 71.7％です。他の国のその割合を見ると、オーストラリアは 93.5％、アメリカは 77.0％、ドイツ、フランス、イタリアは約 50〜55％であるのに対して、当時の日本は 12.0％でした。制度が異なるため、単純な比較はできませんが、欧米主要国では、概ね半数以上が里親委託であるのに対し、日本では、施設：里親の比率が 9：1 となっていました。

なお、日本の里親等委託率は、2017（平成 29）年 3 月末には **18.3％**へ上昇していますが、施設養護への依存が高い現状にあるといえます。（「里親等」とは、ファミリーホーム（養育者の家庭で **5〜6** 人の児童を養育）を含みます。）

D ○ ホスピタリズムは、**施設病**、**施設癖**と訳されます。施設という家庭とは異なる環境で過ごすなかで、身体、運動機能、生活能力、精神状態など、さまざまな部分で正常な発達が阻（はば）まれ、児童の健全な発達になんらかの影響が出ることが懸念（けねん）されてきました。施設児童の養育不良が指摘され、調査も行われ、そうした症状を多くもたらす施設の条件の悪さ（1 人で 10 人もの赤ちゃんの世話をするなど）が原因ではないかとの認識が広がりました。その後、職員の資質の見直しなど、改善の必要性があることが議論され、家庭的処遇論、施設の**小舎制化**や**里親委託**の重要性が高まりました。

解 答 1

ここも出た！ CHECK✔（平成28年前期） **欧米の社会的養護の歴史に関する記述**

・ペスタロッチ（Pestalozzi, J.H.）は、内戦によって家を失った子どもたちの世話も引き受け、1798 年に孤児院を営み、養育と教育を行った。
・オーエン（Owen, R.）は、木綿紡績工場主であったが、1816 年に自分の工場内に「性格形成学院」という幼児施設をつくり、成長段階に応じた教育を行った。
・エレン・ケイ（Key, E.）は、1900 年に著した『児童の世紀』で、20 世紀こそ児童の世紀として子どもが幸せに育つことのできる平和な社会を築くべきであると主張した。
・セオドア・ルーズベルト（Roosevelt, T.）のもと、1909 年に第 1 回白亜館会議（ホワイトハウス会議）が開催され、「児童は緊急なやむをえない理由がない限り、家庭生活から引き離されてはならない」という趣旨の児童福祉の基本原理が示された。

精選過去問 ❹　　平成26年 問2　／　／

次の文は、わが国の社会的養護の歴史に関する記述である。適切な記述を○、不適切な記述を×とした場合の正しい組み合わせを一つ選びなさい。

A　明治期の福田会育児院や岡山孤児院は、仏教やキリスト教の宗教関係者によって開設された。

B　1900（明治33）年の「感化法」の制定により、感化院が制度として規定された。

C　児童に軽業、見せ物、物売りなどをさせることを禁止する「児童虐待防止法」が1933（昭和8）年に制定された。

D　1947（昭和22）年の「児童福祉法」制定時に規定された児童福祉施設は、保育所、養護施設、虚弱児施設、教護院の4種別であった。

（組み合わせ）

	A	B	C	D
1	○	○	○	×
2	○	○	×	○
3	○	×	×	○
4	×	○	○	○
5	×	×	○	×

解答　　

解説 ❹

A　○　1879（明治12）年に、東京に福田会育児院が、1887（明治20）年には岡山孤児院が作られました。福田会育児院は、**仏教**諸宗派の人たちによって創設され、東京養育院、岡山孤児院などとともに、当時の日本を代表する施設として、実際の運営を通し、子どもたちの生活を保障していきました。岡山孤児院は**石井十次**によって作られ、**キリスト教**関係者の協力で発展しました。

B　○　1900（明治33）年の「**感化法**」の制定により、**感化院**（現在の**児童自立支援施設**）が制度として規定されました。感化法は、社会秩序あるいは公序良俗に反する少年を対象とする保護法です。ちなみに、1883（明治16）年に**池上雪江**が日本初の感化院である「池上感化院」を設立し、その先駆者となりました。

C　○　児童に軽業、見せ物、物売りなどをさせることを禁止する「**児童虐待防止法**」は、戦前の1933（昭和8）年に制定され、戦後、1947（昭和22）年、「**児童福祉法**」の制定によって統合されました。これにより、「児童虐待防止法」は廃止されましたが、「児童福祉法」第34条に「児童虐待防止法」の禁止事項が掲げられています。当時の児童虐待の背景には絶対的な貧困と儒教的・家父長的家族制度に基づく「私物的我が子観」があり、幼い子どもがその犠牲になることもありました。

1989（平成元）年、国連総会で「児童の権利に関する条約（子どもの権利条約）」が採択され、その第19条第1項に「締約国は、児童が父母、法定保護者又は児童を監護する他の者による監護を受けている間において、あらゆる形態の身体的若しくは精神的な暴力、傷害若しくは虐待、放置若しくは怠慢な取扱い、不当な取扱い又は搾取（性的虐待を含む）からその児童を保護するためすべての適当な立法上、行政上、社会上および教育上の措置をとる。」と明記されました。国際条約の中に児童虐待やネグレクト（育児放棄）が明記されたことは画期的なことでした。

2000（平成12）年11月からスタートしている現行の「児童虐待の防止等に関する法律（児童虐待防止法）」は、近年の児童虐待の増加に伴い、虐待の予防と早期発見を目的として定められ、児童虐待の定義、早期発見と通告の義務、虐待を受けた児童の保護と自立支援等を規定しています。

D　✕　「児童福祉法」制定当時（1947（昭和22）年）に規定された児童福祉施設は、保育所、助産施設、乳児院、母子寮（現在の母子生活支援施設）、児童厚生施設、養護施設、精神薄弱児施設、療育施設、教護院（現在の児童自立支援施設）の9種類です。
　　　　※現在は精神薄弱とはいわず、知的障害と称します。

	解答　1

CHECK（平成28年後期・地限）　日本の児童福祉施設の制度的な歩みに関する記述

・1929（昭和4）年に「救護法」が制定され、救護施設の一つとして孤児院が法律で規定された。
・1948（昭和23）年に「児童福祉施設最低基準」が制定され、児童福祉施設の設備、職員の資格と配置基準等が規定された。
・1997（平成9）年の児童福祉法改正で、教護院の名称が児童自立支援施設に改められた。

児童養護施設入所児童等調査結果

精選過去問 5　　　　　　　　　　　　　平成29年前期 問7　　/　　　/

次のうち、「児童養護施設入所児童等調査結果（平成25年2月1日現在）」（厚生労働省）の各施設における児童の現在の年齢の平均年齢として正しいものを○、誤ったものを×とした場合の正しい組み合わせを一つ選びなさい。

A　乳児院　　　　　　　　　　──　約3歳
B　ファミリーホーム　──　約5歳
C　児童養護施設　　　　──　約11歳
D　自立援助ホーム　　　──　約22歳

（組み合わせ）

	A	B	C	D
1	○	○	○	○
2	○	○	×	×
3	×	○	○	×
4	×	×	○	×
5	×	×	×	○

解答　　　　　

解説 5

「児童養護施設入所児童等調査結果」は概ね5年に1度公表されています。この設問は、平成25年2月1日現在の調査結果で、厚生労働省雇用均等・児童家庭局より平成27年1月に公表されたデータをもとに出題されています。

A　✗　乳児院に入所している乳児の平均年齢は約**1**歳です。乳児院は1歳未満の乳児を主に養育します。ただし、必要がある場合には小学校入学以前の幼児も養育することができます。

B　✗　ファミリーホームに入所している児童の平均年齢は約**11**歳です。ファミリーホームは小規模住居型児童養育事業のことで、2009（平成21）年に創設されました。養育者の住居において行う点では里親と同様であり、児童**5〜6**人の養育を行う点では、里親の規模を大きくした里親型のグループホームです。

C　○　児童養護施設に入所している児童の平均年齢は約**11**歳です。児童養護施設の入所対象者は、1歳以上18歳未満の幼児（満1歳から**小学校就学**に達するまで）と少年（**小学校就学**から満18歳に達するまで）です。状況により措置延長ができます。

D　✕　自立援助ホーム（児童自立生活援助事業）に入所している者の平均年齢は約 **18** 歳です。自立援助ホームの対象は、「義務教育を終了した家庭で生活できない児童又は児童養護施設等を措置解除となった児童及び児童以外の満 **20** 歳未満の者、加えて大学等の学生で満 **22** 歳に達する日の属する年度の末日までの間にある者」です。

児童の平均年齢（「児童養護施設入所児童等調査結果（平成 25 年 2 月 1 日現在）」（厚生労働省）より）

乳児院児	1.2 歳（前回 1.2 歳）	←まさに「1 歳代」のイメージ
母子生活支援施設児	7.4 歳（前回 7.3 歳）	←小学校低学年のイメージ
里親委託児	9.9 歳（前回 9.3 歳）	
ファミリーホーム児	11.2 歳	←小学校高学年のイメージ
児童養護施設児	11.2 歳（前回 10.6 歳）	←小学校高学年のイメージ
情緒障害児短期治療施設児（現：児童心理治療施設児）	12.7 歳（前回 12.4 歳）	
児童自立支援施設児	14.1 歳（前回 14.2 歳）	
自立援助ホーム児	17.5 歳	

※前回調査は平成 20 年 2 月 1 日

　前回調査に比べ、里親委託児及び児童養護施設児の平均年齢が上昇しましたが、それは措置延長の制度体系を表す大事な特徴です。

解 答　4

「児童養護施設入所児童等調査結果（平成25年2月1日現在）」（厚生労働省）
（平成28年後期・地限）

- 「就学状況」は、「中学校」が約 80％である。
- 「心身の状況」の「障害等あり」のうち、「ADHD」が約 15％である。
- 「学業の状況」で「遅れがある」が約 60％である。
- 「養護問題発生理由」で一般的に「虐待」とされるものが約 40％である。
- 「児童の今後の見通し」では「保護者のもとへ復帰」が約 60％である。

—— 児童自立支援施設

精選過去問❻　　　　令和元年後期・地限　問5　　／　　　／

次の文のうち、「児童養護施設入所児童等調査結果（平成25年2月1日現在）」（厚生労働省）における、児童養護施設入所児童の状況に関する記述として正しい記述の組み合わせを一つ選びなさい。

A　入所児童のうち、心身の状況について「障害等あり」とされた児童は、全体の約5割であった。

B　入所児童の「被虐待経験あり」は全体の約3割であった。

C　入所児童の、入所時の年齢で最も多いのは2歳であった。

D　入所児童の、入所時の保護者の状況について「両親又は一人親」とされた児童は、全体の約8割であった。

（組み合わせ）

1　　A　B
2　　A　C
3　　A　D
4　　B　C
5　　C　D

解答 ☐

解説❻

　児童養護施設は、保護者のいない児童（乳児を除く。ただし、安定した生活環境の確保その他の理由により特に必要のある場合には、乳児を含む。）、虐待されている児童その他環境上養護を要する児童を入所させて、養護し、あわせて退所した者に対する相談その他の自立のための援助を行うことを目的とする施設です。（「児童福祉法」第41条）

　「児童養護施設入所児童等調査結果」は概ね5年に1度公表されています。この設問は、平成25年2月1日現在の調査結果で、厚生労働省雇用均等・児童家庭局より平成27年1月に公表されたデータをもとに出題されています。

A ✕　児童養護施設入所児童のうち、心身の状況について「障害等あり」とされた児童は、全体の約3割（**28.5％**）でした。

　　　その他の調査対象の「障害等あり」の割合は、里親委託児童20.6％、**情緒障害児短期治療施設（現：児童心理治療施設）**入所児童72.9％、**児童自立支援施設**入所児童46.7％、乳児院入所児童28.2％、ファミリーホーム委託児童37.9％、自立援助ホーム入居児童37.0％でした。

B ✕　児童養護施設入所児童の「被虐待経験あり」は全体の約**6**割（**59.5％**）で、虐待の種類は**ネグレクト**が最も多く、約**6**割（**63.7％**）でした。

　　　その他の調査対象の「被虐待経験あり」の割合は、里親委託児童31.1％、**情緒障害**

児短期治療施設（現：児童心理治療施設）入所児童 71.2%、児童自立支援施設入所児童 58.5%、乳児院入所児童 35.5%、母子生活支援施設の児童 50.1%、ファミリーホーム委託児童 55.4%、自立援助ホーム入居児童 65.7% でした。

C ○ 児童養護施設入所児童の、入所時の年齢で最も多いのは **2歳** で、また、6歳未満で入所した児童は、**52.9%** でした。
その他の調査対象の委託時または入所時の年齢は、里親委託児童及びファミリーホーム委託児童では **2歳**、情緒障害児短期治療施設（現：児童心理治療施設）入所児童及び児童自立支援施設入所児童では **13歳**、乳児院入所児童及び母子生活支援施設の児童では **0歳**、自立援助ホーム入居児童では **16歳** が最も多くなっていました。

D ○ 児童養護施設入所児童の、入所時の保護者の状況について「両親又は一人親」とされた児童は、全体の約 8 割（**81.7%**）であり、「両親又は一人親あり」の児童についてみると、最も割合の多い保護者は「**実母のみ**」で **45.4%** でした。

解答 5

  ### 児童養護施設入所児童等の委託（在所）期間

「児童養護施設入所児童等調査結果（平成 25 年 2 月 1 日現在）」（厚生労働省）によると、児童の委託期間または在所期間は、いずれの場合も「**1 年未満**」が最も多く、児童養護施設入所児童、情緒障害児短期治療施設（現：児童心理治療施設）入所児童、乳児院入所児童、自立援助ホーム入居児童は期間が長くなるに従い児童数が漸減しています。
また、平均委託（在所）期間は、里親委託児童 **3.9** 年、児童養護施設入所児童 **4.9** 年、情緒障害児短期治療施設（現：児童心理治療施設）入所児童 **2.1** 年、児童自立支援施設入所児童で **1.0** 年、乳児院入所児童 **1.2** 年、ファミリーホーム委託児童 **2.9** 年、自立援助ホーム入居児童 **0.9** 年でした。

 **「児童養護施設入所児童等調査結果（平成25年2月1日現在）」（厚生労働省）**

・入所児童の約 7 割は被虐待経験があり、また「障害等あり」の割合も約 7 割であった。
　　　　── **情緒障害児短期治療施設**
　　　　　　（現：児童心理治療施設）

・家族との交流関係では、「面会」が 5 割を超えるが、「帰省」は 2 割に満たない。
　　　　── **乳児院**

・入所児童の就学状況では約 8 割が「中学校」であり、「特に指導上留意している点」では約 7 割が「社会規範」であった。　── **児童自立支援施設**

・入所児童の平均在所期間は約 5 年であり、「児童の今後の見通し」は「自立まで現在のままで養育」が 5 割を超えている。　── **児童養護施設**

児童福祉法

精選過去問 ❼　　　平成30年前期 問3　／　　／

次の文は、平成28年6月に改正された「児童福祉法」に関する記述である。適切な記述を○、不適切な記述を×とした場合の正しい組み合わせを一つ選びなさい。

A　国・地方公共団体は、家庭における養育が困難あるいは適当でない児童について、社会性を身につけさせるために、家庭における養育環境よりも集団で生活をおくれる環境で養育することを優先するとした。

B　都道府県（児童相談所）の業務として、里親の開拓から児童の自立支援までの一貫した里親支援を位置付けた。

C　養子縁組里親を法定化するとともに、都道府県（児童相談所）の業務として、養子縁組に関する相談・支援を位置付けた。

D　自立援助ホームを20歳になる前まで利用している大学等就学中の者について、22歳の年度末までの間、利用を継続できることとした。

（組み合わせ）

	A	B	C	D
1	○	○	○	○
2	○	○	×	×
3	○	×	×	○
4	×	○	○	○
5	×	×	○	×

解答　　

解 説 ❼

A　×　国・地方公共団体は、**保護者を支援する**とともに、家庭における養育が困難あるいは適当でない児童について、**家庭における養育環境と同様の養育環境**での児童の養育を推進するものとしました。また、そのような環境において養育することが適当でない場合、児童が**できる限り良好な家庭的環境**において養育されるよう、必要な措置を講じなければならないとしました。（第3条の2）

　　なお、「家庭における養育環境と同様の養育環境」とは**養子縁組**家庭、**里親家庭**、**小規模住居型児童養育事業（ファミリーホーム）**を、「できる限り良好な家庭的環境」とは**地域小規模児童養護施設（グループホーム）**、**小規模グループケア（分園型）**等を指します。

B ○ **都道府県（児童相談所）**の業務として、里親に関する普及啓発、必要な情報の提供、助言、研修その他の援助、里親と乳児院や児童養護施設等に入所している児童及び里親相互の交流の場の提供、里親の選定及び里親と児童との間の調整、そして児童の養育に関する計画の作成までの**一貫した里親支援**を位置付けました。（第11条第1項第2号ヘ）

C ○ **養子縁組里親**とは、養子縁組によって養親となること等を希望する者（**都道府県知事が行う研修を修了した者**に限る。）のうち**養子縁組里親名簿**に登録された者のこととし（第6条の4第2号）、**都道府県知事**は、**養子縁組里親名簿**を作成し、養子縁組里親の欠格事由等を設けることとし（第34条の19～21）、養子縁組里親を**法定化**しました。

それとともに、**都道府県（児童相談所）**の業務として、児童を養子とする**養子縁組に関する者**（養子となる児童とその父母及び養親となる者や、養子となった児童とその養親となった者及び児童の父母など）について、その相談に応じ、必要な情報の提供、助言その他の援助を行うことを位置付けました。（第11条第1項第2号ト）

D ○ 自立援助ホームは、「児童福祉法」第6条の3に基づき、「**児童自立生活援助事業**」として位置づけられています。児童自立生活援助事業は、児童の自立を図る観点から、**義務教育終了**後、児童養護施設、児童自立支援施設等を退所し、就職する児童等に対し、これらの者が共同生活を営むべき住居（自立援助ホーム）において、相談その他の日常生活上の援助及び生活指導並びに就業の支援（援助の実施）を行い、あわせて児童自立生活援助の実施を解除された者への相談その他の援助を行うことにより、社会的自立の促進に寄与することを目的としています。

児童自立生活援助事業（自立援助ホーム）の対象者は、大学の学生等であって満**22**歳に達する日の属する年度の末日までの間にある者（満**20**歳に達する日の前日において児童自立生活援助が行われていた者に限る。）まで拡大されました。（第6条の3第1項第2号）

解答 **4**

 **CHECK✓** （令和元年後期・地限） 「児童福祉法」第2条の一部

全て国民は、児童が良好な環境において生まれ、かつ、社会のあらゆる分野において、児童の年齢及び**発達**の程度に応じて、その**意見**が尊重され、その**最善**の利益が優先して考慮され、心身ともに健やかに育成されるよう努めなければならない。

社会的養護の指針

精選過去問 ❽

平成29年前期 問2

次の文は、「児童養護施設運営指針」の「養育のあり方の基本」の一部である。（　A　）～
（　E　）にあてはまる語句を【語群】から選択した場合の正しい組み合わせを一つ選びなさい。

　社会的養護は、従来の「（　A　）」の機能から、（　B　）機能の支援・補完・再生を重層
的に果たすさらなる（　C　）に向けた転換が求められている。（　D　）の関係調整、回復
支援の過程は、施設と（　E　）とが協働することによって果たされる。

【語群】

ア	児童救済	イ	家庭代替	ウ	家族	エ	虐待防止

オ　地域支援（コミュニティソーシャルワーク）

カ　家庭支援（ファミリーソーシャルワーク）

キ	親子間	ク	子ども間	ケ	行政	コ	親

（組み合わせ）

	A	B	C	D	E
1	ア	ウ	カ	ク	ケ
2	ア	エ	オ	キ	コ
3	イ	ア	カ	ク	コ
4	イ	ウ	カ	キ	コ
5	エ	ア	オ	キ	ケ

解答

解 説 ❽

A　イ　家庭代替　　B　ウ　家族　　C　カ　家庭支援（ファミリーソーシャルワーク）
D　キ　親子間　　E　コ　親

　「児童養護施設運営指針」の５．「養育のあり方の基本」（１）「関係性の回復をめざして」か
らの出題です。全文は次のとおりですので、出題箇所の前後の内容も確認しましょう。

「児童養護施設運営指針」5.「養育のあり方の基本」(1)「関係性の回復をめざして」

・子どもにとって、大人は「共に居る」時間の長短よりも「共に住まう」存在であることが大切である。子どもは、「共に住まう」大人（「起居を共にする職員」）との関係性の心地よさを求めつつ自らを創っていく。

・社会的養護は、従来の<u>「家庭代替」</u>の機能から、<u>家族機能の支援・補完・再生を重層的に果たすさらなる家庭支援（ファミリーソーシャルワーク）</u>に向けた転換が求められている。<u>親子間</u>の関係調整、回復支援の過程は、施設と<u>親</u>とが協働することによって果たされる。

・児童養護施設では、多かれ少なかれ複数の子どもが生活空間を共有している。子どもと大人の関係だけでなく、子ども同士の関係にも十分に配慮したい。虐待体験や分離体験を経た子どもには、子ども同士の関係の中に力に基づく関係がみられたり、対人関係そのものを避ける傾向がみられたりする。

・児童養護施設の職員は、様々な工夫を凝らして、子ども同士の関係にも適切に働きかけなければならない。子どもは、ぶつかり合い、助け合い、協力し合うといった体験を通して、他者を信頼する気持ちが芽生え、社会性や協調性を身につけていくのである。

※下線部分が出題された箇所です。

解答　4

 **CHECK✓**（平成30年前期）　「児童養護施設運営指針」において示された「社会的養護の原理」

・家庭的養護と**個別化**　　　・家族との連携・協働
・**発達**の保障と自立支援　　・**継続的支援**と連携アプローチ
・**回復**をめざした支援　　　・ライフサイクルを見通した支援

 **CHECK✓**（令和元年後期・地域）　「児童養護施設運営指針」において示されている「権利擁護」

・子どもの**発達**に応じて、子ども自身の出生や生い立ち、家族の状況について、子どもに適切に知らせる。
・入所時においては、子どものそれまでの生活との**つながり**を重視し、そこから分離されることに伴う**不安**を理解し受けとめ、**不安の解消**を図る。
・子どもが**相談**したり**意見を述べ**たりしたい時に、相談**方法**や相談**相手**を選択できる環境を整備し、子どもに伝えるための取り組みを行う。
・いかなる場合においても、**体罰**や子どもの人格を辱（はずかし）めるような行為を行わないよう徹底する。
・様々な生活体験や多くの人たちとのふれあいを通して、**他者**への心づかいや**他者**の立場に配慮する心が育まれるよう支援する。

精選過去問 ❾

平成29年前期 問4　　/　　/

次の【Ⅰ群】の各施設種別の運営指針の内容と【Ⅱ群】の施設種別名を結びつけた場合の最も適切な組み合わせを一つ選びなさい。

【Ⅰ群】

A　将来的には、本体施設のすべてを小規模グループケアにしていくとともに、本体施設の定員を少なくし、地域のグループホームに移していく方向が示された。

B　養育の基本は、子どもが養育者とともに、時と場所を共有し、共感し、応答性のある環境のなかで、生理的・心理的・社会的に要求が充足されることである。

C　施設は、高校進学などで子どもが不利益を被らないよう、施設内学校はもとより、出身学校（原籍校）や関係機関と連携しながら、対応する。

【Ⅱ群】

ア　児童養護施設

イ　母子生活支援施設

ウ　乳児院

エ　児童自立支援施設

（組み合わせ）

	A	B	C
1	ア	イ	ウ
2	ア	ウ	エ
3	イ	ウ	エ
4	エ	ア	イ
5	エ	ア	ウ

解答　　　　　

解説 ❾

　2012（平成24）年3月に、社会的養護の質の向上をはかるため、児童養護施設、情緒障害児短期治療施設（現・児童心理治療施設）、児童自立支援施設、乳児院、母子生活支援施設それぞれの「施設運営指針」と、「里親及びファミリーホーム養育指針」が策定されました。また、2015（平成27）年4月には、「**自立援助ホーム**運営指針」が策定されました。どの指針も重要ですので、丁寧に確認しておきましょう。

A　ア　「**児童養護施設運営指針**」の6.「児童養護施設の将来像」（1）「施設の小規模化と施設機能の地域分散化」の内容です。

・児童養護施設の将来像は、（中略）**本体施設のすべてを小規模グループケア**にしていくとともに、本体施設の定員を少なくし、**地域のグループホーム**に移していく方向に進むべきである。

・また、家庭養護を優先する社会的養護の原則の下、児童養護施設は、家庭養護の担い手である**里親**や**ファミリーホーム**を支援していく。

・**小規模化**と**地域分散化**の取り組みを進めていくためには、一人一人の職員に、養育のあり方についての理解や力量の向上が求められ、また、職員を孤立化させない組織運営力の向上やスーパーバイズの体制が必要となることから、中長期的計画を立てて、地域の中で養育の機能を果たす児童養護施設への転換を目指していく。

などと示されています。

B　ウ　「乳児院運営指針」の5.「養育のあり方の基本」(2)「養育のいとなみ」の内容です。「乳児院における養育の基本は、子どもが養育者とともに、時と場所を共有し、共感し、**応答性**のある環境のなかで、**生理的・心理的・社会的**に要求が充足されることである。**家族**、**地域社会**と連携を密にし、豊かな人間関係を培い社会の一員として参画できる基礎づくりを行っていくべきである。」などと示されています。

C　エ　「児童自立支援施設運営指針」の5.「支援のあり方の基本」④「学校教育との連携・協働」の内容です。

・施設は、学校教育と**綿密な連携**をもちながら、子どもが認められ活躍できる居場所となるように、子どもの学力などに応じた支援を行う。

・施設は、高校進学などで子どもが不利益を被らないよう、施設内学校はもとより、出身学校（原籍校）や関係機関と連携しながら、対応する。

・子どもが日々学び知ることで生じる**有能感**や**達成感**を大切にしたい。学んだことが実際の生活で役立つような**学校と施設の生活**をつなぐ連携が求められる。

と示されています。

解答　2

「母子生活支援施設運営指針」（平成24年3月　厚生労働省）における支援に関する記述

CHECK✓（平成29年後期・地限）

・母親と子どもがそれぞれ抱える**個別**の課題に対して、目的や目標を明確にした合理的で計画的な**一貫**した専門的支援を行う。
・母親と子どもの関係を構築するための保育、保育所に入所できない子どもの保育や早朝・夜間・休日等の保育、子どもの病気・けが等の際の保育、母親の体調が悪いときの保育等、ニーズに応じた様々な施設内での**保育支援**を行う。

自立援助ホーム

精選過去問⑩　　平成29年前期 問5　／　／

次の文は、自立援助ホームに関する記述である。適切な記述を○、不適切な記述を×とした場合の正しい組み合わせを一つ選びなさい。

A 自立援助ホームは、「児童自立生活援助事業」として第1種社会福祉事業に位置付けられる。

B 自立援助ホームへの入所は児童相談所の措置により実施されるため、本児の費用負担はない。

C 自立を支援する第一は「枠のある生活」とも言うべき施設の規則を遵守させ、次に心の安心感と生活の安定につながる環境の保障を位置づけている。

D 自立援助ホームのスタッフは、利用者と一緒に仕事を探し、採用されるように履歴書の書き方、面接の練習などの支援も行い、採用後は就労を継続できるように支援することが重要である。

（組み合わせ）

	A	B	C	D
1	○	○	○	×
2	○	○	×	○
3	○	×	×	×
4	×	○	○	○
5	×	×	×	○

解答

解説⑩

　自立援助ホームは、「児童福祉法」第6条の3に基づき、「**児童自立生活援助事業**」として位置づけられています。「児童自立生活援助事業」は児童の自立を図る観点から、義務教育終了後、児童養護施設や児童自立支援施設等を**退所**し、就職する児童等に対し、これらの者が共同生活を営むべき住居（自立援助ホーム）において、相談その他の日常生活上の援助及び生活指導並びに就業の支援を行い、あわせて援助の実施を**解除された者**への相談その他の援助を行うことにより、社会的自立の促進に寄与することを目的としています。

A ✕ 自立援助ホームは、第**2**種社会福祉事業です。（「社会福祉法」第2条第3項第2号）

B ✕ **都道府県**は、対象児童等から申込みがあったときは、自ら又は児童自立生活援助事業を行う者に委託して、厚生労働省令で定めるところにより、児童自立生活援助を行うよう努めなければなりません。（「児童福祉法」第33条の6第1項）なお利用者は、前年度の所得に応じて、利用料が**徴収されます**。

C ✕ 規則の遵守ありきでそれを優先させるのではなく、受容的、支持的関わりを軸とし、利用者の自尊心が育まれるような支援を行うことが重要です。大切にされるという実経験から、人への信頼感を得て、成長していけるような関わりを行っていきます。

D ○ 「自立援助ホーム運営指針」の5.「支援のあり方の基本」（5）「就労への定着化」には、「限られた条件であっても、利用者と一緒に仕事を探し、採用されるように履歴書の書き方、面接の練習などの支援も行い、採用後は就労を継続できるように、職場訪問や上司に連絡を取るなどして仕事の様子や職場での人間関係などの情報を得ながら継続できるよう支援することが重要である。場合によっては、就学や資格取得につなげる支援も必要である。」と記されています。

解答 **5**

  自立支援の現状

　自立援助ホーム（児童自立生活援助事業）は、義務教育修了後に施設を退所した児童や、里親等解除となった20歳未満の児童で就職希望者を対象に、退所後の自立支援として、1997（平成9）年「児童福祉法」の改正で、法的に位置づけられたものです。
　厚生労働省が設置した有識者委員会で「一定の年齢に達したことで支援が打ち切られる制度はおかしい」との指摘が相次いでいたことも呼び水となり、2016（平成28）年の法改正で、施設出身者が原則20歳まで利用できる自立援助ホームは、就学中などであれば満22歳になる日の属する年度の末日まで利用を継続できるようになりました。

ここも出た！ **CHECK✓**（平成30年後期・地限）　「児童福祉法」で定める「児童自立生活援助事業（自立援助ホーム）」

・共同生活を営むべき住居における相談その他の日常生活上の援助及び生活指導並びに**就業の支援**を行い、あわせて児童自立生活援助の実施を解除された者に対し相談その他の援助を行う。
・本事業の対象は、**義務教育を終了した児童又は児童以外の満20歳に満たない者**であって、措置解除者等である。
・本事業の対象は、「学校教育法」第50条に規定する高等学校の生徒、同法第83条に規定する大学の学生その他の厚生労働省令で定める者であって、**満20歳に達した日から満22歳に達する日**の属する年度の末日までの間にあるもののうち、措置解除者等である。

児童福祉施設

精選過去問 ⑪

平成30年前期 問7　／　／

次の文は、ある児童福祉施設の内容に関する記述である。これらすべてに該当する施設種別として正しいものを一つ選びなさい。

- 対象となる児童は、家庭環境、学校における交友関係その他の環境上の理由により社会生活への適応が困難となった児童である。
- 医師、心理療法担当職員、児童指導員、保育士、看護師、個別対応職員、家庭支援専門相談員、栄養士を置かなければならないとされている。
- 児童の家庭の状況に応じ、親子関係の再構築等が図られるように家庭環境の調整を行わなければならないとされている。

1　児童養護施設
2　児童自立支援施設
3　児童心理治療施設
4　児童発達支援センター
5　障害児入所施設

解答

解説 ⑪

これは、児童心理治療施設に関する記述です。

2017年（平成29）年4月1日より「情緒障害児短期治療施設」から「児童心理治療施設」という名称に変更されました。

・対象の児童については、「児童福祉法」第43条の2により「家庭環境、学校における交友関係その他の環境上の理由により社会生活への適応が困難となった児童」と定められています。

・職員については、「児童福祉施設の設備及び運営に関する基準」第9章「児童心理治療施設」第73条により、「医師、心理療法担当職員、児童指導員、保育士、看護師、個別対応職員、家庭支援専門相談員、栄養士及び調理員を置かなければならない。ただし、調理業務の全部を委託する施設にあつては、調理員を置かないことができる。」とされています。

・「情緒障害児短期治療施設（現・児童心理治療施設）運営指針」では、施設の役割の一つとして、「家庭環境の調整は、児童の家庭の状況に応じ、親子関係の緊張を緩和し、親子関係

の再構築等が図られるように行う。」と記しています。

　各児童福祉施設の対象、役割、設備の基準、職員などについては、毎回いずれかが出題されてきました。「児童福祉法」、「児童福祉施設の設備及び運営に関する基準」、各施設の「運営指針」、「運営ハンドブック」などの内容はしっかり確認しましょう。

解　答　3

覚えよう！

「児童福祉法」に定められている児童福祉施設

助産施設	経済的理由により、入院助産を受けることができない妊産婦を入所させて、助産を行う。
乳児院	乳児（特に必要のある場合には幼児を含む）を入院させて、養育し、あわせて退院した者について相談その他の援助を行う。
母子生活支援施設	配偶者のない女子又はこれに準ずる事情にある女子とその者の監護すべき福祉に欠ける児童を保護し、あわせて退所した者の相談・援助を行う。
保育所	保育を必要とする乳児・幼児を日々保護者の下から通わせて保育を行う。
幼保連携型認定こども園	満３歳以上の幼児に対する教育及び保育を必要とする乳児・幼児に対する保育を一体的に行う。
児童厚生施設	児童遊園、児童館等児童に健全な遊びを与えて、その健康を増進し、又は情操を豊かにする。
児童養護施設	保護者のない児童、虐待されている児童や環境上養護を要する児童を入所させて養護し、あわせて退所した者の相談・援助を行う。（特に必要のある場合には乳児も含む）
障害児入所施設 （福祉型障害児入所施設） （医療型障害児入所施設）	障害児を入所させて、保護、日常生活の指導及び独立自活に必要な知識技能の付与を行う。「医療型」では、治療も行う。
児童発達支援センター （福祉型児童発達支援センター） （医療型児童発達支援センター）	障害児を日々保護者の下から通わせて、日常生活における基本的動作の指導、独立自活に必要な知識技能の付与又は集団生活への適応のための訓練を行う。「医療型」では、治療も行う。
児童心理治療施設	家庭環境、学校における交友関係その他の環境上の理由により社会生活への適応が困難となった児童を、短期間、入所させ、又は保護者の下から通わせて、社会生活に適応するために必要な心理に関する治療及び生活指導を主として行い、あわせて退所した者の相談・援助を行う。
児童自立支援施設	不良行為をなし、又はなすおそれのある児童及び家庭環境その他の環境上の理由により生活指導等を要する児童を入所させ、又は保護者の下から通わせて、個々の児童の状況に応じて必要な指導を行い、その自立を支援し、あわせて退所した者の相談・援助を行う。
児童家庭支援センター	児童に関する家庭その他からの相談のうち、専門的な知識及び技術を必要とするものに応じるとともに、児童相談所からの委託を受けた児童及びその家庭への指導、その他の援助を総合的に行う。市町村の求めに応じ、技術的助言その他必要な援助を行う。

児童福祉施設の設備及び運営に関する基準

精選過去問 ⑫

平成27年地域限定 問7

次の文は、「児童福祉施設の設備及び運営に関する基準」（昭和23年厚生省令第63号）に規定されている設備に関する記述である。正しいものを一つ選びなさい。

1 児童自立支援施設には、工作室を設けることとされている。

2 福祉型児童発達支援センターには、特殊手工芸等の作業を指導するのに必要な設備を設けることとされている。

3 乳児院には、遊戯室を設けることとされている。

4 助産施設には、遊具を設けることとされている。

5 児童館等屋内の児童厚生施設には、図書室を設けることとされている。

解答

解説 ⑫

「児童福祉施設の設備及び運営に関する基準」は頻出ですが、問われる内容は設備の基準や職員の配置などさまざまです。

1 ✕ 児童自立支援施設の学科指導に関する設備以外の設備については、**児童養護施設の設備の基準を準用する**（ただし、男子と女子の居室は別にする）ことが規定されています。（第79条第2項）

児童養護施設の設備の基準

第41条 児童養護施設の設備の基準は、次のとおりとする。
1 **児童の居室、相談室、調理室、浴室及び便所**を設けること。
（中略）
5 児童30人以上を入所させる児童養護施設には、**医務室及び静養室**を設けること。
6 入所している児童の年齢、適性等に応じ**職業指導に必要な設備**（以下「職業指導に必要な設備」という）を設けること。

なお、工作室を設けることとされている施設は、**児童心理治療施設**です。（第72条第1項）

2　✕　福祉型児童発達支援センター（主として重症心身障害児を通わせる施設を除く。）には、**指導訓練室、遊戯室、屋外遊戯場**（福祉型児童発達支援センターの付近にある屋外遊戯場に代わるべき場所を含む。）、**医務室、相談室、調理室、便所並びに児童発達支援の提供に必要な設備及び備品**を設けることが規定されています。（第 62 条第 1項）
それに加えて、主として知的障害のある児童を通わせる施設には**静養室**を、主として難聴児を通わせる施設には**聴力検査室**を、主として重症心身障害児を通わせる施設には**指導訓練室、調理室、便所並びに児童発達支援の提供に必要な設備及び備品**を設けることが定められています。（第 62 条第 4～6 項）

特殊手工芸等の作業を指導するのに必要な設備を設けることとされている施設は、**主として肢体不自由のある児童を入所させる医療型障害児入所施設**です。（第 57 条第3 項）

3　✕　乳児院（乳幼児 10 人未満を入所させる乳児院を除く）の設備の基準は、**寝室、観察室、診察室、病室、ほふく室、相談室、調理室、浴室及び便所**を設けることと規定されています。（第 19 条第 1 項）
また、乳幼児 10 人未満を入所させる乳児院の設備の基準は、**乳幼児の養育のための専用の室及び相談室**を設けることと規定されています。（第 20 条第 1 項）

遊戯室を設けることとされている施設は、**満 2 歳以上の幼児を入所させる保育所、児童館等屋内の児童厚生施設、主として盲児・ろうあ児を入所させる福祉型障害児入所施設、福祉型児童発達支援センター（主として重症心身障害児を通わせる施設を除く）、児童心理治療施設**です。（第 32 条第 5 項、第 37 条第 2 項、第 48 条第 3、4項、第 62 条第 1 項、第 72 条第 1 項）

4　✕　助産施設とは、保健上必要があるにもかかわらず、経済的理由により入院助産を受けられない妊産婦を入所させて助産を受けさせる児童福祉施設です。遊具を設けることとはされていません。

遊具を設けることとされている施設は、**児童遊園等屋外の児童厚生施設**です。（第 37条第 1 項）

5　○　児童館等屋内の児童厚生施設には、**集会室、遊戯室、図書室及び便所**を設けることと規定されています。（第 37 条第 2 項）

解答　5

精選過去問 ⓭

平成30年神奈川 問4　／　　／

次のうち、主として重症心身障害児が入所する医療型障害児入所施設の職員配置として正しい組み合わせを一つ選びなさい。

A 心理療法担当職員

B 児童発達支援管理責任者

C 心理指導を担当する職員

D 個別対応職員

E 家庭支援専門相談員

（組み合わせ）

1　A　B

2　A　E

3　B　C

4　C　D

5　C　E

解答　　　　　

解説 ⓭

2012（平成24）年4月の「児童福祉法」の改正前、知的障害児施設、自閉症児施設、盲児施設、ろうあ児施設、肢体不自由児施設などに分かれていた施設は、改正後、「**障害児通所支援**」と「**障害児入所支援**」にそれぞれ一元化されました。さらに、通所・入所ともに**福祉型**と**医療型**があり、医療型はその支援内容に**治療**が加わります。

医療型障害児入所施設は、障害児を入所させて、保護、日常生活の指導、独立自活に必要な知識技能の付与及び**治療**を行うことを目的とする施設とすると、「児童福祉法」第42条に規定されています。

「児童福祉施設の設備及び運営に関する基準」によると、「主として重症心身障害児が入所する医療型障害児入所施設」には、**医療法に規定する病院として必要な職員**、**児童指導員**、**保育士**、**児童発達支援管理責任者**、**理学療法士又は作業療法士**、**心理指導を担当する職員**を置かなければならないと規定されています。また同施設の「施設長」及び「医師」は、内科、精神科、医療法施行令の規定により神経と組み合わせた名称を診療科名とする診療科、小児科、外科、整形外科又はリハビリテーション科の診療に相当の経験を有する医師でなければならないということも規定されています。（第58条第6項、第7項）

A ✕ 心理療法担当職員は、**乳児院**、**母子生活支援施設**、**児童養護施設**、**児童心理治療施設**、**児童自立支援施設**に配置され、**虐待**等による心的外傷のための心理療法を必要とする児童等や、夫等からの暴力による心的外傷等のため心理療法を必要とする母子に、遊戯療法やカウンセリング等の心理療法を実施します。

乳児院と母子生活支援施設では「心理療法を行う必要があると認められる乳幼児またはその保護者（母子）10人以上に心理療法を行う場合」、児童養護施設と児童自立支援施設では「心理療法を行う必要があると認められる児童10人以上に心理療法を行う場合」には、心理療法担当職員を置かなければならないと規定されています。また児童心理治療施設では、「心理療法担当職員の数は、おおむね児童10人につき1人以上とする」と規定されています。

B ○ 児童発達支援管理責任者は**医療型障害児入所施設**、**福祉型障害児入所施設**、**医療型児童発達支援センター**、**福祉型児童発達支援センター**に配置され、その主な業務は「**個別支援計画**」の作成です。利用者に対するアセスメントやモニタリング（個別支援計画の実施状況の把握）をしっかり実施することにより、計画の作成・変更を行い、計画的かつ効果的な支援を提供できるようにします。

C ○ 主として重症心身障害児を入所させる医療型障害児入所施設には、心理指導を担当する職員を置かなければならないと規定されています。

福祉型障害児入所施設では、心理指導を行う必要があると認められる児童5人以上に心理指導を行う場合、**心理指導担当職員**を置かなければならないと規定されています。日常生活を営むための心理指導、心的ケアの必要な障害のある子どもへの対応などを行います。

D ✕ 個別対応職員は、**乳児院**、**児童養護施設**、**児童心理治療施設**、**児童自立支援施設**に配置されています。また、**母子生活支援施設**においては「配偶者からの暴力を受けたこと等により個別に特別な支援を行う必要があると認められる母子に当該支援を行う場合には、個別対応職員を置かなければならない。」と規定されています。**虐待を受けた児童**等の施設入所の増加に対応するため、被虐待児等の個別の対応が必要な児童への一対一の対応や、保護者への援助等を行う職員を配置し、虐待を受けた児童等への対応の充実を図ります。

E ✕ 家庭支援専門相談員は**ファミリーソーシャルワーカー**ともいい、その配置施設には、**乳児院**、**児童養護施設**、**児童心理治療施設**、**児童自立支援施設**があり、対象児童の早期家庭復帰のための保護者等への相談援助や、**地域の子育て家庭**に対する育児不安解消のための相談援助、**里親**への委託促進、**養子縁組**の推進等を職務としています。

解答 3

社会的養護に関わる専門的技術

精選過去問⑭　平成31年前期 問8　／　／

次の文は、「社会的養護関係施設における親子関係再構築支援ガイドライン」（平成26年3月 厚生労働省　親子関係再構築支援ワーキンググループ）に記された「家庭支援専門相談員に求められる技術」の一部である。（　A　）～（　C　）にあてはまる語句を【語群】から選択した場合の正しい組み合わせを一つ選びなさい。

　親とのコミュニケーションにおいて、家庭支援専門相談員に求められる技術は、「受容」「（　A　）」「傾聴」である。虐待を行ったため、否定されている親の持ついろいろな思いを「受容」や「（　A　）」することで、親との（　B　）を作り出されることが支援の大きな鍵となる。親を（　C　）するという姿勢も大切である。その前提としてそれぞれの親たちが持っている困難を乗り越える力を正しく評価し伝えると共に、かかわりを通じて更に前向きな力に変容できるよう支援することが重要である。その支援において大切なことが積極的な「傾聴」である。

【語群】

ア　指示　　イ　共感　　ウ　信頼関係　　エ　愛着関係　　オ　エンパワメント
カ　指導

（組み合わせ）

	A	B	C
1	ア	エ	オ
2	ア	オ	カ
3	イ	ウ	オ
4	イ	エ	カ
5	カ	ウ	オ

解答

解説 ⑭

A　イ　共感　　B　ウ　信頼関係　　C　オ　エンパワメント

　家庭支援専門相談員は、**ファミリーソーシャルワーカー**とも呼ばれ、児童相談所と密接に連携して、子どもの**家庭復帰**や**里親委託**等を推進し、そのための相談援助や調整等を行います。求められる業務には、対象児童の早期家庭復帰のための保護者等に対する相談援助、退所後の児童に対する継続的な相談援助、里親委託・養子縁組の推進、地域の子育て家庭に対する育児不安の解消のための相談援助、児童相談所等関係機関との連絡・調整などがあります。

　この設問は、「社会的養護関係施設における親子関係再構築支援ガイドライン」の第5章「親子関係再構築の支援体制」1.「家庭支援専門相談員」（3）「家庭支援専門相談員に求められる技術」イ.「コミュニケーション」からの出題です。

　ここでは、親とのコミュニケーションにおいて家庭支援専門相談員に求められる技術は、「受容」「共感」「傾聴」であるということ、それらによって親との**信頼関係**を作り出されること、親を**エンパワメント**するという姿勢の重要さが示されています。（エンパワメントとは、**潜在的な力**を引き出す支援のことです。）

　ガイドラインでは、「傾聴」について、次のように続きます。

> 　傾聴の留意点としては、言葉として発せられない親の気持ちを**観察**すること、親の言葉を**整理**して、その意味を確認し、理解すること、真剣にかかわろうとすることが挙げられる。しかし、不信感や怒りを持つ親や**精神障害のある親**に対しては、**心理療法担当職員**や**児童相談所**、医療機関等の関係機関と連携をとりながら丁寧に対応することが必要である。

解答　3

ここも出た！　CHECK✔（平成28年後期・地限）　「社会的養護関係施設における親子関係再構築支援ガイドライン」に示された親子関係の再構築における親に対しての具体的な支援

・親と**協働**関係を形成し、親子再構築支援の見通しを示す。親も**支援プラン作成**に関わる。
・協働養育者として親を尊重し、親との**信頼関係**を築き、施設が親の**安心できる**居場所になるように支援する。
・養育の**振り返り**を共にし、子どもに与えた影響を理解し、子どもとの関係改善への**動機づけ**を行う。
・親自身が精神的な問題（未解決なトラウマ体験や衝動コントロールや精神医学的な問題など）を有している場合は、**治療の必要性**の自覚を促し、**児童相談所**と連携して治療につなげる。
・具体的な養育方法について学べるように、**モデル**となって示したり、**ペアレントトレーニング**を実施したりして教育的な支援をする。

自立支援計画の策定

精選過去問 ⑮

平成29年前期 問3 / /

次の文は、児童養護施設等における自立支援計画についての記述である。適切な記述を○、不適切な記述を×とした場合の正しい組み合わせを一つ選びなさい。

A 自立支援計画の策定にあたっては、児童相談所の援助方針を踏まえながら、担当職員、家庭支援専門相談員、心理担当職員、基幹的職員、施設長等がいろいろな角度からその子どもの支援内容・方法を総合的に判断する必要がある。

B 自立支援計画は、施設内での支援にあたっての計画と、家庭環境調整に関する支援にあたっての計画と、別々の計画を用意する必要があり、前者は基幹的職員が、後者は家庭支援専門相談員が立案する。

C 施設内での支援にあたっての計画は、事前に子どもと話し合って努力目標を設定するなど、その子の実情に合ったものであり、子ども自身が納得できるものであることが大切である。

D 家庭環境調整に関する支援にあたっての計画は、支援を行っていく機関や担当者を具体的に記す必要がある。

（組み合わせ）

	A	B	C	D
1	○	○	○	○
2	○	○	×	×
3	○	×	○	○
4	○	×	×	○
5	×	×	×	×

解答

解説 ⑮

A ○ B ✕ C ○ D ○

この設問は、「児童養護施設運営ハンドブック」（厚生労働省 雇用均等・児童家庭局 家庭福祉課）第Ⅱ部「各論」3.「自立支援計画、記録」（1）「アセスメントの実施と自立支援計画の策定」からの出題でした。

「児童養護施設運営ハンドブック」第Ⅱ部「各論」3.「自立支援計画、記録」
（1）「アセスメントの実施と自立支援計画の策定」≪運営指針の解説≫

　　自立支援計画は、子どもを取り巻く大人がその子に関する理解を共有し、連携して計画的に支援を行っていくために作られます。A 策定にあたっては、児童相談所の援助方針を踏まえながら、担当職員、家庭支援専門相談員、心理担当職員、基幹的職員、施設長等がいろいろな角度からその子どもの支援内容・方法を総合的に判断する必要があります。また、

保護者や子どもの意向や希望を十分反映して立案されることが重要です。そして、策定された自立支援計画は職員会議等で周知され、共通認識のもと施設全体で子どもの支援を行っていくことが求められます。

　B 自立支援計画で明示されなければならない支援内容・方法には大きく二つあります。一つは施設内での支援です。子どもの伸ばしたいところや改善したいところを明らかにして、どのような支援を行っていくのかを具体的に記す必要があります。　C 施設内での支援は、事前に子どもと話し合って努力目標を設定するなどその子の実情に合ったものであり、子ども自身が納得できるものであることが大切です。　B・D もう一つは、家庭環境調整に関する支援です。親子関係の再構築のために、あるいは家庭復帰のために、誰が（どの機関）がどのような支援を行っていくのかを具体的に記す必要があります。

　支援内容・方法の決定に際して重要な視点が時間軸です。将来的な見通し（家庭復帰、里親委託、施設からの自立など）や子どもの成長発達に応じた支援のポイント（就学時には特別支援学級を検討など）も、しっかり明示する必要があります。

　支援内容・方法については、決められた通りに行うことができたのか、支援の結果はどうだったのかを、定期的に評価し支援内容や方法の見直しをする必要があります。また、子どもや保護者の状況に思いがけない変化があれば、必要に応じて緊急の見直しもあります。

※下線部分が出題された箇所です。

　児童相談所や児童福祉施設等での虐待など複雑かつ深刻化する子どもの問題に対応するために、「児童福祉施設最低基準」（現在の「児童福祉施設の設備及び運営に関する基準」）が改正され、2005（平成17）年4月から、**児童養護施設**、**乳児院**、**母子生活支援施設**、**情緒障害児短期治療施設（現：児童心理治療施設）**、**児童自立支援施設**の施設長に「**自立支援計画**」の策定が義務付けられました。

> 解答　3

CHECK✔（平成26年）　児童福祉施設における自立支援計画の策定に関する記述

・子どもの可能性、可塑性を踏まえて子どもの発達をトータルに捉え、問題点ばかりに目を向けるのではなく、**中・長期的**な視点も入れ、計画を策定する。
・「**子ども**」、「**家庭**」、「**地域社会**」の側面に着目し、実態把握と評価を行い、その関係性に配慮する。
・作成された計画の評価については、一定期間ごとの**再評価**を実施することが大切である。

里親制度

精選過去問 16　　平成30年後期 問6　　／　　／

次の文は、養子縁組里親に関する記述である。適切な記述を一つ選びなさい。

1　養子縁組里親に委託される児童は、養子縁組里親になる者と親族関係にある必要がある。

2　養子縁組里親には、里親になるために必須となる指定された研修の受講義務がない。

3　養子縁組里親は、都道府県で作成される養子縁組里親の名簿登録が任意である。

4　養子縁組里親には、欠格事由が定められていない。

5　養子縁組里親には、里親手当は支給されない。

解答　

解説 16

　里親制度は、家庭的な環境の下で子どもの愛着関係（アタッチメント）を形成し、養護を行うことができる制度であり、その種類には養育里親、専門里親、養子縁組里親、親族里親の4つがあります。

里親の種類

養育里親：要保護児童を養育する里親
専門里親：要保護児童のうち、児童虐待等の行為により心身に有害な影響を受けた児童、身体障害、知的障害又は精神障害がある児童、非行等の問題を有する児童などを養育する里親
養子縁組里親：将来養子縁組することを目的として要保護児童を養育する里親
親族里親：両親等の監護者が死亡等によって養育困難な要保護児童の扶養義務者及びその配偶者である親族であり、当該児童を養育する里親

　里親は、複数の児童を養育することが可能ですが、実子を含めて**6人**（委託児童は**4人**）を超えてはいけません。また、里親を希望する際は、児童相談所を通じ**都道府県知事**の認定を受ける必要があります。

　2016（平成28）年6月の「児童福祉法」の改正により養子縁組里親は**法定化**されました（翌年4月1日施行）が、その内容がこの設問でも問われました。

1 ✕ 養子縁組里親に委託される児童は、養子縁組里親になる者と親族関係にある必要はありません。

2 ✕ 「児童福祉法」の改正（2016（平成28）年6月）により、養子縁組里親の要件の一つとして、**都道府県知事が行う研修を修了している**ことが定められました。（第6条の4第2号）

3 ✕ 「児童福祉法」の改正（2016（平成28）年6月）により、養子縁組里親は**都道府県**の作成する**養子縁組里親名簿**に登録された者と定められました。（第6条の4第2号）

4 ✕ 「児童福祉法」の改正（2016（平成28）年6月）により、養子縁組里親の**欠格事由**が定められました。（第34条の20）

5 ◯ 養子縁組里親には、里親手当は支給されません。
里親手当は、**養育里親**と**専門里親**に支給されますが、2011（平成23）年9月の制度改正により、親族里親のうち、叔父・叔母など扶養義務のない親族についても、養育里親と同様に里親手当が支給されるようになりました。

解答　5

ポイント解説 里親制度の主な改正ポイント

- 2002（平成14）年：「**親族里親**」、「**専門里親**」を創設
- 2008（平成20）年：「**養育里親**」と「**養子縁組を希望する里親**」を制度上区分
  「**養育里親**」の研修の義務化
  里親支援の法定化
- 2011（平成23）年：扶養義務のない親族には養育里親制度を適用
- 2016（平成28）年：里親の新規開拓から委託児童の自立支援までの一貫した里親支援を**都道府県（児童相談所）**の業務として位置付ける
  「**養子縁組里親**」を法定化し、研修を義務化

ここも出た！ CHECK✓ （平成27年）

- 「**専門里親**」の委託対象児童は、**被虐待児、非行児、障害児**等の要保護児童である。
- 「**養育里親**」の委託期間は、原則として児童が**18**歳に達するまでであれば制限はない。

精選過去問 ⑰

平成27年地域限定 問9

次の文は、里親委託に関する記述である。適切な記述を○、不適切な記述を×とした場合の正しい組み合わせを一つ選びなさい。

A 何らかの事情により家庭での養育が困難となった子ども等に、家庭環境の下で養育を提供する里親制度は、子どもの健全な育成を図る有意義な制度である。

B 里親委託する子どもは、主として里親家庭になじみやすい新生児を対象とするため、施設入所が長期化している高齢児は対象外とする。

C 里親や施設の選択は、児童相談所が子どもの利益となるよう行うが、保護者へは十分説明し理解を得るよう努める。

D 里親支援専門相談員は、里親子関係を深めるため委託直後は里親からの求めがない限りは訪問を控え、委託後半年経った頃から2か月に1回程度訪問することが望ましい。

（組み合わせ）

	A	B	C	D
1	○	○	○	×
2	○	×	○	○
3	○	×	○	×
4	×	○	×	○
5	×	×	○	○

解答

解 説 ⑰

「里親委託ガイドライン」（厚生労働省）からの出題です。

A ○ 里親制度では、**家庭での生活**を通じて、子どもが成長する上で極めて重要な**特定の大人との愛着関係（アタッチメント）**の中で養育を行うことができます。

B × 里親委託する子どもは、新生児から高年齢児まで**すべての子ども**が検討の対象とされるべきです。施設入所が長期化している子どもについては、早急に**自立支援計画**の見直しを行い、里親委託を検討する必要があります。

C ○ 保護者が養育できない場合、**児童相談所が子どもの最善の利益**となるよう里親や施設の選択を行います。長期にわたり保護者による養育が見込めない場合、虐待等の不適切な養育が予想される場合は、**児童相談所から里親委託**を積極的に勧めますが、保護者にとっては「子どもを取られてしまうのではないか」「面会がしづらくなるのではないか」など里親委託へ不安を抱くことがあります。養育里親と**養子縁組里親**との区別を説明し、養育里親による家庭環境が子どもの健全な心身の発達や成長を促すものであること、保護者と子どもとの面会や外泊、通信等については原則可能であることなどを保護者へは十分説明し、理解を得るように努めます。

D　✕　里親委託後は、児童相談所や里親等委託調整員等、里親支援専門相談員等が連携を図り、定期的に訪問し、子どもと里親の状況を確認し、相談支援を行います。その頻度は、委託直後の２か月間は**2**週に１回程度、委託の２年後までは毎月または**2**か月に１回程度、その後は概ね年**2**回程度です。これに加えて、里親による養育が不安定になった場合などには、必要に応じて訪問します。

委託直後は、不安になりやすい里親を支えるために、家庭訪問は特に重要です。そして、その後も児童相談所や里親等委託調整員等、**里親支援専門相談員**等が、日頃から里親と顔なじみになり、養育の状況を共有していることが重要なのです。

解答　**3**

「里親委託ガイドライン」（厚生労働省）の一部

（平成30年後期・地限）

　家族は、社会の基本的集団であり、家族を基本とした家庭は子どもの成長、福祉及び保護にとって自然な環境である。このため、保護者による養育が不十分又は養育を受けることが望めない**社会的養護**のすべての子どもの**代替的養護**は、**家庭養護**が望ましく、養子縁組里親を含む**里親委託**を原則として検討する。特に、乳幼児は安定した家族の関係の中で、愛着関係の基礎を作る時期であり、子どもが安心できる、温かく安定した家庭で養育されることが大切である。

「里親及びファミリーホーム養育指針」（平成24年3月　厚生労働省）に示された家庭養護のあり方の基本に関する記述

（平成29年後期・地限）

・地域の**普通の家庭**で暮らすことで、子どもたちは養育者自身の地域との関係や社会生活に触れ、生活のあり方を地域との関係の中で学ぶことができる。
・里親とファミリーホームが社会的養護としての責任を果たすためには、**外からの支援**を受けることが大前提である。

監護措置と親権代行

精選過去問 ⑱

平成27年 問6 | ／ | ／ |

次の文は、監護措置と親権代行に関する記述である。適切な記述を○、不適切な記述を×とした場合の正しい組み合わせを一つ選びなさい。

A 児童相談所長は、里親等委託中及び一時保護中の児童に親権者等がいない場合には、親権を代行する。

B 児童相談所長は、一時保護中の児童の監護等に関しその福祉のために必要な措置をとることができる。

C 親権者等は、児童相談所長、施設長等が児童の監護等に関しその福祉のため必要な措置をとる場合には、不当に妨げてはならない。

D 児童相談所長、施設長等は、児童の生命、身体の安全を確保するために緊急の必要がある場合であっても、親権者等の意に反しては必要な措置をとることができない。

（組み合わせ）

	A	B	C	D
1	○	○	○	×
2	○	○	×	×
3	○	×	×	○
4	×	×	○	×
5	×	×	×	○

解答 ___

解説 ⑱

A ○ 「児童福祉法」第47条第2項において「児童相談所長は、小規模住居型児童養育事業を行う者、又は里親に委託中の児童等で親権を行う者、又は未成年後見人のないものに対し、親権を行う者又は未成年後見人があるに至るまでの間、親権を行う」と規定されています。また、同法第33条の2では「児童相談所長は、一時保護が行われた児童で親権を行う者又は未成年後見人のないものに対し、親権を行う者又は未成年後見人があるに至るまでの間、親権を行う」と規定されています。

B ○ 「児童相談所長は、一時保護が行われた児童で親権を行う者又は未成年後見人のあるものについても、監護、教育及び懲戒に関し、その児童の福祉のため必要な措置を採ることができる」と「児童福祉法」第33条の2第2項に規定されています。「監護、教育及び懲戒」について、問題文では「監護等」になっています。

C ○ 「児童福祉法」第33条の2第3項において、「前項（第2項※選択肢Bの解説参照）の児童の親権を行う者又は未成年後見人は、同項の規定による措置を不当に妨げては

ならない」と規定されています。同様に、同法第47条第4項において、親権者等は、児童福祉施設の施設長、小規模住居型児童養育事業における養育者又は里親（以下「施設長等」）のとる措置についても、不当に妨げてはならないと規定されています。

D ✕ 「児童福祉法」第33条の2第4項において、「第2項（※選択肢Bの解説参照）の規定による措置は、児童の生命又は身体の安全を確保するため緊急の必要があると認めるときは、その親権を行う者又は未成年後見人の意に反しても、これをとることができる」と規定されています。同法第47条第5項において、施設長等についても同様の規定がされています。

	解答 1

「児童福祉法」第47条第3項に規定された
児童福祉施設の長の親権等に関する記述

（平成26年）

入所中の児童への監護、教育及び懲戒に関し、その児童等の福祉のため必要な措置をとることができる。

親権に関する記述

（平成31年前期）

・親権者等は、児童相談所長や児童福祉施設の施設長、里親等による監護措置を、不当に妨げてはならない。
・児童相談所長は、親権喪失、親権停止及び管理権喪失の審判について家庭裁判所への請求権を有する。
・子の親族及び検察官のほか、子、未成年後見人及び未成年後見監督人も、親権の喪失等について、家庭裁判所への請求権を有する。
・家庭裁判所は、「父又は母による親権の行使が困難又は不適当であることにより子の利益を害するとき」に、2年以内の期間を定めて親権停止の審判をすることができる。

社会的養護にかかわる施設等の運営管理

精選過去問⑲

平成29年前期 問10 ／　　／

次の文は、社会的養護にかかわる施設等の運営管理に関する記述である。適切な記述を○、不適切な記述を×とした場合の正しい組み合わせを一つ選びなさい。

A 国が定めた「児童福祉施設の設備及び運営に関する基準」に基づき、都道府県は児童福祉施設の設備及び運営について、条例で基準を定めなければならない。

B 児童養護施設、乳児院、情緒障害児短期治療施設、児童自立支援施設、母子生活支援施設には、養育・支援の内容に関する指針があるが、里親とファミリーホームについてはそれぞれの独自性を尊重する観点から指針は設けられていない。

C 施設長は、経営や業務の効率化と改善に向けた取り組みに十分な指導力を発揮することが求められている。

（組み合わせ）

	A	B	C
1	○	○	○
2	○	○	×
3	○	×	○
4	×	○	○
5	×	×	×

解答

解説⑲

A ○ 「都道府県は、児童福祉施設の設備及び運営について、条例で基準を定めなければならない。」と「児童福祉法」第45条によって規定されています。また、同法第45条第2項では、都道府県がその条例を定めるに当たっては、**厚生労働省令で定める基準に従い定めるもの**と**厚生労働省令で定める基準を参酌するもの**があることが示されています。厚生労働省令とは、ここでは「**児童福祉施設の設備及び運営に関する基準**」のことです。以下が第45条の全文です。

「児童福祉法」第45条

> **都道府県は**、児童福祉施設の設備及び運営について、**条例で基準を定めなけれ**ばならない。この場合において、その基準は、児童の**身体的**、**精神的及び社会的**な発達のために必要な生活水準を確保するものでなければならない。
> ②都道府県が前項の条例を定めるに当たつては、次に掲げる事項については**厚生労働省令で定める基準に従い定めるもの**とし、その他の事項については**厚生労働省令で定める基準を参酌するもの**とする。

一　児童福祉施設に配置する従業者及びその員数

二　児童福祉施設に係る居室及び病室の床面積その他児童福祉施設の設備に関する事項であつて児童の健全な発達に密接に関連するものとして厚生労働省令で定めるもの

三　児童福祉施設の運営に関する事項であつて、保育所における保育の内容その他児童（助産施設にあつては、妊産婦）の適切な処遇の確保及び秘密の保持、妊産婦の安全の確保並びに児童の健全な発達に密接に関連するものとして厚生労働省令で定めるもの

③児童福祉施設の設置者は、第一項の基準を遵守_{じゅんしゅ}しなければならない。

④児童福祉施設の設置者は、児童福祉施設の設備及び運営についての水準の向上を図ることに努めるものとする。

B　✕　「里親及びファミリーホーム養育指針」（平成 24 年 3 月 29 日 厚生労働省雇用均等・児童家庭局長通知）が設けられています。

「里親及びファミリーホーム養育指針」では、それぞれの目的や役割と理念、家庭養護の在り方の基本、対象児童などが示されています。その中で「里親・ファミリーホームの役割」について、里親は「児童福祉法第 6 条の 4 の規定に基づき、要保護児童を養育することを希望する者であって、都道府県知事が児童を委託する者として適当と認めるもの」、ファミリーホーム（小規模住居型児童養育事業）は「児童福祉法第 6 条の 3 第 8 項の規定に基づき、要保護児童の養育に関し相当の経験を有する者の住居において養育を行うもの」と示されています。

C　○　「児童養護施設運営指針」8.「施設の運営」（3）「施設長の責任とリーダーシップ」では、

・施設長は、施設の理念や基本方針の実現に向けて、人員配置、職員の働きやすい環境整備等を行う。

・施設長は、経営や業務の効率化や改善のために施設内に具体的な体制を構築し、自らもその活動に参画する。

と示されています。

解答　3

被措置児童等虐待対応

精選過去問 ⑳

次の文は、「被措置児童等虐待対応ガイドライン」（厚生労働省）の一部である。（ A ）〜（ C ）にあてはまる語句を【語群】から選択した場合の正しい組み合わせを一つ選びなさい。

　施設運営そのものについては、施設職員と施設長が意思疎通・意見交換を図りながら方針を定めること、相互理解や信頼関係を築き、チームワークのとれた（ A ）組織作りを進めること、（ B ）の活用や、（ C ）の積極的な受審・活用など、外部の目を取り入れ、開かれた組織運営としていくことが重要です。

【語群】

ア 風通しのよい	イ 合理的な	ウ 第三者委員
エ 要保護児童対策地域協議会	オ 行政による監査	カ 第三者評価

（組み合わせ）

	A	B	C
1	ア	ウ	オ
2	ア	ウ	カ
3	ア	エ	オ
4	イ	ウ	カ
5	イ	エ	カ

解答

解説 ⑳

A ア 風通しのよい　B ウ 第三者委員　C カ 第三者評価

　「被措置児童等虐待対応ガイドライン」のⅠ「被措置児童等虐待の防止に向けた基本的視点」2「基本的な視点」3）「施設における組織運営体制の整備」からの出題です。

　「被措置児童等」とは、小規模住居型児童養育事業者、里親、乳児院、児童養護施設、知的障害児施設等、児童心理治療施設、児童自立支援施設、指定医療機関、一時保護所、一時保護委託を受けた者に委託された、または入所する児童のことです。そして、「被措置児童等虐待」とは、被措置児童等が、里親若しくはその同居人、小規模住居型児童養育事業に従事する者、入所する施設の長とその職員、その他の従業者などから、**身体的虐待、性的虐待、ネグレクト、心理的虐待**を受けることをいいます。

　そして、**都道府県知事**は、毎年度、被措置児童等虐待の状況、被措置児童等虐待があった場合に講じた措置その他厚生労働省令で定める事項を公表するものとする、と「児童福祉法」第33条の16に規定されています。

第三者評価とは、事業者の提供するサービスを、公正で中立な第三者機関が専門的で客観的な立場から評価することです。「児童福祉施設の設備及び運営に関する基準」により、**乳児院、母子生活支援施設、児童養護施設、児童心理治療施設、児童自立支援施設**は、定期的に第三者評価を受けなければならないことが規定されています。

解 答	2

社会的養護の施設等における第三者評価に関する記述
（平成29年後期・地限）

・第三者評価を受審するに当たっては、あらかじめ、第三者評価の評価基準に基づく**自己評価**を行うことが求められている。
・第三者評価を受審する義務がある施設においては、第三者評価を**3**か年度に1回以上受審しなければならない。
・児童自立生活援助事業（自立援助ホーム）における第三者評価の受審は、**努力義務**である。

児童養護施設における被措置児童等虐待対応に関する記述
（平成27年地域限定）

・いかなる場合においても**体罰**や子どもの人格を辱（はずかし）めるような行為を行わないよう徹底するために、就業規則等の規程に体罰等の禁止を明記するとともに、体罰等が起こりやすい状況や場面について、研修や話し合いを行い、体罰等を伴わない援助技術を職員に習得させる。
・子どもに対する暴力、言葉による脅かし等の不適切な関わりの防止と**早期発見**のために、具体的な例を示して職員に徹底するとともに、日常的に会議等で取り上げ、行われていないことの確認や職員体制の点検と改善を行う。
・子どもたちにも体罰や不適切な関わりについて、**権利ノート**等を活用して説明し、子どもが自分自身を守るための知識、もしもの時に自分の身を守れるよう具体的な対処方法について学習する機会を設けることが大切である。
・施設内虐待の**未然防止**が重要であるが、万が一起きてしまった時は、事実を矮小（わいしょうか）化することなく、迅速かつ誠実に対応するために、子どもの**安全確保**の方法、該当する子どもと職員の聞き取り、**施設長**等への報告体制や記録の作成、速やかな**児童相談所**等への通告等の体制を整備しておく。

第7章 子どもの保健

乳幼児の虐待

精選過去問 ❶

平成27年 問14改　　／　　／

次の文は、乳幼児の虐待についての記述である。適切な記述を○、不適切な記述を×とした場合の正しい組み合わせを一つ選びなさい。

A 「子ども虐待による死亡事例等の検証結果等について（第15次報告）」（厚生労働省）によると、平成29年度に把握した心中以外の虐待死事例では、3歳未満が7割を超える。

B 「代理人によるミュンヒハウゼン症候群」は、虐待の一つである。

C いわゆる揺さぶられ症候群は、虐待により生じない。

D 愛着に関わる問題は、被虐待乳幼児に起こり得る精神的問題の一つである。

E 被虐待体験は、乳幼児にとって心的外傷になり得る。

（組み合わせ）

	A	B	C	D	E
1	○	○	○	○	×
2	○	○	×	○	○
3	○	×	×	×	○
4	×	○	×	○	×
5	×	×	○	○	○

解答　　　　　　

解説 ❶

A ○ 「子ども虐待による死亡事例等の検証結果等について（第15次報告）」によると、平成29年度に把握した心中以外の虐待死事例では、「**0歳**」が28人（53.8%）で最も多く、3歳未満は37人（71.1%）と**7割**を超える状況でした。

また、心中による虐待死事例では、3歳未満は4人（30.8%）でした。

死因となった虐待の種類について、心中以外の虐待死事例では、「**身体的虐待**」が22人（42.3%）、「**ネグレクト**」が20人（38.5%）でした。なお、3歳以上の「身体的虐待」は60.0%、3歳未満の「身体的虐待」は40.5%でした。

B ○ 「**代理人によるミュンヒハウゼン症候群**」は、身近な家族などを病気に仕立て上げ、病院を右往左往し注目を受けたがる虚偽性障害の一つです。幼少の子どもを持つ母親に多く、母親が子どもを不当な障害行為や薬物投与などで病気にさせ、子どもを病院に連れ回します。

母親（もしくは男性の場合も考えられる）が、なぜ愛する子どもにそのようなことをするのか、まだ明確になっていないところが多く、また治療方法も確立されていると

はいえません。このような行為が子どもにトラウマを引きずらせ、水面下で続いてしまうため、早期発見に向かうべく対策が求められます。

C ✕ **揺さぶられ症候群（Shaken Baby Syndrome）**は、泣きやまない赤ちゃんに対する児童虐待として社会問題となっています。

揺さぶられ症候群とは、小児（特に乳児）の**体を激しく揺さぶること**で、頭蓋内出血や網膜出血などが起こるものをいい、重大な後遺症が残ったり、最悪の場合には死に至ることもあります。その危険性が最も高いのは生後**6か月**以内の乳児です。

乳児は、頭部の比重が重いこと、頸部の筋肉が弱いこと、脳が未発達のため揺さぶられることにより脳組織の移動が大きいことが原因です。嘔吐、けいれん、あやしても笑わずミルクも飲まない、長時間眠り続けるなどの症状がある場合は、要注意です。

D 〇 乳幼児期に養育者ときちんと愛着を築くことができないと、過度に人を恐れる、または誰に対してもなれなれしい、といった症状があらわれることがあります。これを**愛着障害**といいます。

E 〇 心的外傷とは、トラウマともいい、災害や事故、戦争、犯罪、いじめ、**虐待**といった、強烈なショックを受けたり、自分が死に直面したりする体験のことです。

心的外傷後ストレス障害は、**PTSD（Post Traumatic Stress Disorder）**ともいい、**心的外傷**がストレス源となり、長い間、生活機能の障害をもたらしてしまうストレス障害のことをいいます。

解答　2

 **CHECK** ✓ （平成30年後期・地限）　「児童虐待の防止等に関する法律」（児童虐待防止法）における児童虐待の定義

・児童の**身体**に外傷が生じ、又は生じる恐れのある**暴行**を加えること。
・児童に**わいせつな行為**をすること又は児童をして**わいせつな行為**をさせること。
・児童の心身の正常な発達を妨げるような著しい**減食**又は**長時間の放置**、保護者以外の同居人による虐待行為の**放置**その他の保護者としての**監護**を著しく怠ること。
・児童に対する著しい**暴言**又は著しく**拒絶的な対応**、児童が同居する家庭における配偶者に対する**暴力**、その他の児童に著しい**心理的外傷**を与える**言動**を行うこと。

原始反射

精選過去問 ❷　　　　　　　　　　　平成27年 問6　　/　　　/

次の文は、原始反射についての記述である。適切な記述の組み合わせを一つ選びなさい。

A 原始反射とは、未熟児にみられ、成熟児にはみられない。

B 原始反射には、探索・吸啜反射、把握反射、自動歩行などがある。

C 緊張性頸反射は、原始反射であるが生後1歳頃までみられる。

D モロー反射が生後10か月まであると、中枢神経系の異常が疑われる。

E バビンスキー反射は生後8か月頃に消失する。

（組み合わせ）

1　　A　B
2　　A　C
3　　B　C
4　　B　D
5　　D　E

解答

解説 ❷

A ✕　原始反射は、新生児期、乳児期に見られる反射運動であり、生まれつき備わっている**不随意運動**です。

B 〇　原始反射には、探索・吸啜反射、把握反射、自動歩行のほかに、モロー反射（抱きつき反射）、バビンスキー反射（足裏反射）、緊張性頸反射などがあります。

C ✕　緊張性頸反射の消失時期は、生後**4〜6か月**頃です。

D 〇　モロー反射の消失時期は生後**3〜4か月**です。正常な消失時期を過ぎても、原始反射が消失しない場合には、**精神発達の遅れ（中枢神経系の異常）**が疑われます。

E ✕　バビンスキー反射の消失時期は、生後**6か月〜遅くとも2歳**頃です。

モロー反射	バビンスキー反射

赤ちゃんが大きな音や強い光などの
刺激に対して両手をさっと広げて
抱きつくような動きをする。

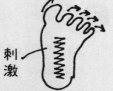

刺激

足の裏をこすって刺激すると、
足の親指が甲側に曲がり、
他の4本の指が扇のように開く。

自動歩行	緊張性頸反射

からだを支えて足の裏を床につけて
からだを前方に傾けると、
歩いているように足を交互に出す。

あお向けで頭を一方に向けると、
向けた側の腕と脚は伸展し、
反対側の腕と脚は屈曲する。

新生児の反射運動

主な原始反射

反射の種類	特徴	消失時期
探索反射	ほおや口元に近い部分に何かが触れると、その方向に口や顔を向ける。	約4か月
吸啜反射 （哺乳反射）	口の周りに何かが触れると、唇や舌を使って吸い込もうとする。	4〜7か月
自動歩行	からだを支え、足の裏を床につけて前に移動させると、両足を動かして歩くような動作をする。	6〜8週
モロー反射	からだの位置を急に変えたり、大きな音や強い光などの強い刺激を与えたりすると、両手をさっと広げて抱きつくような動きをする。	3〜4か月
バビンスキー反射	足の裏をこすって刺激すると、足の親指が甲側に曲がり、他の4本の指が扇のように開く。	6か月〜2歳
緊張性頸反射	仰臥位で頭を一方に向けると、向けた側の腕と脚は伸展し、反対側の腕と脚は屈曲する。	4〜6か月
把握反射	手のひらなどを刺激するものがあると、全体重を支えるほどの強い力で、反射的にしっかり握る。	3〜4か月

解答　4

子どもの身体的発育・発達

精選過去問③　　　　令和元年後期・地限 問5　／　　　／

次のA～Dは、子どもの身体発育とその評価に関する記述である。適切な記述を○、不適切な記述を×とした場合の正しい組み合わせを一つ選びなさい。

A　乳幼児身体発育調査における身長の計測は、2歳未満の乳幼児では仰向けに寝た状態で、2歳以上の幼児では立った状態で行われる。

B　胸囲はその大小によっていろいろな病気を発見することができる重要な指標である。

C　乳幼児のカウプ指数は、「体重 g/(身長 cm)^2 × 10」で計算される。

D　乳児の体重は、健康状態に問題がなければ、出生後少しずつ増加し減少することはない。

（組み合わせ）

	A	B	C	D
1	○	○	○	○
2	○	×	○	×
3	○	×	×	○
4	×	○	○	×
5	×	×	○	○

解答　□

解説③

A　○　身長の計測は、2歳未満児と2歳以上児とでは方法が異なります。2歳未満では、筋肉の発達が弱く、背筋をしっかりと伸ばせないので**仰臥位（仰向け）**で測定します。

B　×　胸囲は、胸郭内の肺や心臓などの発育を評価する指標です。
胸囲の計測は、上半身を裸にして2歳未満の場合は**仰臥位（仰向け）**、2歳以上の場合は**立位**で行います。

C　○　カウプ指数とは、乳幼児の発育状態・栄養状態を体重と身長から評価する方法で、「**体重 g/(身長 cm)^2 × 10**」または「**体重 kg/(身長 m)^2**」で計算されます。この計算方法は、成人に用いられる **BMI（Body Mass Index）** と同じです。しかし、日本の成人は BMI25 以上を肥満と定義されているのに対して、乳幼児に用いられるカウプ指数は、**年齢**によって標準範囲が異なります。
なお、小・中学生には、**ローレル指数（体重 kg/(身長 cm)^3 × 10^7）** が用いられます。

D　×　一般的に体重は、生後3～5日頃に一時的に5～10％の**減少**が見られることがあり、そのことを**生理的体重減少**といいます。

解答　**2**

 **正確に乳幼児の身体計測を行うための留意点**
（平成31年神奈川）

・身長計の計測値を読むときは、**目線**を目盛りと同じ位置に合わせる。
・胸囲の計測値を読むときは、自然の呼吸をしているときに**呼気と吸気の中間**であること
　とする。
・乳児の身長測定では**両膝**を伸ばす。
・計測者が目盛を読み、記入者は**復唱**しながら記入する。

 **身体計測時の注意・配慮に関する記述**
（平成28年後期）

・冬期の室温は **20〜22℃** に整え、必要に応じて**暖房**を使用する。
・年長児の場合は、羞恥心に配慮し、**カーテン**や**スクリーン**を用いる。
・継続的な計測では、**測定する時間帯**を一定にする。
・**保護者**に計測の日時と項目を前もって知らせる。

 **子どもの身体のバランスに関する記述**
（平成27年）

　子どもの身体のバランスは、成人と異なる。成人は一般に **7〜8** 頭身といわれるが、
これは頭部を1としたときに**身長**全体がいくつになるかを指している。これに対し、子
どもは、新生児期が **4** 頭身、2〜4歳児が **5** 頭身など、成人に比べて頭部の占める割合
が高い。そのため低年齢の子どもほど頭部が重く、その頭部を支える体幹や上肢・下肢
が小さいため、**歩行**が安定せず転倒しやすい。

次の文は、「平成22年乳幼児身体発育調査報告書」（厚生労働省）に見られる乳幼児の運動機能についての記述である。（　A　）～（　D　）にあてはまる語句の正しい組み合わせを一つ選びなさい。

・「首のすわり」は、生後（　**A**　）未満の乳児の90％以上が可能である。
・「ねがえり」は、生後（　**B**　）未満の乳児の90％以上が可能である。
・「ひとりすわり」は、生後（　**C**　）未満の乳児の90％以上が可能である。
・「はいはい」は、生後（　**D**　）未満の乳児の90％以上が可能である。

（組み合わせ）

	A	B	C	D
1	3～4か月	5～6か月	7～8か月	9～10か月
2	3～4か月	6～7か月	7～8か月	10～11か月
3	2～3か月	5～6か月	6～7か月	9～10か月
4	4～5か月	6～7か月	9～10か月	9～10か月
5	4～5か月	6～7か月	9～10か月	10～11か月

解答 □

解説 ❹

A 4～5か月　**B** 6～7か月　**C** 9～10か月　**D** 9～10か月

　「乳幼児身体発育調査報告書」（厚生労働省）は、全国的に乳幼児の身体発育の状態を10年ごとに調査し、乳幼児の身体発育値及び発育曲線を明らかにして、乳幼児保健指導を改善することを目的とした報告書です。身長、体重、胸囲、頭囲のほか、運動機能通過率、言語機能通過率、乳汁栄養法、離乳状況、妊娠中の母親の喫煙状況、妊娠中の飲酒の状況などの集計、解析をまとめています。

　2010（平成22）年の調査報告書での「乳幼児の運動機能通過率」は次の図のとおりで、2000（平成12）年の調査に比べてやや遅くなっていました。

一般調査による乳幼児の運動機能通過率

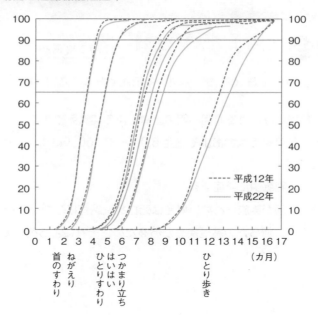

- - - - 平成12年
———— 平成22年

```
0  1  2  3  4  5  6  7  8  9  10 11 12 13 14 15 16 17
                                                （カ月）
首のすわり
ねがえり
ひとりすわり
はいはい
つかまり立ち
ひとり歩き
```

なお、同報告書によると「つかまり立ち」、「ひとり歩き」については次のとおりです。

- ・「つかまり立ち」は、生後 **11～12 か月**未満の乳児の 90％以上が可能である。
- ・「ひとり歩き」は、生後 **1 年 3～4 か月**未満の幼児の 90％以上が可能である。

| 解答 | 4 |

 **CHECK ✓**
（平成31年前期）　その年月齢に達した乳幼児の約80％が可能となる運動発達に関する組み合わせ

- ・寝返り ——————— **6～7か月**
- ・一人歩き ——————— **12～14か月**
- ・両足でピョンピョン ——— **2歳**
- ・でんぐり返し ——————— **4歳**

　 乳幼児の言語機能通過率

「平成 22 年乳幼児身体発育調査報告書」（厚生労働省）によると、生後 **1 年 6～7 か月**未満の乳幼児の 90％以上が単語を話しています。

乳幼児突然死症候群（SIDS）

精選過去問 ❺

平成31年前期 問20 　／　　　／

次の文は、乳幼児突然死症候群（SIDS）に関する記述である。適切な記述を一つ選びなさい。

1　SIDS とは、乳幼児にみられる原因不明の窒息による突然死である。

2　SIDS の日本での発症頻度はおおよそ出生 6,000〜7,000 人に 1 人と推定され、多くは生後 1 歳以上で発症する。

3　SIDS は、主として睡眠中に発症する。

4　SIDS の診断は、解剖が実施されない場合は死亡状況調査に基づいて行う。

5　SIDS の乳幼児では、何らかの基礎疾患があるため、それによる死亡であるかどうかの区別が重要である。

解答 [　　　]

解説 ❺

1　✕　SIDS は、何の予兆や既往歴もないまま乳幼児が死に至る原因のわからない病気で、窒息などの事故とは異なります。

2　✕　SIDS の日本での発症頻度はおおよそ出生 **6,000〜7,000** 人に 1 人と推定され、生後 **2ヵ月**から**6ヵ月**に多く、**生後 1 歳以上**で発症するのはまれです。

3　〇　SIDS は、主として**睡眠中**に発症します。

4　✕　SIDS の診断は、**剖検**（死因、病変などを追究するため、患者の遺体を**解剖**して調べること）と**死亡状況調査**に基づいて行われます。解剖が実施されない場合および死亡状況調査が実施されない場合は、診断が不可能です。

5　✕　SIDS は、それまでの健康状態および既往歴からその死亡が予測できず、しかも死亡状況調査と解剖検査によってもその原因が同定されない症候群です。

　日本の人口動態統計によると、2017（平成 29）年には 77 名の乳幼児が SIDS で亡くなっており、乳児期の死亡原因としては第 4 位となっています。

SIDS の予防方法は確立していませんが、以下の３つのポイントを守ることにより、SIDS の発症率が低くなるというデータがあります。

SIDS の発症率を低くする３つのポイント

（１）１歳になるまでは、寝かせる時はあおむけに寝かせましょう

　SIDS は、うつぶせ、あおむけのどちらでも発症しますが、寝かせる時にうつぶせに寝かせたときの方が SIDS の発生率が高いということが研究者の調査からわかっています。医学上の理由でうつぶせ寝を勧められている場合以外は、赤ちゃんの顔が見えるあおむけに寝かせましょう。この取組は、睡眠中の窒息事故を防ぐ上でも有効です。

（２）できるだけ母乳で育てましょう

　母乳育児が赤ちゃんにとっていろいろな点で良いことはよく知られています。母乳で育てられている赤ちゃんの方が SIDS の発生率が低いということが研究者の調査からわかっています。できるだけ母乳育児にトライしましょう。

（３）たばこをやめましょう

　たばこは SIDS 発生の大きな危険因子です。妊娠中の喫煙はおなかの赤ちゃんの体重が増えにくくなりますし、呼吸中枢にも明らかによくない影響を及ぼします。妊婦自身の喫煙はもちろんのこと、妊婦や赤ちゃんのそばでの喫煙はやめましょう。これは、身近な人の理解も大切ですので、日頃から喫煙者に協力を求めましょう。

※厚生労働省のホームページをもとに作成

	解答 3

 CHECK ✓ **乳幼児突然死症候群（SIDS）に関する記述**

・SIDS は、原則として１歳未満の児に突然の死をもたらした症候群である。**H29前**
・乳幼児突然死症候群は、睡眠中に**呼吸運動の低下**がおこった場合、それに抗するための**覚醒反応の低下**があるとされている。**H26**
・乳幼児突然死症候群を診断するためには**解剖所見**が必要である。**H26**
・発症のリスクは、人工栄養の場合、母乳栄養に比べて**高い**。**H30後・地**
・予防のため、**毛布やタオルケット**などが顔にかからないように気を付ける。**H30後・地**

子どもの精神保健

| 精選過去問 **6** | 平成30年前期 問12 | ／ | ／ |

次の【事例】を読んで、【設問】に答えなさい。

【事例】

　6歳の女児。周産期に問題はなく、発育発達で異常を指摘されたことはない。保育所での適応も問題はなかった。2か月前頃から、砂場で遊んだ後などに「汚れが落ちない」と言って頻繁に手を洗うことになった。また、母親や保育士に何回も執拗に手が汚れていないかと確認するようになった。母親や保育士が「手はきれいになっているよ」と答えても、本児は「手が汚れてる」と納得せず、手を洗うことを繰り返すため、手荒れがひどくなった。

【設問】

　この事例で最も疑われる精神医学的問題を一つ選びなさい。

1　身体表現性障害

2　広汎性発達障害

3　全般性不安障害

4　強迫性障害

5　統合失調症

| 解答 | |

解説 **6**

1　✕　身体表現性障害は自覚症状に見合う身体的異常や検査結果がないのに、痛みや吐き気、しびれなどの多くの身体的な症状が長い期間にわたって続く病気です。

子どもの場合、身体的にも精神的にも未熟なため、心理社会的なストレスを自覚できないことが多く、行動や身体症状になって表れやすいことが特徴です。

2　✕　広汎性発達障害は脳の機能障害に基づいて生じると考えられており、**コミュニケーション**に関連する領域に見られる発達障害の総称です。およそ100人に1〜2人にこの障害があるといわれています。

障害の程度によって**自閉症、高機能自閉症、アスペルガー症候群**などと診断されます。

主な特徴は、次の3つです。

①**対人関係の障害**

友達付き合いが苦手、他人と興味を共有できないなど

②**言葉などのコミュニケーション障害**

言葉が覚えられない、会話が一問一答になってしまう

③**こだわりや想像力の障害**

相手の気持ちを読み取ることが難しい、遊びのルールが理解できない、限られた事物へ固執しやすいなど

3 ✕ 全般性不安障害とは、**小児期**や**思春期**によくみられる精神疾患です。
特定の理由がない極端で非現実的な不安のために、日常生活において多大な影響を及ぼします。小児の場合、学校の勉強や運動、時間通りに行動できるかなどの不安があります。落ち着きのなさ、緊張感、イライラするといった精神症状や、疲れやすさ、筋肉の緊張、睡眠障害、頭痛、下痢などの身体症状を伴います。

4 ◯ 強迫性障害は**不安障害**のひとつです。度を越した不安や**こだわり**が特徴で、この設問での女児は「手が細菌で汚染された」という強い不安から何回も手を洗わないと気が済まないという状態を引き起こしていました。
発症には性格、成育歴、ストレスや感染症など多様な要因が関係していると考えられています。

5 ✕ 統合失調症（とうごう）はこころや考えがまとまりづらくなってしまう病気です。統合失調症には、実際にないものをあるように感じる「幻覚（げんかく）」や明らかに誤った内容を信じてしまい周りが訂正しようとしても受け入れられない「妄想（もうそう）」といった症状がしばしば見られます。
統合失調症を発症する人は 100 人に 1 人弱といわれています。

	解答 4

ここも出た！ **CHECK ✓** （平成30年後期・地限）　**分離不安症（分離不安障害）の症状についての記述**

・一人で部屋にいることができない。
・「母親が事故に遭って死んでしまうのではないか」と心配する。
・母親がトイレに行くときにもつきまとう。
・母親が付き添わずに友人の家に泊まるのを嫌がる。
・母親が離れようとするときに、頭痛や嘔気が生じる。

精選過去問 ❼   平成26年再試 問12   ／   ／

次のうち、統合失調症の症状として正しいものを○、誤ったものを×とした場合の正しい組み合わせを一つ選びなさい。

A 妄想

B 幻聴

C 自発性低下

D 感情鈍麻

（組み合わせ）

	A	B	C	D
1	○	○	○	○
2	○	×	○	×
3	○	×	×	○
4	×	○	○	○
5	×	○	×	○

解答

解 説 ❼

　統合失調症は、およそ100人に1人がかかる頻度の高い病気であり、**妄想**、**幻覚**、**感情の平板化**、**思考の貧困**、**意欲の欠如**、**まとまりのない会話や行動**といった症状が特徴的な精神疾患です。以前は「精神分裂病」といわれていましたが、差別的な印象が残るとのことから、「統合失調症」へと名称が変更されています。発症は、思春期から青年期という10代後半から30代に多い病気です。統合失調症の原因は、今のところ明らかになっていませんが、進学・就職・独立・結婚などの人生の進路における変化が、発症の契機となることが多いといわれています。ただし、それらは発症のきっかけではあっても、原因ではないと考えられています。

　統合失調症に特徴的な症状を、**陽性症状**と**陰性症状**に分けて考えられることがあります。「**陽性**」は、通常はない状態が出てくることを意味し、幻覚や妄想、緊張病症状（興奮や昏迷）、思考滅裂（思路の障害のひとつ）などが含まれます。一方、「**陰性**」は、通常ある機能が失われていることを意味し、感情鈍麻、思考貧困、意欲・自発性の低下などが含まれます。

A ○ 事実ではないことを、本当であると確信することを**妄想**といいます。周りの人に、「それは違う」と説得されても訂正ができません。内容によって、**被害関係妄想**（「あの人が咳をしたのは自分への当て付けである」など）、**注察妄想**（「誰かから家の中を監視されている」など）や、**被毒妄想**（「食べ物に毒を入れられている」など）、**誇大妄想**（「自分はすごい発明をした」など）といった名称が付けられています。

B ○ 幻聴は、**幻覚**の一種です。実際にはないものをあると知覚することを幻覚といいますが、知覚の内容によって、**幻聴**（「人の声が聞こえる」など）と**幻視**（「物が見える」など）に分けられます。このうち、統合失調症において、最も多くみられる幻覚は、**幻聴**です。幻聴の多くは人の声です。話される内容はさまざまですが、「〜しろ！」と命令したり、本人の悪口や本人を迫害するような内容が多く、この幻聴によって不安な気持ちになったり、被害妄想を抱くことがあります。

C ○ **自発性低下**では、自ら何かをしようという意欲に乏しく、引きこもりがちで、終日何もせずに過ごしたりするようになります。何事にも無関心になり、完全に自分の中に閉じこもってしまうこともあります。また、仕事や勉強をしようとする意欲が出ずにゴロゴロしたり、部屋が乱雑でも整理整頓する気になれない、入浴や洗面などの身辺の清潔にも構わないなどといった症状がみられます。さらに、他人と交流を持とうとする意欲、会話をしようとする意欲が乏しくなり、無口で閉じこもった生活となる場合もあります。

D ○ **感情鈍麻**とは、喜怒哀楽の豊かな感情が少なくなり、**周囲に無関心となる**傾向を示します。表情の変化も乏しくなります。笑顔がみられず、悲しいときも平然としていたりします。思考が混乱し、感情が不安定になるだけでなく、その感情の働き自体が平坦化し、外部に現れなくなり、社会とのつながり自体を拒否してしまうことになる場合もあります。また、自分の感情と他人の感情の理解の両者に、障害が生じることもあります。自分の感情についての障害とは、感情の動きが少ない、物事に適切な感情がわきにくい、感情を適切に表せずに表情が乏しく硬い、それなのに不安や緊張が強く慣れにくい、などの症状です。他人の感情や表情についての理解が苦手になり、相手の気持ちに気づかなかったり、誤解したりすることが増えます。そのため、対人関係において自分を理解してもらったり、相手と気持ちの交流をもったりすることが難しくなります。

	解答	1

ここも出た！ **CHECK** （平成27年）　**解離性（転換性）障害に関する記述**

・青年期では、**男子**より**女子**で多くみられる。
・症状のひとつとして、**無感覚**、**錯感覚**、**視力障害**などの感覚系の症状がみられる。
・症状のひとつとして、**失立**、**失歩**、**半側眼瞼下垂**、**けいれん**などの運動系の症状がみられる。
・症状のひとつとして、**急性尿閉塞**、**想像妊娠**、**しゃっくり**などの内臓系の症状がみられる。

精選過去問 ❽

平成29年後期・地限 問11 ／ ／

次の【事例】を読んで、【設問】に答えなさい。

【事例】

5歳の女児。周産期に問題はなく、3歳までの乳幼児健診では、身体発育、運動及び言語発達に関して異常を指摘されたことはなかった。4歳で保育所に入所したが、保育所では保育士やほかの園児と全く喋らなかった。ただし会話はないものの、ほかの園児と一緒に遊び、保育士の指示に従って行動することはできた。自宅で家族との会話には問題がないため、両親は保育所から指摘を受けるまで、気づかなかったという。

【設問】

この子どもで最も疑われる精神医学的問題を一つ選びなさい。

1　知的障害

2　広汎性発達障害

3　吃音

4　選択性緘黙

5　受容性言語障害

解答

解説 ❽

1　✕　知的障害とは、日常生活において物事を判断したり、必要に応じて適切な行動を自分で行う能力の発達が、全般的に遅れた水準にとどまっている状態をいいます。**脳**に何らかの病気や損傷があって、知能の発達が妨げられるものです。乳幼児期の**脳外傷**や**感染症**、胎児の時期に母親が**風疹**や梅毒（ばいどく）に感染したり、染色体異常による**ダウン症**も原因として考えられています。

2　✕　広汎性発達障害は、社会性に関連する領域に見られる発達障害の総称です。**自閉症・高機能自閉症・アスペルガー症候群**などが含まれ、**遺伝**による原因が主として考えられています。相手の気持ちがつかめなかったり、場に合った行動がとれない、会話がつなげないなどコミュニケーションの障害があったり、行動や興味が限定されていて**反復・常道的**であること等も特徴です。

3　✕　吃音（きつおん）とは言葉が円滑（えんかつ）に話せない疾病のことをいいます。発語時に言葉が**連続**して発せられたり、一時的に**無音状態**が続いたりなどの症状が特徴です。

発生する要因はまだ解明されていませんが、心理的要因、先天的要因、環境要因などいくつかの要因があると考えられています。

4　○　この事例の子どもは、健診では異常を指摘されることはなく、自宅で家族とは問題なく話せますが、保育所など社会的な場所では全く喋(しゃべ)らなくなってしまうことから、**選択制緘黙(かんもく)**が疑われます。

選択制緘黙は、小児期の**不安障害**の一つと考えられています。言葉の理解や発話能力に問題はありませんが、幼稚園や保育園、学校など特定の場所になると全く喋らなくなる状態です。

5　✕　受容性言語障害とは**発達性言語障害**の一つで、もう一つは**表出性言語障害**といいます。受容性言語障害は**知的能力**には問題はありませんが、言葉の**理解**に遅れがみられる発達障害をいいます。

幼児期に発症することが多く、耳から入ってくる話し言葉を理解することができないという状態をいい、自分の名前が呼ばれても反応ができなかったり、人が話していることを理解できないため、学業や仕事における対人コミュニケーションに支障をきたします。

> 解答　4

精神医学的問題についての記述

（平成30年前期）

・分離不安障害と反応性愛着障害は**5**歳の時点で診断可能である。

注意欠如・多動症の子どもへの対応

（平成31年前期）

・目的とは違ったものに注意が奪われやすいので、必要な教材や道具は**活動の前**に準備した。
・やるべきこと、予定、規則を**視覚的**に示すようにした。

精選過去問 ❾　　　平成29年後期・地限 問15　　／　　／

次の【事例】を読んで、【設問】に答えなさい。

【事例】

　6歳の男児。4歳頃に保育所で両目を頻繁に瞬きする動作が見られ、眼科医院を受診したが、異常は指摘されず、この動作は2か月程度で消失した。6歳になって両目の瞬きに加え、鼻をふくらませる、急に首を振るなどの奇妙な動作が続くようになった。また頻繁にせき払いのような発声が出現するようになった。

【設問】

　この子どもに最も疑われる精神医学的問題についての以下の記述のうち、適切な記述を○、不適切な記述を×とした場合の正しい組み合わせを一つ選びなさい。

A　自分の意志では、この症状の発生を短時間ですら抑制できない。

B　夜間睡眠時に症状が悪化する。

C　保護者の厳しいしつけや、家族の不和などの家庭環境の問題が唯一の病因である。

D　これらの症状が憎悪すると、全身のけいれんがみられる。

E　周りの子どもにからかわれるため、保育士は、症状が出るたびに注意するとよい。

（組み合わせ）

	A	B	C	D	E
1	○	○	×	×	○
2	○	×	○	○	×
3	○	×	×	×	○
4	×	○	○	○	×
5	×	×	×	×	×

解答 ☐

解説 ❾

この設問では「**チック症**」について示されています。

A　✕　チック症は**自分の意志**とは関係なく、突然**体が動いたり声が出たり**することが一定期間続く障害ですが、自分で症状をコントロールすることは難しいものの、抑えられる場合もあります。

B　✕　興奮したり、緊張したりした際に悪化しやすく、落ち着いてリラックスしているときには症状が少ないことが多いです。

C ✕ 原因は精神的な**気質要因**や、本人を取り巻く周りの**環境**、**遺伝要因**などが考えられます。様々な要因が考えられるので家庭環境の問題が唯一の病因ではありません。

D ✕ **運動性チック**は飛び跳ねや足踏み、足けりなど全身に及ぶ症状がありますが、悪化した際に全身けいれんがみられるということはありません。

E ✕ チック症の子どもへの対応としては、症状を誘発するような**緊張**や**不安**を軽減したり除去したり、精神的な抵抗力を高めるように援助することは大切ですが、必要以上に周囲を注意したりすることは、逆に子どもにストレスを与え症状を悪化させることがあるため避けます。

解答 **5**

 **CHECK ✓** （平成28年前期） **チック障害に関する記述**

・**突発的**、**急速**、**反復性**、**非律動性**、**常同的**な運動あるいは発声であると定義される。
・**単純運動性**チックでは目のチックが、**単純音声**チックでは咳払いが代表的な症状である。

  **チック症**

　チック症とは、**乳幼児期**から**学童期**にかけて心身の成長と発達の過程でみられる症状です。**運動性チック**と**音声チック**の２種類があり、さらに症状の持続時間などによって**単純性**と**複雑性**に分けられます。

単純運動性チック…瞬き(まばた)や首を振る運動、首をすくめたり顔をしかめたりする。
単純音声チック　…咳(せき)払いをしたり鼻をすすったり、単音を急に発したりする。
複雑性運動チック…物をさわったり、自分をたたいたり、飛び跳ねたりする。
複雑性音声チック…特定の単語を繰り返すもの、時には社会的に受け入れられない単語を使ったり（汚言(おげん)）、自分の発した音や単語を繰り返す（**同語反復**）。
トゥレット症候群…運動性チックと音声チックの両方が慢性に見られる不安や興奮、疲労などによって悪化し、落ち着いていると改善される傾向にあります。また症状は軽快と悪化を繰り返し、時間と共に症状が変化することが多いです。
　　　　　　　　　原因はまだ明らかになっていませんが、精神的な緊張によるものや遺伝的なもの、子どもの背景にある環境要因が挙げられます。

精選過去問 ⑩

平成29年後期・地限 問14

次の文は、DSM-5 の神経発達症候群に関する記述である。適切な記述を〇、不適切な記述を×とした場合の正しい組み合わせを一つ選びなさい。

A 知的発達症の約80％は、染色体異常が原因である。

B 自閉スペクトラム症の症状には、「社会的コミュニケーションおよび対人的相互反応における持続的な欠陥」と「行動、興味、または活動の限定された反復的な様式」がある。

C 注意欠如・多動症の支援・治療としてソーシャルスキル・トレーニングや親へのペアレント・トレーニング、薬物療法などが有効である。

D 限局性学習症とは、知的発達症に伴う学業不振のことである。

E 発達性協調運動症では、不器用さや運動技能の遂行における遅さと不正確さがみられる。

（組み合わせ）

	A	B	C	D	E
1	〇	〇	×	〇	×
2	〇	〇	×	×	〇
3	〇	×	〇	×	〇
4	×	〇	〇	×	〇
5	×	×	〇	〇	×

解答

解説 ⑩

A × 知的発達症の原因は、大きく次の3つに分けられますが、多岐にわたっており、特定できないことが多いとされています。

【病理的要因】

染色体異常、自閉症などの先天性疾患、出産時の酸素不足、脳の圧迫などの周産期の事故、生後の高熱の後遺症などの疾患・事故などが原因となるものが挙げられます。脳性まひや、てんかんなどの脳の器質的な障害、心臓病などの内部障害を合併していることもあります。

【生理的要因】

特に病理がみつからず、たまたま知能指数が低くて障害とみなされる場合を指します。多くの場合、合併症はなく、健康状態も良好です。

【心理的要因】

養育者の虐待や会話の不足など、発育環境が原因で発症する知的障害が挙げられます。

B 〇 自閉スペクトラム症は、社会的なコミュニケーションや社会的相互作用における**持続的な欠陥**と**限定**された**反復的**な行動や興味、または活動が見られることが特徴です。原因は遺伝要因と環境要因に分けられますが、**遺伝的**要因が大きいとされています。

C ○ 注意欠如・多動症の支援・治療としては、ソーシャルスキル・トレーニング（SST）や親へのペアレント・トレーニング、薬物療法のほかに、教育現場や家庭における環境の調整を行うことなどが挙げられます。

ソーシャルスキル・トレーニング（SST）	対人関係をうまく行うための社会生活技能を身に付けるためのトレーニング
ペアレント・トレーニング	保護者側が障害のある子どもとのかかわり方や子育ての工夫などを学ぶプログラム

D ✕ 限局性学習症（学習障害）は、**知的な遅れがない**のに学習面の言葉の表現や理解、文字を書くこと、文字を読むこと、計算、運動など特異な領域に明らかな遅れが認められることです。

E ○ 発達性協調運動症では、縄跳びやラジオ体操、ボール投げなどの**協調的**運動がうまくできなかったり、楽器の演奏や図工での道具がうまく使えない、ボタンかけ、箸を使ったりなどの指先を使うような**微細**な運動も不得意とします。

解答 4

 **CHECK✔**（平成30年後期・地限） 幼児期の自閉症スペクトラム症における特徴的な行動についての記述

・**一方通行**に自分の言いたいこと**だけ**を言う。
・普段通りの状況や手順が急に変わると、**混乱する**。
・指差しで**興味のあるもの**を伝えない。

 障害のある子どもの保育

「保育所保育指針」第1章「総則」では、次のように記されています。

3　保育の計画及び評価
（2）　指導計画の作成
キ 障害のある子どもの保育については、一人一人の子どもの**発達過程**や**障害の状態**を把握し、適切な環境の下で、障害のある子どもが**他の子どもとの生活**を通して共に成長できるよう、指導計画の中に位置付けること。また、子どもの状況に応じた保育を実施する観点から、**家庭**や**関係機関**と連携した支援のための計画を**個別**に作成するなど適切な対応を図ること。

保健の専門用語

精選過去問⑪

平成30年前期 問7 ／ ／

次の文は、保健にかかわる専門用語の説明である。適切な記述を一つ選びなさい。

1 「トキソプラズマ」とは、ワクチンの一種で、病原体がもつ毒素を処理して、毒素を無害化したものである。

2 「グロブリン」とは、心臓に作用して血圧を上げ、気管支を広げる作用のあるホルモンである。

3 「バイタルサイン」とは、窒息を起こした時に、両手を交差させてのど元をつかむような動作のことである。

4 「ハイムリック法」とは、傷病者の搬送方法の一つである。

5 「トリソミー」とは、染色体異常である染色体が一本多い場合をいう。

解答

解説⑪

1 ✕ トキソプラズマ症は、トキソプラズマという**原虫**により起こされる感染症のことです。

家畜の肉や猫の糞、土壌の中などにいるごくありきたりの原虫で、加熱の不十分な肉を食べたり、トキソプラズマに汚染された土壌や猫の糞が口や目から体内に取り込まれてしまうことで発症するといわれています。

健康な人が感染した場合は無症状で自然に治癒してしまうことが一般的です。しかし**妊娠中**の女性が感染した場合は、胎盤を介して胎児が母子感染を起こすことがあります。

胎児に現れる障害は、流産や死産、中枢神経障害などで、これらは **TORCH（トーチ）症候群**と呼ばれています。

2 ✕ グロブリンは**血漿中**に含まれている**タンパク質の成分**のことです。特に免疫機能と深いかかわりがあるものを**免疫グロブリン**といいます。

免疫グロブリンは、分子量などに基づいて5つのクラスに分けられますが、中でも**IgE（免疫グロブリンE）**は食物アレルギーとの関係が深いことが知られています。

また、心臓に作用して血圧を上げ、気管支を広げる作用のあるホルモンは、**アドレナリン**といいます。

アドレナリンは副腎から分泌される**副腎髄質**ホルモンで交感神経の伝達物質の一つです。血中に放出されると血管を収縮させ、血圧を上昇させたり、気管支を拡張させる作用があります。エピネフリンともいいます。

3 ✕ バイタルサインとは、**生命徴候**のことで、**脈拍、呼吸、体温、血圧、意識レベル**の5項目あります。

客観的なデータをもとにすることで、全身状態の変化や異常の徴候を早めに発見することができます。

【バイタルサインの基準値】

年齢層	血圧	脈拍（心拍数）	呼吸数（呼吸回数）
新生児	60〜90/30〜50	120〜140	30〜60
乳児	80〜90/60	100〜120	30〜40
幼児	90〜100/60〜65	90〜110	20〜30
学童	100〜110/60〜70	80〜90	18〜20
成人	100〜130/60〜85	60〜80	12〜18
単位	（回／分）	（回／分）	（回／分）

また、窒息を起こした時に、両手を交差させてのど元をつかむような動作を「**窒息サイン**」（チョークサイン（チョーキングサイン））といいます。これは窒息のおきたことを人に知らせるサインとして、世界共通で使われています。

4 ✕ **ハイムリック法**とは、腹部突き上げ法ともいい窒息の際、呼びかけに反応がある場合に行う応急処置です。患者の後ろに立って手を腹部に当て、突き上げるようにして横隔膜を圧迫します。しかし乳幼児の場合、体が未熟で内臓や骨の損傷リスクが高いこと、妊婦の場合は、子宮に刺激を与えてしまいトラブルの原因となるため、禁忌とされています。

乳幼児の場合は、**背部叩打法（こうだ）**という方法が適しています。頭を体より低くさせ、手のひら全体で**肩甲骨（けんこうこつ）**と肩甲骨の間を強く叩（たた）きます。

傷病者を搬送する方法は、担架（たんか）を用いない**徒手搬送法（としゅ）**、背負い、担ぎ上げや横抱きにする方法が挙げられます。特に徒手搬送法は担架が使えない場所や担架がない場合、緊急を要する場合に用いられます。

5 ◯ **トリソミー**とは、異数性の**染色体異常症**で、通常は2本で対をなしている染色体が3本になる状態をいいます。3,500〜8,500人に一人の頻度でみられています。

主な症状は胎児期からの成長障害や手指の重なりや短い胸骨といった身体的特徴、先天性疾患などの症状を呈します。

21トリソミー（**ダウン症**）や18トリソミーなど、異常を起こしている場所によって様々な影響を及ぼします。

解答 5

子どもの体調不良等に対する適切な対応

精選過去問⑫　　　　平成31年前期 問8　　／　　／

次の文は、救急処置に関する記述である。（　A　）～（　C　）にあてはまる語句の正しい組み合わせを一つ選びなさい。

　子どもが倒れて意識がなく、呼吸がみられないときは（　A　）を行い、（　B　）を装着し音声指示とランプの点滅に従って操作する。普段通りの呼吸があるときは（　C　）をみながら応援・救急隊を待つ。

（組み合わせ）

	A	B	C
1	胸骨圧迫	自動体外式除細動器	様子
2	背部叩打	自動体外式除細動器	心拍
3	胸骨圧迫	人工呼吸用マスク	様子
4	胸骨圧迫	人工呼吸用マスク	心拍
5	背部叩打	人工呼吸用マスク	様子

解答

A 胸骨圧迫

子どもが倒れて意識がないときは、まず大声で叫んで周囲の人に 119 番通報の手配を依頼し、呼吸がみられないときには、ただちに**胸骨圧迫**を行います。

胸骨圧迫を行う際は、固い床などに傷病者を仰臥位（ぎょうがい）に寝かせて、救助者は傷病者の胸の横にひざまずきます。圧迫位置は胸骨の下半分とし、子どもの場合は、胸の厚さの約 **1/3** を押し込むように圧迫します。1 分間に **100〜120** 回のテンポで行います。**人工呼吸**を行う技術と意思があれば、救助者が 1 人で行う場合は、胸部圧迫 **30** 回に対して、人工呼吸 **2** 回を行います。（救助者が 2 人以上の場合は、胸部圧迫 **15** 回に対して、人工呼吸 **2** 回です。）

背部叩打（こうだ）は、誤嚥（ごえん）（異物が気管・気管支に入ること）によって窒息になったときに行う異物の除去方法で、頭が下向きになるように片手であごをしっかり支え、もう一方の手のひらの付け根で左右の肩甲骨の間を叩きます。

B 自動体外式除細動器

自動体外式除細動器（AED）が到着したら、すみやかに装着します。未就学の子どもに対しては、小児用パッドを用います。小児用パッドがない場合には、成人用パッドを代用しますが、その際はパッド同士が重ならないようにします。

人工呼吸用マスクは、人工呼吸時に使用する感染防護具です。口対口人工呼吸による感染の危険性はきわめて低いのですが、可能であればこのような感染防護具を使用します。

C 様子

普段通りの呼吸があるときは、**気道確保**を行い、**様子**をみながら応援・救急隊を待ちますが、呼吸がみられなくなった場合には ただちに**心肺蘇生**を開始します。

解 答　**1**

CHECK ✓
（平成31年神奈川）

保育者が行う乳幼児の救急処置に関する記述

・乳幼児に対する心肺蘇生法として、**人工呼吸用マスク**または**フェイスシールド**を使用して人工呼吸を行う。
・乳幼児に対する心肺蘇生法として、**自動体外式除細動器（AED）**を用いる。
・乳幼児に対する心肺蘇生法として、救助者が 1 人で行う場合は、胸部圧迫 **30** 回と人工呼吸 **2** 回を救急隊が到着するまで繰り返す。
・**エピペン**を処方されている乳幼児のアナフィラキシーショックに対して、**エピペン**を使用する。

精選過去問⑬　　　平成29年後期 問5　　／　　／

次の文は、子どもの健康問題および保育所での対応についての記述である。適切な記述の組み合わせを一つ選びなさい。

A　誤飲とは、異物が気道に入ることである。

B　子どもの嘔吐物の処理を行った場合、使用したエプロン、タオルなどはそのまますぐに洗濯する。

C　発熱は、感染源に対する防御体制を作る手段でもあると言われている。

D　下痢の原因の多くは、アレルギーによるものである。

E　保育所において、子どもに薬を与えるよう保護者から依頼された場合は、医師の指示に基づいた薬に限定する。

（組み合わせ）

1　A　B
2　A　D
3　B　C
4　C　E
5　D　E

解答　

解説⑬

A　✕　**誤飲**とは、おもちゃやボタン電池、洗剤などの薬品など食物以外のものを誤って飲み込んでしまうことをいいます。**誤嚥**とは、異物が気道に入ってしまうことをいいます。
　　　誤飲してしまった時は、クレヨンやハンドクリーム、口紅などは**水分をとらせて**様子を見ます。洗剤やシャンプー、化粧水などを飲み込んでしまった場合は**牛乳**や**卵白**を飲ませて**中身を吐かせます**。電池やガラス片・画鋲などの鋭利なもの、または何を飲んだか不明なときは**無理に吐かせず**、医療機関を受診します。

B　✕　ノロウイルスやロタウイルスなど、感染性胃腸炎などによる嘔吐物や下痢便は**感染源**になることも考えられます。使用後のエプロンなどをそのまま洗濯することは、病原体が他の衣服に移るなど、さらなる感染を拡大してしまう可能性があります。

C　○　病原体は**熱に弱い**ため、体は防衛反応として体温を上げることで身体を守ります。このことを発熱といいます。発熱は個人差が大きいため、日ごろの平熱の**日内変動**を把握していくことが大切です。

D ✕ 下痢の原因は、アレルギーだけでなく**感染症**や**心因性**のもの、**薬の副作用**によるものもあります。

急性期の下痢には**細菌性**と**ウイルス性**のものがあり、粘液や膿、血液が混入している場合には**細菌性**の疑いがあります。**ウイルス性**は嘔吐を伴うことが多く、発熱や腹痛、頭痛など風邪のような症状を伴うこともあります。

E ○ 保育所で薬を取り扱う際は、**医師の指示に基づいた薬**に限定されます。

保育所における薬の服用については、本来、保護者が行うものであることが前提ですが、現状において、保護者が日中、服薬させることは困難であることから、「与薬依頼票」に基づく与薬について対応されてきたところです。与薬については平成17年7月の医政局長通知（医政発第0726005号）に基づき、慎重に対応します。

「保育所保育指針解説」（平成30年2月：厚生労働省）では、下記のように示しています。

「保育所保育指針解説」第3章「健康及び安全」1「子どもの健康支援」
（3）「疾病等への対応」※一部抜粋

> 保育所における子どもの疾病等への対応は、保育中の体調不良のみならず、慢性疾患に罹患している子ども等を含めて、子どもの生命保持と健やかな発育、発達を確保していく上で極めて重要である。看護師等が配置されている場合には、その専門性を生かした対応を図ることが必要である。
>
> **⑤与薬に関する留意点**
> 保育所において子どもに薬（座薬等を含む。）を与える場合は、医師の診断及び指示による薬に限定する。その際は、保護者に医師名、薬の種類、服用方法等を具体的に記載した与薬依頼票を持参させることが必須である。
>
> 保護者から預かった薬については、他の子どもが誤って服用することのないように施錠のできる場所に保管するなど、管理を徹底しなくてはならない。また、与薬に当たっては、複数の保育士等で、対象児を確認し、重複与薬や与薬量の確認、与薬忘れ等の誤りがないようにする必要がある。与薬後には、子どもの観察を十分に行う。

解答　4

保育所における、
健康に関連する子どもの世話についての記述

CHECK（平成29年前期）

・鼻をかむときには、**片方の鼻をきちんと押さえ、口を閉じて、片方ずつかむ**ようにする
・手洗い後の手拭きには、**個人用タオルか使い捨てのペーパータオル**などを使用し衛生面に配慮する

精選過去問 ⑭

令和元年後期・地限 問9   ／   ／

次の文は、嘔吐した子どもの対応に関する記述である。適切な記述を〇、不適切な記述を×
とした場合の正しい組み合わせを一つ選びなさい。

A うがいは、嘔吐を誘発させるので、うがいができる子どもの場合でも、うがいをさせない。

B 一度嘔吐した後は、様子を見る必要はない。

C 何をきっかけに吐いたのか（せきで吐いたか、吐き気があったか等）を確認する。

D 寝かせる場合には、嘔吐物が気管に入らないように体を仰向けにして寝かせる。

（組み合わせ）

	A	B	C	D
1	〇	〇	×	〇
2	〇	×	〇	×
3	〇	×	×	〇
4	×	×	〇	〇
5	×	×	〇	×

解答

解説 ⑭

　「保育所における感染症対策ガイドライン（2018年改訂版）」（2018（平成30）年 厚生労働省）の別添3「子どもの病気 〜症状に合わせた対応〜」④「嘔吐の時の対応」からの出題です。

A **×** うがいのできる子どもの場合は、うがいをさせます。うがいのできない子どもの場合は、嘔吐を誘発させないよう**口腔内**に残っている**嘔吐物**を丁寧に取り除きます。

B **×** 一度嘔吐した後、繰り返し嘔吐がないか様子を見る必要があります。嘔吐して30分〜60分程度後に吐き気がなければ、様子を見ながら、**経口補水液**などの水分を少量ずつ摂らせます。

C **〇** 何をきっかけに吐いたのか確認し、流行状況等から**感染症**が疑われるときには、**応援の職員**を呼び、**他の子ども**を別屋に移動させます。

D **×** 寝かせる場合には、嘔吐物が気管に入らないように体を**横向き**に寝かせます。仰向けではありません。

「保育所における感染症対策ガイドライン（2018年改訂版）」

別添3「子どもの病気 ～症状に合わせた対応～」④「嘔吐の時の対応」

＜嘔吐の対応・ケアについて＞

○ 嘔吐物を覆い、感染予防の為の適切な嘔吐物の処理を行う。

○ 嘔吐した子どもに対しては、以下のように対応を行う。

　・A <u>うがいのできる子どもの場合、うがいをさせる。</u>

　・ うがいのできない子どもの場合、嘔吐を誘発させないよう口腔内に残っている嘔吐物を丁寧に取り除く。

　・B <u>繰り返し嘔吐がないか様子を見る。</u>

　・C <u>何をきっかけに吐いたのか（咳で吐いたか、吐き気があったか等）確認する。</u>

　・ 流行状況等から感染症が疑われるときには、応援の職員を呼び、他の子どもを別屋に移動させる。

　・ 別室で保育しながら、安静にさせる。この際には、脱水症状に注意する。

　・D <u>寝かせる場合には、嘔吐物が気管に入らないように体を横向きに寝かせる。</u>

　・ 嘔吐して30分～60分程度後に吐き気がなければ、様子を見ながら、経口補水液などの水分を少量ずつ摂らせる。

○ 頭を打った後に嘔吐したり、意識がぼんやりしたりしている時は、横向きに寝かせて救急車を要請し、その場から動かさない。

※下線部分が出題された箇所です。

解答	5

 CHECK✓（令和元年後期・地限） **「保育所における感染症対策ガイドライン（2018年改訂版）」にある保育所での接触感染対策の考え方に関する記述**

・接触によって体の表面に病原体が付着しただけでは感染は成立しません。

・遊具を直接なめるなどの例外もありますが、多くの場合は病原体の付着した手で口、鼻又は眼をさわることによって、体内に病原体が侵入して感染が成立します。

・タオルの共用は絶対にしないようにします。手洗いの時にはペーパータオルを使用することが理想的です。ペーパータオルの常用が困難な場合でも、感染対策の一環として、ノロウイルス、ロタウイルス等による感染性胃腸炎が保育所内で発生している期間中は、ペーパータオルを使用することが推奨されます。

・固形石けんは、1回ずつ個別に使用できる液体石けんと比較して、保管時に不潔になりやすいということに注意が必要です。

・健康な皮膚は強固なバリアとして機能しますが、皮膚に傷等がある場合には、そこから侵入し、感染する場合もあります。このため、皮膚に傷等がある場合は、その部位を覆うことが対策の一つとなります。

感染症と予防対策

精選過去問 ⑮

平成30年神奈川 問11　／　／

次の文は「保育所における感染症対策ガイドライン（2018年改訂版）」（厚生労働省）の衛生管理に関する記述である。適切な記述を○、不適切な記述を×とした場合の正しい組み合わせを一つ選びなさい。

A 保育所では日頃から、拭く、洗う、乾燥、日光消毒、熱消毒、消毒薬の使用等を行い衛生管理に心がける。

B おむつ交換は、保育室内であればどこで行っても良い。

C 砂場は、夜間にシートを覆えば、定期的に掘り起こす必要はない。

D 乳児が口に触れるすべてのおもちゃは、感染症流行時にかかわらず、毎日消毒薬による消毒が必要である。

E 消毒薬を希釈した場合に、使用期限は1週間とする。

（組み合わせ）

```
    A   B   C   D   E
1   ○   ○   ○   ×   ○
2   ○   ○   ○   ×   ×
3   ○   ×   ×   ×   ×
4   ×   ○   ×   ○   ○
5   ×   ×   ×   ○   ×
```

解答

解説 ⑮

A ○ 保育所は多くの子どもたちが一緒に生活する場ですから、保育所における衛生管理については感染症の広がりを防ぎ、安全な保育環境を保つために、日ごろからの清掃や衛生管理を心がけることが大切です。

「保育所における感染症対策ガイドライン（2018年改訂版）」では、施設内外の12項目（保育室、手洗い、おもちゃ、食事・おやつ、調乳・冷凍母乳、歯ブラシ、寝具、おむつ交換、トイレ、砂場、園庭、プール）の衛生管理について記載されています。

B × おむつの交換時は、手洗い場があり食事をする場所と交錯しない一定の場所で実施します。また、**使い捨て手袋**を着用し、交換後、特に便処理後は石鹸を用いて流水でしっかりと手洗いを行うことが大切です。

C × 砂場は猫の糞便などが由来の寄生虫、大腸菌などで汚染されていることがあります。そのため夜間はシートで覆い、定期的に砂場を掘り起こして、砂全体を日光により消毒することが必要となります。

D ✕ 乳児が直接口に触れるおもちゃは、使った都度、**お湯**などで洗い流し、干します。
また午前と午後とで遊具の交換を行い、適宜お湯や水で洗ったり、**拭く**ことが基本です。直接口に触れるものなので、**消毒薬**は使用しません。

E ✕ 「保育所における感染症対策ガイドライン（2018年改訂版）」では「保育所における消毒の種類と方法」として消毒薬の種類と用途、消毒方法、管理や使用上の注意について記載されています。
消毒薬は**使用時**に希釈し、**毎日交換**することとし、希釈するものについては濃度や消毒時間を守って使用することが基本です。
ペットボトルを利用する場合は、**誤飲**に気を付けて容器を色分けするなど、分かりやすく区別することが大切です。

解答 **3**

 **感染予防のために用いる消毒薬に関する記述**
（平成31年前期）

次亜塩素酸ナトリウムは、**ノロウイルス**を含めて多くの**ウイルス**、**細菌**、**一部の真菌**に効果があるが、**金属**には使えない。

 **消毒薬の種類と用法についての記述**
（平成28年前期）

・消毒用アルコールは、多くの**細菌**や**真菌**、**ウイルス**に有効である。
・消毒用アルコールは、**ノロウイルス**と**B型肝炎**には無効である。
・次亜塩素酸ナトリウムは、多くの**細菌**や**真菌**、**ウイルス**に有効である。
・次亜塩素酸ナトリウムは、**結核菌**、**一部の真菌**には無効である。

 **保育所での感染症対策**
（令和元年後期・地限）

・飛沫感染は、感染者の飛沫が飛び散る範囲である周囲**2メートル**で起こりやすい。
・感染者は**症状**がなくても感染源となりうる。
・皮膚に傷があるときは、皮膚の**バリア機能**が働かずそこから感染が起こる場合がある。

精選過去問 ⑯　　　　平成29年後期・地限 問1　　/　　/

次の文は、我が国の予防接種制度に関する記述である。適切な記述を一つ選びなさい。

1　水痘に対する予防接種は、平成27年10月から定期接種になった。

2　第一期の麻疹・風疹（MR）混合ワクチンは、1歳の誕生日を過ぎてから2歳になるまでに接種することが推奨される。

3　乳幼児へのインフルエンザワクチン接種は定期接種である。

4　乳幼児への肺炎球菌ワクチン接種は、任意接種である。

5　定期接種としてのB型肝炎ワクチン接種は、母子感染予防を目的としている。

解答	

解説 ⑯

1　✕　水痘に対する予防接種は、**2014（平成26）年10月**より定期接種となっています。水痘は「**水ぼうそう**」とも呼ばれ、感染力の強い水痘帯状疱疹ウイルスによっておこる病気です。風しんやおたふくかぜよりも感染力が強く、水痘に感染した人の**せき**や**くしゃみ**などから感染することが特徴です。発熱、水ぶくれを伴う発しんが主な症状で、重症化し入院する場合もあります。

2　〇　麻疹・風疹（MR）混合ワクチンの第1期は、**1歳～2歳**までの間に接種することが推奨されています。第2期は小学校入学の前年（幼稚園や保育園の年長児クラス）の1年間で1回接種します。
麻疹は「**はしか**」とも呼ばれ、**麻しんウイルス**によっておこり、感染力がたいへん強いため、命にかかわる合併症を引き起こすことも多い、重い感染症です。熱と鼻水、せき、目やにamong**風邪**と似た症状が出ます。また体に赤い発疹が出て、口内に**コプリック斑**と呼ばれる麻疹特有の白いブツブツがみられます。
風疹は「**三日ばしか**」とも呼ばれ、**風疹ウイルス**による急性感染症です。通常は軽症ですが、まれに血小板減少性紫斑病や**脳炎**を合併することがあります。**妊娠初期**にかかると、**先天性風疹症候群**の乳児が生まれる可能性が高くなります。

3　✕　乳幼児のインフルエンザワクチンは、**任意接種**となります。任意接種の予防接種には他に、ロタウイルスワクチン、おたふくかぜワクチン、A型肝炎ワクチン、髄膜炎菌ワクチンが挙げられます。
インフルエンザは、**インフルエンザウイルス**によっておこる呼吸器の感染症で、主に**冬**に大流行する感染症です。いわゆる風邪とは違い、気管支炎、仮性クループ（声を出す喉頭が炎症をおこして腫れる病気）、肺炎などの呼吸器の病気や脳炎・脳症を起こして重症化しやすい病気です。

4 ✕ 乳幼児の肺炎球菌ワクチン接種は、**定期接種**です。

肺炎球菌がのどなどから体内に入って発症すると、免疫力の低い**幼児**や**高齢者**は重症化することが多いのが特徴です。症状が**風邪**と似ていて間違われやすく、早期発見が難しい病気です。

5 ✕ B 型肝炎ワクチン接種は、**水平感染**※予防として 2016(平成 28)年 10 月より定期接種となりました。母子感染(**垂直感染**)予防を目的とした B 型肝炎キャリア(持続性感染者)の母親から生まれた子どもへの接種は、**健康保険**が適用されます。

B 型肝炎は、5 歳未満の乳幼児期に感染するとウイルスを体内に保有してしまう確率が高く、将来、慢性肝炎・肝硬変・肝癌になる可能性が示されています。

※「垂直感染」以外の感染を「水平感染」と呼びます。

解答 **2**

CHECK ✓ (平成28年後期・地限)　**予防接種に関する記述**

・**予防接種**とは、病原体やその産物を処理し、人体には害を与えないようにしながら免疫力を付与しようとするものである。
・予防接種として実際に用いるものを**ワクチン**という。
・ワクチンには、病原体を弱毒化して、体内で増殖はするものの発症はさせない**生ワクチン**がある。
・わが国では予防接種の制度上、**定期接種**をするものと**任意接種**であるものに分けられる。

CHECK ✓ (平成27年)　**予防接種についての記述**

・ポリオワクチンは、**不活化ワクチン**で皮下注射によって接種する。
・ロタウイルスワクチンは、**生ワクチン**で経口接種する。
・4 種混合ワクチンとは、**破傷風**、**百日咳**、**ポリオ**、**ジフテリア**である。
・MR ワクチンは、**小学校入学の前年**までに接種する。

精選過去問 ⑰

平成31年前期 問6　　/　　　/

次のA〜Dは、感染症名と病原体の組み合わせである。正しいものを〇、誤ったものを×とした場合の正しい組み合わせを一つ選びなさい。

A　流行性耳下腺炎　———　ムンプスウイルス
B　咽頭結膜熱　————　アデノウイルス
C　百日咳　—————　ヒトパルボウイルス
D　伝染性紅斑　————　コクサッキーウイルス

（組み合わせ）

	A	B	C	D
1	〇	〇	〇	〇
2	〇	〇	〇	×
3	〇	〇	×	×
4	×	×	×	〇
5	×	×	×	×

解答

解説 ⑰

A　〇　流行性耳下腺炎（おたふくかぜ）は、**ムンプスウイルス**によって発生します。
潜伏期間は16〜18日で、主な症状は発熱と両側または片側の唾液腺の腫脹・疼痛で、発熱は1〜6日間続きます。合併症には、無菌性髄膜炎、難聴、脳炎・脳症などがあり、その他に成人男女では**精巣炎・卵巣炎**がみられることがあります。
予防方法として、日本では**1歳**以上の子どもに対して**生ワクチン**の接種（**任意接種**）が可能です。

B　〇　咽頭結膜熱（**プール熱**）は、**アデノウイルス**によって発生します。
潜伏期間は2〜14日で、主な症状は、高熱（38〜39度）、扁桃腺炎、結膜炎です。プールでの接触やタオルの共用によって感染することもあるので、プール熱と呼ばれることがあります。年間を通して発生はしますが、特に6月頃から流行し始め、7〜8月にピークとなります。ワクチンや特別な治療法はなく、罹患した場合は対症療法が行われます。

C **✕** 百日咳_{せき}は、**百日咳菌**によって発生します。潜伏期間は7〜10日で、主に気道の分泌物によってうつり、咳のために乳幼児では呼吸ができなくなるために全身が青紫色になってしまうこと（チアノーゼ）やけいれんを起こすことがあります。また、窒息や肺炎等の合併症が致命的となることがあります。

予防方法としては、**定期接種**として、生後3か月から90か月までの間に沈降精製百日咳ジフテリア破傷風不活化ポリオ混合（DPT-IPV）ワクチン（**4種混合ワクチン**）の**4回接種** が行われています。

なお、ヒトパルボウイルスが原因で発生するのは、**伝染性紅斑（りんご病）** です。

D **✕** **伝染性紅斑（りんご病）** は、**ヒトパルボウイルス B19** によって発生します。

潜伏期間は4〜14日で、感染後5〜10日に発熱、倦怠感_{けんたい}、頭痛、筋肉痛などの軽微な症状がみられ、その後、両頬、腕、足にレース様の紅い発しんが生じます。母体が妊娠中に感染すると、ウイルスは胎盤を経て胎児に感染するので、注意が必要です。ワクチンは開発されておらず、また特別な治療法もありません。

A群コクサッキーウイルスが原因で発生する感染症には、**手足口病**、**ヘルパンギーナ** があります。

解答 **3**

 CHECK ✓ （平成30年後期・地限）　**感染症の症状**

・高熱、扁桃腺炎_{へんとうせん}、結膜炎が主な症状である。　―――　**咽頭結膜熱**_{いんとうけつまくねつ}

・発しんが顔や頭部に出現し、やがて全身へと拡大する。発しんは、斑点状の赤い丘しんから始まり、水疱_{すいほう}（水ぶくれ）となり、最後は痂皮_{かひ}（かさぶた）となる。これら各段階の発しんが混在するのが特徴である。　―――　**水痘**_{すいとう}

・口腔粘膜と手足の末端に水疱性発しんが生じる。また、発熱とのどの痛みを伴う水疱（水ぶくれ）が口腔内にでき、唾液が増え、手足の末端、おしり等に水疱（水ぶくれ）が生じる。　―――　**手足口病**

・発症初期には、高熱、咳、鼻水、結膜充血、目やに等の症状がみられる。発熱は一時期下降傾向を示すが、再び上昇し、この頃には口の中に白いぶつぶつ（**コプリック斑**）がみられる。　―――　**麻しん**

アレルギー疾患

精選過去問 ⑱ 　平成31年前期 問9　 ／ 　 ／

次の文は、乳幼児によくみられるアトピー性皮膚炎に関する記述である。適切な記述を一つ選びなさい。

1　乳児では、アトピー性皮膚炎と診断されることは稀である。

2　食物アレルギーがあると、アトピー性皮膚炎になる。

3　アトピー性皮膚炎の症状の特徴は、かゆみである。

4　アトピー性皮膚炎のある園児は、プールに入れない。

5　アトピー性皮膚炎のある園児は、とくにかぶれやすいので、遊具やおもちゃの材質はプラスチックを避けるのが良い。

解答 |

解説 ⑱

　2019（平成31）年4月に公表された「保育所におけるアレルギー対応ガイドライン（2019年改訂版）」（厚生労働省）によると、アトピー性皮膚炎は「保育所において対応が求められる、乳幼児がかかりやすい代表的なアレルギー疾患」の一つとして挙げられています。

1　✕　乳児も、アトピー性皮膚炎と診断されることはあります。

2　✕　食物アレルギーとアトピー性皮膚炎を合併している場合もありますが、食物アレルギーがあると、アトピー性皮膚炎になるというわけではありません。

3　○　「保育所におけるアレルギー対応ガイドライン（2019年改訂版）」によると、アトピー性皮膚炎は、皮膚に**かゆみのある湿疹**が出たり治ったりすることを繰り返す疾患です。乳幼児では、顔、首、肘の内側、膝の裏側などによく現れますが、ひどくなると全身に広がります。

4　✕　「保育所におけるアレルギー対応ガイドライン（2019年改訂版）」によると、アトピー性皮膚炎の悪化因子の中には、**プールの塩素**も含まれており、場合によってはプール時の対応が必要となることがあり、保護者との連携が必要となります。しかし、悪化因子はさまざまで、個々に異なります。多くの場合、適切なスキンケアや治療によって症状のコントロールは可能で、基本的には、他の子どもと同じ生活を送ることができます。アトピー性皮膚炎のある園児は、プールに入れないわけではありません。

5　✕　「保育所におけるアレルギー対応ガイドライン（2019年改訂版）」によると、アトピー性皮膚炎の悪化因子としては、ダニやホコリ、食物、動物の毛、汗、シャンプーや洗剤、プールの塩素、生活リズムの乱れや風邪などの感染症など、さまざまであり個々に異なります。

　　　プラスチックによって症状が現れない場合には、プラスチックの遊具やおもちゃを避ける必要はありません。

解答　3

 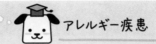 アレルギー疾患

　「保育所におけるアレルギー対応ガイドライン（2019年改訂版）」の1.「保育所におけるアレルギー対応の基本」（1）「アレルギー疾患とは」では、次のようにアレルギー疾患について記されています。

「保育所におけるアレルギー対応ガイドライン（2019年改訂版）」
1.「保育所におけるアレルギー対応の基本」（1）「アレルギー疾患とは」

○アレルギー疾患とは、本来なら反応しなくてもよい無害なものに対する**過剰な免疫（めんえき）反応**と捉えることができます。
○保育所において対応が求められる、乳幼児がかかりやすい代表的なアレルギー疾患には、**食物アレルギー、アナフィラキシー、気管支ぜん息、アトピー性皮膚炎、アレルギー性結膜炎、アレルギー性鼻炎**などがあります。
○遺伝的にアレルギーになりやすい素質の人が、年齢を経るごとに次から次へとアレルギー疾患を発症する様子を"**アレルギーマーチ**"と表します。

  保育所における「アトピー性皮膚炎」対応の基本

　「保育所におけるアレルギー対応ガイドライン（2019年改訂版）」では、保育所における「アトピー性皮膚炎」対応について、次のように記されています。

「保育所におけるアレルギー対応ガイドライン（2019年改訂版）」
（保育所における「アトピー性皮膚炎」対応の基本）

・アトピー性皮膚炎の子どもの皮膚は刺激に敏感であり、皮膚の状態が悪い場合には、**皮膚への負担を少なくする**配慮が必要である。
・悪化因子は、個々に異なるが、室内の環境整備だけでなく、場合によっては**外遊び、プール**時に対応が必要となることがあり、**保護者との連携**が必要である。

精選過去問⑲   平成29年前期 問16   ／   ／

次の文は、食物アレルギーに関する記述である。適切な記述を一つ選びなさい。

1   食物アレルギーとは、ある食物を経口摂取した後に不快な症状を呈するものをいう。

2   平成21年度の日本保育園保健協議会での全国調査によると、食物アレルギーの有病率は約20%であった。

3   食物アレルギーの原因として保育所で除去されている食物のうち最も頻度の高いものは鶏卵であり、次いで乳製品である。

4   食物アレルギーの症状で最も多いものは呼吸器症状である。

5   食物アレルギーの治療は原因食物の除去であり、乳児期からの早期除去が望まれる。

解答 ☐

解説⑲

1   ✗   食物アレルギーとは原因食物を摂取した後に、生体に起こる不利益な症状（皮膚、粘膜、消化器、呼吸器、**アナフィラキシー反応**など）のことをいいます。食物アレルギーには摂取後すぐに発症する**Ⅰ型**アレルギーによるものと、数時間以上経ってから症状が出現する**非Ⅰ型**アレルギーによるものが存在します。

2   ✗   平成21年度の日本保育園保健協議会での全国調査によると、保育所での食物アレルギー有病率は**4.9**%でした。

3   ○   平成21年度の日本保育園保健協議会での全国調査によると、保育所における食物アレルギーの原因食は、**鶏卵**が約50%を占め、次いで**牛乳**20%、**小麦**7%、大豆およびナッツ類5%の順となっていました。

4   ✗   食物アレルギーの症状で最も多いものは**皮膚症状**で、次いで**呼吸症状**、粘膜症状、消化器症状、ショック症状の順です。

5   ✗   食物アレルギーの治療は**原因**療法と**対症**療法の二つがあります。原因療法はアレルギーの正しい原因を診断し、必要最小限の除去を行い安全性を確保する方法です。原因食品を用いない調理が基本となりますが、調理による低アレルゲン化や低アレルゲン食品の利用などによって栄養面にも配慮した治療が行われる場合もあります。また対症療法は症状が出現した際の薬物療法が主体となります。

解答   3

保育所における「食物アレルギー・アナフィラキシー」対応

「保育所におけるアレルギー対応ガイドライン（2019年改訂版）」（厚生労働省）では、保育所における「食物アレルギー・アナフィラキシー」対応について、次のように記されています。

「保育所におけるアレルギー対応ガイドライン（2019年改訂版）」
（保育所における「食物アレルギー・アナフィラキシー」対応の基本）

・保育所における給食は、子どもの発育・発達段階、安全への配慮、必要な栄養素の確保とともに、**食育の観点**も重要である。しかし、食物アレルギーを有する子どもへの食対応については、**安全への配慮**を重視し、できるだけ**単純化**し、「**完全除去**」か「**解除**」の両極で対応を開始することが望ましい。
・基本的に、保育所で「**初めて食べる**」食物がないように**保護者**と連携する。
・アナフィラキシーが起こったときに備え、**緊急対応の体制**を整えるとともに、保護者との間で、**緊急時の対応**について協議しておくことが重要である。

 アレルギーに関する記述

・乳児期にアナフィラキシーが起きた場合、**次の検査**までは、原因と思われる物質の摂取は避ける。
・アトピー素因があると、日常生活で接する可能性のある抗原に対して、**IgE抗体**をつくりやすい。

 アナフィラキシーに関する記述

・アナフィラキシーとは、アレルギー反応により、**皮膚症状**、**消化器症状**、**呼吸器症状**が、複数同時かつ**急激**に出現した状態をいう。
・**アナフィラキシーショック**とは、アナフィラキシー症状の中で全身性のアレルギー反応が引き起こされてしまい、血圧の低下や意識状態の悪化が出現した状態を指す。
・アナフィラキシーが出現する時間は、食物摂取後およそ**数分〜数時間**である。

保育所保育指針

精選過去問 ⑳

平成30年後期・地限 問1　　／　　　／

次の文は、「保育所保育指針」（厚生労働省告示第117号平成29年3月31日）第3章にある記述の一部である。（　A　）〜（　D　）にあてはまる語句の正しい組み合わせを一つ選びなさい。

　保育所保育において、子どもの（　A　）及び（　B　）の確保は、子どもの（　C　）の保持と健やかな生活の基本であり、一人一人の子どもの（　A　）の保持及び増進並びに（　B　）の確保とともに、保育所全体における（　A　）及び（　B　）の確保に努めることが重要となる。

　また、子どもが、自らの体や（　A　）に関心をもち、心身の（　D　）を高めていくことが大切である。

（組み合わせ）

	A	B	C	D
1	生命	安全	健康	発育
2	生命	安心	健康	機能
3	いのち	安寧	体力	発育
4	健康	安全	体力	機能
5	健康	安全	生命	機能

解答

解説 ⑳

A　健康　　B　安全　　C　生命　　D　機能

「保育所保育指針」第3章「**健康及び安全**」からの出題です。

「保育所保育指針」第3章「健康及び安全」

　保育所保育において、子どもの**健康**及び**安全**の確保は、子どもの**生命**の保持と健やかな生活の基本であり、一人一人の子どもの**健康**の保持及び増進並びに**安全**の確保とともに、保育所全体における**健康**及び**安全**の確保に努めることが重要となる。

　また、子どもが、自らの体や**健康**に関心をもち、心身の**機能**を高めていくことが大切である。

　このため、第1章及び第2章等の関連する事項に留意し、次に示す事項を踏まえ、保育を行うこととする。

　（後略）

※下線部分が出題された箇所です。

　第3章「健康及び安全」では、1「子どもの**健康支援**」、2「**食育の推進**」、3「環境及び衛生管理並びに安全管理」、4「**災害**への備え」について記されています。

1「子どもの健康支援」では、子どもの健康状態並びに発育及び発達状態の把握、健康増進、疾病等への対応について次のように記されていますので、あわせて確認しておきましょう。

「保育所保育指針」第3章「健康及び安全」1「子どもの健康支援」

（1）子どもの健康状態並びに発育及び発達状態の把握

　ア　子どもの心身の状態に応じて保育するために、子どもの健康状態並びに発育及び発達状態について、**定期的・継続的**に、また、**必要に応じて随時**、把握すること。

　イ　保護者からの情報とともに、**登所時及び保育中**を通じて子どもの状態を観察し、何らかの疾病が疑われる状態や傷害が認められた場合には、**保護者**に連絡するとともに、**嘱託医**（しょくたくい）と相談するなど適切な対応を図ること。**看護師等**が配置されている場合には、その**専門性**を生かした対応を図ること。

　ウ　子どもの心身の状態等を観察し、不適切な養育の兆候が見られる場合には、**市町村**や**関係機関**と連携し、児童福祉法第25条に基づき、適切な対応を図ること。また、虐待が疑われる場合には、速やかに**市町村又は児童相談所**に通告し、適切な対応を図ること。

（2）**健康増進**

　ア　子どもの健康に関する**保健計画**を全体的な計画に基づいて作成し、**全職員**がそのねらいや内容を踏まえ、一人一人の子どもの健康の保持及び増進に努めていくこと。

　イ　子どもの心身の健康状態や疾病等の把握のために、**嘱託医等**により**定期的**に健康診断を行い、その結果を記録し、保育に活用するとともに、保護者が子どもの状態を理解し、日常生活に活用できるようにすること。

（3）**疾病**（しっぺい）等への対応

　ア　保育中に体調不良や傷害が発生した場合には、その子どもの状態等に応じて、保護者に連絡するとともに、適宜、**嘱託医**や子どもの**かかりつけ医**等と相談し、適切な処置を行うこと。**看護師等**が配置されている場合には、その専門性を生かした対応を図ること。

　イ　感染症やその他の疾病の発生予防に努め、その発生や疑いがある場合には、必要に応じて**嘱託医**、**市町村**、**保健所**等に連絡し、その指示に従うとともに、**保護者や全職員**に連絡し、予防等について協力を求めること。また、感染症に関する保育所の対応方法等について、あらかじめ関係機関の協力を得ておくこと。**看護師等**が配置されている場合には、その専門性を生かした対応を図ること。

　ウ　**アレルギー疾患**（しっかん）を有する子どもの保育については、保護者と連携し、医師の診断及び指示に基づき、適切な対応を行うこと。また、**食物アレルギー**に関して、関係機関と連携して、当該保育所の体制構築など、安全な環境の整備を行うこと。**看護師や栄養士等**が配置されている場合には、その専門性を生かした対応を図ること。

　エ　子どもの疾病等の事態に備え、**医務室等**の環境を整え、救急用の薬品、材料等を適切な管理の下に常備し、**全職員**が対応できるようにしておくこと。

事故防止のための取組み

精選過去問 ㉑

平成31年前期　問17　　／　　　／

次の文は、「教育・保育施設等における事故防止及び事故発生時の対応のためのガイドライン【事故防止のための取組み】～施設・事業者向け～」（平成28年3月　内閣府）における「プール活動・水遊びの際に注意すべきポイント」に関する記述である。不適切な記述を一つ選びなさい。

1　監視者は監視に専念する。

2　監視エリア全域をくまなく監視する。

3　動かない子どもや不自然な動きをしている子どもを見つける。

4　十分な監視体制の確保ができない場合は、プール活動の時間を短くして実施する。

5　時間的余裕をもってプール活動を行う。

解答

解説 ㉑

1 ○　　2 ○　　3 ○　　4 ✕　　5 ○

「教育・保育施設等における事故防止及び事故発生時の対応のためのガイドライン【事故防止のための取組み】～施設・事業者向け～」（平成28年3月　内閣府）の1「事故の発生防止（予防）のための取組み」（1）「安全な教育・保育環境を確保するための配慮点等」①「重大事故が発生しやすい場面ごとの注意事項について」のイ「プール活動・水遊び」からの出題です。

選択肢4は、「プール活動の時間を短くして実施する。」ではなく、「プール活動の中止も選択肢とする。」です。

①「重大事故が発生しやすい場面ごとの注意事項について」では、ア「睡眠中」、イ「プール活動・水遊び」、ウ「誤嚥（食事中）」、エ「誤嚥（玩具、小物等）」、オ「食物アレルギー」について注意事項が記されています。

Point　窒息リスクの除去の方法

・医学的な理由で医師からうつぶせ寝をすすめられている場合以外は、乳児の顔が見える仰向けに寝かせることが重要。何よりも、一人にしないこと、寝かせ方に配慮を行うこと、安全な睡眠環境を整えることは、窒息や誤飲、けがなどの事故を未然に防ぐことにつながる。

・やわらかい布団やぬいぐるみ等を使用しない。

・ヒモ、またはヒモ状のもの（例：よだれかけのヒモ、ふとんカバー の内側のヒモ、ベッドまわりのコード等）を置かない。

・口の中に異物がないか確認する。

・ミルクや食べたもの等の嘔吐物がないか確認する。

・子どもの数、職員の数に合わせ、定期的に子どもの **呼吸・体位、睡眠状態** を点検すること等により、呼吸停止等の異常が発生した場合の **早期発見、重大事故の予防** のための工夫をする。

※他にも窒息のリスクがあることに気づいた場合には、留意点として記録し、施設・事業所内で共有する。

Point　プール活動・水遊びの際に注意すべきポイント

・₁ 監視者は監視に **専念** する。

・₂ <u>監視エリア全域をくまなく監視する。</u>

・₃ <u>動かない子どもや不自然な動きをしている子どもを見つける。</u>

・　規則的に **目線** を動かしながら監視する。

・₄ 十分な監視体制の確保ができない場合については、**プール活動の中止** も選択肢とする。

・₅ <u>時間的余裕をもってプール活動を行う。</u>　等

Point　食事の介助をする際に注意すべきポイント

・ゆっくり落ち着いて食べることができるよう **子どもの意志** に合ったタイミングで与える。

・子どもの口に合った **量** で与える（一回で多くの量を詰めすぎない）。

・食べ物を飲み込んだことを確認する（口の中に残っていないか注意する）。

・汁物などの水分を適切に与える。

・食事の提供中に **驚かせない**。

・食事中に **眠く** なっていないか注意する。

・正しく **座っているか** 注意する。

Point　人的エラーを減らす方法の例

・材料等の置き場所、調理する場所が紛らわしくないようにする。

・食物アレルギーの子どもの食事を調理する担当者を明確にする。

・材料を入れる容器、食物アレルギーの子どもに食事を提供する食器、トレイの **色** や **形** を明確に変える。

・除去食、代替食は普通食と **形** や **見た目** が明らかに違うものにする。

・食事内容を記載した配膳カードを作成し、食物アレルギーの子どもの調理、配膳、食事の提供までの間に **2重、3重のチェック体制** をとる。

※「教育・保育施設等における事故防止及び事故発生時の対応のためのガイドライン【事故防止のための取組み】～施設・事業者向け～」（平成28年3月　内閣府）をもとに作成

※下線部分が出題された箇所です。

解答　4

母子保健・地域保健

精選過去問㉒　　　　　　　　　　　　平成27年地域限定 問4　　／　　　／

次の文は、子どもの病気や育児に関する記述である。誤ったものを一つ選びなさい。

1　小児慢性特定疾患治療研究事業は、難病対策の法定化に併せて見直しが行われ、2015（平成27）年より対象疾患が拡大された。

2　新生児マススクリーニングは、生まれつき代謝異常などがある子どもを新生児期に発見、治療を開始するための集団検査である。

3　病児保育事業は、保育所に通っている子どもが病気になった場合、委託する医療機関のみで、保育・看護する事業である。

4　小児保健医療水準を維持・向上させるための環境整備、また、子どもの心の安らかな発達の促進と育児不安の軽減は大切である。

5　育児には不安や悩みがつきものであるが、多様な生き方をお互い認め合い、尊重し合う社会、そして、それぞれの地域社会の実情に応じた育児支援が望まれる。

解答　　　　　

解説㉒

1　○　小児慢性特定疾患治療研究事業は、**難病対策の法定化に併せて見直しが行われ**、2015（平成27）年より医療費助成の対象となる「小児慢性特定疾病」が、従来の514疾病から722疾病に拡大されました。さらに2019（令和元）年7月1日から762疾病に拡大されています。

2　○　新生児マススクリーニングは、全ての新生児に対して、生後**5日目**頃に行う**先天性代謝異常等検査**です。新生児の足の裏（かかと）から少量の血液をと採り、検査用紙にしみこませて、検査します。異常を早期に発見し、適切な治療を行うことが目的です。日本では、2014（平成26）年度から**タンデムマス法**という検査方法が導入されたことによって、これまでの新生児マススクリーニングでは先天性甲状腺機能低下症（クレチン症）、先天性副腎過形成症、フェニルケトン尿症、メープルシロップ尿症、ホモシスチン尿症、ガラクトース血症の6つの病気が対象だったのが、新たに20種類程度の病気を検査することができるようになりました。（対象となる疾患は自治体によって異なります。）

3　✕　「児童福祉法」第6条の3第13項において、「この法律で、**病児保育事業とは、保育を必要とする乳児・幼児又は保護者の労働若しくは疾病その他の事由により家庭において保育を受けることが困難となった小学校に就学している児童**であって、疾病にかかっているものについて、**保育所、認定こども園、病院、診療所その他厚生労働省令で定める施設**において、保育を行う事業をいう。」と規定されています。

4　○　2001（平成13）年から開始した「**健やか親子21**」では、次の4つの主要課題が設定されましたが、この設問ではそこから2つ（③④）がそのまま出題されました。

<＜４つの主要課題＞>

＜４つの主要課題＞

①思春期の保健対策の強化と健康教育の推進

②妊娠・出産に関する安全性と快適さの確保と不妊への支援

③小児保健医療水準を維持・向上させるための環境整備

④子どもの心の安らかな発達の促進と育児不安の軽減

「健やか親子21」は、21世紀の母子保健の主要な取組を提示するビジョンであり、関係者、関係機関・団体が一体となって、その達成に向けて取り組む国民運動計画です。2015（平成27）年度からは、従来の「健やか親子21」で掲げてきた課題を見直し、10年後に目指す姿を「**すべての子どもが健やかに育つ社会**」として、新たな計画「健やか親子21（第2次）」（～令和6年度）が始まりました。

5 ○ 「第4次男女共同参画基本計画（2015（平成27）年12月25日決定）」（内閣府男女共同参画局）の第9分野「男女共同参画の視点に立った各種制度等の整備」では、「施策の基本的方向」として、「**家族形態の変化**や**ライフスタイルの多様化**を踏まえつつ、男女の社会における活動の選択に中立的に働くよう、社会制度・慣行を見直す。（中略）男女が共に仕事や家庭に関する責任を担えるよう、待機児童解消及び介護離職ゼロ等の実現に向け**育児・介護**の支援基盤整備を推進する。」が挙げられています。そして、その具体的な取組として、「子ども・子育て関連3法」（2012（平成24）年8月成立）に基づく「**子ども・子育て支援新制度**」を着実に推進することが記されています。

解 答	3

CHECK✓（平成29年前期）　子どもの疾病の予防と適切な対応に関する記述

・新生児期に発見できる永続的な聴覚障害の頻度は、出生**1,000**人に約1～2人であり、**新生児聴覚スクリーニング**で発見されることが多い。

・従来、子どもの難聴の多くは、2歳すぎに発語の遅れで疑われ、診断や療育開始は3歳頃行うことが多かったが、現在は早期に**難聴**を発見することが重要であるとされている。

・2000（平成12）年頃から、血液中の様々な物質の量を一斉分析できる**タンデム質量分析計（タンデムマス）**を用いた新しい新生児マススクリーニングが欧米を中心に世界的に普及しつつある。

・**タンデム質量分析計（タンデムマス）**では、何らかのストレス（感冒や消化不良症など）を契機に、急性発症して後遺症を残したり、突然死する病気を発見できる。

CHECK✓（平成29年前期）　「健やか親子21（第2次）」で示された母子保健の基盤課題及び重点課題

・**育てにくさを感じる親に寄りそう支援**

・**学童期・思春期**から**成人期**に向けた保健対策

・子どもの健やかな成長を見守り育む地域づくり

・**妊娠期からの児童虐待防止対策**

第8章 子どもの食と栄養

食事バランスガイド

精選過去問①

平成29年前期 問4 ／ ／

次の文は、「食事バランスガイド」（平成17年：厚生労働省・農林水産省）のコマのイラストに関する記述である。適切な記述を○、不適切な記述を×とした場合の正しい組み合わせを一つ選びなさい。

A コマの中には、1食分の料理例が示されている。

B 水、お茶、牛乳などの水分を軸としている。

C コマのイラストの料理例を合わせると、おおよそ500kcalである。

D 主菜は、肉、魚、卵、海藻料理であり、3～5つ（SV（サービング））とされている。

（組み合わせ）

	A	B	C	D
1	○	○	○	×
2	○	×	○	○
3	×	○	×	○
4	×	○	×	×
5	×	×	×	×

解答

解説①

「食事バランスガイド」は、「何を」「どれだけ」食べたらよいかを、わかりやすく、望ましい食事の**組み合わせ**と、**おおよその量**をコマのイラストを用いて示しています。毎日の食事を「主食」「副菜」「主菜」「牛乳・乳製品」「果物」の5つの料理や食品で組み合わせて摂れるように、グループ化しているのが特徴です。食事バランスが悪くなるとコマは倒れてしまうので、バランスよく食べることが大切という考え方に基づいて設計されています。

A × コマの中には1食分ではなく、**1日分の料理例**が示されています。それぞれ「…つ（SV）※どれくらいの**サービング**（提供量）」という単位を用います「主食」、「副菜」、「主菜」、「牛乳・乳製品」、「果物」の5つのグループ以外にも、「水」、「お茶」、「菓子・嗜好飲料」、「運動」について、イラストで示されています。
また、**油脂・調味料**については、基本的に料理の中に使用されているものであることから、イラストの中に示されていません。

B × コマの軸は、**水・お茶**などの**水分**を表します。生きていく上で、食事とセットで欠かせない存在である水。人の体内は、体重あたり子どもで約70％、成人で60～65％が水分で満たされています。

また、「運動」によりコマが安定して回転することも表しています。コマを回すためのヒモは「菓子・嗜好飲料」を表し、食生活の中で「楽しく適度に」摂ることが望ましいとされ、1日**200kcal**程度の摂取を目安としています。

なお、カルシウムの供給源である牛乳は、「**乳・乳製品**」に分類され、提供量は、「**2つ（SV）**」です。

C　✕　コマのイラストの料理例を合わせると標準として**2200 ± 200kcal**、おおよそ2000～2400kcalとなります。これは、身体活動レベルが「**低い**」成人男性（12 － 69歳）、身体活動レベルが「**ふつう**」以上の成人女性（12 － 69歳）、身体活動レベルが「**ふつう**」以上の70歳以上の男性が食べる量の目安です。強い運動や労働を行っている人は、より多くのエネルギーを必要としますので、調整が必要となります。また、妊娠・授乳中の人は、適量が異なるため、「**妊産婦のための食生活指針**」にある「**妊産婦のための食事バランスガイド**」を使用します。

D　✕　コマでは、上からサービングの多い順に書かれています。上から順に、主食：**5～7つ（SV）**、副菜：**5～6つ（SV）**、主菜**3～5つ（SV）**、牛乳乳製品：**2つ（SV）**、果物：**2つ（SV）**です。「主菜」は、**肉・魚・卵・大豆料理**で、**たんぱく質**の摂取の目安となります。海藻料理は、野菜・きのこ・イモとともに「**副菜**」に分類されます。

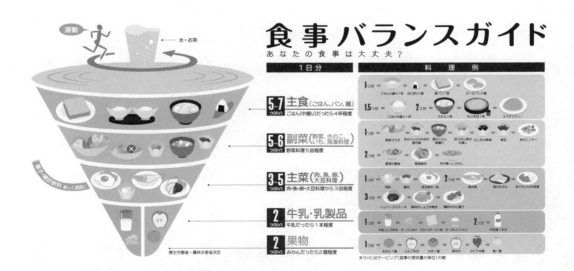

解答　5

ここも出た!　**CHECK**（平成27年）

食事バランスガイド（平成17年：厚生労働省・農林水産省）に関する記述

・コマの中に示されている料理・食品例を合わせると、おおよそ**2200 ± 200kcal**となる。
・サービング（SV：食事の提供量の単位）数が最も多いのは、**主食**である。
・副菜は、野菜、きのこ、いも、海藻料理であり、**5～6つ（SV）**とされている。
・「牛乳・乳製品」は、**2つ（SV）**とされている。

乳幼児栄養調査

精選過去問 ❷ | 平成31年前期 問15 | ／ | ／ |

次の文は、「平成27年度乳幼児栄養調査結果の概要」（厚生労働省）における授乳期の栄養方法に関する記述である。適切な記述を○、不適切な記述を×とした場合の正しい組み合わせを一つ選びなさい。

A　10年前に比べ、授乳期の栄養方法は、母乳栄養の割合が増加した。

B　母乳を与えている割合は、混合栄養も含めると生後3か月で約90％であった。

C　「出産後1年未満に働いていた者」の母乳栄養の割合は、10年前に比べて減少した。

D　授乳について困ったこと（総数）は、「母乳が足りているかどうかわからない」が最も高かった。

（組み合わせ）

	A	B	C	D
1	○	○	○	×
2	○	○	×	○
3	○	×	×	○
4	×	○	×	○
5	×	×	○	×

解答 [　　]

解説 ❷

「平成27年度乳幼児栄養調査結果の概要」第1部「乳幼児の栄養方法や食事に関する状況」1「授乳に関する状況について」の（1）「授乳期の栄養方法の推移」と（4）「授乳について困ったことと母乳育児に関する指導状況」からの出題です。

A　○　授乳期の栄養方法は、10年前に比べ、母乳栄養の割合が増加し、生後1か月では51.3％、生後3か月では54.7％でした。なお10年前は、生後1か月では42.4％、生後3か月では38.0％でした。

B　○　母乳を与えている割合は、混合栄養も含めると、生後1か月で96.5％、生後3か月で89.8％でした。

C ✗ 出産後1年未満の母親の就業状況別に母乳栄養の割合をみると、「出産後1年未満に働いていた者」は49.3％、「育児休暇中の者及び働いていない者」は56.8％でした。10年前に比べ、特に、「出産後1年未満に働いていた者」について、母乳栄養の割合が22.6ポイント**増加**していました。

D 〇 授乳について困ったことは、多い順に「**母乳が足りているかどうかわからない**」40.7％、「母乳が不足気味」20.4％、「授乳が負担・大変」20.0％でした。

解答 2

 「乳幼児栄養調査」（厚生労働省）

「乳幼児栄養調査」は、全国の乳幼児の栄養方法及び食事の状況等の実態を把握することにより、母乳育児の推進や乳幼児の食生活の改善のための基礎資料を得ることを目的とし、10年周期で行われています。

ここも出た！ **CHECK✓** 平成31年前期 「平成27年度乳幼児栄養調査結果の概要」（厚生労働省）における離乳期に関する記述

・離乳食の開始時期は、「**6か月**」と回答した者の割合が最も高かった。
・離乳食の開始の目安は、「**月齢**」と回答した者の割合が最も高かった。
・離乳食の完了時期は、「**13〜15か月**」と回答した者の割合が最も高かった。
・離乳食について困ったことは、「**作るのが負担、大変**」と回答した者の割合が最も高かった。
・離乳食について学んだ場所（人）としては、「**保健所・市町村保健センター**」と回答した者の割合が最も高かった。

ここも出た！ **CHECK✓** （平成30年前期） 「平成27年度乳幼児栄養調査」（厚生労働省）に関する記述

・午後10時以降に就寝する子どもの割合（0〜6歳児）では、平日・休日ともに保護者の就寝時刻が「**深夜1時以降**」が最も高率であった。
・「子どもの共食の状況」（2〜6歳）で、家族そろって食事をする子どもの割合は、朝食よりも夕食が**多かった**。
・「社会経済的要因別主要食物の摂取頻度」では、経済的な暮らし向きが「ゆとりなし」の場合、インスタントラーメンやカップ麺の摂取頻度が、「ゆとりあり」の暮らし向きよりも**高い**傾向がみられた。

幼児期の健康と食生活

精選過去問 ❸

令和元年後期・地限 問1 ／ ／

次の文は、幼児期の健康と食生活に関する記述である。適切な記述を○、不適切な記述を×とした場合の正しい組み合わせを一つ選びなさい。

A 骨格、筋肉、臓器など身体のあらゆる組織をつくるために十分な栄養素の供給が必要となるが、身体が小さいため、体重1kgあたりでは成人よりも必要とする栄養素は少ない。

B 消化機能が十分に発達していないため、1回（食）に消化できる量などに配慮が必要である。

C 感染に対する抵抗力が弱い。

D 正しい食習慣を身につけさせる第一歩という大切な時期である。

（組み合わせ）

	A	B	C	D
1	○	○	×	○
2	○	×	○	×
3	○	×	×	×
4	×	○	○	○
5	×	○	○	×

解答

解説 ❸

A ✕ 幼児期は**身体活動**に必要なエネルギーに加えて、**成長**に必要なエネルギーを余分に摂取する必要があるため、体重1kgあたりに必要とする栄養素は成人より**多く**なります。

B ○ 幼児期は成人に比べ消化機能が十分に発達していないため、1回（食）に消化できる量などに配慮が必要です。
幼児期は消化吸収機能が未熟なことに加え、**胃の容量**が小さいことから、3回の食事でとれないエネルギーや栄養素、水分を**間食**で補います。幼児期の間食の量は、1日のエネルギー摂取量の**10〜20％**程度が望ましいとされています。

C ○ 「授乳・離乳の支援ガイド」（2019年3月）では、離乳期の調理方法について、「子どもは細菌への**抵抗力**が弱いので、調理を行う際には**衛生面**に十分に配慮する。」と記されています。
また「保育所保育指針解説」（平成30年2月）では、「**抵抗力**が弱く、身体の機能が未熟である乳幼児の特性等を踏まえ、**感染症**に対する正しい知識や情報に基づく感染予防のための適切な対応が求められる。」と記されています。

D ○ 「授乳・離乳の支援ガイド」（2019年3月）でも、「離乳の支援にあたっては、（中略）この時期から**生活リズム**を意識し、健康的な**食習慣の基礎**を培い、家族等と食卓を囲み、共に食事をとりながら食べる楽しさの体験を増やしていくことで、一人ひとりの子どもの「**食べる力**」を育むための支援が推進されることを基本とする。」と記されています。

	解答	4

CHECK ✓
（平成31年前期）
幼児期の間食に関する記述

・幼児は**胃の容量**が小さく**消化機能**も未熟であり、間食は1日3回の食事では摂りきれない**エネルギー**や**栄養素**を補う役割がある。
・「平成27年度乳幼児栄養調査結果の概要」（厚生労働省）のむし歯の有無別に間食の与え方をみると、「甘いものは少なくしている」と回答した者の割合は、「**むし歯なし**」に多くみられた。

CHECK ✓
（平成30年前期）
幼児期の健康上の課題と食生活

・幼児期の肥満への対応は、成長期であるため、**極端な食事制限**は行わない。
・むし歯（う歯）を防ぐには、**甘い間食**を少なくし、食後の**口ゆすぎ**、**歯みがき**の励行を心がける。
・菓子の中でも、**砂糖含有量**が多く、歯の表面への**粘着性**が高いもので、口腔内滞在時間が長いものは、う蝕誘発性が高い。
・幼児期の肥満は**学童期以降の肥満**につながる可能性をもっている。

炭水化物

精選過去問 ❹

平成28年後期・地限 問2　／　　／

次の文は、炭水化物に関する記述である。適切な記述を○、不適切な記述を×とした場合の正しい組み合わせを一つ選びなさい。

A　炭素（C）、水素（H）、酸素（O）の三元素から構成されている。

B　炭水化物でこれ以上分解できない最小単位を単糖類という。

C　消化されやすい炭水化物を食物繊維といい、重要なエネルギー源となっている。

D　消化されにくい炭水化物を糖類という。

（組み合わせ）

	A	B	C	D
1	○	○	○	○
2	○	○	○	×
3	○	○	×	×
4	×	○	○	○
5	×	×	×	○

解答

解説 ❹

A　○　炭水化物は、**炭素（C）、酸素（O）、水素（H）**の3つの元素から構成されています。炭水化物（糖質）は、甘～い "炭 酸 水" と覚えましょう。

B　○　**単糖類**は、炭水化物でこれ以上分解できない最小単位で、主な単糖類には**ブドウ糖（グルコース）、果糖（フルクトース）、ガラクトース**があります。

　　　過去には、「人体の血液中にブドウ糖は、一定量が含まれる H24 」「ブドウ糖（グルコース）は、糖質の構成成分として重要な単糖類であり、血液中にも存在する H25 」「果糖（フルクトース）は、単糖類のひとつである H26 」といった問題が出題されました。

　　　なお、単糖類が2～10個結合したものの総称を**少糖類**といい、少糖類のうち、単糖類が2個結合したものを**二糖類**といいます。そして、単糖類が数百から数千分子結合したものを**多糖類**といいます。

C　×　消化されやすい炭水化物は**糖質**といい、重要な**エネルギー源**となっており、糖質1g当たり**約4kcal**のエネルギーを供給します。

D　×　消化されにくい炭水化物は**食物繊維**といい、水に溶けない**不溶性食物繊維**と水に溶ける**水溶性食物繊維**に分類されます。

　　　不溶性食物繊維には、**便秘改善、大腸がん予防、有害物質**の体外排出作用があり、水

溶性食物繊維には、食後の**血糖値上昇**の抑制、血液中の**コレステロール値上昇**の抑制、満腹感による肥満予防といった機能があります。

解答 3

炭水化物についての記述
（平成29年前期）

・糖質は、**エネルギー源**として利用され、1gあたり、**4kcal**を供給する。
・摂取後すぐに利用されない糖質は、肝臓や筋肉において、**グリコーゲン**や**脂肪**に変化して、**エネルギー貯蔵物質**として蓄えられる。
・血液中のブドウ糖濃度は**ホルモン**により調整され、**一定の濃度**に保たれている。

単糖類と二糖類

■主な単糖類と二糖類

単糖類…**ブドウ糖（グルコース）、果糖（フルクトース）、ガラクトース**
二糖類…**麦芽糖（マルトース）、ショ糖（スクロース）、乳糖（ラクトース）**

◎**麦芽糖（マルトース）**：ブドウ糖（グルコース）＋ブドウ糖（グルコース）
　→ブドウ糖が2個結合したもの

覚え方　ぐるぐる（グルコース＋グルコース）まわる麦（麦芽糖）は、丸（マルトース）！

◎**ショ糖（スクロース）**：ブドウ糖（グルコース）＋果糖（フルクトース）
　→ブドウ糖と果糖が結合したもの

覚え方　ブドウも果物も甘い。甘い＋甘い→砂糖ですね。（ショ糖は砂糖のことです。）

◎**乳糖（ラクトース）**：ブドウ糖（グルコース）＋ガラクトース
　→ブドウ糖とガラクトースが結合したもの

覚え方　ブーブー（ブドウ糖）とガラガラ（ガラクトース）のおもちゃと、
　　　　おっぱい（乳）で楽（ラクトース）に育てる赤ちゃん

＊表記は「ブドウ糖（グルコース）」、「果糖（フルクトース）」、「ショ糖（スクロース）」、「麦芽糖（マルトース）」のように併記していますが、どちらか片方の呼称で出題されている年もありますので、必ず両方とも覚えましょう。

脂質

精選過去問 ❺　　　　　平成29年後期・地限 問3　　／　　　／

次の文は、脂質および脂肪酸のはたらきについての記述である。適切な記述を〇、不適切な記述を×とした場合の正しい組み合わせを一つ選びなさい。

A　脂質は、炭素（C）、水素（H）、酸素（O）の３元素からなり、エーテルなどの有機溶媒には溶けるが水には溶けない。

B　複合脂質はグリセリン（グリセロール）と脂肪酸のみで構成されている。

C　不飽和脂肪酸は、脂肪酸中の炭素原子がすべて水素で飽和されており、二重結合はない。

D　EPA（エイコサペンタエン酸）は、さば、いわし、さんまなどに多く含まれる必須脂肪酸である。

（組み合わせ）

	A	B	C	D
1	〇	〇	〇	〇
2	〇	×	×	〇
3	〇	×	×	×
4	×	〇	〇	×
5	×	×	×	×

解答　□

解説 ❺

A　〇　脂質は、**炭素（C）、水素（H）、酸素（O）**の３つの元素からなり、エーテルなどの**有機溶媒**には溶けますが、**疎水性部分**（水とむすびつきにくい）があるため**水**には溶けません。

B　×　グリセリン（グリセロール）と脂肪酸のみで構成されているのは、**単純脂質**です。動植物の油脂のほとんどは、脂肪酸が３個ついたトリアシルグリセロール（中性脂肪）です。**複合脂質**は、単純脂質にリンや窒素、糖などを含んでいるものであり、脂肪酸による疎水性部分とリン酸や塩基による疎水性部分によりつくられています。複合脂質には、リンを含んだ複合脂質の総称であるリン脂質、脂肪酸、アルコール、糖からなる糖脂質、脂質とたんぱくの複合体であるリポたんぱく質があります。

C　×　脂肪酸は炭素（C）の長いつながりにメチル基（－CH3）とカルボキシル基（－COOH）がついたもので、この炭素と炭素のつながりのなかに二重結合（C＝C）が含まれているものが**不飽和脂肪酸**となります。二重結合の数が１つのものを**一価不飽和脂肪酸**といい、二重結合の数が２つ以上のものを**多価不飽和脂肪酸**といいます。多価不飽和脂肪酸のなかでも、**n-3**系の脂肪酸には、α-リノレン酸、エイコサペンタ

エン酸（EPA）、ドコサヘキサエン酸（DHA）があり、**n-6**系の脂肪酸には、リノール酸、アラキドン酸があります。

D ○ EPA（エイコサペンタエン酸）は、n-3系の脂肪酸であり、必須脂肪酸である α - リノレン酸から合成されます。**必須脂肪酸**とは人間が体内で合成できない脂肪酸で、食物から摂取する必要があります。必須脂肪酸は3種類あり、**リノール酸**、**α-リノレン酸**、**アラキドン酸**です。EPA は、**青魚**の脂質に多く含まれており、血圧低下、血液凝固抑制などの作用があります。

解答 **2**

 CHECK✔（平成30年後期・地限）**脂質及び脂肪酸に関する記述**

・飽和脂肪酸は、バター、牛脂、豚脂などの**動物性食品**の油脂に多く含まれる。
・不飽和脂肪酸は、**細胞膜**の構成成分となる。
・**コレステロール**は、性ホルモンやステロイドホルモンの材料になる。
・トランス脂肪酸は、**マーガリン**、**ショートニング**等に含まれている。

 脂質・脂肪酸について

脂質には、**脂肪（中性脂肪）**、**リン脂質**、**コレステロール**などがあり、三大栄養素（炭水化物、たんぱく質、脂質）のうちのひとつです。食品に含まれる脂質の大部分は**中性脂肪**です。

脂質は糖質やたんぱく質に比べて効率の良いエネルギー源で1g当たり約**9kcal**のエネルギーを供給します。また、エネルギーとなる場合に**ビタミンB1**の節約作用があります。

脂質は脂肪酸の種類により性質が異なり、脂肪酸は**飽和脂肪酸**と**不飽和脂肪酸**に分けられます。

二重結合による分類			主な脂肪酸の種類	多く含まれる食品
飽和脂肪酸			ステアリン酸 パルミチン酸	バター、ラード、牛脂など
不飽和脂肪酸	**一価** 不飽和脂肪酸	n-9系	オレイン酸	オリーブオイル、なたね油など
	多価 不飽和脂肪酸	n-3系	α-リノレン酸 必須脂肪酸 エイコサペンタエン酸（EPA） ドコサヘキサエン酸（DHA）	エゴマ油、アマニ油 魚油など
		n-6系	リノール酸 必須脂肪酸 アラキドン酸 必須脂肪酸	コーン油、大豆油、肉類など

たんぱく質

精選過去問 ❻　｜平成29年後期・地限 問1｜　／　　／

次の文は、たんぱく質に関する記述である。適切な記述を○、不適切な記述を×とした場合の正しい組み合わせを一つ選びなさい。

A　糖質や脂質の摂取量が不足すると、エネルギー源として利用される。

B　構成元素として、炭素（C）、水素（H）、酸素（O）のほかに窒素を約50％含むことを特徴としている。

C　分子内にプラスとマイナスのイオンをもち、体液の酸塩基平衡を調節する。

D　アミノ酸が鎖状に多数結合した高分子化合物である。

（組み合わせ）

	A	B	C	D
1	○	○	○	×
2	○	○	×	×
3	○	×	○	○
4	×	×	○	×
5	×	×	×	○

解答

解 説 ❻

A ○　糖質や脂質の摂取量が不足すると、たんぱく質は**エネルギー源**として利用される仕組みになっています。たんぱく質そのものは、直接的にはエネルギー源として利用されませんが、糖類が不足した時には、糖の分解の経路に合流し、エネルギーに変換されます。また、糖質や脂質を十分摂取できていると、たんぱく質は筋肉や骨、血液などの合成に優先的に利用されます。（これを、**たんぱく質節約作用**といいます。）たんぱく質は、1g **4**kcal のエネルギーを生み出すことができます。

B ✗　たんぱく質は、構成元素として、**炭素（C）、水素（H）、酸素（O）**の３つの元素からできている点で、糖質や脂質と共通です。相違点として、糖質や脂質が窒素を全く含まないのに対して、たんぱく質は**窒素（N）**を含んでいます。それに加えて、少量ですが硫黄（S）やリン（P）も含んでいます。たんぱく質中に含まれている窒素は**約16％**です。

C ○　たんぱく質は、分子内に**プラス**と**マイナス**の**イオン**をもち、体液の<ruby>酸塩基平衡<rt>さんえんきへいこう</rt></ruby>を調節しています。たんぱく質は、酸塩基平衡を行い、体内の **pH** を一定に保っています。アミノ酸は、ひとつの分子の中にアミノ基（－ NH$_2$）とカルボキシル基（－ COOH）を含んでいます。アミノ基は塩基性、カルボキシル基は酸性の性質をそれぞれもって

いて、アミノ酸は酸性にも塩基性にもなる両性化合物です。分子内で水素イオンを受け取ると、双性イオンとなります。アミノ酸というひとつの分子の中に、酸と塩基があるのですから、両者は反応し合うのです。実際に、生体内では、アミノ酸の分子の中で、酸と塩基の反応が起こって、イオンの形で存在しています。

D　〇　たんぱく質は、アミノ酸が鎖状に多数結合（連結・重合）してできた高分子化合物で、私たちの身体は **20種類のアミノ酸** からできています。たんぱく質は、私たち生物の骨や**血液**、**ホルモン**、**髪の毛**等を造る重要な構成成分のひとつとなっていますが、構成される結合の順序や、アミノ酸の数、その種類などで各々特徴が違います。たんぱく質の結合の形は、アミノ酸が**ペプチド結合**（アミノカルボニル結合）で鎖状につながった物質です。これを**ペプチド鎖**とよびます。ペプチド鎖は、普通100個以上のアミノ酸（1万個以上の場合もある）が結合しています。

たんぱく質は、いくつものアミノ酸がペプチド結合によって結合した構造になっています。2個以上のアミノ酸がペプチド結合によって結合したものの総称をペプチドといいます。

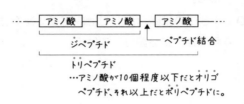

解　答　**3**

  （平成30年後期・地限）　**たんぱく質に関する記述**

・たんぱく質は、脂質や糖質と異なり、炭素、酸素、水素のほか、**窒素**を一定量含むことを特徴としている。
・たんぱく質を構成するアミノ酸のうち、食事から摂取しなければならないアミノ酸を**必須アミノ酸**という。
・摂取した食品中のたんぱく質は、**胃**で最初の消化作用を受ける。
・たんぱく質は1gあたり、約**4**kcalのエネルギーを生じる。

　**必須アミノ酸**

　たんぱく質を構成するアミノ酸のうち、体内で合成できないアミノ酸を**必須アミノ酸**といい、**9**種類あります。

バリン	ロイシン	イソロイシン	スレオニン	メチオニン
フェニルアラニン	トリプトファン	リジン	ヒスチジン	

ビタミン

精選過去問 ❼

平成28年前期 問3　／　　／

次の文は、ビタミンと食品に関する記述である。適切な記述を○、不適切な記述を×とした場合の正しい組み合わせを一つ選びなさい。

A　ビタミンD は、網膜で光を受容する物質の主成分であり、欠乏すると夜盲症を発症する。

B　にんじん、ほうれんそうなどの緑黄色野菜は、ビタミンD を豊富に含み、その優れた補給源である。

C　ビタミンC は、抗酸化作用を持つとともに、壊血病の予防因子である。

D　「6つの基礎食品」では、ビタミンC を豊富に含む果物は、第4群（類）に分類されている。

（組み合わせ）

	A	B	C	D
1	○	○	○	×
2	○	×	×	○
3	×	○	○	○
4	×	○	×	×
5	×	×	○	○

解答 [　　]

解説 ❼

A　×　ビタミンA は、網膜で光を受容する物質の主成分であり、欠乏すると夜盲症を発症します。多く含まれる食品には、レバー、卵黄、うなぎ、緑黄色野菜があります。
ビタミンD は、カルシウムとリンの吸収を助け、血中濃度を一定に保ち、骨や歯への沈着を促します。欠乏症は、成人の骨軟化症と子どものくる病です。ビタミンD が多く含まれる食品には、しいたけ、魚類、きくらげ、バターなどがあります。

B　×　にんじん、ほうれんそうなどの緑黄色野菜はβ-カロテンを豊富に含み、β-カロテンは体内でビタミンA に変わります。β-カロテンのビタミンA としての生理活性は、ビタミンA の6分の1程度です。

C　○　ビタミンC は、抗酸化作用を持つとともに、壊血病の予防因子です。壊血症とは、ビタミンC が欠乏することにより、毛細血管が弱くなり出血しやすくなる病気です。その他の働きとして、コラーゲンの合成、血管・皮膚・粘膜・骨の強化、鉄の吸収促進、抗ウイルス作用・メラニン色素の生成を抑える、などがあります。多く含まれる食品は、果実類、野菜類、いも類です。

D　○　「6つの基礎食品」では、ビタミンC を豊富に含む果物は、第4群（類）に分類されています。
「6つの基礎食品」は、栄養素を過不足なく摂取するために、栄養成分の類似したものを6つのグループに分けたものです。また、栄養素の働きから3つの色のグループ（赤・黄・緑）に分けた「三色食品群」もよく用いられます。

解答　5

覚えよう！

「6つの基礎食品」と「三色食品群」

6つの基礎食品			三色食品群
第1群（類）	魚、肉、卵、大豆、大豆製品	**たんぱく質**が多く、主に筋肉や血液になる。**エネルギー源**となる。	赤のグループ（主に**体の組織を作る**食品）
第2群（類）	牛乳・乳製品、小魚、海藻	**カルシウム**が多く、骨や歯をつくる。体の各機能を調節する。	
第3群（類）	緑黄色野菜	**カロテン・食物繊維**が多く、体の各機能の調節をする。	緑のグループ（主に**体の調子を整える**食品）
第4群（類）	淡色野菜、果物	**ビタミンC**が多く、体の各機能の調節をする。	
第5群（類）	穀類、いも類、砂糖類	**炭水化物**が多く、**エネルギー源**となる。体の各機能の調節をする。	黄のグループ（主に**エネルギーになる**食品）
第6群（類）	油脂類、脂肪の多い食品	**脂質**が多く、**エネルギー源**となる。	

ここも〜出た！　CHECK ✓（平成31年前期）　**ビタミンに関する記述**

・小腸からのカルシウム吸収を促進し、欠乏すると小児ではくる病、成人では骨軟化症の発症リスクが高まる。　　　　　　　　　　　　　　　　　　　—— **ビタミンD**
・皮膚や細胞のコラーゲンの合成に必須で、欠乏すると血管がもろくなる。
　　　　　　　　　　　　　　　　　　　　　　　　　　　　　　　　　　—— **ビタミンC**
・血液凝固因子（ぎょうこいんし）の活性化に必要なビタミンで、母乳栄養児は欠乏に陥りやすい。
　　　　　　　　　　　　　　　　　　　　　　　　　　　　　　　　　　—— **ビタミンK**
・受胎（じゅたい）の前後に十分量を摂取すると、胎児の神経管閉鎖障害のリスクを低減できる。
　　　　　　　　　　　　　　　　　　　　　　　　　　　　　　　　—— **葉酸**

 　水溶性ビタミンと脂溶性ビタミン

　ビタミンは、ごく少量で体内の代謝を調整します。そして生理作用のバランスを正常に整えるよう働きます。

　またビタミンは、水溶性ビタミンと脂溶性ビタミンに大別されます。
　水溶性ビタミンは、一度にたくさん摂取しても蓄積しにくい水に溶けやすいビタミンで、ビタミンB1、ビタミンB2、ビタミンB6、ビタミンB12、葉酸（ようさん）、ビオチン、パントテン酸、ナイアシン、ビタミンCがあります。
　脂溶性ビタミンは、油（脂）に溶けやすいビタミンであり、ビタミンA、ビタミンD、ビタミンE、ビタミンKがあります。数が少ない脂溶性ビタミンを正確に覚えておくと、残る名称は水溶性ビタミンと見当がつけられますね。

覚え方　A・D・E・Kだけ！（……DAKE！）

ミネラル（無機質）

精選過去問 ❽ 　　　平成29年後期・地限 問2　　／　　　／

次の【Ⅰ群】の記述と、【Ⅱ群】の元素名を結び付けた場合の最も適切な組み合わせを一つ選びなさい。

【Ⅰ群】

A 糖質、脂質、たんぱく質の代謝に関与する。

B 骨や歯の構成成分である。

C 神経の興奮、伝達に関与する。

D 体液の浸透圧調整に関与する。

E ヘモグロビンの成分である。

【Ⅱ群】

ア カリウム（K）　　**イ** カルシウム（Ca）

ウ リン（P）　　　　**エ** 鉄（Fe）　　　　**オ** ナトリウム（Na）

（組み合わせ）

	A	B	C	D	E
1	イ	ア	ウ	オ	エ
2	イ	ウ	ア	オ	エ
3	ウ	ア	エ	イ	オ
4	ウ	イ	ア	オ	エ
5	ウ	イ	オ	ア	エ

解答 ☐

解 説 ❽

A　ウ　リンの主なはたらきは、核酸、ATP（アデノシン三リン酸）、リンたんぱく質を構成し、**代謝に関与する**こと、**骨や歯**、**細胞膜**を構成することです。過剰摂取は**カルシウム**の吸収を阻害しますので、リンが多く含まれる**加工食品**には注意が必要です。リンの欠乏症として、**骨軟化症**、**くる病**などがあります。

B　イ　体内カルシウムの約99％が**骨**と**歯**に存在していて、1％が**筋肉**や**体液**に含まれています。またカルシウムは、体液、血液の恒常性を維持し、心臓の規則的な鼓動を保つ役割も担うほか、血液の凝固に作用します。その欠乏症には、**骨粗しょう症**、**骨軟化症**、**くる病**などがあります。

C **ア** カリウムは、心臓、筋肉機能を調節したり、神経系の刺激伝達と活動に関わっているほか、**ナトリウム**とともに細胞の**浸透圧**を維持し、**ナトリウム**の排泄を促し、**血圧上昇**を抑制します。体内のカリウムの99%は**細胞内液**に存在しています。欠乏すると、**筋力の低下**、**食欲不振**、**高血圧**などをきたします。

D **オ** ナトリウムは、カリウムとともに細胞の**浸透圧**を調節しています。神経の刺激伝達のはたらきに関わっていて、また、胃酸や腸の消化液の分泌を促します。血圧を**上昇**させるはたらきもします。体内では**細胞外液**と**骨**に存在しています。欠乏すると、**脱水症状**、**食欲不振**、**疲労感**などをきたします。

E **エ** 鉄は**ヘモグロビン**の構成元素であり、ヘモグロビン中の鉄は**酸素**を運ぶ役割を担っています。不足すると、酸素を体中に運べなくなるので、**酸素不足**の状態になり疲れやすくなるなど、**鉄欠乏性貧血**をきたします。

解答 4

ミネラル（無機質）に関する記述
（平成28年後期・地限）CHECK ✓

・**鉄**のはたらきは、ヘモグロビンの成分として、酸素を運搬することで、欠乏症は貧血である。
・**ナトリウム**の過剰摂取は、高血圧や胃がんのリスクを高める。
・**カリウム**は、細胞内液に多く分布し浸透圧を維持し、多く含まれているものに野菜、イモ類がある。
・**リン**は、骨の構成成分で、筋肉や神経細胞の興奮の調整をし、卵黄、小魚、チーズ、ハム等に多く含まれている。

ポイント解説 ミネラル（無機質）について

・人体の約**95%**は、炭素（C）、水素（H）、酸素（O）及び窒素（N）の有機化合物ですが、残りの**5%**がミネラルです。
・ミネラルは体内で合成できないため**食物**からの摂取が必要ですが、欠乏症や過剰症に注意が必要です。日本人は特に**カルシウム**と鉄が不足、**ナトリウム**や**リン**は過剰摂取の傾向があります。

精選過去問 ❾

平成26年 問19改 ／ ／

次の文は、鉄および鉄の不足に関する記述である。適切な記述を〇、不適切な記述を×とした場合の正しい組み合わせを一つ選びなさい。

A 「日本人の食事摂取基準（2015年版）」では、鉄は、多量ミネラルの一つである。

B 鉄は、各種酵素の構成成分である。

C 欠乏によって、貧血や運動機能、認知機能等の低下を招く。

D 水溶性ビタミンであるビタミンCは、鉄の吸収を促進するので、鉄を含む食品と一緒に摂取するとよい。

（組み合わせ）

	A	B	C	D
1	〇	〇	〇	〇
2	〇	〇	〇	×
3	〇	×	×	〇
4	×	〇	〇	〇
5	×	×	×	〇

解答

※令和2年度からは、「日本人の食事摂取基準（2020年版）」が使用されます。

解説 ❾

A × 「日本人の食事摂取基準（2015年版）」では、**ナトリウム、カリウム、カルシウム、マグネシウム、リン**を多量ミネラル、**鉄**、亜鉛、銅、マンガン、ヨウ素、セレン、クロム、モリブデンを**微量ミネラル**と分類しています。多量ミネラルは、体内に比較的多く存在し、1日当たりの必要量が100mg以上のミネラル（無機質）です。多量ミネラルに分類されている栄養素の方が少ないので覚えておきましょう。残りは微量ミネラルと見当がつけられます。

> **覚え方** 多量ミネラルは、カルシウム、リン、ナトリウム、カリウム、マグネシウム
> →多くの狩り仲間（カリナカマ）

B 〇 鉄は、酸素を運ぶ**ヘモグロビン（Hb）**構成成分のほかにも、生体活動に必要なエネルギー源である**ATP（アデノシン三リン酸）**という物質を作ることに関わっている**酵素**をつくるもととなったり、肝臓で体の外から侵入した毒物を分解（解毒）する際に働く**酵素**をつくるもとになっています。

C ○ 鉄欠乏は、鉄欠乏性貧血の他、**運動機能**や**認知機能**（理解したり判断をする働き）、**免疫機能**（からだを守る働き）の低下などを招きます。鉄欠乏性貧血は、血液中の鉄が不足して起こります。鉄が不足すると**ヘモグロビン（Hb）**の量が少なくなり、**赤血球**が小さくなります。赤血球が小さくなると、体内へ酸素を運べる量も少なくなり、倦怠感（全身がだるい感覚）や疲労感を覚えます。

D ○ 鉄には動物性食品に含まれる**ヘム鉄**と、植物性食品に含まれる**非ヘム鉄**の2種類があります。ビタミンCは、ヘム鉄、非ヘム鉄の両方に働きかけ、吸収されやすい形へと変化させるため、みかんなどの柑橘類に多く含まれている**ビタミンC**は、鉄を含む食品と一緒に摂取することで、鉄の吸収が高まります。

解答 4

 子どもの貧血と食事に関する記述 （平成27年地域限定）

・ヘモグロビンは鉄を含む化合物であり、血液中において**酸素**を運搬する役割をもつ。
・**貧血**の症状のひとつとして、**ヘモグロビン**量が正常範囲よりも減少することがあげられる。
・鉄欠乏性貧血は、急速に成長して鉄需要の多い**思春期**に発症しやすい。
・食品中に含まれる鉄の吸収率を比較すると、**非ヘム鉄**より**ヘム鉄**のほうが高いので、**ヘム鉄**を豊富に含む魚や赤身の肉などを十分に摂取するとよい。

 貧血に関する記述 （平成31年神奈川）

　鉄欠乏性貧血は、急速に成長して鉄需要が多い**乳児期**と思春期に発生しやすい。ヘモグロビンは、鉄と**たんぱく質**が結合して作られる。そのため、食事の対応としては、肉や魚を十分に摂る。また、鉄の吸収を高める**ビタミンC**を多く含む果物類や野菜類を同時に摂取するのが望ましい。

日本人の食事摂取基準

精選過去問⑩

平成29年前期 問9 ／ ／

次の文は、「日本人の食事摂取基準（2015年版）」における幼児期に関する記述である。適切な記述を〇、不適切な記述を×とした場合の正しい組み合わせを一つ選びなさい。

A 脂質の食事摂取基準は、総エネルギー量に対する比率で示され、目標量として30％以上40％未満とされている。

B 食物繊維の食事摂取基準は、成人同様に目標量が示されている。

C 年齢区分は、1〜2歳、3〜5歳の2区分である。

D カルシウムの推奨量は男女で差がある。

（組み合わせ）

	A	B	C	D
1	〇	〇	〇	〇
2	〇	〇	〇	×
3	〇	〇	×	×
4	×	×	〇	〇
5	×	×	×	〇

解答

※令和2年度からは、「日本人の食事摂取基準（2020年版）」が使用されます。

解説⑩

「日本人の食事摂取基準」は健康な個人、または集団を対象に国民の健康の維持・増進・生活習慣病の予防を目的として、1日のエネルギー及び各栄養の摂取量の基準を示したものです。2015（平成27）年度から2019（平成31）年度までの5年間は「日本人の食事摂取基準（2015年版）」を使用していて、5年ごとに改訂されます。

栄養素の指標

「推定エネルギー必要量（EER）」	エネルギー摂取量とエネルギー消費の出納がゼロになる確率が最大になると推定される習慣的な1日あたりのエネルギー必要量のことで、2015年版ではBMI（ボディマスインデックス）が採用されています。（ただしBMIは18歳以上の成人のみに適用され、0〜17歳や、妊婦・授乳婦には使用しません。）
「推定平均必要量（EAR）」	摂取不足の回避を目的として、ある集団において50％の人が必要量を満たすと推定される摂取量。
「推奨量（RDA）」	推定平均必要量を補助する目的である集団において97〜98％の人が充足していると推定される摂取量。
「目安量（AI）」	十分な科学的根拠が得られず、推定平均必要量と推奨量が設定できない場合に使用される量で、一定の栄養状態を維持するために十分な量。
「目標量（DG）」	生活習慣病予防のために現在の日本人が当面の目標とすべき量。
「耐容上限量（UL）」	過剰摂取による健康障害の回避を目的とする量。

A **×** **脂質**の食事摂取基準（脂質の総エネルギー量に対する比率）は、「１食分中の脂質の量×９kcal ÷１食分の総エネルギー（kcal）×100」で求め、脂肪（脂質）エネルギー比といわれています。「日本人の食事摂取基準（2015年版）」により、１歳以上のすべての年齢において目標量が同じ値（**20～30％**）であることを押さえましょう。なお、生後０～５か月の目安量は男女ともに50％であり、生後６～11か月の目安量は男女ともに40％です。

B **×** 「日本人の食事摂取基準（2015年版）」の、乳幼児に該当する０～５歳までは、**食物繊維**の食事摂取量の設定はされていません。食物繊維の食事摂取基準については、「日本人の食事摂取基準（2010年版）」では「18歳以上」のみに目標量が設定されていましたが、2015年版より、小児期から生活習慣病予防を意識し、望ましい食習慣の形成を目指す観点から「**６歳～17歳**」と、小児にも目標量が設定されています。

C **〇** 幼児期の年齢区分は「１～２歳」、「３～５歳」の**２区分**です。乳児期における年齢区分は「エネルギー」「たんぱく質」の食事摂取基準のみ**３区分**（生後０～５か月、生後６～８か月、生後９～11か月）に分かれ、他の栄養素は**２区分**（生後０～５か月、生後６～11か月）に分かれています。

D **〇** 幼児期の**カルシウム**の推奨量は男女で差があります。
　　　１～２（歳）　男性：**450**（mg/日）　女性：**400**（mg/日）
　　　３～５（歳）　男性：**600**（mg/日）　女性：**550**（mg/日）です。
　　カルシウムの推奨量に関しては「**８～11歳**」は女性の方が男性よりも多く、30～49歳は男女とも同じ量です。それ以外は、どの年齢区分においても、男性の方が女性よりも多いという特徴を押さえましょう。

	解答　４

 **「日本人の食事摂取基準（2015年版）」**

・平成27（2015）年から**平成31（2019）**年の**５年間**に使用するものである。
・「**健康増進法**」に基づき、国民の健康の保持・増進、**生活習慣病予防**のために参照するエネルギー及び栄養素の摂取量の基準を示すものである。
・健康な個人並びに健康な人を中心とした集団を対象とし、**高血圧、脂質異常、高血糖、腎機能低下**に関して保健指導レベルにある者までを含む。
・エネルギー収支バランスの維持を示す指標として、**体格（BMI：Body mass index）**が採用されている。

 **「日本人の食事摂取基準（2015年版）」活用に関する基本事項**

健康な個人又は**集団**を対象として、健康の保持・増進、**生活習慣病**の予防のための**食事改善**に、食事摂取基準を活用する場合は、PDCAサイクルに基づく活用を基本とし、各プロセスの実際を図に示した。

精選過去問⑪

平成28年前期 問9　／　　／

次の文は、「日本人の食事摂取基準（2015年版）」における学童期に関する記述である。適切な記述を〇、不適切な記述を×とした場合の正しい組み合わせを一つ選びなさい。

A 10～11（歳）の参照体位は、参照身長、参照体重ともに、女性のほうが男性を上回っている。

B 推定エネルギー必要量の身体活動レベルでは、男性女性ともに、6～7（歳）まではⅡのみの1区分、8～9（歳）以降はⅠ、Ⅱ、Ⅲの3区分の数値が示されている。

C 鉄に関して、女性では、10～11（歳）から、「月経なし」と「月経あり」の区分で、食事摂取基準が設定されている。

D 10～11歳のたんぱく質の食事摂取基準（推奨量：g/日）は、男性女性ともに同じである。

（組み合わせ）

	A	B	C	D
1	〇	〇	〇	×
2	〇	〇	×	〇
3	〇	×	〇	〇
4	×	〇	〇	×
5	×	×	×	〇

解答

※令和2年度からは、「日本人の食事摂取基準（2020年版）」が使用されます。

解説⑪

A 〇 **参照体位**は、以前は基準体位と表現されていましたが、望ましい体位ということではなく、日本人の平均的な体位であることから、その表現を参照体位と改められています。「10～11歳」の参照体位は男性142.0cm、35.6kg、女性144.0cm、36.3kgであり、**女性**の方が**男性**を上回っています。その他の年齢区分においては、**男性**が**女性**より上回っています。学童期には**男女差**、**個人差**は比較的大きい傾向にあります。

B ✗ 推定エネルギー必要量の身体活動レベルは、男女ともに「**3～5（歳）**」までは、Ⅱ（ふつう）のみの1区分であり、「**6～7（歳）**」以降はⅠ（低い）、Ⅱ（ふつう）、Ⅲ（高い）の3区分で示されています。

身体活動レベルの考え方

<身体活動レベル>
低い（Ⅰ）……生活の大部分が座位で静的な活動が中心
ふつう（Ⅱ）…座位中心の仕事だが、職場内での移動や立位での作業・接客等あるいは通勤・買い物・家事・軽いスポーツなどのいずれかを含む場合
高い（Ⅲ）……移動や立位の多い仕事への従事者、あるいはスポーツなど余暇における活発な運動習慣をもっている場合

C ○ 鉄は**微量ミネラル**のひとつであり、酸素を体中に運搬する**ヘモグロビン**の構成元素です。女性では、**10～11（歳）**から「月経なし」と「月経あり」の区分で、食事摂取基準が設定されています。鉄の食事摂取基準が最も多いのは、**10～14（歳）**の「**月経あり**」の女性で推奨量**14.0mg/**日です。女性は月経開始（初潮）とともに鉄分が不足しやすいので注意が必要です。鉄が不足すると体中に酸素がいきわたらず、疲れやすくなるなど、鉄欠乏性貧血の症状があらわれます。鉄は現代日本人の不足しやすい栄養素のひとつでもあるので、日常的に意識して摂取するように心がけることが望ましいとされています。

D ○ 学童期における、**たんぱく質**の食事摂取基準の推奨量は
6～7（歳）　男性　35（g/日）　女性　30（g/日）
8～9（歳）　男性　40（g/日）　女性　40（g/日）
10～11（歳）　男性　50（g/日）　女性　50（g/日）です。
「**6～7（歳）**」は男性の方が多く、「**8～11（歳）**」は男女とも同じ量です。

解答　**3**

 **CHECK** ✓（平成27年） 「日本人の食事摂取基準（2015年版）」における学童期に関する記述

・学童期における年齢区分は**6～7（歳）**、**8～9（歳）**、**10～11（歳）**の3区分である。
・学童期の脂質の食事摂取基準（脂質の総エネルギー量に占める割合（脂肪エネルギー比率））は男女ともに目標量として**20～30％**とされている。
・学童期においては、男女とも食物繊維の食事摂取基準が設定**されている**。
・学童期のナトリウム（食品相当量）の目標量は、**男性**より**女性**の方が多い。

 **CHECK** ✓（平成27年地域限定） 「日本人の食事摂取基準（2015年版）」における思春期に関する記述

・15～17歳のカルシウムの食事摂取基準（推奨量）は、男性**800mg/**日、女性**650mg/**日である。また、各年齢区分の中で最多であるのは、**12～14**歳の男性**1000mg/**日、女性**800mg**である。

授乳・離乳の支援ガイド

精選過去問⑫ 平成30年神奈川 問8改 ／ ／

次の文は、「授乳・離乳の支援ガイド」（2019年改定版）における「離乳食の進め方の目安」に関する記述である。適切な記述の組み合わせを一つ選びなさい。

A 生後5、6か月頃では、母乳や育児用ミルクは飲みたいだけ与える。

B 生後7、8か月頃の食べ方の目安の一つとして、「1日3回食で食事のリズムをつけていく」ことが示されている。

C 生後9か月から11か月頃では、調理形態は「歯ぐきで噛める固さ」とされている。

D 生後12か月から18か月頃では、穀類は軟飯～ご飯の移行期とされている。

（組み合わせ）
1 A B
2 A C
3 A D
4 B C
5 B D

解答

解説⑫

「授乳・離乳の支援ガイド」（2019年改定版）のⅡ－2「離乳の支援」2「離乳の支援の方法」（6）「離乳の進め方の目安」からの出題です。

A ○ 離乳開始の時期は生後5、6か月が適当とされており、「子どもの様子をみながら1日1回1さじずつ始める。」「母乳や育児用ミルクは**飲みたいだけ**与える。」としています。

B ✕ 生後7、8か月頃の食べ方の目安では、「1日**2回食**で食事のリズムをつけていく。」「いろいろな**味**や**舌ざわり**を楽しめるように食品の**種類**を増やしていく。」としています。

C ✕ 生後9か月から11か月頃では、調理形態は「**歯ぐきでつぶせる固さ**」です。「歯ぐきで噛める固さ」は生後**12**か月から**18**か月頃となります。

D ○ 生後12か月から18か月頃では、穀類（g）は「**軟飯80～ご飯80**」とされています。

「授乳・離乳の支援ガイド」（2019 年改定版）Ⅱ－2「離乳の支援」2「離乳の支援の方法」
（6）「離乳の進め方の目安」（一部抜粋）

		離乳の開始 → 離乳の完了			
		以下に示す事項は、あくまでも目安であり、子どもの食欲や成長・発達の状況に応じて調整する。			
		離乳初期 生後5～6か月頃	離乳中期 生後7～8か月頃	離乳後期 生後9～11か月頃	離乳完了期 生後12～18か月頃
食べ方の目安		○子どもの様子をみながら、1日1回1さじずつ始める。 ○母乳や育児用ミルクは飲みたいだけ与える。	○1日2回食で食事のリズムをつけていく。 ○いろいろな味や舌ざわりを楽しめるように食品の種類を増やしていく。	○食事リズムを大切に、1日3回食に進めていく。 ○共食を通じて食の楽しい体験を積み重ねる。	○1日3回の食事リズムを大切に、生活リズムを整える。 ○手づかみ食べにより、自分で食べる楽しみを増やす。
調理形態		なめらかにすりつぶした状態	舌でつぶせる固さ	歯ぐきでつぶせる固さ	歯ぐきで噛める固さ
1回当たりの目安量					
Ⅰ	穀類（g）	つぶしがゆから始める。 すりつぶした野菜等も試してみる。 慣れてきたら、つぶした豆腐・白身魚・卵黄等を試してみる。	全がゆ 50～80	全がゆ90～ 軟飯80	軟飯80～ ご飯80
Ⅱ	野菜・果物（g）		20～30	30～40	40～50
Ⅲ	魚（g）		10～15	15	15～20
	又は肉（g）		10～15	15	15～20
	又は豆腐（g）		30～40	45	50～55
	又は卵（個）		卵黄1～ 全卵1／3	全卵1／2	全卵1／2～ 2／3
	又は乳製品（g）		50～70	80	100

巻末付録の「授乳・離乳の支援ガイド」を
必ず確認しましょう！

解答 3

精選過去問 ⑬　平成31年神奈川 問18改

次の文は、「授乳・離乳の支援ガイド」（2019年改定版）のⅡ-2「離乳の支援」に示されている食物アレルギーの予防に関する記述である。（　A　）～（　C　）にあてはまる語句の正しい組み合わせを一つ選びなさい。

　食物アレルギーとは、特定の食物を摂取した後にアレルギー反応を介して皮膚・呼吸器・消化器あるいは全身性に生じる症状のことをいう。有病者は（　A　）期が最も多く、加齢とともに漸減する。食物アレルギーの発症リスクに影響する因子として、遺伝的素因、皮膚バリア機能の低下、秋冬生まれ、特定の食物の摂取開始時期の遅れが指摘されている。乳児から幼児早期の主要原因食物は、（　B　）、牛乳、小麦の割合が高く、そのほとんどが（　C　）入学前までに治ることが多い。

（組み合わせ）

	A	B	C
1	乳児	そば	小学校
2	乳児	鶏卵	中学校
3	乳児	鶏卵	小学校
4	幼児	鶏卵	中学校
5	幼児	そば	中学校

解答

解説 ⑬

A　乳児　　B　鶏卵　　C　小学校

　「授乳・離乳の支援ガイド」（2019年改定版）のⅡ-2「離乳の支援」2「離乳の支援の方法」（5）「食物アレルギーの予防について」ア「食物アレルギーとは」からの出題です。

　「授乳・離乳の支援ガイド」は、最新の知見や授乳・離乳を取り巻く社会環境等の変化を踏まえ、2019年3月に改定されましたが、改定の主なポイントの1つが、「**食物アレルギー予防に関する支援の充実**」です。改定前は参考として記載していたものを、近年の食物アレルギー児の増加や科学的知見等を踏まえ、アレルゲンとなりうる食品の適切な**摂取時期**の提示や、**医師の診断**に基づいた授乳及び離乳の支援について新たな項目として記載されました。

「授乳・離乳の支援ガイド」（2019 年改定版）Ⅱ－2「離乳の支援」2「離乳の支援の方法」（5）「食物アレルギーの予防について」

ア　食物アレルギーとは

　食物アレルギーとは、特定の食物を摂取した後にアレルギー反応を介して皮膚・呼吸器・消化器あるいは全身性に生じる症状のことをいう。有病者は乳児期が最も多く、加齢とともに漸減する。食物アレルギーの発症リスクに影響する因子として、遺伝的素因、皮膚バリア機能の低下、秋冬生まれ、特定の食物の摂取開始時期の遅れが指摘されている。乳児から幼児早期の主要原因食物は、鶏卵、牛乳、小麦の割合が高く、そのほとんどが小学校入学前までに治ることが多い。

　食物アレルギーによるアナフィラキシーが起こった場合、アレルギー反応により、じん麻疹などの皮膚症状、腹痛や嘔吐などの消化器症状、ゼーゼー、息苦しさなどの呼吸器症状が、複数同時にかつ急激に出現する。特にアナフィラキシーショックが起こった場合、血圧が低下し意識レベルの低下等がみられ、生命にかかわることがある。

イ　食物アレルギーへの対応

　食物アレルギーの発症を心配して、離乳の開始や特定の食物の摂取開始を遅らせても、食物アレルギーの予防効果があるという科学的根拠はないことから、生後5〜6か月頃から離乳を始めるように情報提供を行う。

　離乳を進めるに当たり、食物アレルギーが疑われる症状がみられた場合、自己判断で対応せずに、必ず医師の診断に基づいて進めることが必要である。なお、食物アレルギーの診断がされている子どもについては、必要な栄養素等を過不足なく摂取できるよう、具体的な離乳食の提案が必要である。

　子どもに湿疹がある場合や既に食物アレルギーの診断がされている場合、または離乳開始後に発症した場合は、基本的には原因食物以外の摂取を遅らせる必要はないが、自己判断で対応することで状態が悪化する可能性も想定されるため、必ず医師の指示に基づいて行うよう情報提供を行うこと。

※下線部分が出題された箇所です。

解 答　3

母乳育児

精選過去問 ⑭

　　／　　　　／

次の文は、母乳育児に関する記述である。不適切な記述を一つ選びなさい。

1　母乳は乳児に最適な成分組成で、代謝負担が少ない。

2　感染症の発症及び重症度が低下する。

3　HTLV-1（ヒト細胞白血病ウイルス 1 型）は、母乳を通じて感染する可能性がある。

4　人工栄養に比べ、肥満となるリスクが高い。

5　出産後の母体の回復を促進する。

解答　｜　　　　｜

解説 ⑭

1　○　母乳には、乳児が必要とするすべての栄養素が**理想的な割合**で含まれています。また母乳に含まれる栄養素は**消化吸収が良い**ため、代謝負担も少なくなります。

2　○　母乳には**免疫グロブリン A（IgA）**、ラクトフェリン、リゾチームなどの**感染抑制物質**が含まれているため、乳児の感染症の発症及び重症度が低下します。
また、母乳は初乳と成熟乳で成分が変化しますが、感染抑制物質は**初乳**に特に多く含まれています。

3　○　母乳を介して感染する可能性があるウイルスには、**HTLV－1（ヒト細胞白血病ウイルス 1 型）**や**HIV（ヒト免疫不全ウイルス）**などがあります。
HTLV-1 は、母乳を与えなければ、母子感染率を 6 分の 1 に減少することができるといわれています。HIV は、エイズの原因となるウイルスです。母親が感染している場合、胎盤や産道、母乳を介して子どもに感染する可能性があります。

4　✕　「授乳・離乳の支援ガイド」（2019 年改定版）2「授乳の支援の方法」（1）「妊娠期」において、「母乳には、（中略）小児期の**肥満**やのちの**2 型糖尿病**の発症リスクの低下などの報告がされている。」と示されています。

5 ○ 乳児の吸啜刺激（乳児が母親の乳頭を吸う刺激）は、プロラクチンとオキシトシンというホルモンの分泌を増加させます。この**オキシトシン**は子宮の収縮促進作用があり、**母体の回復**を促す効果があります。**プロラクチン**は乳汁の産生と分泌を促進します。

　このため、出生後できるだけ早く授乳を開始することが母子の精神的結びつき、母子栄養の確立のためにも望ましいとされており、「母乳育児を成功させるための十か条（WHO/UNICEF 共同発表）」においても、母親が分娩後 **30 分**以内に母乳を飲ませられるよう援助することとしています。

解 答　**4**

  母乳栄養の利点

[乳児にとっての利点]	[母親にとっての利点]
・最適な栄養成分組成で**代謝負担が少ない** ・**感染症の発症及び重症度の低下** ・顔や筋肉や顎を発達させる ・良好な母子関係を育む ・SIDS（Sudden Infant Death Syndrome：乳幼児突然死症候群）の発症リスクが低い	・母体の回復を早める ・**母性ホルモン**を分泌させる ・**排卵**を抑制する ・良好な母子関係を育む ・乳がん・卵巣がん発症率が低下する

 **母乳栄養の留意点**

（平成26年）

・母乳栄養児において、**母乳生黄疸**がみられる場合がある。
・特発生乳児**ビタミンK欠乏症**（頭蓋内出血）は**ビタミンK**の不足によって起こることが知られており、原因として母乳中の**ビタミンK**含量が低いことなどが挙げられる。
・妊娠・授乳中の**喫煙**、**受動喫煙**、**飲酒**は、胎児や乳児の発育、母乳分泌にも影響を与える。
・母親がウイルスによる感染症にかかっている場合、**母乳**を介して乳児にも感染する可能性がある。

 **乳汁栄養**

（平成30年前期）

・分娩後、数日以内に分泌される黄色みをおびた粘りのある乳を**初乳**という。
・調製粉乳には、乳児用調製粉乳、**低出生体重児用粉乳**、**ペプチドミルク**、**フォローアップミルク**等がある。
・フォローアップミルクを使用する場合は、生後**9**か月以降とする。

楽しく食べる子どもに

精選過去問 15　　　　令和元年後期・地限 問10　　／　　／

次の文は、「楽しく食べる子どもに〜食からはじまる健やかガイド〜」（平成16年：厚生労働省）における「発育・発達過程に応じて育てたい"食べる力"」の一部である。学童期の内容として正しいものを一つ選びなさい。

1　食べたいもの、好きなものが増える

2　自分の食生活を振り返り、評価し、改善できる

3　おなかがすくリズムがもてる

4　食料の生産・流通から食卓までのプロセスがわかる

5　食に関わる活動を計画したり、積極的に参加したりすることができる

解答　　　

解説 15

　「楽しく食べる子どもに〜食からはじまる健やかガイド〜」（平成16年：厚生労働省）では、「食事のリズムがもてる」「食事を味わって食べる」「一緒に食べたい人がいる」「食事づくりや準備に関わる」「食生活や健康に主体的に関わる」という5つの子どもの姿を目標とし、「発育・発達過程に応じて育てたい"食べる力"」を、**授乳期・離乳期**、**幼児期**、**学童期**、**思春期**の4つに分け、それぞれ具体的な内容を示しています。

1　✕　「食べたいもの、好きなものが増える」は、**幼児期**の内容です。

2　〇　「自分の食生活を振り返り、評価し、改善できる」は、**学童期**の内容です。

3　✕　「おなかがすくリズムがもてる」は、**幼児期**の内容です。

4　✕　「食料の生産・流通から食卓までのプロセスがわかる」は、**思春期**の内容です。

5　✕　「食に関わる活動を計画したり、積極的に参加したりすることができる」は、**思春期**の内容です。

「楽しく食べる子どもに〜食からはじまる健やかガイド〜」

4 「発育・発達段階に応じて育てたい"食べる力"」（一部抜粋）

授乳期・離乳期－安心と安らぎの中で食べる意欲の基礎づくり－

○　安心と安らぎの中で母乳（ミルク）を飲む心地よさを味わう

○　いろいろな食べ物を見て、触って、味わって、自分で進んで食べようとする H27

幼児期－食べる意欲を大切に、食の体験を広げよう－

○₃ おなかがすくリズムがもてる H27 H29前 R1後・地

○₁ 食べたいもの、好きなものが増える R1後・地

○　家族や仲間と一緒に食べる楽しさを味わう H28前 H29前

○　栽培、収穫、調理を通して、食べ物に触れはじめる

○　食べ物や身体のことを話題にする H29前

学童期－食の体験を深め、食の世界を広げよう－

○　1日3回の食事や間食のリズムがもてる H27地限

○　食事のバランスや適量がわかる H27地限 H29前

○　家族や仲間と一緒に食事づくりや準備を楽しむ

○　自然と食べ物との関わり、地域と食べ物との関わりに関心をもつ H27 H29前 H28前

○₂ 自分の食生活を振り返り、評価し、改善できる H28前 R1後・地

思春期－自分らしい食生活を実現し、健やかな食文化の担い手になろう－

○　食べたい食事のイメージを描き、それを実現できる H27

○　一緒に食べる人を気遣い、楽しく食べることができる H27地限

○₄ 食料の生産・流通から食卓までのプロセスがわかる H28前 R1後・地

○　自分の身体の成長や体調の変化を知り、自分の身体を大切にできる H27地限

○₅ 食に関わる活動を計画したり、積極的に参加したりすることができる R1後・地

※過去5年間に出題された箇所には、赤い下線を付け、出題年を記載しています。
※この設問に出題された箇所には、該当する番号を併記しています。

解答　2

1
2
3
4
5
6
7
8
9

精選過去問 ⑯

次の文は、「楽しく食べる子どもに〜保育所における食育に関する指針〜」（平成16年：厚生労働省）の3歳以上児の食育のねらい及び内容に関する記述である。次の【Ⅰ群】の項目と【Ⅱ群】の内容を結びつけた場合の正しい組み合わせを一つ選びなさい。

【Ⅰ群】

A　食と健康

B　食と人間関係

C　食と文化

D　いのちの育ちと食

E　料理と食

【Ⅱ群】

ア　地域の産物を生かした料理を味わい、郷土への親しみを持つ。

イ　慣れない食べものや嫌いな食べものにも挑戦する。

ウ　身近な大人の調理を見る。

エ　身近な大人や友達とともに、食事をする喜びを味わう。

オ　身近な動植物に関心を持つ。

（組み合わせ）

	A	B	C	D	E
1	ア	イ	ウ	エ	オ
2	イ	ウ	エ	オ	ア
3	イ	エ	ア	オ	ウ
4	エ	オ	ア	イ	ウ
5	オ	ア	イ	ウ	エ

解答 ☐

解説 ⑯

A イ　B エ　C ア　D オ　E ウ

「楽しく食べる子どもに〜保育所における食育に関する指針〜」（平成16年：厚生労働省）では、「食を営む力」の育成に向け、その基礎を培うことを保育所における食育の目標としています。そのため、楽しく食べる子どもに成長していくことを期待しつつ、「**5つの子ども像**」を掲げて具体的な子どもの姿としてあらわしています。

食育における5つの子ども像

①お腹がすくリズムのもてる子ども	②食べたいもの、好きなものが増える子ども
③一緒に食べたい人がいる子ども	④食事づくり、準備に関わる子ども
⑤食べ物を話題にする子ども	

　乳幼児期から正しい食事のとり方や望ましい食習慣の定着、食を通じた人間性の形成・家族関係づくりによる心身の健全育成を図るため、発達段階に応じた食に関する取組を進めること

が必要とされています。また、食育の実施にあたっては、家庭や地域社会との連携を図り、保護者の協力のもと、共に進めていくことの重要性なども謳われています。

食育のねらい及び内容は6か月未満児、6か月～1歳3か月未満児、1歳3か月～2歳未満児、2歳児、3歳児以上の発達段階に分かれています。

「楽しく食べる子どもに～保育所における食育に関する指針～」（平成16年：厚生労働省）
3歳以上児の食育のねらい及び内容（一部抜粋）

ねらい	内容
「食と健康」 R1後・地	① 好きな食べものをおいしく食べる。 ② 様々な食べものを進んで食べる。 ③ イ 慣れない食べものや嫌いな食べものにも挑戦する。 H28後・地 H29前 ④ 自分の健康に関心を持ち、必要な食品を進んでとろうとする。 ⑤ 健康と食べものの関係について関心を持つ。 ⑥ 健康な生活リズムを身につける。 ⑦ うがい、手洗いなど、身の回りを清潔にし、食生活に必要な活動を自分でする。 ⑧ 保育所生活における食事の仕方を知り、自分たちで場を整える。 ⑨ 食事の際には、安全に気をつけて行動する。 H27
「食と人間関係」	① エ 身近な大人や友達とともに、食事をする喜びを味わう。 H28後・地 H29前 ② 同じ料理を食べたり、分け合って食事することを喜ぶ。 ③ 食生活に必要なことを、友達とともに協力して進める。 ④ 食の場を共有する中で、友達との関わりを深め、思いやりを持つ。 ⑤ 調理をしている人に関心を持ち、感謝の気持ちを持つ。 H27 ⑥ 地域のお年寄りや外国の人など様々な人々と食事を共にする中で、親しみを持つ。 ⑦ 楽しく食事をするために、必要なきまりに気づき、守ろうとする。
「食と文化」	① 食材にも旬があることを知り、季節感を感じる。 H27 H29前 ② ア 地域の産物を生かした料理を味わい、郷土への親しみを持つ。 H28後・地 ③ 様々な伝統的な日本特有の食事を体験する。 ④ 外国の人々など、自分と異なる食文化に興味や関心を持つ。 ⑤ 伝統的な食品加工に出会い、味わう。 ⑥ 食事にあった食具（スプーンや箸など）の使い方を身につける。 ⑦ 挨拶や姿勢など、気持ちよく食事をするためのマナーを身につける。
「いのちの育ちと食」 R1後・地	① オ 身近な動植物に関心を持つ。 H28後・地 H29前 ② 動植物に触れ合うことで、いのちの美しさ、不思議さなどに気づく。 ③ 自分たちで野菜を育てる。 ④ 収穫の時期に気づく。 ⑤ 自分たちで育てた野菜を食べる。 ⑥ 小動物を飼い、世話をする。 ⑦ 卵や乳など、身近な動物からの恵みに、感謝の気持ちを持つ。 ⑧ 食べ物を皆で分け、食べる喜びを味わう。 H27
「料理と食」 R1後・地	① ウ 身近な大人の調理を見る。 H28後・地 H29前 ② 食事づくりの過程の中で、大人の援助を受けながら、自分でできることを増やす。 ③ 食べたいものを考える。 H27 ④ 食材の色、形、香りなどに興味を持つ。 ⑤ 調理器具の使い方を学び、安全で衛生的な使用法を身につける。 ⑥ 身近な大人や友達と協力し合って、調理することを楽しむ。 ⑦ おいしそうな盛り付けを考える。 ⑧ 食事が楽しくなるような雰囲気を考え、おいしく食べる。

※過去5年間に出題された箇所には、赤い下線を付け、出題年を記載しています。
※この設問に出題された箇所には、該当するカタカナを併記しています。

解答 3

国民健康・栄養調査

精選過去問 ⑰

／ ／

次の文は、「平成28年国民健康・栄養調査」（厚生労働省）における20～29歳の男性の食生活に関する記述である。適切な記述を○、不適切な記述を×とした場合の正しい組み合わせを一つ選びなさい。

A 肥満者（BMI $\geq$ 25kg/m^2）の割合は、成人男女の年齢層の中で最も高い。

B 朝食の欠食率は、成人男性の中で最も高い。

C 野菜摂取量の平均値は、成人男性の中で最も低い。

D 1日の歩数の平均値は、成人男女の年齢層の中で最も高い。

（組み合わせ）

	A	B	C	D
1	○	○	○	×
2	○	×	×	×
3	×	○	○	○
4	×	○	×	○
5	×	×	○	○

解答	

A ✕ 「平成28年国民健康・栄養調査結果の概要」によると、成人男女の年齢層の中で、肥満者（BMI ≧ 25kg/m²）の割合が最も高いのは、**50〜59歳の男性**（36.5％）です。

B 〇 「平成28年国民健康・栄養調査結果の概要」によると、朝食の欠食率は男性で15.4％、女性で10.7％で、年齢階級別にみると、男女ともにその割合は**20歳代で最も高く**、それぞれ37.4％、23.1％です。

C 〇 「平成28年国民健康・栄養調査結果の概要」によると、野菜摂取量の平均値は276.5gであり、男女別にみると男性283.7g、女性270.5gであり、この10年間でみると、いずれも有意に**減少**しています。年齢階級別にみると、男女ともに**20歳代で最も少なく**、**60歳代で最も多い**です。

D 〇 「平成28年国民健康・栄養調査結果の概要」によると、成人男女の年齢層の中で、1日の歩数の平均値が最も高いのは、**20〜29歳の男性**（8,583歩）です。
歩数の平均値は男性で6,984歩、女性で6,029歩であり、この10年間でみると男女ともに有意な増減はみられません。

解答 3

  「国民健康・栄養調査」（厚生労働省）

「国民健康・栄養調査」は、国民の身体の状況、栄養摂取量および生活習慣の状況を明らかにし、国民の健康増進の総合的な推進を図るための基礎資料を得ることを目的としています。毎年1回、身体状況、栄養摂取状況（食品摂取、栄養素摂取量、食事状況等）、生活習慣（食生活等）を調査しています。厚生労働省のホームページで調査結果を見ることができますので、概要を確認しておきましょう。

ここも出た！ **CHECK**（平成30年後期・地限） **20〜29歳の女性の健康と栄養に関する記述**

・妊娠前の体格が「**低体重（やせ）**」や「**ふつう**」であり、妊娠中の体重増加量が**7kg未満**の場合には、**低出生体重児**を出産するリスクが高くなると言われている。
・「平成28年国民健康・栄養調査」によると、朝食の欠食率は、成人女性の他の年齢層の中で最も**高い**。

妊娠期の栄養と食生活

精選過去問 ⑱ 平成30年後期・地限 問13 / /

次の文は、妊娠期の栄養と食生活に関する記述である。適切な記述を一つ選びなさい。

1 妊娠後期には神経管閉鎖障害発症リスク低減のために、鉄を十分摂取することが必要である。

2 妊娠期における推奨体重増加量は、非妊娠時の体格区分別に示されている。

3 「日本人の食事摂取基準（2015年版）」では、カルシウムの妊婦の付加量は、初期、中期、後期とも＋200mgである。

4 妊娠初期にビタミンCを過剰摂取すると、胎児の奇形発生率が高くなる。

5 イワシは食物連鎖によって水銀を多く含むので、妊娠中は食べる際に注意が必要である。

※令和2年度からは、「日本人の食事摂取基準（2020年版）」が使用されます。

解答 [　　　]

解 説 ⑱

1 ✕ 妊娠初期に不足すると、二分脊髄（にぶんせきずい）などの**神経管閉鎖障害**発症リスクが上がることが知られているのは、**葉酸（ようさん）**です。「日本人の食事摂取基準（2015年版）」では妊婦の推奨量（μg／日）に240を付加しています。また、妊娠を計画している女性、または妊娠の可能性がある女性は神経管閉鎖障害のリスクの低減のために、付加的に1日400μg（0.4mg）の葉酸摂取を推奨しています。

鉄については、妊娠中は血液の増加や、胎児、胎盤の形成に伴って必要量も増加するため「日本人の食事摂取基準（2015年版）」では妊婦の推奨量（mg/日）に妊娠初期は2.5、中期・後期は15.0、授乳婦には2.5の付加量が設定されています。

2 ◯ 「妊産婦のための食生活指針」（厚生労働省）では、推奨体重増加量を**非妊娠時**の体格区分別に設定しています。

妊娠全期間を通しての推奨体重増加量は、「低体重（やせ）」は**9～12**kg、「ふつう」は**7～12**kg、「肥満」は個別対応としています。

妊娠中期から末期における1週間あたりの推奨体重増加量は、「低体重（やせ）」「ふつう」ともに0.3～0.5g、「肥満」は個別対応としています。

3 ✕ 「日本人の食事摂取基準（2015年版）」では、カルシウムの妊婦付加量は**示されていません**。また、カルシウムは、授乳婦付加量も設定されていません。

4 ✕ 妊娠**初期**に**ビタミンA**を過剰摂取すると胎児の奇形率が高くなることが知られています。

ただし、妊娠**後期**には胎児への蓄積量（ちくせき）を付加する必要があるため「日本人の食事摂取基準（2015年版）」では推奨量（μg RAE/日）に**80**を付加しています。また、授乳婦は泌乳（ひつにゅう）のため**450**を付加しています。

5 　✕ 　魚介類を通じた水銀摂取が胎児に影響を与える可能性を懸念する報告がなされており、胎児への影響を最小限にするため、妊娠中は魚介類の摂取についての「妊婦への魚介類の摂食と水銀に関する注意事項」(厚生労働省)がまとめられています。
食物連鎖により水銀濃度の高いマグロやカジキ、キンメダイなどは妊娠中食べる際に注意が必要です。

| | 解 答 | 2 |

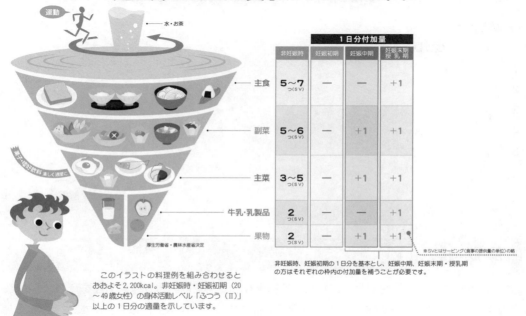

～妊産婦のための食事バランスガイド～

厚生労働省・農林水産省決定

このイラストの料理例を組み合わせるとおおよそ2,200kcal。非妊娠時・妊娠初期(20～49歳女性)の身体活動レベル「ふつう(Ⅱ)」以上の1日分の適量を示しています。

1日分付加量

	非妊娠時	妊娠初期	妊娠中期	妊娠末期 授乳期
主食	5～7 つ(SV)	―	―	+1
副菜	5～6 つ(SV)	―	+1	+1
主菜	3～5 つ(SV)	―	+1	+1
牛乳・乳製品	2 つ(SV)	―	―	+1
果物	2 つ(SV)	―	+1	+1

※SVとはサービング(食事の提供量の単位)の略

非妊娠時、妊娠初期の1日分を基本とし、妊娠中期、妊娠末期・授乳期の方はそれぞれの枠内の付加量を補うことが必要です。

「妊産婦のための食生活指針」(厚生労働省)※一部抜粋

・妊娠前から健康なからだづくりを
・「主食」を中心にエネルギーをしっかりと
・不足しがちなビタミン・ミネラルを、「副菜」でたっぷりと
・からだづくりに基礎となる「主菜」は適量を
・牛乳・乳製品などの多様な食品を組み合わせて、カルシウムを十分に
・妊娠中の体重増加は、お母さんと赤ちゃんにとって望ましい量に
・母乳育児も、バランスのよい食生活の中で
・たばことお酒の害から赤ちゃんを守りましょう
・お母さんと赤ちゃんの健やかな毎日は、からだと心にゆとりにある生活から生まれます

食育の基本と内容

精選過去問 ❶⑨

平成26年 問15

次の文は、「食育基本法」に関する記述である。適切な記述を〇、不適切な記述を×とした場合の正しい組み合わせを一つ選びなさい。

A 「食育を、生きる上での基本であって、知育、徳育及び体育と同等であると位置付ける」と示されている。

B 基本理念の一つに、「食品の安全性の確保等における食育の役割」が掲げられている。

C 食育推進会議は、厚生労働省に置かれ、「食育推進基本計画を作成し、及びその実施を推進すること」をつかさどるとされている。

D 都道府県は、食育推進基本計画を基本として、当該都道府県の区域内における食育の推進に関する施策についての計画を作成するよう努めなければならないとされている。

（組み合わせ）

	A	B	C	D
1	〇	〇	〇	〇
2	〇	×	〇	×
3	×	〇	×	〇
4	×	〇	×	×
5	×	×	〇	〇

解答

解説 ❶⑨

「食育基本法」は、国民が生涯にわたって健全な心身を培い、豊かな**人間性**を育むことができるようにするため、食育を**総合的**、**計画的**に推進することを目的としています。

A **✕** 「食育基本法」前文において、「食育を、生きる上での基本であって、**知育、徳育**及び**体育の基礎**となるべきものと位置付ける」「様々な経験を通じて「食」に関する知識と「食」を**選択**する力を習得し、健全な食生活を実践することができる人間を育てる」と示されています。

保育所保育指針では、第3章「健康及び安全」において、保育所の**特性**を生かした食育をすること、そのための**環境の整備**について示されています。

B **〇** **基本理念**は、「食育基本法」第2条〜第8条において、「国民の心身の健康の増進と豊かな人間形成」、「食に関する**感謝**の念と理解」、「**食育推進運動**の展開」、「子どもの食育における**保護者、教育関係者**等の役割」、「食に関する**体験**活動と食育推進活動の実践」、「**伝統的**な食文化、**環境**と調和した生産等への配意及び**農山漁村**の活性化と**食料自給率**への**貢献**（こうけん）」、「食品の**安全性**の確保等における食育の役割」の7つが掲げられています。

C ✕ **食育推進会議**は、2015（平成27）年度までは内閣府におかれていましたが、2016（平成28）年度からは、**農林水産省**に設置されています。「**食育推進基本計画を作成し、及びその実施を推進すること**」をつかさどるとされています。

2016（平成28）年3月には、「第3次食育推進基本計画」が作成されました。「第3次食育推進基本計画」では、今後5年間に取り組むべき重点課題として、「**若い世代を中心とした食育の推進**」、「**多様な暮らしに対応した食育の推進**」、「**健康寿命の延伸**につながる食育の推進」、「**食の循環や環境を意識した食育の推進**」「**食文化の継承**に向けた食育の推進」の5つを定めています。

D 〇 「**都道府県**は、食育推進基本計画を基本として、当該都道府県の区域内における食育の推進に関する施策についての計画を作成するよう**努めなければならない**」と、「**食育基本法**」第17条に示されています。

解答 **3**

（平成30年後期・地限） 「**食育基本法**」前文の一部

　子どもたちに対する**食育**は、心身の成長及び**人格の形成**に大きな影響を及ぼし、生涯にわたって**健全な心と体**を培い豊かな人間性を育んでいく**基礎**となるものである。

（平成30年神奈川） 「**学校給食法**」第2条「学校給食の目標」

・適切な栄養の摂取による**健康の保持増進**を図ること。
・学校生活を豊かにし、明るい**社交性**及び**協同**の精神を養うこと。
・食生活が**自然の恩恵**の上に成り立つものであることについての理解を深め、生命及び自然を尊重する精神並びに**環境**の保全に寄与する態度を養うこと。
・我が国や各地域の優れた**伝統的**な食文化ついての理解を深めること。
・食料の**生産**、**流通**及び**消費**について、正しい理解に導くこと。

精選過去問 ⑳

次の文のうち、「保育所保育指針」第3章「健康及び安全」の2「食育の推進」の一部として正しいものを〇、誤ったものを×とした場合の正しい組み合わせを一つ選びなさい。

A 食事の提供を含む食育計画を全体的な計画に基づいて作成し、その評価及び改善に努めること。

B 保育所における食育は、健康な生活の基本としての「生きる力」の育成に向け、その基礎を培うことを目標とすること。

C 栄養士が配置されている場合は、専門性を生かした対応を図ること。

D 子どもと調理員等との関わりや、調理室など食に関わる保育環境に配慮すること。

（組み合わせ）

	A	B	C	D
1	〇	〇	〇	×
2	〇	〇	×	〇
3	〇	×	〇	〇
4	×	〇	〇	×
5	×	×	×	〇

解答

解説 ⑳

「保育所保育指針」第3章「健康及び安全」2「食育の推進」の（1）「**保育所の特性**を生かした食育」と（2）「食育の**環境の整備**等」からの出題です。

A 〇 （1）「保育所の特性を生かした食育」のウの内容です。「保育所保育指針解説」（平成30年2月）では、「食事内容を含め、こうした食育の取組を、保護者や地域に向けて発信することも大切である。」とも記されています。

B × （1）「保育所の特性を生かした食育」のアの内容ですが、「保育所における食育は、健康な生活の基本としての「**食を営む力**」の育成に向け、その基礎を培うことを目標とすること」と記されています。「生きる力」ではありません。
その目標のために、各保育所において**創意工夫**を行いながら食育を推進していくことが求められます。

C 〇 Cの内容は、2か所に記されています。
まず、（1）「保育所の特性を生かした食育」のウでは、「乳幼児期にふさわしい食生活が展開され、適切な援助が行われるよう、**食事の提供**を含む**食育計画**を全体的な計画に基づいて作成し、その**評価及び改善**に努めること。**栄養士**が配置されている場合は、**専門性**を生かした対応を図ること。」と記されています。
そして、（2）「食育の環境の整備等」のウでは、「**体調不良、食物アレルギー、障害**

のある子どもなど、一人一人の子どもの心身の状態等に応じ、嘱託医、かかりつけ医等の指示や協力の下に適切に対応すること。栄養士が配置されている場合は、専門性を生かした対応を図ること。」と記されています。

D ○ （2）「食育の環境の整備等」のアの内容です。「保育所保育指針解説」（平成30年2月）では、「育てた食材で調理活動を行うことや調理過程の一部を手伝うこと等の体験を通して、調理室における調理の様子をうかがい知ったり、調理員等と一緒に食べたりする経験などを通じて、食材や調理する人への感謝の気持ち、生命を大切にする気持ちなどが育まれていく。」とも記されています。

「保育所保育指針」第3章「健康及び安全」2「食育の推進」

（1）保育所の特性を生かした食育

ア B 保育所における食育は、健康な生活の基本としての「**食を営む力**」の育成に向け、その**基礎**を培うことを目標とすること。

イ 子どもが**生活**と**遊び**の中で、意欲をもって食に関わる体験を積み重ね、食べることを楽しみ、食事を楽しみ合う子どもに成長していくことを期待するものであること。

ウ 乳幼児期にふさわしい食生活が展開され、適切な援助が行われるよう、A **食事の提供を含む食育計画を全体的な計画に基づいて作成**し、その**評価及び改善**に努めること。C 栄養士が配置されている場合は、**専門性**を生かした対応を図ること。

（2）食育の環境の整備等

ア 子どもが自らの感覚や体験を通して、**自然の恵み**としての食材や食の**循環・環境**への意識、**調理する人への感謝の気持ち**が育つように、D 子どもと調理員等との関わりや、**調理室**など食に関わる保育環境に配慮すること。

イ **保護者**や**地域**の多様な関係者との連携及び協働の下で、食に関する取組が進められること。また、市町村の支援の下に、地域の関係機関等との**日常的な連携**を図り、必要な協力が得られるよう努めること。

ウ **体調不良**、**食物アレルギー**、**障害のある子ども**など、一人一人の子どもの心身の状態等に応じ、**嘱託医**、**かかりつけ医**等の指示や協力の下に適切に対応すること。C 栄養士が配置されている場合は、**専門性**を生かした対応を図ること。

※下線部分が出題された箇所です。

解答 3

児童福祉施設における食事の提供ガイド

精選過去問㉑

次の文は、「児童福祉施設における食事の提供ガイド」（平成22年：厚生労働省）における児童養護施設についての記述である。（　A　）～（　E　）にあてはまる語句を【語群】から選択した場合の正しい組み合わせを一つ選びなさい。

　児童養護施設においては、子どもたちの健やかな発育・発達を促す食事の提供、（　A　）自立にむけた栄養・食生活支援につながる（　B　）を推進することが必要である。食育の推進においては（　C　）・栄養士が中心となり、多職種で連携を図りながら、（　D　）、食事提供に関する計画を立て、実践することが大切であり、個別の（　E　）における食に関する内容を考慮し、一体的かつ継続的な支援を行うことが求められる。

【語群】

| ア | 経済的 | イ | 社会的 | ウ | 精神的 | エ | 保健指導 | オ | 食育 |
| カ | 管理栄養士 | キ | 保育士 | ク | 保育の計画 | ケ | 食育計画 | コ | 自立支援計画 |

（組み合わせ）

	A	B	C	D	E
1	ア	エ	カ	ク	ケ
2	ア	オ	キ	ケ	ク
3	イ	エ	キ	コ	ケ
4	イ	オ	カ	ケ	コ
5	ウ	エ	キ	ケ	コ

解答

解説㉑

A　イ　社会的　　B　オ　食育　　C　カ　管理栄養士　　D　ケ　食育計画
E　コ　自立支援計画

　「児童福祉施設における食事の提供ガイド」（平成22年：厚生労働省）Ⅳ「実践例」2「食事の提供及び栄養管理に関する施設別の留意点」3「児童養護施設」（1）「児童養護施設における具体的な食生活支援」からの出題です。

　「児童福祉施設における食事の提供ガイド」は、子どもの健やかな発育・発達を支援する観点から、児童福祉施設における食事の提供及び栄養管理を実践するにあたっての考え方の例を示すものです。食事の提供の際の計画・実施と評価や食事摂取基準の活用、食中毒予防のための衛生管理、施設の種類別の留意点等を提示しています。

　集団給食施設等における食中毒を予防するために児童福祉施設等のような小規模施設等においても、HACCP（ハサップ）（Hazard Analysis and Critical Control Point；危害分析

及び重要管理点）の概念に基づき、「大量調理施設衛生管理マニュアル」などのガイドラインに沿った衛生管理に努めることが望ましいとされています。

解答 **4**

「児童福祉施設における食事の提供ガイド」
（平成22年：厚生労働省）

食事の提供及び栄養管理に関する施設別の留意点
・乳児院への入所時には、**授乳や離乳食**の状況、**アレルギー**の有無等の入所前の家庭での食に関する状況を、病院での看護記録等も含めケースワーカーや家族等からの情報により把握する。
・障害児施設から特別支援学校（学級）に通学する場合には、障害児への栄養・食生活支援にあたって、家庭、**行政**、医療機関、**特別支援学校**との連携が重要である。
・児童養護施設においては、子どもたちの健やかな発育・発達を促す食事の提供、**社会的自立**に向けた栄養・食生活支援につながる食育を推進することが必要である。
・保育所における食事の提供は、**集団**としての側面を持ちつつも、**年齢差及び個人差**が大きいこと、離乳食、**食物アレルギー**のある子どもや**障害のある子ども**等への配慮が必要な場合があり、柔軟な対応が大切である。

「保育所における食事の提供ガイドライン」
（平成24年：厚生労働省）

第3章「保育所における食事提供の具体的なあり方」の1「食事提供の具体的なあり方」
※一部抜粋

　子どもは食事のすべてを自ら準備したり、整えたりすることはできない。従って、食事の提供のあり方によっては、単に、食事を提供される受身になってしまうことさえある。子どもが自立した食の担い手、食べる主体として育つためには、**食物を育ててくれる人、食事を作ってくれる人、食事を配膳し整えてくれる人、一緒に食べてくれる人**の存在に気づき、こうした人々の思いに気づく体験が積み重ねられることが望まれる。

　子どもの健やかな育ちを支える保育所において食事を提供するにあたっては、保育者等が子どもの身体発育・発達、**食べる機能**、食欲、味覚の発達過程を丹念に**観察**する能力を持つとともに、その発達状況に応じて、食品の種類、量、大きさ、**固さ**、食具等を配慮し、食に関わる体験が広がるよう工夫することが重要である。

「保育所における食事の提供ガイドライン」
（平成24年：厚生労働省）

保育所における食事の提供の「評価のポイント」の一部
・**地域の保護者**に対して、食育に関する支援ができているか
・**調理員**や**栄養士**の役割が明確になっているか
・**乳幼児期の発育・発達**に応じた食事の提供になっているか
・子どもの**食事環境**や**食事の提供**の方法が適切か

食物アレルギーのある子どもへの対応

精選過去問㉒

平成30年前期 問19　／　　／

次の文は、「食物アレルギー診療ガイドライン 2016」（日本小児アレルギー学会食物アレルギー委員会）の食物アレルギーへの対応と食事に関する記述である。適切な記述を○、不適切な記述を×とした場合の正しい組み合わせを一つ選びなさい。

A 食物アレルギーの基本的栄養食事指導は、必要最小限の食物除去を心がける。

B 食物除去の開始後は定期的に栄養面を評価し、必要に応じて栄養士の協力を得て栄養指導をする。

C 鶏卵アレルギーがある場合、鶏肉は一般的に除去不要とされている。

D 牛乳アレルギーがある場合、洋菓子やホワイトソースに用いられる牛乳は加熱されるので、一般的に除去不要とされている。

E 大豆アレルギーがある場合、醤油、味噌、大豆油は一般的に除去不要とされている。

（組み合わせ）

	A	B	C	D	E
1	○	○	○	×	○
2	○	○	×	×	×
3	○	×	×	○	○
4	×	○	○	×	○
5	×	×	○	×	×

解答 [　　　]

解説㉒

A ○ 「食物アレルギー診療ガイドライン 2016」では、「栄養食事指導のポイントは、**必要最小限の除去**、安全性の確保、栄養面への配慮、患者と家族の QOL（クオリティ・オブ・ライフ：生活の質）維持である」としています。

必要最小限の除去とは、食べると症状が誘発される食物だけを除去し、「念のため」「心配だから」といって、必要以上に除去する食物を増やさないことです。

B ○ 「食物アレルギー診療ガイドライン 2016」では、「食物除去の開始後は定期的に栄養面を評価し、必要に応じて**栄養士**の協力を得て栄養指導をする。」としています。栄養士は、**医師**の診断、指示に基づき不必要な除去の確認や安全性の確保、「食べられる範囲」の具体的な指導など、食生活の評価・指導を通して患者が「健康的な」「安心できる」「楽しい」食生活を支援します。

C ○ 鶏卵アレルギーがある場合、鶏卵と鶏卵を含む**加工食品**、その他の鳥の卵（うずらの卵など）を除去する必要があります。

鶏肉や魚卵は鶏卵とアレルゲンが異なるため、一般的に除去不要とされています。また、加工食品の原材料である卵殻カルシウムも除去不要とされています。

D ✕ 牛乳のアレルゲンは、加熱によるアレルゲン性の変化を受けにくいため、加熱の有無にかかわらず牛乳と牛乳を含む**加工食品**の除去が必要です。

牛乳を除去すると**カルシウム**摂取量が不足するため、他の食品で補う必要があります。

E ○ 醤油や味噌は、生成の発酵過程で大豆アレルゲンの大部分が分解されることと調理に利用する量は少ないこともあり、一般的に除去不要とされています。

大豆油は精製されており基本的に油脂成分が原因にはならないため、一般的に除去不要とされています。

> 解答 **1**

 **CHECK** ✓（平成29年後期・地限）　**食物アレルギーに関する記述**

・乳児期の食物アレルギーの原因は、**鶏卵**、**牛乳**、**小麦**が多い。
・アレルギー反応を起こす抗原を**アレルゲン**という。
・食物アレルギーにより引き起こされる症状には、**皮膚**症状、**消化器**症状、**呼吸器**症状などがある。
・食物アレルギーにより、多臓器にわたる症状を呈した場合を**アナフィラキシー**という。

 覚えよう!

「食品表示法」によるアレルギーの物質表示

義務表示	7品目	卵、乳、小麦、そば、落花生、えび、かに
		覚え方　アレルゲンは、 そば、こむぎ、かに、らっかせい、にゅう、えび、たまご →底から煮えた（そこからにえた）
奨励表示	20品目	大豆、やまいも、まつたけ、くるみ、カシューナッツ、ごま、オレンジ、キウイフルーツ、バナナ、もも、りんご、さけ、さば、いか、あわび、いくら、牛肉、鶏肉、豚肉、ゼラチン

障害のある子どもへの対応

精選過去問㉓　　　　　　　　平成29年前期 問10　　／　　／

次の文は、咀しゃく・嚥下が困難な子どもの食事に関する記述である。適切な記述を○、不適切な記述を×とした場合の正しい組み合わせを一つ選びなさい。

A　咀しゃく機能の状態によって、ソフト食やきざみ食にするなどの配慮が必要である。

B　パサパサしているもの、口の中でばらつくものは飲み込みにくい。

C　飲み込みやすくするために、とろみ調整食品を使用することがある。

D　こんにゃくは弾力性があるので、食べやすい食品である。

E　酸味の強い柑橘類は、食べやすい食品である。

（組み合わせ）

	A	B	C	D	E
1	○	○	○	○	×
2	○	○	○	×	×
3	○	○	×	×	○
4	○	×	○	×	×
5	×	×	○	×	○

解答　　　　　

解説㉓

　咀しゃく、嚥下が困難な子どもの食事では、消化・吸収しやすい食品を利用し、飲み込みやすく調理するなどの**工夫**が必要です。

A　○　**咀しゃく**機能（噛むはたらき）の状態によって、よく煮込んだり、茹でる等して柔らかく調理した舌で潰せる程度の硬さにしたソフト食やきざみ食は、噛む力が弱い人には食べやすいですが、対象者の咀しゃく能力や嚥下能力に合わせた適度な噛みごたえのある大きさに切ることも大切です。**ソフト食**とは、ミキサー等で食材を柔らかくし、つなぎやゲル化剤を使って通常の食事に近い形に成形した食事形態のことです。舌と上あごでつぶせる程度の硬さになっています。**きざみ食**については、食べ物は単に細かければよいというわけではありません。細かすぎると、口全体に広がってしまい、飲み込むときにまとめることが難しく、むせやすくなる場合がありますので、それぞれに適した調理法がのぞまれます。

B　○　食べ物は滑らかさがあり、のどごしがよく、適度な水分を含んでいる方が飲み込みやすいです。パンやサツマイモなどは、パサパサしていて水分が少なく、ひき肉やブロッコリーなどはばらつきやすいため口の中でまとめることが難しく、飲み込みにくい食品です。

C ◯ **とろみ調整食品**は、水などのサラサラした状態の粘性を高め、口の中でまとまりやすくします。まとまりやすくなると、のどへ送り込まれるスピードが遅くなり誤嚥（誤って飲み込むこと）を防ぎ、ゆっくりと移動できます。とろみをつけるために片栗粉やコーンスターチ等を使用することもおなじみですが、市販の「とろみ調整食品」を用いると、液体の温度に関係なく、とろみ調整ができます。

D ✕ こんにゃくは弾力性があるので、なかなか噛み切れず食べにくい食品のひとつです。他に弾力性のある食べ物として餅、団子、いか、かまぼこ、ブドウ、ピーナッツなどナッツ類、こんにゃくゼリー等があげられます。咀しゃくの力が弱い場合は注意が必要です。また、咀しゃく・嚥下機能の障がいの有無に限らず、おもに乳幼児では、**嚥下機能が未熟**であり、歯も生えそろっていないことに加え、咀しゃく力（噛む力）が弱いため、健常児であっても食べ物をのどにつまらせて窒息につながる危険性があります。

E ✕ 酸味の強い柑橘類（かんきつるい）は**むせやすく、食べにくい食品**です。他に酢の物や梅干しなども誤嚥しやすい食品です。酢の物などは酢の分量を少なめにし、ダシで酢の物を薄めたり、一度加熱をして酸味をとばすなどの工夫が必要です。また酸味は、腐敗のシグナルとして人間が本能的に警戒をしなければならない味とされているため、子どもは酸味を苦手とする傾向がありますが、成長していくにしたがって抵抗なく食べられるようになっていきます。

	解答 2

障害のある子どもの摂食と食事指導 （平成30年前期）

・接触時の姿勢は、軽度の摂食・嚥下障害時では、ほぼ**健常者と同じ**と考えてよい。
・日常生活で寝たきりが多い児は、**誤嚥**を防止する為に、頸部（けいぶ）（首の部分）を少し**前屈**させるようにする。
・誤嚥を防止する為に、一度に**多量**の食物を口に入れないようにする。
・運動麻痺（まひ）や不随意（ふずいい）運動などのある障害時には、**食事用自助具**の利用や工夫が必要となる。

体調不良の子どもへの食事の与え方 （平成30年後期・地限）

・水分補給には、**白湯（さゆ）**、**ほうじ茶**、**小児用電解質液**などが適している。
・吐き気、嘔吐がある場合は、それがおさまってから**水分**を少しずつ与える。
・同じ材料でも、**切り方**によって消化を良くすることができる。
・口内炎がある場合には、舌ざわりが**なめらか**で飲み込みやすいものがよい。

伴奏

精選過去問 ❶

令和元年後期・地限　問1　／　／

次の曲の伴奏部分として、A～Dにあてはまるものの正しい組み合わせを一つ選びなさい。

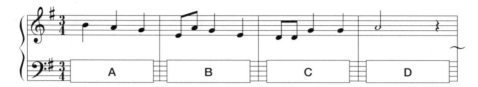

（組み合わせ）

	A	B	C	D
1	イ	エ	ア	ウ
2	イ	エ	イ	ウ
3	ウ	イ	エ	ア
4	エ	ア	ウ	イ
5	エ	ア	ウ	ウ

解答　□

解説 ❶

　この設問の楽譜は、♯（シャープ）が1つですので、ト長調です。（ト長調は、「ファ」に♯が付きます。）

　ト長調では、次の主要三和音を中心に伴奏付けを考えることになります。旋律（メロディー）と不協和音にならないように、旋律に多く含まれている音を選ぶようにしましょう。

ト長調の主要三和音

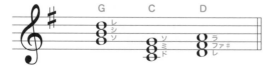

A　イ　旋律は「シ・ラ・ソ」なので、伴奏は **G（ソ・シ・レ）**が適切です。選択肢イでは、「ソ」、「シレ」に分解されています。

B　エ　旋律は「ミラ・ソ・ミ」なので、伴奏は **C（ド・ミ・ソ）**が適切です。選択肢エでは「ド」、「ミド」、「ソド」に分解されています。
　　　旋律には「ラ」も含まれていますが、基本的には1拍め、2拍め、3拍めの最初の音である「ミ」と「ソ」を優先して選びましょう。

C　イ　旋律は「レレ・ソ・ソ」なので、伴奏は **G（ソ・シ・レ）**が適切です。

D　ウ　旋律は「ラ」なので、伴奏は選択肢ウの **D₇（レ・ファ♯・（ラ）・ド）**を選びます。選択肢ウでは「ラ」が省略され、「レ」、「ファ♯・ド」に分解されています。
　　　A～Cの伴奏を選んだ時点で、選択肢2が解答であることがわかると思いますが、選択肢ウが **D₇（レ・ファ♯・（ラ）・ド）**だと見抜くことで、より確実に正答を導き出すことができます。

解 答　**2**

ポイント解説　🐶 **主要三和音**

伴奏付けをするときは、主要三和音が基本の和音となります。

試験によく出る調の主要三和音

音楽用語

精選過去問 ❷

平成28年前期 問2

/ /

次の A ～D を意味する音楽用語をア～ウから選んだ場合の正しい組み合わせを一つ選びなさい。

A だんだん強く
  ア crescendo　　イ diminuendo　　ウ decrescendo

B なめらかに
  ア andante　　　イ forte　　　　ウ legato

C だんだんゆっくり
  ア ritardando　　イ a tempo　　　ウ dolce

D 快速に
  ア allegretto　　イ allegro　　　ウ moderato

（組み合わせ）

	A	B	C	D
1	ア	ア	イ	ウ
2	ア	ウ	ア	イ
3	イ	ウ	ウ	ウ
4	ウ	ア	イ	ア
5	ウ	イ	ア	イ

解答	

解 説 ❷

A ア 「だんだん強く」を意味する音楽用語は、「crescendo（クレッシェンド）」です。
ちなみに他の2つの選択肢についてですが、「diminuendo（ディミヌエンド）」と
「decrescendo（デクレッシェンド）」は「**だんだん弱く**」を意味しています。

B ウ 「なめらかに」を意味する音楽用語は、「legato（レガート）」です。
「andante（アンダンテ）」は「**ゆっくり歩くような速さで**」、「forte（フォルテ）」は
「**強く**」であることも併せて覚えましょう。

C ア 「だんだんゆっくり」を意味する音楽用語は、「ritardando（リタルダンド）」です。
「a tempo（ア・テンポ）」は「**もとの速さで**」、「dolce（ドルチェ）」は「**やわらか
に、優美に**」を意味しています。

D イ 「快速に」を意味する音楽用語は、「allegro（アレグロ）」です。
「allegretto（アレグレット）」は「**やや快速に**」、「moderato（モデラート）」は、
「**中くらいの速さで**」を意味しています。

曲全体の速さを表す用語

grave	グラーベ	重々しく、ゆるやかに（最も遅い）
largo	ラルゴ	はば広くゆるやか
larghetto	ラルゲット	ラルゴよりやや速く
lento	レント	静かにゆるやかに
adagio	アダージョ	ゆったりと
andante	アンダンテ	ゆっくりと歩くような速さで
moderato	モデラート	中ぐらいの速さで
allegretto	アレグレット	やや快速に
allegro	アレグロ	快速に
vivace	ビバーチェ	活発に
presto	プレスト	急速に

速さの変化を表す用語

meno mosso	メノ・モッソ	今までより遅く
ritardando	リタルダンド	だんだん遅く
rallentando	ラレンタンド	だんだんゆるやかに
accelerando	アッチェレランド	だんだん速く
piu mosso	ピウ・モッソ	今までより速く
a tempo	ア・テンポ	もとの速さで
tempo primo	テンポ・プリモ	最初の速さで
tempo rubato	テンポ・ルバート	自由な速さで
ad libitum	アド・リビトゥム	速度を自由に

曲想を表す用語

dolce	ドルチェ	やわらかに、優美に
legato	レガート	なめらかに
agitato	アジタート	激しく
alla marcia	アッラマルチャ	行進曲ふうに
amabile	アマービレ	愛らしく
appassionato	アパッショナート	熱情的に
brillante	ブリランテ	はなやかに
cantabile	カンタービレ	歌うように
comodo	コモド	気楽に
espressivo	エスプレッシーボ	表情豊かに
leggiero	レジェーロ	軽く
maestoso	マエストーソ	荘厳に
scherzando	スケルツァンド	おどけて
sostenuto	ソステヌート	音の長さを保って
tranquillo	トランクィッロ	静かに

速さと強さの変化を表す用語

allarg. (allargando)	アラルガンド	強くしながらだんだん遅く
smorz. (smorzando)	スモルツァンド	弱くしながらだんだん遅く

強弱を表す用語

crescendo	クレッシェンド	だんだん強く
decrescendo	デクレッシェンド	だんだん弱く
diminuendo	ディミヌエンド	だんだん弱く
pp	ピアニッシモ	とても弱く
p	ピアノ	弱く
mp	メゾピアノ	少し弱く
mf	メゾフォルテ	少し強く
f	フォルテ	強く
ff	フォルティッシモ	とても強く
fz	フォルツァンド	特に強く
sfz	スフォルツァンド	特に強く

ここも出た！　CHECK✔　（平成30年前期）

・poco a poco　少しずつ
・dolce　やわらかく
・arpeggio　和音を通常下から順次に奏する
・D.S.　セーニョに戻る

ここも出た！　CHECK✔　（平成29年前期）

・cresc.　だんだん強く
・allegretto　やや速く
・D.C.　はじめに戻る
・8va　オクターブ上で

解答　2

コードネーム（和音）

精選過去問 ③

平成27年地域限定 問3

/　　/

次のコードネームにあてはまる鍵盤の位置として正しい組み合わせを一つ選びなさい。

	ア	イ	ウ
Am :	③⑦⑩	⑨⑮⑲	⑥⑩⑮
F dim :	⑧⑪⑮	⑪⑭⑰	⑪⑭⑱
F :	⑥⑪⑮	⑪⑭⑱	③⑦⑪
D₇ :	③⑧⑫	③⑧⑪	⑥⑧⑫

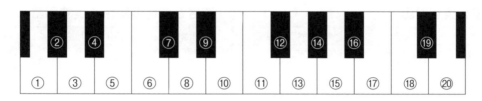

（組み合わせ）

	Am	F dim	F	D₇
1	ア	ア	ウ	イ
2	ア	イ	ア	ア
3	イ	ウ	ウ	ウ
4	ウ	ア	イ	イ
5	ウ	イ	ア	ウ

解答 ☐

解 説 ③

Am：ウ　　F dim：イ　　F：ア　　D₇：ウ

保育士試験で出題されるコードネームの問題は、

・根音（一番下の音）は何になるのか（例：Cの場合は「ド」）

・根音の右には何があり、何を示しているのか（例：「m」「7」）

を理解していれば、必ず解答を導き出すことができます。

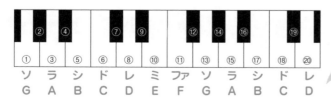

問題用紙の鍵盤に
ド・レ・ミ・・・
C・D・E・・・
と書き込んでみましょう！

Am の根音は、「ラ」です。根音の右には「m（マイナー）」とあるので、根音にその**短3度**上（鍵盤**3**つ分右）、**完全5度**上（鍵盤**7**つ分右）の音を積み重ねてできる和音となります。「鍵盤○つ分右」を数えるときは、必ず白い鍵盤と黒い鍵盤の両方を数えてください。根音の「ラ」（③・⑮）と、**短3度**上の「ド」（⑥・⑱）と、**完全5度**上の「ミ」（⑩）の和音になります。根音「ラ」を一番下にした形が基本形ですが、他の2音「ド」と「ミ」の方が下になる「転回形」もあります。解答は **ウ⑥⑩⑮** となります。

　F dim の根音は、「ファ」です。根音の右には「dim（ディミニッシュ）」とあるので、根音にその**短3度**上（鍵盤**3**つ分右）、**減5度**上（鍵盤**6**つ分右）の音を積み重ねてできる和音となります。つまり、根音の「ファ」（⑪）と**短3度**上の「ラ♭」（②・⑭）と**減5度**上の「シ」（⑤・⑰）の和音になります。解答は **イ⑪⑭⑰** となります。

　F の根音は、「ファ」です。根音の右には何もありませんので、根音にその**長3度**上（鍵盤**4**つ分右）、**完全5度**上（鍵盤**7**つ分右）の音を積み重ねてできる和音となります。つまり、根音の「ファ」（⑪）と**長3度**上の「ラ」（③・⑮）と**完全5度**上の「ド」（⑥・⑱）の和音になります。解答は **ア⑥⑪⑮** となります。

　D₇ の根音は、「レ」です。根音の右には「**7**（セブンス）」とあるので、根音にその**長3度**上（鍵盤**4**つ分右）、**完全5度**上（鍵盤**7**つ分右）、**短7度**上（鍵盤**10**個分右）の音を重ねた4音となります。つまり、根音の「レ」（⑧・⑳）と、**長3度**上の「ファ♯」（⑫）、**完全5度**上の「ラ」（③・⑮）、そして**短7度**上の「ド」（⑥・⑱）になります。「**7**（セブンス）」のコードは4音ですが、試験では、根音から完全5度上の音（D₇の場合は「ラ」）を除く3音（「レ」「ファ♯」「ド」）を選択してください。解答は **ウ⑥⑧⑫** となります。

解答　**5**

　音程

・完全1度：同じ高さの音	・完全5度：半音**7**つ
・短2度　：半音**1**つ	・短6度　：半音**8**つ
・長2度　：半音**2**つ	・長6度　：半音**9**つ
・短3度　：半音**3**つ	・短7度　：半音**10**個
・長3度　：半音**4**つ	・長7度　：半音**11**個
・完全4度：半音**5**つ	・完全8度：半音**12**個
・増4度または減5度：半音**6**つ	

精選過去問 ❹

平成30年前期 問3　／　／

次のコードネームにあてはまる鍵盤の位置として正しい組み合わせを一つ選びなさい。

	ア	イ	ウ
C₇ :	⑥⑩⑰	⑥⑩⑯	⑬⑰⑱
Fm :	④⑥⑪	⑥⑪⑭	⑪⑮⑲
G♭ :	④⑦⑫	⑫⑰⑳	⑪⑬⑲
F aug :	③⑥⑪	⑦⑪⑮	⑫⑮⑲

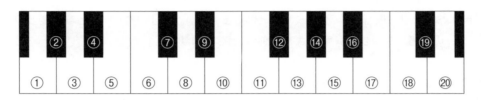

（組み合わせ）

	C₇	Fm	G♭	F aug
1	ア	ウ	ア	ア
2	イ	ア	イ	イ
3	イ	イ	ア	イ
4	ウ	ア	ウ	ア
5	ウ	イ	ウ	ウ

解答 □

解 説 ❹

C₇：イ　　Fm：イ　　G♭：ア　　F aug：イ

保育士試験で出題されるコードネームの問題は、

・根音（一番下の音）は何になるのか（例：C の場合は「ド」）

・根音の右には何があり、何を示しているのか（例：「m」「7」）

を理解していれば、必ず解答を導き出すことができます。

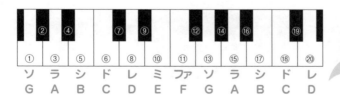

問題用紙の鍵盤に
ド・レ・ミ・・・
C・D・E・・・
と書き込んでみましょう！

C₇ の根音は、「ド」です。根音の右には「7（セブンス）」とあるので、根音の「ド」（⑥・⑱）と、**長3度**上（鍵盤**4**つ分右）の「ミ」（⑩）と、**完全5度**上（鍵盤**7**つ分右）の「ソ」（①・⑬）と、**短7度**上（鍵盤**10**個分右）の「シ♭」（④・⑯）の和音になります。「鍵盤○つ分右」を数えるときは、必ず白い鍵盤と黒い鍵盤の両方を数えてください。「7（セブンス）」のコードは4音ですが、試験では、根音から完全5度上の音（C₇の場合は「ソ」）を除く3音（「ド」「ミ」「シ♭」）を選択してください。解答は **イ ⑥⑩⑯** となります。

Fm の根音は、「ファ」です。根音の右には「m（マイナー）」とあるので、根音の「ファ」（⑪）と、**短3度**上（鍵盤**3**つ分右）の「ラ♭」（②・⑭）と、**完全5度**上（鍵盤**7**つ分右）の「ド」（⑥・⑱）の和音になり、解答は **イ ⑥⑪⑭** となります。

G♭ の根音は、「ソ♭」です。根音の右には何もありませんので、根音の「ソ♭」（⑫）と、**長3度**上（鍵盤**4**つ分右）の「シ♭」（④・⑯）と、**完全5度**上（鍵盤**7**つ分右）の「レ♭」（⑦・⑲）の和音になり、解答は **ア ④⑦⑫** となります。

F aug の根音は、「ファ」です。根音の右には「aug（オーグメント）」とあるので、根音の「ファ」（⑪）と、**長3度**上（鍵盤**4**つ分右）の「ラ」（③・⑮）と、**増5度**上（鍵**8**つ分右）の「ド♯」（⑦・⑲）の和音になり、解答は **イ ⑦⑪⑮** となります。

解答　**3**

 コードネームの構成音

試験によく出るコードネームの構成音はしっかり覚えましょう。

- **メジャーコード**（例：C ⇒「ド」「ミ」「ソ」）
  根音＋長3度＋完全5度

- **m（マイナー）**（例：Cm ⇒「ド」「ミ♭」「ソ」）
  根音＋短3度＋完全5度

> まずはC、Cm、C₇ など、「C」を中心に覚えてみましょう！

- **7（セブンス）**（例：C₇ ⇒「ド」「ミ」「ソ」「シ♭」）
  根音＋長3度（＋完全5度）＋短7度　※保育士試験では、完全5度は省略します。

- **aug（オーグメント）**（例：C aug ⇒「ド」「ミ」「ソ♯」）
  根音＋長3度＋増5度　※「増5度」とは、完全5度より半音多い音程です。

- **dim（ディミニッシュ）**（例：C dim ⇒「ド」「ミ♭」「ソ♭」）
  根音＋短3度＋減5度

移調

精選過去問 ❺

平成30年前期 問4　　／　　　／

次の曲を4歳児クラスで歌ってみたところ、高い音が歌いにくそうであった。そこで長2度下の調に移調することにした。その場合、A、B、Cの音は、鍵盤の①から⑳のどこを弾くか、正しい組み合わせを一つ選びなさい。

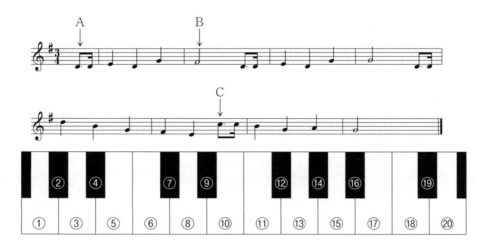

（組み合わせ）

	A	B	C
1	⑥	⑨	⑰
2	⑥	⑩	⑯
3	⑥	⑩	⑰
4	⑦	⑩	⑰
5	⑦	⑪	⑯

解答

解説 ❺

A ⑥　　**B** ⑩　　**C** ⑯

この設問では、

- ・楽譜に示されている矢印の音符が、鍵盤のどの番号に該当するのか。
- ・問題の指示の音程は何か。（例：短3度、長2度など）
- ・上に移調するのか。下に移調するのか。

の3つを理解できていれば、解答にたどり着きます。

まず、楽譜中の音符は、それぞれＡ：⑧（レ）、Ｂ：⑫（ファ♯）、Ｃ：⑱（ド）です。

次に、「長２度下」という指示について考えます。

○「長２度」は、半音**２**つです。

○「下に移調する」ということは、「**左**へ移動する」ということです。

つまり、元の鍵盤であるＡ：⑧（レ）、Ｂ：⑫（ファ♯）、Ｃ：⑱（ド）から、鍵盤２つ分左へ移動すれば、「長２度下」の調への移調が完成します。

下の鍵盤を見ながら考えてみましょう。

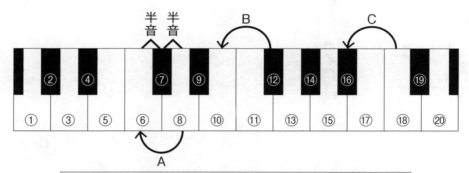

長２度下に移調する＝鍵盤上では２つずつ左へ移動する

Ａ：⑧（レ）を鍵盤２つ分左へ移動すると、⑥（ド）になります。（鍵盤２つ分を数えるときは、必ず白い鍵盤と黒い鍵盤の両方を数えてくださいね。）同様にＢ・Ｃをそれぞれ２つずつ左へ移動すると、**Ｂ**：⑫（ファ♯）⇒⑩（ミ）、**Ｃ**：⑱（ド）⇒⑯（シ♭）になります。

解答 **2**

  試験によく出る移調の指示

【音程】
　・短２度　　　　　　　：半音**１**つ
　・長２度　　　　　　　：半音**２**つ
　・短３度　　　　　　　：半音**３**つ
　・長３度　　　　　　　：半音**４**つ
　・完全４度　　　　　　：半音**５**つ
　・増４度または減５度　：半音**６**つ
　・完全５度　　　　　　：半音**７**つ

【上・下】
　・上に移調　⇒　鍵盤上では右に移動
　・下に移調　⇒　鍵盤上では左に移動

精選過去問 ❻

問4（精選過去問⑤）の楽譜を長2度下に移調した場合の調号として正しいものを一つ選びなさい。

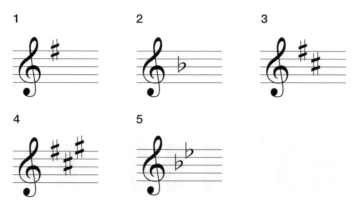

| 解答 | |

解 説 ❻

移調した調の調号を答えるためには、

・元の楽譜は何長調か。その主音は何か。
・移調したら、主音は何になるのか。その主音の調は何長調か。

を理解する必要があります。

　まず、元の楽譜を見ると♯が1つのト長調なので、主音は「ソ」になります。（ト長調は、「ファ」に♯が付きます。）
　次に、主音の「ソ」を長2度下に移調すると、主音は「ファ」となります。「ファ」が主音の調は、「ヘ長調」です。「ヘ長調」の調号は、♭が1つなので、答えは2となります。（ヘ長調は、「シ」に♭が付きます。）

| | 解 答 | 2 |

  調と調号

調号とは、楽譜の左端にまとめて書かれる#や♭のことで、調を表しています。
調号は、付く位置と順番が決まっています。
#の付く位置と順番：ファ→ド→ソ→レ→ラ→ミ→シ
♭の付く位置と順番：シ→ミ→ラ→レ→ソ→ド→ファ

呪文のように唱えて必ず
覚えましょう！

♭は#の順番の逆です。

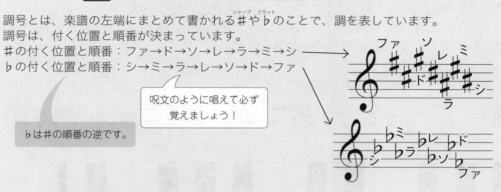

調と調号の関係は、次のとおりです。

ト長調（主音：ソ）　二長調（主音：レ）　イ長調（主音：ラ）　ホ長調（主音：ミ）

ヘ長調（主音：ファ）　変ロ長調（主音：シ♭）　変ホ長調（主音：ミ♭）　変イ長調（主音：ラ♭）

#が1つ増えるごとに、主音は完全5度ずつ上に上がっていきます。
　　#1つ　⇒完全5度上がる（ド・レ・ミ・ファ・ソ）⇒主音は「ソ」→ト長調
　　#2つ　⇒完全5度上がる（ソ・ラ・シ・ド・レ）　⇒主音は「レ」→二長調
　　#3つ　⇒完全5度上がる（レ・ミ・ファ・ソ・ラ）⇒主音は「ラ」→イ長調

♭が1つ増えるごとに、主音は完全5度ずつ下に下がっていきます。
　　♭1つ　⇒完全5度下がる（ド・シ・ラ・ソ・ファ）　　⇒主音は「ファ」→ヘ長調
　　♭2つ　⇒完全5度下がる（ファ・ミ・レ・ド・シ♭）　⇒主音は「シ♭」→変ロ長調
　　♭3つ　⇒完全5度下がる（シ♭・ラ・ソ・ファ・ミ♭）⇒主音は「ミ♭」→変ホ長調

※保育士試験の過去の出題傾向より、本書では長調の場合のみの導き方を解説しています。
　ちなみに長調の主音から短3度下の音が、同じ調号を持つ短調の主音になります。

精選過去問 **7**

次の曲を4歳児クラスで歌ってみたところ、一番低い音が不安定で歌いにくそうであった。そこで完全5度上の調に移調することにした。その場合、A、B、Cの音は、鍵盤の①から⑳のどこを弾くか、正しい組み合わせを一つ選びなさい。

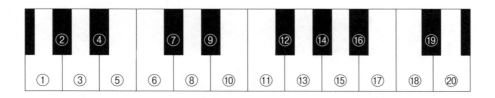

（組み合わせ）

	A	B	C
1	⑥	⑯	⑩
2	⑦	⑰	⑩
3	⑦	⑰	⑪
4	⑧	⑱	⑫
5	⑨	⑲	⑬

解答 ☐

解説 ⑦

A ⑧　**B** ⑱　**C** ⑫

この設問では、

- ・楽譜に示されている矢印の音符が、鍵盤のどの番号に該当するのか。
- ・問題の指示の音程は何か。（例：短3度、長2度、完全5度など）
- ・上に移調するのか。下に移調するのか。

の3つを理解できていれば、解答にたどり着きます。

　まず、楽譜中の音符は、それぞれA：①（ソ）、B：⑪（ファ）、C：⑤（シ）です。
　次に、「完全5度上」という指示について考えます。

- ○「完全5度」は、半音**7**つです。
- ○「上に移調する」ということは、「**右**へ移動する」ということです。

　つまり、元の鍵盤であるA：①（ソ）、B：⑪（ファ）、C：⑤（シ）から、鍵盤7つ分右へ
移動すれば、「完全5度上」の調への移調が完成します。

　下の鍵盤を見ながら考えてみましょう。

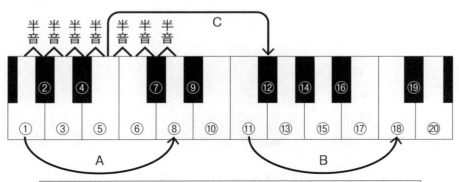

完全5度上の調に移調する＝鍵盤上では**7**つずつ**右**へ移動する

　A：①（ソ）を鍵盤7つ分右へ移動すると、⑧（レ）になります。（鍵盤7つ分を数えると
きは、必ず白い鍵盤と黒い鍵盤の両方を数えてくださいね。）同様にB・Cをそれぞれ7つず
つ右へ移動すると、**B**：⑪（ファ）⇒ ⑱（ド）、**C**：⑤（シ）⇒⑫（ファ♯）になります。

解答　4

精選過去問 ❽   平成31年前期 問4   ／   ／

次の曲を4歳児クラスで歌ってみたところ、最高音が歌いにくそうであった。そこでへ長調に移調することにした。その場合、下記のコードはどのように変えたらよいか、正しい組み合わせを一つ選びなさい。

（組み合わせ）

	G	**C**	**D₇**
1	F	B	C₇
2	A	D	E₇
3	E	B♭	D
4	F	B♭	C₇
5	F#	B	C

解答 [　　　]

解 説 ❽

この設問では、

- ・移調前は何長調か。その主音は何か。
- ・移調後の主音は何になるか。
- ・移調のためには、長○度（もしくは短○度）上（もしくは下）にすればいいのか。
- ・それぞれのコードの根音（一番下の音）は何か。（ここでは、根音から考えていきます。）

を理解できていれば、解答にたどり着きます。

まず、移調前の楽譜を見ると、♯（シャープ）が１つなので**ト**長調であり、主音は「**ソ**」です。（ト長調は、「**ファ**」に♯が付きます。）そして、移調後は**ヘ**長調になりますので、主音は「**ファ**」になります。

　下の鍵盤を見ながら考えてみましょう。

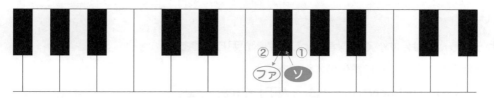

> ト長調からヘ長調に移調する＝**長２度下**に移調する＝鍵盤上では**２つずつ左**へ移動する

　「**ソ**」から「**ファ**」へ移動するためには、鍵盤**２つ分左**へ移動します。（必ず白い鍵盤と黒い鍵盤の両方を数えてください。）つまり、ト長調からヘ長調に移調するためには、**長２度下**に移調します。

　次に、設問にあるコードの根音を確認すると、Ｇは「**ソ**」、Ｃは「**ド**」、D₇は「**レ**」です。再び、鍵盤を見ながら考えましょう。

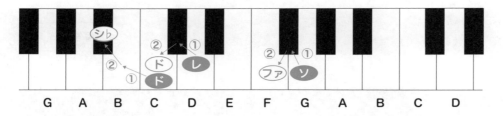

　Gの根音「**ソ**」を長２度下に移調すると（鍵盤２つ分左へ移動すると）、「**ファ**」になり、コードは**F**となります。

　Cの根音「**ド**」を長２度下に移調すると、「**シ♭**」になり、コードは**B♭**となります。

　D₇の根音「**レ**」を長２度下に移調すると、「**ド**」になり、コードは**C₇**となります。（Cではないので、注意しましょう。）

　なお、コード全体（和音）は、移調によって次のようになります。

> ト長調　⇒　ヘ長調（**長２度下**に移調）
>
> 　G「ソ」「シ」「レ」　⇒　**F**「ファ」「ラ」「ド」
>
> 　C「ド」「ミ」「ソ」　⇒　**B♭**「シ♭」「レ」「ファ」
>
> 　D₇「レ」「ファ♯」「ラ」「ド」　⇒　**C₇**「ド」「ミ」「ソ」「シ♭」

　　　　　　　　　　　　　　　　　　　　　　　　　　　　解答　4

楽曲・楽器・階名と音名

精選過去問 ❾

平成28年後期・地限 問6　／　　／

次の文のうち、適切な記述を○、不適切な記述を×とした場合の正しい組み合わせを一つ選びなさい。

A　「わらべうた」は、すべて作詞者および作曲者が明らかである。

B　「しゃぼんだま」は、野口雨情の作詞である。

C　シューベルト（Schubert, F.P.）は、「魔王」を作曲した。

D　カスタネットは、アメリカの民俗楽器である。

E　ヘ長調の階名「ラ」は、音名「変ロ」である。

（組み合わせ）

	A	B	C	D	E
1	○	○	×	×	×
2	○	×	×	○	○
3	×	○	○	○	○
4	×	○	○	×	×
5	×	×	○	○	○

解答　　　　　

解説 ❾

A　**×**　「わらべうた」は、**伝承童謡**のことで、子どもたちに歌い継がれてきた遊び歌や母親が子どもに歌って聞かせる歌のことです。「わらべうた」について、過去には次のような出題がありました。

　　・わらべうたの「かごめ」は、作詞者および作曲者が不明である。**H26**

　　・「わらべうた」は、地方によって歌詞、旋律、遊び方などが異なって伝承されている場合がある。**H27地**

　　また、我が国の音楽の歴史に関する問題としては次のような出題がありました。

　　・成田為三は、大正期の「赤い鳥」童謡運動に参加した作曲家である。**H25**

　　・西條八十作詞による「かなりや」は、「赤い鳥」童謡運動の中で誕生した。**H26**

　　・「赤い鳥」は、大正時代に芸術性豊かな童話・童謡の創造を目指して創刊された。**H27**

　　・唱歌は、**音楽教科名**であるとともに、そこで用いられる**歌曲**をも示していた。**H24**

　　・声明は「**しょうみょう**」と読み、日本の**仏教音楽**の一つである。**H31前**

　　・雅楽は、古くから日本の宮廷で演奏されてきた音楽である。**H28前**

B　**○**　「しゃぼんだま」は、**野口雨情**の作詞です。彼の代表曲には、「七つの子」、「赤い靴」、「兎のダンス」、「証城寺の狸囃子」などがあります。

　　保育現場でよく歌われている曲の作詞家・作曲家は頻出ですので、特に有名な人物の代表曲は確認しておきましょう。過去には次のような出題がありました。

- 「めだかの学校」の作曲者は、中田喜直である。 **H24**
- 河村光陽は、「うれしいひなまつり」を作曲した。 **H25**
- まど・みちおは、「一年生になったら」を作詞した。 **H26再**
- 團伊玖磨作曲の「ぞうさん」は、まど・みちおの作詞である。 **H30前**
- 湯山昭は、「あめふりくまのこ」を作曲した。 **R1後・地**

C ○ シューベルト（Schubert, F.P.）の代表曲には、「魔王」のほか、「軍隊行進曲」、「アヴェマリア」、「野ばら」、「シューベルトの子守歌」などがあります。

世界の作曲家についても頻出で、過去には次のような出題がありました。

- シューベルト（Franz Peter Schubert）は、「歌曲の王」と呼ばれる。 **H29前**
- バレエ組曲「くるみ割り人形」は、**チャイコフスキー（Tchaikovsky, P.I.）**によって 作曲された。 **H27**
- **モーツァルト（Mozart, W.A.）**は、オペラ「フィガロの結婚」を作曲した。 **H27地**
- ベートーヴェン（Beethoven, L.V.）は、**ドイツ**の作曲家である。 **H28前**
- ヨハン・シュトラウスⅡ世（Johann StraussⅡ. shon）は、「**ワルツ王**」と呼ばれる。 **H29前**

D ✕ カスタネットは、元来は**スペイン**の民族楽器です。

楽器についての問題も繰り返し出題されています。保育現場の音楽活動で使用される楽器はもちろんですが、それ以外の楽器についても興味をもって幅広い知識を身につけておくことが得点につながります。過去には次のような出題がありました。

- ハンドベルは、**打楽器**である。 **H24**
- フルートは、**木管楽器**である。 **H25**
- クラベスは、**打楽器**である。 **H26**
- 楽器のトライアングルは、**三角形の形状**から名づけられた。 **H27**
- 標準的なグランドピアノの鍵盤は**88**鍵である。 **H29後・地**
- バイオリンは弦楽器で弦は**4**本である。 **H29前**

E ✕ ヘ長調の階名「ラ」は、音名「ニ」です。

階名と音名は定番の問題ですので、必ず解答を導き出せるようにしておかなければなりません。

階名は、**イタリア音名（ドレミファソラシ）**を使い、音階上の位置を示します。そして、長音階の一番初めの音を「ド」と読みます。

一方、音名は音の高さにそれぞれつけられた調に関係のない固有の名称で、国によって異なります。日本だと「**ハニホヘトイロ**」になります。

さて、ヘ長調の階名「ラ」は音階の**6**番目の音になります。（「ド・レ・ミ・ファ・ソ・ラ」と数えると**6**番目ですね。）次に音名について考えると、ヘ長調の主音は「ファ（ヘ）」なので、「ファ（ヘ）・ソ（ト）・ラ（イ）・シ♭（変ロ）・ド（ハ）・レ（ニ）・・・」と数えると6番目の音名は「レ（ニ）」になります。これで、「ヘ長調の階名『ラ』は、音名『ニ』である」ということを導き出せました。

なお、日本の音名に出てくる嬰と変は、それぞれ変化記号の♯（半音上げる）と♭（半音下げる）のことです。

解答　**4**

描画表現の発達

精選過去問 ⑩

平成30年神奈川 問11

/　　　　/

次の【Ⅰ群】の子どもの絵に見られる表現の特徴と【Ⅱ群】の名称を結びつけた場合の正しい組み合わせを一つ選びなさい。

【Ⅰ群】

A 子どものリアリズムは、大人の写実的、客観的、感覚的なリアリズムと違い、知っているものや経験したことを描こうとするリアリズムである。

B 幼児期に描く人物画に典型的に見られる表現で、丸から棒線が出ているような形状で万国共通である。

C テーブルを囲んでいる様子を描くときなどに、人物などが放射状に倒れているかのように描くことがある。

D 電車を描いて客席や運転手が透けて見えているかのように描くことがある。

【Ⅱ群】

ア 透明画（レントゲン画）
イ 頭足人
ウ 展開描法
エ 視覚的リアリズム
オ スクリブル
カ 知的リアリズム

（組み合わせ）

	A	B	C	D
1	ア	イ	ウ	オ
2	エ	ウ	イ	カ
3	エ	オ	ア	イ
4	カ	イ	ウ	ア
5	カ	オ	イ	ア

解答　

解説 ⑩

A　カ 見えるものではなく、ものを自分の知っているように描くのが、**知的リアリズム**です。例えば、取っ手付きのコップであれば、取っ手の見えない位置からであっても、コップに取っ手をつけて描きます。「このコップは取っ手付きである」という知識があるからです。知的リアリズムには、見えない部分を重ねて描く「**レントゲン表現**」、複数の視点で描く「**展開表現（転倒式描法）**」「**多視点表現**」、空から見下ろしたように描く「**鳥瞰式構図**」などがあります。

一方、大人のように特定の視点に基づいて、ものを見えるままに描くことを**視覚的リアリズム**といいます。

B　イ **頭足人**は、丸い形に目や口を描き、手や足のような線を描く絵で、この表現は、頭と足だけでなく、人物の全体的なイメージに基づいて描かれています。

C　ウ **展開描法**※は、**転倒式描法**ともいい、テーブルを囲む人物や道路沿いの建物などを倒れたように描くなど、展開図のように描くのが特徴です。

※試験では「展開表現」と出ることもあります。

D ア 透明画（レントゲン画）[※]は、建物や乗り物の中など見えない内部を透けて見えているように描くのが特徴です。

※試験では「レントゲン表現」と出ることもあります。

スクリブルは、無意識に描く点や渦巻き、円形などのなぐりがきのことです。手の運動の発達によって、点、左右や上下の線から、やがて円や渦巻きなどを描くようになります。

		解答　4

描画表現の発達

発達段階（時期）	内容	絵の特徴
なぐりがき期 （1〜2歳半） <別名> 錯画期 乱画期 スクリブル期	・意味のない絵をなぐりがきする時期。 ・手の運動によって描かれることもある。	なぐりがき　点・かたまり　縦線・横線 波線　ジグザグ　円形のなぐりがき
象徴期 （2歳半〜3歳） <別名> 命名期 意味づけ期	・描いた絵に名前をつける時期。 ・脳と手の結びつきが始まる。 ・形の表現が始まる。	渦巻き　色々な大きさの円
前図式期 （3〜5歳） <別名> カタログ期 羅列期	・知っているものを羅列して描く時期。 ・輪郭線だけで描くことが多い。	カタログ表現　頭足人
図式期 （4〜9歳） <別名> 知的リアリズム期	・覚えがきのような図式を描く時期。 ・左上に太陽、右に雲、地面に花など、決まったパターンの描き方になる。 ・空間認識を基底線であらわす。 ・見て描くよりも、自分の経験を再生させて描く。	アニミズム的表現　レントゲン表現 拡大表現（誇張表現）　並列表現・基底線　　↑基底線 展開表現（転倒式描法）　積み上げ表現

精選過去問 ⑪　　　平成27年地域限定 問7　　／　／

次の【事例】を読んで、【設問】に答えなさい。

【事例】　　N 保育所の４歳児クラスで運動会の絵を描きました。

　　　　　　A 児の絵：トラックでダンスをしているところ。

　　　　　　B 児の絵：リレーをしているところ。

　　　　　　C 児の絵：大玉ころがしをしているところ。

【設問】

　絵の中にあらわれている描画の特徴として、適切な組み合わせを一つ選びなさい。

（組み合わせ）

	A	B	C
1	展開表現（転倒式描法）	積み上げ表現	拡大表現
2	レントゲン表現	拡大表現	展開表現（転倒式描法）
3	積み上げ表現	多視点表現	レントゲン表現
4	拡大表現	アニミズム的表現	多視点表現
5	多視点表現	展開表現（転倒式描法）	積み上げ表現

解答 [　　]

解 説 ⑪

A　トラックを囲む子どもたちが倒れたように描く表現で、これは**展開表現（転倒式描法）**に
あたります。

　展開表現（転倒式描法）とは、段ボールを開けたときの左右上下にフタが開いた（展開し
た）状態を表したような描き方をいいます。テーブルを囲む家族を描くときは、人間を倒
したりさかさまにしたり、また、左右に家がある道を描くときも、家を倒したように描き
ます。

B リレーをしている子どもたちですが、地面に見立てた線上に並ぶのではなく、遠くの子どもが手前の子どもの上に描かれています。これは**積み上げ表現**にあたります。

子どもは、上下左右の空間認識が分かってきた頃、絵にそれを表現します。その典型が基底線です。この絵では、地面に見立てた線が**基底線表現**にあたります。子どもが描く場合、「地面は下にある」と決めているので、それを示すために、たいてい紙の下の位置に描きます。

積み上げ表現では、その基底線上に描けなくなり、上の余白部分に描くようになります。重ねることを避け、遠くの人物や物を上に積み重ねて表現し、遠近感を出しているようにも見えます。

C 大玉ころがしの大玉が、子どもたちと比較して大きく描かれており、これは**拡大表現**にあたります。（**誇張表現**ともいいます。）

拡大表現では、視覚的な大きさではなく、心に占める大きさで描いているので、身近なものや興味・関心のあるものを大きく表現します。なので、まず最も描きたいものから画面中央に大きく描きます。また、描きたいものについて知識があり、詳しく描けるので大きくなります。

レントゲン表現とは、対象物の内部を映し出す表現です。ポケットの中のアメ、土の中のもぐら、家の中の人など、外から透視するように描くのが特徴です。子どもは、家といえば人がいる、もぐらといえば土の中、とイメージしながら描いています。

多視点表現では、見たままを描くよりも記憶に基づいて描くため、「横から見たところ」や「上から見たところ」といったように異なる場所から見たものが同時に表現されます。複数の対象物を描いたとき、それぞれがそのものらしく見える向きになります。**視点移動表現**ともいいます。

アニミズムとは、あらゆるものに命が宿っていると考える幼児特有の世界観や、その世界観で表した絵などを指します。ただ、子ども自身が自然に「太陽さんが笑っている」とアニミズム的思考を持つようになったのかは定かではありません。例えばお母さんが、苦手なピーマンを子どもの口に運び、腹話術のように声を変えて「ぼくも食べてほしいな」と言ったりします。そんな日常のなかで、いろいろなものに感情があるのだと暗に教えられている場合もあります。

設問にある展開表現（転倒式描法）、積み上げ表現、拡大表現、レントゲン表現、多視点表現、アニミズム的表現は、多くの場合、4〜9歳くらいの「**図式期**」にみられる描画表現です。

解　答　**1**

技法遊び

精選過去問 ⓬

平成30年前期 問10 ／ ／

次の【事例】を読んで、【設問】に答えなさい。

【事例】

　M保育所の5歳児クラスで、N保育士はマーブリング技法による模様づくりを計画しました。できあがったマーブリング模様を、いろいろな遊びや工作に利用したいと考えています。

　マーブリングを始めるにあたり、保育所には次の材料や用具がありました。

和紙	画用紙	バット	小麦粉	クレヨン	墨汁	色鉛筆	水
洗面器	紙皿	雑巾	筆洗	新聞紙	バケツ	のり	ダンボール

【設問】

　次のうち、マーブリングの模様づくりに必要なものとして、最も適切な組み合わせを一つ選びなさい。

（組み合わせ）

1	筆洗	のり	色鉛筆	画用紙	バット
2	クレヨン	バケツ	のり	雑巾	ダンボール
3	墨汁	紙皿	和紙	新聞紙	小麦粉
4	バット	水	墨汁	和紙	新聞紙
5	洗面器	新聞紙	クレヨン	水	画用紙

解答 [ ]

解説 ⓬

　マーブリングは流し絵・墨流しとも呼ばれています。

　その手順は、まず**バット**などの容器に**水**をはります。次に、水面に極少量の**墨汁**やカラー染料等をそっと浮かべ、爪楊枝など細かい棒状の物で墨汁や染料を静かに動かしたり、油分で穴を開けたりします。すると、大理石（マーブル）のような流線模様ができてきます。この模様を**和紙**や布等に写し取ります。写し取った和紙や布等は、**新聞紙**の上に置き、自然乾燥させます。新聞紙は、汚れ防止のためにバットの下に敷いたり、墨汁を浮かべる前に水面にホコリなどがあれば、それを取り除くために使用したりもします。

　和紙は、一般的に紙の目がなく、水に濡れても比較的破れにくい性質をもっているため、染め紙や版画等に使われることが多いです。

解答 4

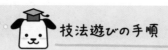
マーブリング （流し絵・墨流し） R1後・地 H31前 H30前	水面に墨汁やカラー染料などを浮かべてできた大理石のような流線模様を和紙や布等に写し取る。
フィンガーペインティング H27	手や指に直接絵の具をつけて、紙などになすりつける。
ドリッピング H27	紙に水溶き絵の具を多めに落としてから、紙面を傾けて垂らす。その後、ストローで吹いて流したり、吹き飛ばしたりする「ブローイング」に発展させることもできる。
折染め（紙染め・浸し染め） H28後・地	水を吸収しやすい紙（和紙など）を折り畳み、部分的に色水をつけて広げる。紙を湿らせてから行うと、にじみの効果が出る。
スタンピング（型押し遊び） R1後・地 H27 H26再	いろいろな物体に絵の具やインクをつけて、紙に押し付けて形を写す。
スクラッチ（ひっかき絵） H31前 H27	クレヨンの明るい色を数色使って、紙全体を塗って1層目を作る。その上に、クレヨンの黒を重ねて塗って2層目を作る。それから、割り箸ペンやシャーペンなどの先の尖ったものでひっかいて、1層目の色を出す。
フロッタージュ H31前 H27	凹凸のある面に紙を当てて、鉛筆やクレヨンなどを使って凹凸の模様を写しだす。
コラージュ（貼り絵）H27	紙、布、自然物などを貼り合わせて構成する。
ステンシル R1後・地 H26	下絵を切り抜き、切り抜いた穴から絵の具やインクなどを刷り込む。
デカルコマニー（合わせ絵） H31前	紙を2つ折りにして画用紙の片方に絵の具をつけ、重ね合わせて手を押し付ける。紙を開くと左右対称の模様ができる。
スパッタリング	水溶き絵の具を付けたブラシで目の細かい網をこすり、しぶきを散らす。
バチック（はじき絵）H31前	クレヨンなど撥水性のある描画材で絵を描き、その上から水溶き絵の具を塗る。先に描いた絵は、絵の具をはじくので染まらず、浮き上がる。

※過去6年に出題された該当の年を併記しています。参考にしてください。

粘土の特性・利用

精選過去問⓭　　　　　　　　平成27年地域限定 問11　　/　　　/

次の【Ⅰ群】の粘土の特性・利用についての説明と、【Ⅱ群】の粘土の種類を結びつけた場合の最も適切な組み合わせを一つ選びなさい。

【Ⅰ群】

A　成形が難しい面もあるが、安全で感触を楽しむ遊びに向いている。

B　水彩絵の具を直接混ぜることができ、近年は軽くて応用範囲が広いものも増えている。

C　放っておいても硬くなりにくく、日常的に繰り返し使うには便利である。

D　天然の素材で、硬さの調整ができる。水分を管理することで様々な制作・活動に応用できる。

【Ⅱ群】

ア　油粘土

イ　土粘土

ウ　紙粘土・軽量樹脂粘土

エ　小麦粉粘土

（組み合わせ）

	A	B	C	D
1	ア	ウ	エ	イ
2	ア	エ	イ	ウ
3	イ	ウ	ア	エ
4	エ	ア	ウ	イ
5	エ	ウ	ア	イ

解答

解説⓭

A　エ　**小麦粉粘土**は、小麦粉を水に溶いて簡単に作ることができます。柔らかく伸びがいいのですが、成形は難しいです。また、カビが発生するため、作品は長持ちしません。しかし、食紅などで着色を行えば、口に入れても安全なので、低年齢児の幼児が、粘土遊びの最初の段階として感触を楽しむ遊びに向いています。

B　ウ　**紙粘土・軽量樹脂粘土**は、軽くて扱いやすく、乾燥させると硬くなりますので、様々な作品を作ることができます。また、もともと色のついている粘土もありますが、水彩絵の具等と直接混ぜることもできますし、着色した粘土同士を混ぜ合わせたりすることによっても、作品の表現の幅が広がります。

C　ア　油粘土は、放っておいても乾燥しないので硬くなりにくく、保管しやすいので、日常的に繰り返し使えて便利です。腰がなく粘性は弱く、冷えると硬くなりますが、手のひらの温度で温めると軟らかくなるので、取扱いが簡単で、保育現場でもよく使われます。

D　イ　土粘土は、天然の素材で、水分調整により硬さの調整ができ、硬化しても再生可能です。粘土本来の感触を楽しむことができ、扱いやすいため、幼児の活動に最適です。土の粉から少しずつ水分を加えていくと、いろいろな感触を楽しめます。
　　また、土粘土の一種で、成形後、乾燥させて700〜800℃で素焼きにした陶器などのことを**テラコッタ**といいます。

> 解答　5

 **（平成29年前期）　土粘土の造形における技法・用具に関する記述**

・テラコッタ粘土は空気が抜けやすく、制作後に窯で**焼成（素焼き）**することに適している。
・粘土どうしをくっつける場合、**ドベ**を使用すると、より強力に接着することができる。
・耳たぶ程度の硬さの粘土のかたまりを切る場合は、**切り糸**を使用すると便利である。
・一定の厚みの板状の粘土を作るときには、**タタラ板とのし棒**を使用すると便利である。

※ **ドベ**…成形する粘土と同じ粘土を水で溶き、ドロドロにしたもの。

 **（平成27年地域限定）　「野焼き」で焼き物になるまでの過程**

裏庭の粘性のある土を練る　→　形を作る　→　**十分に乾燥させる**　→　野焼きをする

 **（平成28年後期・地限）　小麦粉粘土の作り方**

・カビを防ぐため、小麦粉に少量の**塩**を入れる。
・小麦粉に**水**を入れて練り、適度な柔らかさにする。
・小麦粉粘土に色をつける場合は、安全に配慮し**食紅**を使うとよい。

色と形

精選過去問⑭

平成27年地域限定 問8 ／ ／

次の文は、色彩の用語に関する記述である。不適切な記述を一つ選びなさい。

1 色味をもたない「白」「灰色」「黒」を「無彩色」という。

2 「光の三原色」とは、「赤」「緑」「青」である。

3 「有彩色」の中で最も鮮やかさの高い色を「純色」という。

4 ２色の絵の具を混ぜて、別の色をつくることを「重色」という。

5 暖色系の色など、物が実寸より大きく見える色を「膨張色」という。

解答

解説⑭

1 ○ 色味をもたない「白」「灰色」「黒」を「**無彩色**」といいます。「**明度**（色の明るさ・暗さの段階）」の違いだけしかありません。
一方、「白」「灰色」「黒」以外の色味のある全ての色を「**有彩色**」といいます。「有彩色」は、「**明度**」「**彩度**（色の鮮やかさ・鈍さの段階）」「**色相**（色味の違い）」の3要素を持っています。

2 ○ 「光の三原色」とは、「**赤**」「**緑**」「**青**」です。色光は、色を混ぜるほど元の色より**明度が高く（明るく）**なるので、**加法混色**といいます。3色全てを混合すると**白（透明）**に近づきます。
これに対して「色の三原色」は「**赤**」「**青**」「**黄**」で、3色全てを混合すると**灰色〜黒**に近づきます。このように、色を混ぜると明度が低くなる（暗くなる）ことを**減法混色**といいます。

3 ○ 「有彩色」の中で最も鮮やかさの高い色を「**純色**」といいます。
白・黒・純色以外は混色ですが、そのなかで、純色に白または黒を混ぜた色を「**清色**」、純色に白のみを混ぜた色を「**明清色**」、純色に黒のみを混ぜた色を「**暗清色**」、純色に灰色を混ぜた色を「**濁色**」といいます。

4 ✕ 2色以上の色を混ぜて、別の色をつくることを「**混色**」といいます。
一方「重色」は、ある色の上に別の色を重ねて塗り、下層の色が上層の色を通して見えるようにして、新たに色を作り出すことです。

5 ○ 暖色系の色など、物が実寸より大きく見える色を「**膨張色**」といいます。「暖色」とは、暖かく陽気な感じがする、赤・橙・黄などの色のことです。
一方、冷たく沈んだ感じがする、青みを帯びた色を「寒色」といいますが、寒色系の色など、物が実寸より小さく見える色を「**収縮色**」といいます。

解答 4

色の基本

■ **12 色相環**
・**補色**…向かい合う色
　　（黄色と青紫、黄緑と紫など）
・**類似色**…両隣の色
　　（黄色の類似色は、黄橙と黄緑）

■ **色の三属性**
　色は、基本的に以下 3 つの要素で成り立っています。
① **明度**……色の明るさの度合いをいいます。
　黒に近づくほど明度は低くなり、白に近づくほど明度は高くなります。

② **彩度**……色の鮮やかさの度合いをいいます。
③ **色相**……色の違い、色の種類をいいます。

 **CHECK✓**（平成26年）　**色の対比に関する事例**

・青緑色の背景の舞台に飾った、赤いチューリップがとても目立った。　　　—　**補色対比**
・展覧会のポスターで、黒い画用紙と白い画用紙に同じ色のグレーの絵の具で文字を書いたときに、黒の画用紙のグレーの方が明るく見えた。　　　—　**明度対比**
・黄色いレモンを緑の青菜の上に置いたら、レモンが少し赤みがかって見えた。
　　　　　　　　　　　　　　　　　　　　　　　　　　　　　　　　—　**色相対比**
・ピンク色のイチゴムースの上にある赤いイチゴがとても鮮やかに感じた。—　**彩度対比**

 **CHECK✓**（平成26年再試）　**光と色の性質に関する記述**

　光がプリズムを通過することにより作られた、純色の色帯を円形に並べたものを**色相環**という。この**色相環**で、向かい合った色をそれぞれ**補色**とよぶ。**補色**関係にある色どうしは隣り合わせると目立ち、派手な印象となる。また絵の具の場合、**補色**関係にある色どうしを混ぜ合わせると**濁った色**になる。さらに絵の具の場合、純色に黒を混ぜると明度も彩度も下がり、白を混ぜると**明度**は上がるが**彩度**は下がる。

精選過去問 ⑮   平成26年再試 問11   ／   ／

次のA～Dの図版のうち、シンメトリーであるものを〇、そうでないものを×とした場合の正しい組み合わせを一つ選びなさい。

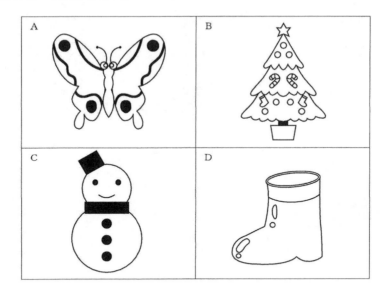

（組み合わせ）

	A	B	C	D
1	〇	〇	〇	×
2	〇	〇	×	〇
3	〇	〇	×	×
4	〇	×	〇	〇
5	×	×	〇	〇

解答

解説 ⑮

A 〇   B 〇   C ×   D ×

　シンメトリー（Symmetry）とは**対称性**を意味します。対称とは、絵や模様などが互いに向き合う位置関係にあることをいいます。絵画では、左右の大きさ、色、形などが「左右対称」であるものを指すことが多いですが、このほか、「上下対称」もあれば、一つの点を軸に、180度回転させたとき対称になる「点対称」や、空間上の点から放射線状に広がる「放射対称」などもあります。

　なお、Cの絵は、雪だるまの帽子がなければシンメトリーといえます。

　保育現場におけるシンメトリーの作品といえば、**デカルコマニー**がすぐ思い浮かぶでしょう。紙を2つに折り、片面に絵具を塗ったあと、紙を重ね合わせて開くと、両面に同じ模様ができるというものです。

ちなみに、アメリカの有名な絵本作家**エリック・カール**の作品『**はらぺこあおむし**』をご存じの方は多いと思いますが、最後のページは、あおむしが美しい蝶になりますね。あの蝶の羽は左右対称に見えるかもしれませんが、よく見ると大きさや模様が同じではないので、シンメトリーとはいえません。この場合、左右の「**バランス**」が良いという表現が適当でしょう。ざっくりいってしまえば、客観的に見て同じものは「シンメトリー」で、主観的に見て同じものは「バランス」と表現できるでしょう。

シンメトリー （左右対称）	・左右の形が同じで、対称的であること ・中心軸に対して、右と左を同じ要素で構成する方法である **H20** ・<u>上下、左右、放射などの対称</u> **H23**
バランス （均衡）	・左右の形や色が対立関係にあること ・<u>２つ以上の要素がつりあった状態</u> **H23**
リピテーション （繰り返し）	・同じ模様や図柄の繰り返しのこと
リズム （律動）	・色や形の連続的な変化や繰り返しのこと ・<u>同じもののくり返し</u> **H23**
プロポーション （比例）	・形、長さ、広さなどを全体と部分に分け、数量的割合などとしてとらえること ・<u>比例、比率、割合</u> **H23**
アクセント （強調）	・単調あるいは秩序あるデザインに変化をもたせるため、部分的に趣の違う色や形を置くこと
コントラスト （対照）	・相反する色や形によって互いの特性を強め合うこと
ハーモニー （調和）	・異なるもの同士がうまく調和していること
グラデーション （階調）	・<u>色や形が規則的に漸次移行する状態をいう</u> **H20** ・<u>段階的に変化すること</u> **H23**

※下線部分は過去に出題された表現です。（出題された年を併記しています。）
　試験で使われる言い回しに慣れておきましょう。

解答　**3**

言語

精選過去問 ⑯

／　　　　／

次の文のうち、絵本の読み聞かせをする際の留意事項として、適切な記述を○、不適切な記述を×とした場合の正しい組み合わせを一つ選びなさい。

A 絵本を読む時の読み手の背景は、子どもが絵本に集中できるようにシンプルな背景が良い。

B 絵本は、表紙や裏表紙にも物語が含まれることがあることを理解しておく。

C 子どもが絵本の世界を楽しめるように、保育士は絵本のストーリーや展開をよく理解しておく。

D 絵本を読み終えたら、子どもが絵本の内容を正確に記憶できているかが重要であるため、直ちに質問して確認する。

（組み合わせ）

	A	B	C	D
1	○	○	○	○
2	○	○	○	×
3	○	×	○	×
4	×	○	×	○
5	×	×	×	○

解答 ⬚

解説 ⑯

A ○ 散らかっていたり、おもちゃが山積みになっていたり、絵や写真が飾ってあったりすると、子どもの注意はそちらに向いてしまうことがあります。読み手の背景は、無地の壁、カーテン、パーテーションなどが良いでしょう。また、紙芝居やペープサートを演じるときにもそれがいえます。

B ○ 表紙には、本の中身の特徴的な絵が使われている場合が多く、「これからこんなお話がはじまるよ」と絵が伝えてくれます。例えば、ディック＝ブルーナ作『ミッフィーどうしたの？』の表紙は、主人公のうさぎミッフィーが涙を流しています。これを見て、「どうしたの、うさぎさん」「なかないで‥」とつぶやく子がいます。物語は表紙から始まっているのです。また、中身にはない絵が裏表紙にだけ載っているものもあります。これは、閉じた後も物語が続いている例の一つといえます。

C ○ 絵本は、ただ読めばいいということではなく、抑揚（よくよう）をつけたり、間合いを入れたり、紙をめくるタイミングを考えたりします。保育士があまり知らない絵本を読もうとすると、そういう点に気を配れないばかりか、読み間違えたり棒読みになったりするこ

ともあり得ます。子どもの世界観を大切にし、しらけさせないためにも、ストーリーや展開を理解しておく必要があります。

D ✕ 読み終えても、子どもは絵本の世界の余韻（よいん）に浸（ひた）っているかもしれません。また、思ったことを心にしまっておきたい子もいます。記憶の確認だけでなく、感想を聞いたりするのもあまりよくありません。例えば、感想を聞かれた一人が「つまんなかった」と感想を言ったら、他の子も感化され、「つまんないよね」と自分の感想を変えてしまうことがあります。本当は違う思いをもっていても、その思いをかき消したり、押し込めたりすることもあるのです。そもそも、絵本をどう思うか、感じるかは子どもの自由でいいはずです。

なお、一部の幼児教室などで、「絵本に出てきた動物はどんな動物だったかな？」などと質問し、記憶を試すことがありますが、一般的な保育園における本の読み聞かせでは、このようなやり方はあまり推奨していません。

解答 **2**

ここも出た！ **CHECK ✓**（平成29年後期・地限） **劇の種類**

・エプロンシアター…保育者が着用したものを舞台として使用する。
・ペープサート　　…英語の「紙人形劇」が、語源ともいわれている。
・パネルシアター　…付着性の高い素材に描かれたキャラクター等を広い背景の中で動かすことができる。

ここも出た！ **CHECK ✓**（平成29年後期・地限） **紙芝居を演じる際の留意点等**

・場面に応じて、**ぬき方のタイミング**を工夫する。
・**舞台や幕を使う**ことが効果的である。
・声の**大きさ**、強弱、**トーン**などに変化をつけ演出する。
・演じ手は**子どもの反応を受け止め**ながら進める。

精選過去問⑰

平成27年地域限定 問13 ／ ／

次の文のうち、適切な記述を○、不適切な記述を×とした場合の正しい組み合わせを一つ選びなさい。

A 「金のがちょう」は、ペルーの昔話である。

B 「ジャックと豆の木」は、イソップ寓話である。

C 「おおかみと七ひきのこやぎ」は、グリム童話である。

D 「かさじぞう」は、日本の昔話である。

（組み合わせ）

	A	B	C	D
1	○	○	×	○
2	○	×	○	×
3	×	○	○	×
4	×	×	○	○
5	×	×	×	○

解答

解説⑰

A ✕ 「金のがちょう」は、**グリム童話**です。
他にも、グリム童話には「赤ずきん」「白雪姫」「ヘンゼルとグレーテル」「シンデレラ」「おおかみと七ひきのこやぎ」「こびとのくつや」「ブレーメンの音楽隊」「ラプンツェル」「ハーメルンの笛吹き男」「ねむりひめ」などがあります。

B ✕ 「ジャックと豆の木」は、**イギリスの昔話**です。
世界の民話や昔話は、しばしば出題されます。保育現場でよく読まれる絵本などがどこの国のお話かを確認しておきましょう。例えば、「３つのねがい」は**フランス**、「クリスマスの鐘」は**アメリカ**、「12のつきのおくりもの」は**スロヴァキア**の民話や昔話です。

C ○ 「おおかみと七ひきのこやぎ」は、**グリム童話**です。
グリム童話の他にも、過去にはアンデルセン童話やイソップ寓話も出題されています。
アンデルセン童話には、「みにくいあひるの子」「マッチうりの少女」「にんぎょひめ」「はだかの王様」「おやゆび姫」「雪の女王」「赤いくつ」などがあります。
イソップ寓話には、「うさぎとかめ」「アリとキリギリス」「北風と太陽」「いなかのねずみとまちのねずみ」「すっぱいぶどう」などがあります。

D ○ 「かさじぞう」は、日本の昔話です。

　日本の昔話は、「ももたろう」「つるのおんがえし」「かちかち山」「はなさかじいさん」「さるかに合戦」「だいくとおにろく」「かさじぞう」「三まいのおふだ」「したきりすずめ」「わらしべちょうじゃ」「こぶとりじいさん」「ちからたろう」「かもとりごんべえ」など、日本人にとっては馴染み深いお話が多いですが、知らないお話があれば確認しておきましょう。

解答　4

　世界の民話や昔話

・「おおきなかぶ」は、**ロシア**の民話である。H26
・「ふるやのもり」は、**日本の昔話**である。H26
・「スーホの白い馬」は、**モンゴル**の民話である。H26 H29前
・「三びきのやぎのがらがらどん」は**ノルウェー**の民話である。H29前
・「てぶくろ」は**ウクライナ**の民話である。H29前

　絵本・幼年童話の作品と作者の組み合わせ

・『おつきさまこんばんは』― 林 明子（あきこ）H28前 H29前
・『からすのパンやさん』― かこ さとし H28前
・『キャベツくん』― 長 新太（ちょうしんた）H28前
・『おばけのてんぷら』― せな けいこ H28前
・『わたしのワンピース』― にしまき かやこ H28前
・『いやいやえん』― 中川李枝子（りえこ）H28後・地
・『ちいさいモモちゃん』― 松谷みよ子 H28後・地
・『エルマーのぼうけん』― ルース・スタイルス・ガネット（Gannett, R.S.）H28後・地
・『ロボット・カミィ』― 古田足日（たるひ）H28後・地
・『かいじゅうたちのいるところ』― モーリス・センダック（Sendak, M.）H29前
・『ねずみくんのチョッキ』― なかえよしを H29前
・『もこ もこもこ』― 谷川俊太郎 H29前

幼児期の終わりまでに育ってほしい姿

精選過去問⑱

平成31年前期 問14 ／ ／

次の文は、「保育所保育指針」第1章「総則」4「幼児教育を行う施設として共有すべき事項」（2）「幼児期の終わりまでに育ってほしい姿」のケ「言葉による伝え合い」の一部である。（ A ）～（ C ）にあてはまる語句の正しい組み合わせを一つ選びなさい。

　保育士等や友達と（ **A** ）を通わせる中で、絵本や物語などに親しみながら、（ **B** ）言葉や表現を身に付け、（ **C** ）や考えたことなどを言葉で伝えたり、相手の話を注意して聞いたりし、言葉による伝え合いを楽しむようになる。

（組み合わせ）

	A	B	C
1	気持ち	豊かな	遊んだこと
2	心	豊かな	遊んだこと
3	気持ち	正しい	経験したこと
4	心	豊かな	経験したこと
5	気持ち	正しい	遊んだこと

解答

解説⑱

A 心　　B 豊かな　　C 経験したこと

「保育所保育指針」第1章「総則」4「幼児教育を行う施設として共有すべき事項」（2）「幼児期の終わりまでに育ってほしい姿」のケ「言葉による伝え合い」からの出題です。

「保育所保育指針」第1章「総則」4「幼児教育を行う施設として共有すべき事項」
（2）「幼児期の終わりまでに育ってほしい姿」

> 　次に示す「幼児期の終わりまでに育ってほしい姿」は、第2章に示すねらい及び内容に基づく保育活動全体を通して資質・能力が育まれている子どもの小学校就学時の具体的な姿であり、保育士等が指導を行う際に考慮するものである。
>
> ア　**健康な心と体**
> 　保育所の生活の中で、充実感をもって自分のやりたいことに向かって心と体を十分に働かせ、見通しをもって行動し、自ら健康で安全な生活をつくり出すようになる。
>
> イ　**自立心**
> 　身近な環境に主体的に関わり様々な活動を楽しむ中で、しなければならないことを自覚し、自分の力で行うために考えたり、工夫したりしながら、諦めずにやり遂げることで達成感を味わい、自信をもって行動するようになる。
>
> ウ　**協同性**
> 　友達と関わる中で、互いの思いや考えなどを共有し、共通の目的の実現に向けて、考えたり、工夫したり、協力したりし、充実感をもってやり遂げるようになる。

エ　道徳性・規範意識の芽生え

　友達と様々な体験を重ねる中で、してよいことや悪いことが分かり、自分の行動を振り返ったり、友達の気持ちに共感したりし、相手の立場に立って行動するようになる。また、きまりを守る必要性が分かり、自分の気持ちを調整し、友達と折り合いを付けながら、きまりをつくったり、守ったりするようになる。

オ　社会生活との関わり

　家族を大切にしようとする気持ちをもつとともに、地域の身近な人と触れ合う中で、人との様々な関わり方に気付き、相手の気持ちを考えて関わり、自分が役に立つ喜びを感じ、地域に親しみをもつようになる。また、保育所内外の様々な環境に関わる中で、遊びや生活に必要な情報を取り入れ、情報に基づき判断したり、情報を伝え合ったり、活用したりするなど、情報を役立てながら活動するようになるとともに、公共の施設を大切に利用するなどして、社会とのつながりなどを意識するようになる。

カ　思考力の芽生え

　身近な事象に積極的に関わる中で、物の性質や仕組みなどを感じ取ったり、気付いたりし、考えたり、予想したり、工夫したりするなど、多様な関わりを楽しむようになる。また、友達の様々な考えに触れる中で、自分と異なる考えがあることに気付き、自ら判断したり、考え直したりするなど、新しい考えを生み出す喜びを味わいながら、自分の考えをよりよいものにするようになる。

キ　自然との関わり・生命尊重

　自然に触れて感動する体験を通して、自然の変化などを感じ取り、好奇心や探究心をもって考え言葉などで表現しながら、身近な事象への関心が高まるとともに、自然への愛情や畏敬の念をもつようになる。また、身近な動植物に心を動かされる中で、生命の不思議さや尊さに気付き、身近な動植物への接し方を考え、命あるものとしていたわり、大切にする気持ちをもって関わるようになる。

ク　数量や図形、標識や文字などへの関心・感覚

　遊びや生活の中で、数量や図形、標識や文字などに親しむ体験を重ねたり、標識や文字の役割に気付いたりし、自らの必要感に基づきこれらを活用し、興味や関心、感覚をもつようになる。

ケ　言葉による伝え合い

　保育士等や友達と心を通わせる中で、絵本や物語などに親しみながら、**豊かな言葉や表現を身に付け、経験したことや考えたことなどを言葉で伝えたり、相手の話を注意して聞いたりし、言葉による伝え合いを楽しむようになる。**

コ　豊かな感性と表現

　心を動かす出来事などに触れ感性を働かせる中で、様々な素材の特徴や表現の仕方などに気付き、感じたことや考えたことを自分で表現したり、友達同士で表現する過程を楽しんだりし、表現する喜びを味わい、意欲をもつようになる。

※下線部分が出題された箇所です。

解答　4

保育の内容

精選過去問 ⑲

平成30年後期・地限 問15 ／ ／

次の文は、「保育所保育指針」（厚生労働省告示第117号平成29年3月31日）第2章「保育の内容」の1「乳児保育に関わるねらい及び内容」の一部である。（ A ）～（ C ）にあてはまる語句の正しい組み合わせを一つ選びなさい。

玩具などは、音質、（ A ）、色、大きさなど子どもの発達状態に応じて適切なものを選び、その時々の子どもの興味や関心を踏まえるなど、遊びを通して（ B ）の発達が促されるものとなるように工夫すること。なお、安全な環境の下で、子どもが探索意欲を満たして自由に遊べるよう、身の回りのものについては、常に十分な（ C ）を行うこと。

（組み合わせ）

	A	B	C
1	触感	理性	管理
2	触感	感覚	点検
3	触感	感覚	管理
4	形	感覚	点検
5	形	理性	管理

解答

解 説 ⑲

A 形　B 感覚　C 点検

「保育所保育指針」第2章「保育の内容」1「乳児保育に関わるねらい及び内容」では、この時期の発達の特徴を踏まえて、乳児保育の「ねらい」及び「内容」について、

ア　身体的発達に関する視点「健やかに伸び伸びと育つ」

イ　社会的発達に関する視点「身近な人と気持ちが通じ合う」

ウ　精神的発達に関する視点「身近なものと関わり感性が育つ」

の3つの視点としてまとめ、示されています。

この設問は、ウ　精神的発達に関する視点「身近なものと関わり感性が育つ」の（イ）「内容の取扱い」からの出題でした。

「保育所保育指針」第2章「保育の内容」1「乳児保育に関わるねらい及び内容」
ウ「身近なものと関わり感性が育つ」（イ）「内容の取扱い」

① 玩具などは、音質、**形**、色、大きさなど子どもの発達状態に応じて適切なものを選び、その時々の子どもの興味や関心を踏まえるなど、遊びを通して**感覚**の発達が促されるものとなるように工夫すること。なお、安全な環境の下で、子どもが探索意欲を満たして自由に遊べるよう、身の回りのものについては、常に十分な**点検**を行うこと。

この時期の子どもは個人差や月齢の違いによる発達差が大きいので、一人一人の子どものその時々の興味や関心を理解することが重要です。玩具などを選ぶ際は、音の大きさ、質、形、手触り、色合い、大きさ、重さ、持ちやすさなどを子どもの感覚や動きに照らして吟味します。なお、玩具などには、破損や衛生に気を配り、怪我や事故などが起きないように日頃から状態の点検や確認を行わなければなりません。

　第2章「保育の内容」1「乳児保育に関わるねらい及び内容」では、3つの視点からの「ねらい」及び「内容」のほかに、（3）「保育の実施に関わる配慮事項」が示されています。あわせて確認しておきましょう。

「保育所保育指針」第2章「保育の内容」
1「乳児保育に関わるねらい及び内容」（3）「保育の実施に関わる配慮事項」

> ア　乳児は疾病への抵抗力が弱く、心身の機能の未熟さに伴う疾病の発生が多いことから、一人一人の発育及び発達状態や健康状態についての適切な判断に基づく**保健的**な対応を行うこと。
>
> イ　一人一人の子どもの生育歴の違いに留意しつつ、欲求を適切に満たし、**特定の保育士**が**応答的**に関わるように努めること。
>
> ウ　乳児保育に関わる職員間の連携や嘱託医との連携を図り、第3章に示す事項を踏まえ、適切に対応すること。**栄養士及び看護師**等が配置されている場合は、その専門性を生かした対応を図ること。
>
> エ　保護者との信頼関係を築きながら保育を進めるとともに、保護者からの**相談**に応じ、保護者への支援に努めていくこと。
>
> オ　担当の保育士が替わる場合には、子どものそれまでの**生育歴**や**発達過程**に留意し、**職員間**で**協力**して対応すること。

解答　4

 乳児期の発達の特徴

　「保育所保育指針」第2章「保育の内容」では、次のように記されています。

1　乳児保育に関わるねらい及び内容
（1）基本的事項
ア　乳児期の発達については、視覚、聴覚などの**感覚**や、座る、はう、歩くなどの**運動機能**が著しく発達し、**特定の大人**との**応答的**な関わりを通じて、**情緒的な絆**が形成されるといった特徴がある。これらの発達の特徴を踏まえて、乳児保育は、愛情豊かに、**応答的**に行われることが特に必要である。

精選過去問 ⑳ 　平成30年神奈川 問14

次の文は、「保育所保育指針」第2章「保育の内容」の2「1歳以上3歳未満児の保育に関わるねらい及び内容」のエ「言葉」のねらいである。（　A　）～（　D　）にあてはまる語句の組み合わせとして正しいものを一つ選びなさい。

① 　（　A　）や言葉で表現する楽しさを感じる。

② 　人の言葉や話などを聞き、自分でも（　B　）を伝えようとする。

③ 　絵本や（　C　）等に親しむとともに、言葉のやり取りを通じて（　D　）と気持ちを通わせる。

（組み合わせ）

	A	B	C	D
1	ごっこ遊び	経験したこと	紙芝居	保育士等
2	言葉遊び	思ったこと	物語	身近な人
3	言葉遊び	経験したこと	物語	保育士等
4	ごっこ遊び	思ったこと	物語	保育士等
5	言葉遊び	思ったこと	紙芝居	身近な人

解答

解説 ⑳

A 言葉遊び　**B** 思ったこと　**C** 物語　**D** 身近な人

「保育所保育指針」第2章「保育の内容」の2「1歳以上3歳未満児の保育に関わるねらい及び内容」のエ「言葉」では、この時期の発達の特徴を踏まえ、次の3つのねらいを示しています。

「保育所保育指針」第2章「保育の内容」

2「1歳以上3歳未満児の保育に関わるねらい及び内容」エ「言葉」（ア）「ねらい」

① **言葉遊び**や言葉で表現する楽しさを感じる。

② 人の言葉や話などを聞き、自分でも**思ったこと**を伝えようとする。

③ 絵本や**物語**等に親しむとともに、言葉のやり取りを通じて**身近な人**と気持ちを通わせる。

　選択肢の中にある「ごっこ遊び」「紙芝居」「保育士等」という語句は、エ「言葉」の（イ）「内容」の中に、④「絵本や**紙芝居**を楽しみ、簡単な言葉を繰り返したり、模倣をしたりして遊ぶ。」⑤「**保育士等**とごっこ遊びをする中で、言葉のやり取りを楽しむ。」などとあります。「ねらい」だけでなく、「内容」もきちんとおさえておきましょう。

一方、3「3歳以上児の保育に関するねらい及び内容」のエ「言葉」のねらいは、次のとおりです。あわせて確認しておきましょう。

「保育所保育指針」第2章「保育の内容」
3「3歳以上児の保育に関するねらい及び内容」エ「言葉」（ア）「ねらい」

① **自分の気持ちを言葉で表現する楽しさ**を味わう。
② 人の言葉や話などをよく聞き、自分の**経験したこと**や**考えたこと**を話し、**伝え合う喜び**を味わう。
③ 日常生活に必要な言葉が分かるようになるとともに、絵本や物語などに親しみ、**言葉に対する感覚を豊かにし、保育士等**や**友達**と心を通わせる。

「保育所保育指針」では、「1歳以上3歳未満児の保育に関わるねらい及び内容」と「3歳以上児の保育に関するねらい及び内容」を、それぞれの時期の発達の特徴を踏まえ、「健康・人間関係・環境・言葉・表現」の**5つの領域**としてまとめ、示しています。さらに、「各領域において示す保育の内容は、第1章の2に示された**養護**における「**生命の保持**」及び「**情緒の安定**」に関わる保育の内容と、**一体**となって展開されるものであることに留意が必要である。」と記されています。

5つの領域と養護における「生命の保持」及び「情緒の安定」については、過去に何度も出題されている内容ですので、しっかり確認しましょう。

	解答 2

ポイント解説　1歳以上3歳未満児の発達の特徴

「保育所保育指針」第2章「保育の内容」では、次のように記されています。

2　1歳以上3歳未満児の保育に関わるねらい及び内容
（1）基本的事項
ア　この時期においては、歩き始めから、歩く、走る、跳ぶなどへと、**基本的な運動機能**が次第に発達し、排泄(はいせつ)の自立のための**身体的機能**も整うようになる。つまむ、めくるなどの指先の機能も発達し、食事、衣類の着脱なども、**保育士等の援助の下で自分で行う**ようになる。発声も明瞭になり、語彙(ごい)も増加し、**自分の意思や欲求を言葉で表出できる**ようになる。このように自分でできることが増えてくる時期であることから、保育士等は、子どもの生活の安定を図りながら、自分でしようとする気持ちを尊重し、温かく見守るとともに、愛情豊かに、**応答的に関わる**ことが必要である。

精選過去問 ㉑

平成31年前期 問7 ／ ／

次のA〜Dは、「保育所保育指針」第2章「保育の内容」の3「3歳以上児の保育に関するねらい及び内容」オ「表現」（イ）「内容」の一部である。下線部分が正しいものを〇、誤っているものを×とした場合の正しい組み合わせを一つ選びなさい。

A 生活の中で美しいものや心を動かす出来事に触れ、イメージを豊かにする。

B 様々な出来事の中で、感動したことを伝え合う楽しさを味わう。

C ひとつの素材に深く親しみ、工夫して遊ぶ。

D かいたり、つくったりすることを楽しみ、作品を大切にしまう。

（組み合わせ）

	A	B	C	D
1	〇	〇	×	×
2	〇	×	〇	〇
3	〇	×	〇	×
4	×	〇	×	〇
5	×	×	〇	〇

解答

解説 ㉑

「保育所保育指針」第2章「保育の内容」の3「3歳以上児の保育に関するねらい及び内容」では、この時期の発達の特徴を踏まえ、保育の「**ねらい**」及び「**内容**」について、心身の健康に関する領域「**健康**」、人との関わりに関する領域「**人間関係**」、身近な環境との関わりに関する領域「**環境**」、言葉の獲得に関する領域「**言葉**」及び感性と表現に関する領域「**表現**」としてまとめ、示しています。

この設問は、オ「表現」（イ）「内容」からの出題です。

A 〇 オ「表現」（イ）「内容」の②の内容です。「保育所保育指針解説」（平成30年2月）では、「子どもが出会う美しいものや心を動かす出来事には、完成された特別なものだけではなく、**生活の中**で出会う様々なものがある。例えば、園庭の草花や動いている虫を見る、飼っている動物の生命の誕生や終わりに遭遇することなどである。」とも記されています。

B 〇 オ「表現」（イ）「内容」の③の内容です。「保育所保育指針解説」（平成30年2月）では、「感動体験が子どもの中にイメージとして蓄えられ、表現されるためには、日常生活の中で**保育士等**や**友達**と感動を共有し、伝え合うことを十分に行えるようにすることが大切である。」とも記されています。

C × オ「表現」（イ）「内容」の⑤の内容ですが、「ひとつの素材に深く親しみ」ではなく、「**いろいろな素材**に親しみ」です。

D　✕　オ「表現」（イ）「内容」の⑦の内容ですが、「作品を大切にしまう」ではなく、「遊び
　　　　に使ったり、飾ったりなどする」です。

「保育所保育指針」第２章「保育の内容」

３「３歳以上児の保育に関するねらい及び内容」オ「表現」（イ）「内容」

---

①　生活の中で様々な音、形、色、手触り、動きなどに気付いたり、感じたりするなどし
　　て楽しむ。

②　_A生活の中で美しいものや心を動かす出来事に触れ、イメージを豊かにする。

③　_B様々な出来事の中で、感動したことを伝え合う楽しさを味わう。

④　感じたこと、考えたことなどを音や動きなどで表現したり、自由にかいたり、つくっ
　　たりなどする。

⑤　_Cいろいろな素材に親しみ、工夫して遊ぶ。

⑥　音楽に親しみ、歌を歌ったり、簡単なリズム楽器を使ったりなどする楽しさを味わう。

⑦　_Dかいたり、つくったりすることを楽しみ、遊びに使ったり、飾ったりなどする。

⑧　自分のイメージを動きや言葉などで表現したり、演じて遊んだりするなどの楽しさを
　　味わう。

※下線部分が出題された箇所です。

解答　1

 3歳以上児の発達の特徴

　「保育所保育指針」第２章「保育の内容」では、次のように記されています。

３　３歳以上児の保育に関するねらい及び内容

（１）　基本的事項

ア　この時期においては、運動機能の発達により、基本的な動作が一通りできるようにな
　　るとともに、基本的な生活習慣もほぼ自立できるようになる。理解する語彙数が急激に
　　増加し、知的興味や関心も高まってくる。仲間と遊び、仲間の中の一人という自覚が生
　　じ、集団的な遊びや協同的な活動も見られるようになる。これらの発達の特徴を踏まえ
　　て、この時期の保育においては、個の成長と集団としての活動の充実が図られるように
　　しなければならない。

　**「保育所保育指針」第２章「保育の内容」３「３歳以上児の保育に
　関するねらい及び内容」オ「表現」（ウ）「内容の取扱い」の一部**

　子どもの自己表現は素朴な形で行われることが多いので、保育士等はそのような表現
を受容し、子ども自身の表現しようとする意欲を受け止めて、子どもが生活の中で子ど
もらしい様々な表現を楽しむことができるようにすること。

子育て支援

精選過去問 ㉒

平成30年後期・地限 問18 ／ ／

次の文は、保育士の子育て支援のあり方に関する記述である。「保育所保育指針」（厚生労働省告示第117号平成29年3月31日）第4章「子育て支援」に照らして、適切な記述を○、不適切な記述を×とした場合の正しい組み合わせを一つ選びなさい。

A 保護者から「先生代わりにやってください。」という依頼に対して、安易に引き受けるのではなく、保護者自らが子育てを実践する力を向上できるように支援する。

B 送迎時の対話や連絡帳などを通して、保護者との関係性を作り相互理解を図る。

C 子どもに対する養護・教育を専門的な立場から全面的に担い、保護者の就労支援を最優先する。

D 保護者の不適切な養育が疑われる場合、プライバシーの保護や守秘義務の観点から、確たる証拠が得られるまでは様子を見る。

（組み合わせ）

	A	B	C	D
1	○	○	×	×
2	○	×	×	○
3	×	○	×	×
4	×	×	○	○
5	×	×	○	×

解答

解説 ㉒

A ○ 「保育所保育指針」第4章「子育て支援」の前文に「保育所における保護者に対する子育て支援は、全ての子どもの健やかな育ちを実現することができるよう、（中略）子どもの育ちを家庭と連携して支援していくとともに、保護者及び地域が有する子育てを**自ら実践する力の向上**に資するよう、次の事項に留意するものとする。」とあります。「先生代わりにやってください。」と依頼してきた保護者の気持ちを受け止めながら、相談に乗り、助言したり、行動の見本を提示したりするなど、保護者の養育力の向上につながる支援を行うことが適切な対応です。

B ○ 第4章「子育て支援」の2「保育所を利用している保護者に対する子育て支援」(1)「保護者との相互理解」に「**日常の保育に関連した様々な機会**を活用し子どもの日々の様子の伝達や収集、保育所保育の意図の説明などを通じて、**保護者との相互理解を**図るよう努めること。」と記されています。また、「児童福祉施設の設備及び運営に関する基準」第36条では、「保育所の長は、常に入所している乳幼児の保護者と密接な連絡をとり、保育の内容等につき、その保護者の理解及び協力を得るよう努めなければならない」と定めています。

C ✕ 第4章「子育て支援」の2「保育所を利用している保護者に対する子育て支援」(2)「保護者の状況に配慮した個別の支援」では、「**保護者の就労と子育ての両立**等を支援するため、保護者の多様化した保育の需要に応じ、病児保育事業など多様な事業を実施する場合には、保護者の状況に配慮するとともに、子どもの**福祉**が尊重されるよう努め、子どもの**生活の連続性**を考慮すること。」と示されています。保育士は、子どもに対する養護・教育を全面的に担うのではなく、保護者の状況を配慮しつつ、子どもの最善の利益を念頭に置きながら、家庭と連携、協力していく必要があります。

D ✕ 第4章「子育て支援」の2「保育所を利用している保護者に対する子育て支援」(3)「不適切な養育等が疑われる家庭への支援」では、「保護者に育児不安等が見られる場合には、**保護者の希望に応じて**個別の支援を行うよう努めること。」「保護者に不適切な養育等が疑われる場合には、市町村や関係機関と連携し、**要保護児童対策地域協議会**で検討するなど適切な対応を図ること。また、虐待が疑われる場合には、**速やかに市町村又は児童相談所に通告し**、適切な対応を図ること。」と示されています。
保育士は、業務上知り得た子どもやその家族の秘密を漏らしてはいけません。(**守秘義務**)(「児童福祉法」第18条の22)また、「**個人情報の保護に関する法律（個人情報保護法）**」の観点からも、子どもやその家族のプライバシーに関わる資料等については慎重に取り扱わなければなりません。しかし、保護者に不適切な養育等や虐待が疑われ、保育所や保育士等の対応では限界がある場合には、関係機関との密接な連携がより強く求められます。保育所や保育士等にも「児童虐待の防止等に関する法律（児童虐待防止法）」が規定する**通告義務**が課せられており、それは守秘義務よりも優先されます。「児童福祉法」でも、保護者の養育を支援することが特に必要と認められる児童及びその保護者等を把握した場合の**市町村**への情報提供について、また、要保護児童を発見した場合の**通告義務**について規定されています。(第21条の10の5、第25条)
なお、**要保護児童対策地域協議会**（子どもを守る地域ネットワーク）とは、支援対象児童等（虐待を受けている子ども等）の早期発見や適切な保護を図るため、関係機関等が情報や考え方を共有し、適切な連携の下で対応していくためのネットワークのことです。

解答　1

9

405

保育士の役割

精選過去問 ㉓

平成29年後期・地限 問15 ／ ／

次の文は、保育所に勤務する保育士の役割に関する記述である。適切な記述を○、不適切な記述を×とした場合の正しい組み合わせを一つ選びなさい。

A 保育士は、専門性や人間性を向上させるために、常に自己研鑽することが求められる。

B 保育過程や指導計画、実践や評価に関する記録など、保育の質の向上に関するものについては、職員間で共通理解を持つ機会を積極的に設ける。

C 保育士が保護者とお互いに信頼し、協力し合える関係を作るためには、保護者の意向を的確に把握し、保護者の要求をすべて受け入れる必要がある。

D 保護者との協力体制を築くためには、日頃から保育理念や保育方針、保育内容・方法等を様々な機会を通して保護者に情報提供するとともに、保育参観などを実施することも有効である。

（組み合わせ）

	A	B	C	D
1	○	○	×	○
2	○	○	×	×
3	○	×	×	○
4	×	×	○	○
5	×	×	○	×

解答

解説 ㉓

A ○ 「保育所保育指針」第5章「職員の資質向上」の内容から読み取ることができます。この章の冒頭に、「保育所は、質の高い保育を展開するため、絶えず、一人一人の職員についての資質向上及び職員全体の専門性の向上を図るよう努めなければならない」とあります。さらに、1「職員の資質向上に関する基本的事項」の中で、「各職員は、**自己評価**に基づく課題等を踏まえ、保育所内外の**研修**等を通じて、保育士・看護師・調理員・栄養士等、それぞれの職務内容に応じた専門性を高めるため、必要な知識及び技術の修得、**維持及び向上**に努めなければならない。」と記されています。また、「児童福祉法」第48条の4第2項では、「保育所に勤務する保育士は、乳児、幼児等の保育に関する相談に応じ、及び助言を行うために必要な知識及び技能の修得、**維持及び向上**に努めなければならない」とあります。なお、自己研鑽とは自分自身の能力を高めて、自分を磨くことを意味します。

B ○ 「保育所保育指針」第1章「総則」3「保育の計画及び評価」では、「保育士等は、自己評価における自らの保育実践の振り返りや職員相互の話し合い等を通じて、**専門性**の向上及び**保育の質**の向上のための課題を明確にするとともに、**保育所全体**の保育の内容に関する認識を深めること。」「保育の計画に基づく保育、保育の内容の評価及びこれに基づく改善という一連の取組により、**保育の質の向上**が図られるよう、**全職員**が共通理解をもって取り組むことに留意すること。」と記されています。

また、「保育所保育指針」第5章「職員の資質向上」1「職員の資質向上に関する基本的事項」では、「保育所においては、保育の内容等に関する自己評価等を通じて把握した、**保育の質の向上**に向けた課題に**組織的**に対応するため、保育内容の改善や保育士等の**役割分担**の見直し等に取り組むとともに、それぞれの職位や職務内容等に応じて、各職員が必要な知識及び技能を身につけられるよう努めなければならない。」とあります。

C ✕ 「保育所保育指針」第1章「総則」1「保育所保育に関する基本原則」(1)「保育所の役割」や第4章「子育て支援」に示されている内容から読み取ることができます。保育所は、入所する子どもを保育するとともに、家庭や地域の様々な社会資源との連携を図りながら、入所する子どもの保護者に対する支援及び地域の子育て家庭に対する支援等を行う役割を担うものです。また、保育所における保護者に対する子育て支援は、子どもの育ちを家庭と連携して支援していくとともに、保護者及び地域が有する子育てを自ら実践する力の向上に資するように行うものです。保護者の要求をすべて受け入れる必要はありません。

D ○ 「保育所保育指針」第4章「子育て支援」2「保育所を利用している保護者に対する子育て支援」では、「日常の保育に関連した様々な機会を活用し子どもの日々の様子の伝達や収集、保育所保育の意図の説明などを通じて、保護者との**相互理解**を図るよう努めること。」と示されています。

解答 1

実習記録の作成

精選過去問 ㉔

平成29年前期 問20 / /

次の【事例】を読んで、【設問】に答えなさい。

【事例】

　児童養護施設で実習中の大学生Qさんは、下記の実習記録（日々の記録）を作成しました。しかし、実習の事前指導で担当教員から「記録は、自身の行動を振り返るために、また実習指導担当の保育士が適切に状況を把握するために取り組むものである」との説明を思い出し、加筆・修正が必要だと考えました。

（実習記録）

9月5日（実習3日目）

　夜、Aさん（3歳女児）とBさん（4歳女児）の寝かしつけを担当することになった。絵本を3冊読んだが、全く寝る様子がなかった。私は困って職員に対応を任せることにした。職員からはその後に助言を受けた。

　寝かしつけの対応については、うまくいかなかったことを反省している。これからは、職員の助言を参考にして、早く寝かせられるようにがんばりたい。

【設問】

　次の文のうち、加筆・修正する内容として、最も適切でないものを一つ選びなさい。

1　どのように絵本を読んだのかなど、寝かしつけの様子を具体的に記述する。

2　職員からの助言の内容を具体的に記述する。

3　子ども達が眠らなかった理由についての考察を記述する。

4　今後同じような場面があった際に、どのように対応するかを具体的に記述する。

5　実習終了後も具体的な場面把握ができるように、「Aさん・Bさん」という仮称ではなく、個人名を記述する。

解答

1 ○ 「絵本を３冊読んだが、全く寝る様子がなかった。」の部分において、寝かしつけの様子を記述するときは、読んだ絵本のタイトルや、絵本の内容、読んだときの子どもの反応、実習生としてどんな言葉がけ、動作を行ったのか、また子どもとの会話などを具体的に記すことが必要です。詳しく記すことによって、より鮮明に実習を振り返ることができます。

2 ○ 普段から子どもに接している職員からの助言は、実習を振り返るときにも大切なポイントになりますので、より具体的にきちんと記録することが大切です。

3 ○ 子ども達が眠らなかった理由について、絵本の好みが違ったのか、読み方に工夫が必要だったのか、寝かしつけの流れが普段と異なったのか、など様々な要因が考えられます。職員からの助言をもとに考察し、それを記述しておけば、次に子どもの寝かしつけを担当する場合に、どのようにしたらよいかを整理しやすくなります。

4 ○ 今後、同じように寝かしつけがスムーズにいかない場合に、どのようにしたらよいかの手立てを記しておくことが大切です。
また、実習記録については実習を通して、子どもとどのようにかかわったのか、気づいたこと、思ったことなどを細かく記録して、振り返りと考察をして、さらに職員からの指導を受けるときに報告をする資料ですので、記録を見た人がその時の状況を理解できるように記述することがポイントとなります。

5 ✕ 個人情報保護の観点から、実習生であっても個人名で書かずに、仮称で記入することが適切であるといえます。実習後に振り返るときに、個人名は不要であるため、むやみに実名を園外に持ち出すことは避けます。

解 答 **5**

児童養護施設での実習〜実習目標〜 (平成29年後期・地限)

・「子どもたちの名前を覚え、１日の生活の流れを学ぶ」ために、保育士の行う業務について一緒に取り組んだ。
・「子どもたちに積極的にかかわり、それぞれの行動上の特徴を知る」ために、子どもたちと一緒に遊んだり、勉強を教えたりした。
・子どもたちに入所理由や、家族の所在などの個人情報について直接、安易に聞くことは適切ではない。
・「職員間の連携について学ぶ」ために、家庭支援専門相談員や心理療法担当職員から業務内容について話を聞いた。
・「実習体験をもとに省察・自己評価を行う」ために、それまでの実習への取り組みおよび認識について実習指導担当者から助言を得た。

クランクの仕組み

精選過去問 25

／　　　　／

次の【事例】を読んで、【設問】に答えなさい。

【事例】

　空き箱を利用して、クランクの仕組みによって上下に動くおもちゃを作ろうとしています。

【設問】

　以下の図にある右側のAのレバーを一回転したときに、Bの部分が上下に最も大きく動くものを一つ選びなさい。

1
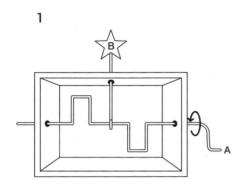

2
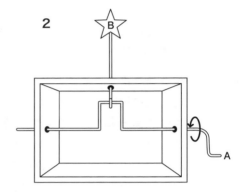

3
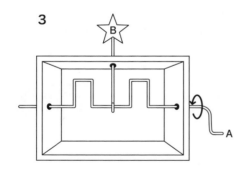

4
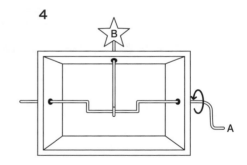

5
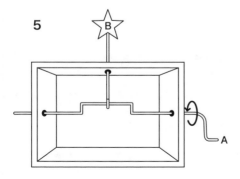

解答

解 説 25

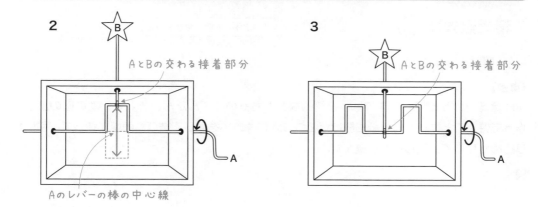

2 AとBの交わる接着部分
Aのレバーの棒の中心線

3 AとBの交わる接着部分

　クランクの動きについての問題です。回転するAのレバーの凹凸の向きや形にとらわれることなく、Bの棒の接着部が中央の回転軸からどのくらい離れているかに注目します。

　1、3についてはBの棒とAのレバーの棒が交わって接着している部分に注目すると、凹凸がないため、Aを回転させても、Bの棒の動きに変化はありません。

　2、4、5については、Bの棒とAの棒の接着している部分に凹凸がありますので、Aの棒を回転させると、Bの棒が上下に動きます。

　2、4、5のなかで、Aのレバーの棒の中心線からAとBの交わる接着部分までの距離の一番長いものが、Bの部分が上下に最も大きく動きますので、正答は2と導き出すことができます。

解 答　2

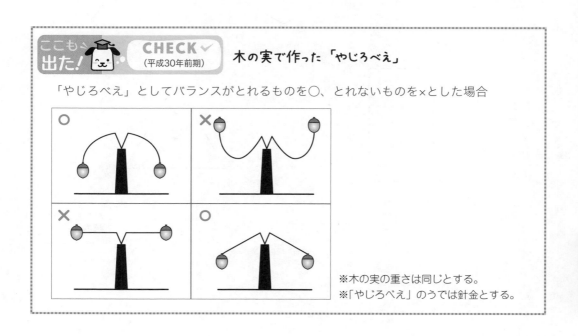

ここも出た！　CHECK✓（平成30年前期）　**木の実で作った「やじろべえ」**

「やじろべえ」としてバランスがとれるものを○、とれないものを×とした場合

※木の実の重さは同じとする。
※「やじろべえ」のうでは針金とする。

411

ぶんぶんごまの原理

精選過去問㉖ | 平成29年後期・地限 問12 | ╱ | ╱ |

次の【事例】を読んで、【設問】に答えなさい。

【事例】

　H保育所の5歳児クラスでは、伝統的なおもちゃの「ぶんぶんごま」を、次の図のように作って遊ぶことにした。厚紙に開けた2つの穴にタコ糸を通して結び、両端を持って、引いたり緩めたりして、回しながら遊んだ。

図

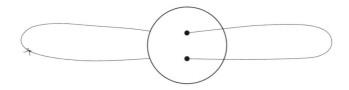

【設問】

　次の1〜5は、「ぶんぶんごま」のこまの形とタコ糸を通す穴の位置を示したものである。「ぶんぶんごま」の仕組みとして、<u>最も回りにくいもの</u>を一つ選びなさい。

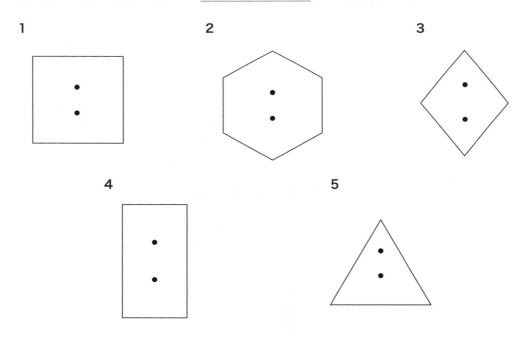

解答	

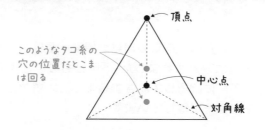

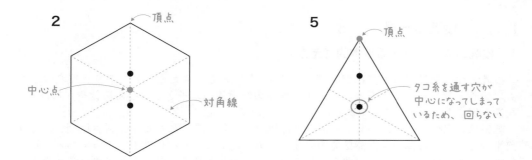

選択肢のこま図形の各頂点から中心に向かって線を引きます。1、2、3、4に関しては各頂点から対角線を引き、その中心点をとると、図形の中心がわかります。5の三角形は、各頂点から中心点までの線を引きます。この中心点がタコ糸を通す2つの穴を結ぶ線上の中心点になれば、こまは回ります。1、2、3、4は図形の中心点が2つの穴を結ぶ線上に位置していますが、5は、2つの穴のうちの一つが図形の中心点になっているので、こまは回りません。よって正答は5となります。

解答 5

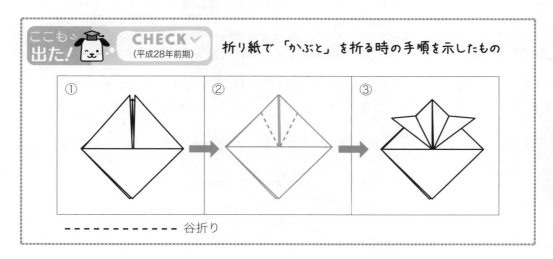

「授乳・離乳の支援ガイド」は、最新の知見や授乳・離乳を取り巻く社会環境等の変化を踏まえ、2019年3月に改定されました。「子どもの食と栄養」のなかでも出題頻度の高い資料ですので、丁寧に確認しておきましょう。本書では、特に加点につながると思われるキーワードを赤字で記載しています。

「授乳・離乳の支援ガイド」（2019年改定版）（原文）より抜粋

II－1　授乳の支援

1　授乳の支援に関する基本的考え方

　授乳とは、乳汁（母乳又は育児用ミルク[5]）を子どもに与えることであり、授乳は子どもに栄養素等を与えるとともに、母子・親子の絆を深め、子どもの心身の健やかな成長・発達を促す上で極めて重要である。

　乳児は、出生後に「口から初めての乳汁摂取」を行うことになるが、新生児期、乳児期前半の乳児は、身体の諸機能は発達の途上にあり、消化・吸収機能も不十分である。そのため、この時期の乳児は、未熟な消化や吸収、排泄等の機能に負担をかけずに栄養素等を摂ることのできる乳汁栄養で育つ。

　妊娠中に「ぜひ母乳で育てたいと思った」「母乳が出れば母乳で育てたいと思った」と回答した母親が9割を超えていることから、母乳で育てたいと思っている母親が無理せず自然に母乳育児に取り組めるよう支援することは重要である。ただし、母乳をインターネット上で販売している実態も踏まえて、衛生面等のリスクについて注意喚起をしているところである[6]。授乳の支援に当たっては母乳だけにこだわらず、必要に応じて育児用ミルクを使う等、適切な支援を行うことが必要である。

　母子の健康等の理由から育児用ミルクを選択する場合は、その決定を尊重するとともに母親の心の状態等に十分に配慮し、母親に安心感を与えるような支援が必要である。

　授乳は、子どもが「飲みたいと要求」し、その「要求に応じて与える」という両者の関わりが促進されることによって、安定して進行していく。その過程で生じる不安等に対して適切に対応し、母親等が安心して授乳ができるように支援を行う。

　授乳の支援に当たっては、母乳や育児用ミルクといった乳汁の種類にかかわらず、母子の健康の維持とともに、健やかな母子・親子関係の形成を促し、育児に自信をもたせることを基本とする。

　約8割の母親等が授乳について困ったことがあり、特に回答が多かったものは「母乳が足りているかわからない」であった。こうした困りごとをもつ母親等に対しては、子育て世代包括支援センター等を中心に、様々な保健医療機関を活用し継続的に母親等の不安を傾聴するとともに、子どもの状態をよく観察し授乳量が足りているかどうかを見極める必要がある。

　生後1年未満の乳児期は、1年間で体重が約3倍に成長する、人生で最も発育する時期である。発育の程度は個人差があるため、母乳が不足しているかどうかについては、

---

5 育児用ミルク：母乳の代替として飲用に供する乳児用調製粉乳及び乳児用調製液状乳をいう。これらは、食品としての安全性の観点から、食品衛生法に基づく乳及び乳製品の成分規格等に関する省令の承認及び母乳代替食品として栄養学的・医学的に適する旨の表示の観点から健康増進法に基づく特別用途食品の表示の許可を受けなければならないとされている。ここでいう育児用ミルクには、フォローアップミルクは含まれない。

6 参考資料5：「インターネットで販売される母乳に関する注意喚起」

子どもの状態、個性や体質、母親の状態や家庭環境等を考慮に入れたうえで、総合的に判断する必要がある。

母親が授乳や育児に関する不安が強い場合には、産後うつ予防や安心して授乳や育児ができるように、早期からの産科医師、小児科医師、助産師、保健師等による専門的なアプローチを検討する。

2 授乳の支援の方法

（1）妊娠期

母子にとって母乳は基本であり、母乳で育てたいと思っている人が無理せず自然に実現できるよう、妊娠中から支援を行う。

妊婦やその家族に対して、具体的な授乳方法や母乳（育児）の利点等について、両親学級や妊婦健康診査等の機会を通じて情報提供を行う。

母親の疾患や感染症[7]、薬の使用[8]、子どもの状態、母乳の分泌状況等の様々な理由から育児用ミルクを選択する母親に対しては、十分な情報提供の上、その決定を尊重するとともに、母親の心の状態に十分に配慮した支援を行う。

また、妊婦及び授乳中の母親の食生活は、母子の健康状態や乳汁分泌に関連があるため、食事のバランスや禁煙等の生活全般に関する配慮事項を示した「妊産婦のための食生活指針」を踏まえ、妊娠期から食生活の改善を促す支援を行う。

これらにより、妊娠中から授乳方法に関する正しい情報を提供し、その上で選択できるよう支援を行う。

なお、母乳（育児）には、次のような利点がある。

《母乳（育児）の利点》

母乳には、①乳児に最適な成分組成で少ない代謝負担、②感染症の発症及び重症度の低下、③小児期の肥満やのちの2型糖尿病の発症リスクの低下[9]などの報告がされている。

また、母乳を与えることによって、①産後の母体の回復の促進、②母子関係の良好な形成などの利点があげられる。

---

7 HTLV-1の経母乳感染を完全に予防するためには、母乳を遮断する必要があり、原則として完全人工栄養を勧める。「HTLV-1母子感染予防対策マニュアル」https://www.mhlw.go.jp/bunya/kodomo/boshi-hoken16/dl/06.pdf

8 母親の薬の摂取により、薬が母乳中に移行するが、その量は非常に少なく、子どもに影響する可能性は低いといわれている。ただし、注意が必要な薬もあることから、正しい情報をもとに、主治医と相談しながら決めていくことが大切。
妊娠・授乳中の服薬に関する情報：国立成育医療研究センター「妊娠と薬情報センター」https://www.ncchd.go.jp/kusuri/

9 完全母乳栄養児と混合栄養児との間に肥満発症に差があるとするエビデンスはなく、育児用ミルクを少しでも与えると肥満になるといった表現で誤解を与えないように配慮する。

（２）授乳の開始から授乳のリズムの確立

　生後間もない子どもは、昼夜の関係なく授乳と睡眠を中心に生活し、成長するにつれてその子どもなりの授乳のリズムや睡眠のリズムが整ってくる。

　授乳のリズムや睡眠リズムが整うまでの期間は子どもによって個人差がある。特に出産後から退院までの間は母親と子どもが終日、一緒にいられるように支援し、子どもが欲しがるとき、母親が飲ませたいときには、いつでも授乳できるように支援する。

　同時に母親は妊娠、出産による変化が妊娠前の状態に回復していく期間でもあることから、心身の不調や育児不安を抱えていることが想定される。そのため、母親と子どもの状態を把握するとともに、母親の気持ちや感情を受けとめ、あせらず授乳のリズムを確立できるよう支援する。

　授乳の開始後、母親等は授乳量が足りているかという不安をもつ場合がある。子どもの発育を評価する上で体重は重要な指標の一つであるが、子どもの発育は、出生体重や出生週数、栄養方法、子どもの状態によって変わってくるため、乳幼児身体発育曲線を用い、これまでの発育経過を踏まえるとともに、授乳回数や授乳量、排尿排便の回数や機嫌等の子どもの状況に応じた支援を行うことが重要である。

　授乳は、栄養方法のいかんに関わらず母親等と子どものスキンシップの上で重要な役割を果たし、優しい声かけとぬくもりを通してゆったりと飲むことで、子どもの心の安定がもたらされ、食欲が育まれていく。できるだけ静かな環境の下で、適切な子どもの抱き方で、目と目を合わせて、優しく声をかける等授乳時の関わりについて支援を行う。

　また、母親や父親、家族等が適切な授乳方法やその実践について共通した理解をもつことは、継続的に安心して子どもに対応していく上で欠かせないことである。父親や家族等による授乳への支援が、母親に過度の負担を与えることのないよう、父親や家族等への情報提供を行う。

　母親等が安心して子どもと過ごし、自信をもって授乳に取り組めるように努めるとともに、体重増加不良等への専門的支援、子育て世代包括支援センター等をはじめとする困った時に相談できる場所の紹介や仲間づくり、産後ケア事業等の母子保健事業等を活用し、きめ細かな支援を行うことも考えられる。

《母乳の場合》

　出産直後から母親の母乳による育児への意欲や、乳房の状態に合わせた個別対応を行うことが重要である。特に出産直後については、医療従事者が関わる中で、安全性に配慮した支援を行う。

・出産後はできるだけ早く、母子がふれあって母乳を飲めるように支援する。
・子どもが欲しがるサインや、授乳時の抱き方、乳房の含ませ方等について伝え、適切に授乳できるよう支援する。
・母乳が足りているか等の不安がある場合は、子どもの体重や授乳状況等を把握するとともに、母親の不安を受け止めながら、自信をもって母乳を与えることができるよう支援する。

《育児用ミルクの場合》

　母乳育児を望んでいても、医学的な理由等により子どもの必要栄養量をまかなうのに十分な母乳が出ずに育児用ミルクを利用する場合もある。栄養方法のいかんに関わらず、授乳を通した健やかな親子関係づくりが進むように支援を行う。

- ・授乳を通して、母子・親子の**スキンシップ**が図られるよう、しっかり**抱いて**、**優しく声かけ**を行う等暖かいふれあいを重視した支援を行う。
- ・子どもの欲しがるサインや、授乳時の抱き方、哺乳瓶の乳首の含ませ方等について伝え、適切に授乳できるよう支援する。
- ・育児用ミルクの使用方法[10]や**飲み残しの取扱**等について、安全に使用できるよう支援する。

《混合栄養の場合》

　母親が何らかの理由で母乳を十分に与えられない場合に、母乳と育児用ミルクを合わせて与えることをいう。混合栄養を取り入れる要因としては、**母乳分泌不足、母親の健康上**の要因、**疲労**等があげられる。栄養方法のいかんに関わらず、授乳を通した健やかな親子関係づくりが進むように支援を行う。

- ・母乳を少しでも与えているなら、母乳育児を続ける為に育児用ミルクを有効に利用するという考え方に基づき支援を行い、母乳の出方や量は異なるため、混合栄養の取り入れ方については、母親の思いを傾聴すると共に、母親の母乳分泌のリズムや子どもの授乳量等に合わせた支援を行う。
- ・授乳を通して、母子・親子の**スキンシップ**が図られるよう、しっかり**抱いて**、**優しく声かけ**を行う等暖かいふれあいを重視した支援を行う。
- ・子どもが欲しがるサインや、授乳時の抱き方、乳頭（哺乳瓶の乳首）の含ませ方等について伝え、適切に授乳できるよう支援する。
- ・育児用ミルクの使用方法や**飲み残しの取扱**等について、安全に使用できるよう支援する。

（3）授乳の進行

　授乳のリズムの確立とは、子どもが成長するにつれて授乳の**間隔**や**回数**、**量**が安定してくることをいう。授乳のリズムが確立するのは、生後**6〜8週**以降と言われているが、子どもによって**個人差**があるので、母親等と子どもの状態を把握しながらあせらず授乳のリズムを確立できるよう支援する。授乳のリズムの確立以降も、母親等がこれまで実践してきた授乳・育児が**継続**できるように支援することが必要である。

---

10 「乳児用液体ミルクについて」（p.28）及び参考資料12「乳児用調製粉乳の安全な調乳、保存及び取扱に関するガイドラインの概要（FAO/UNICEF）を参照。

《母乳の場合》

・母乳育児を継続するために、**母乳不足感や体重増加不良**などへの専門的支援、困った時に相談できる母子保健事業の紹介や仲間づくり等、社会全体で支援できるようにする。

《育児用ミルクの場合》

・授乳量は、子どもによって授乳量は異なるので、回数よりも**1日に飲む量**を中心に考えるようにする。そのため、育児用ミルクの授乳では、1日の目安量に達しなくても子どもが元気で、体重が増えているならば心配はない。
・**授乳量や体重増加不良**などへの専門的支援、困った時に相談できる母子保健事業の紹介や仲間づくり等、社会全体で支援できるようにする。

《混合栄養の場合》

・母乳が少しでも出るなら、母乳育児を続けるために育児用ミルクを有効に利用するという考え方に基づき支援を行う。母乳の出方や量は個々に異なるため、母親の**母乳分泌**のリズムや子どもの**授乳量**に合わせて混合栄養の取り入れ方の支援を行う。
・母乳の授乳回数を減らすことによって、**母乳分泌の減少**など母乳育児の継続が困難になる場合があるが、**母親の思い**等を十分に傾聴し、母子の状況を見極めた上で、育児用ミルクを利用するなど適切に判断する。

（4）離乳への移行

離乳を開始した後も、母乳又は育児用ミルクは**授乳のリズム**に沿って**子どもが欲する**まま、又は子どもの**離乳の進行及び完了**の状況に応じて与えるが、子どもの成長や発達、離乳の進行の程度や家庭環境によって子どもが乳汁を必要としなくなる時期は**個人差**が出てくる。そのため乳汁を終了する時期を決めることは難しく、いつまで乳汁を継続することが適切かに関しては，**母親等の考え**を尊重して支援を進める。母親等が子どもの状態や自らの状態から、授乳を継続するのか、終了するのかを判断できるように情報提供を心がける。

（5）食物アレルギーの予防について

子どもの湿疹や食物アレルギー、ぜんそく等のアレルギー疾患の予防のために、妊娠及び授乳中の母親が特定の食品やサプリメントを過剰に摂取したり、避けたりすることに関する効果は示されていない。子どものアレルギー疾患予防[11]のために、母親の食事は特定の食品を**極端に避けたり、過剰に摂取する**必要はない。**バランスのよい食事**が重要である。

---

11 母乳による予防効果については、システマティックレビューでは、6か月間の母乳栄養は、小児期のアレルギー疾患の発症に対する予防効果はないと結論している。なお、このレビューでは、児の消化器感染症の減少、あるいは母体の体重減少効果や再妊娠の遅延といった利点があることから、6か月間の母乳栄養自体は推奨している。

アレルギー素因のある子どもに対する牛乳アレルギー治療用の加水分解乳の予防効果について、以前は予防効果があるとする報告がされていたが、最近では、効果がないとする報告が多い。

　子どもの食物アレルギーが疑われる場合には、必ず**医師の診断に基づいて母子の食物制限**等を行うよう支援する。

（6）授乳等の支援のポイント

※混合栄養の場合は母乳の場合と育児用ミルクの場合の両方を参考にする。

	母乳の場合	育児用ミルクを用いる場合
妊娠期	・母子にとって**母乳**は基本であり、**母乳で育てたい**と思っている人が無理せず自然に実現できるよう、妊娠中から支援を行う。 ・妊婦やその家族に対して、具体的な授乳方法や母乳（育児）の利点等について、**両親学級**や**妊婦健康診査**等の機会を通じて情報提供を行う。 ・母親の**疾患**や**感染症**、薬の使用、**子どもの状態**、母乳の**分泌状況**等の様々な理由から育児用ミルクを選択する母親に対しては、十分な情報提供の上、その決定を尊重するとともに、母親の心の状態に十分に配慮した支援を行う。 ・妊婦及び授乳中の母親の食生活は、母子の健康状態や乳汁分泌に関連があるため、**食事のバランス**や**禁煙**等の生活全般に関する配慮事項を示した「**妊産婦のための食生活指針**」を踏まえた支援を行う。	
授乳の開始から授乳のリズムの確立まで	・特に**出産後**から退院までの間は母親と子どもが終日、一緒にいられるように支援する。 ・子どもが**欲しがる**とき、母親が**飲ませたい**ときには、いつでも授乳できるように支援する。 ・母親と子どもの状態を把握するとともに、母親の気持ちや感情を受けとめ、あせらず授乳のリズムを確立できるよう支援する。 ・子どもの発育は出生体重や出生週数、栄養方法、子どもの状態によって変わってくるため、**乳幼児身体発育曲線**を用い、これまでの発育経過を踏まえるとともに、**授乳回数**や**授乳量**、**排尿排便の回数**や**機嫌**等の子どもの状態に応じた支援を行う。 ・できるだけ静かな環境で、適切な子どもの抱き方で、目と目を合わせて、**優しく声をかえる**等授乳時の関わりについて支援を行う。 ・**父親や家族**等による授乳への支援が、母親に過度の負担を与えることのないよう、**父親や家族**等への情報提供を行う。 ・体重増加不良等への専門的支援、**子育て世代包括支援センター**等をはじめとする困った時に相談できる場所の紹介や仲間づくり、**産後ケア事業**等の母子保健事業等を活用し、きめ細かな支援を行うことも考えられる。	
授乳の開始から授乳のリズムの確立まで	・出産後は**できるだけ早く**、母子がふれあって母乳を飲めるように支援する。 ・子どもが欲しがるサインや、授乳時の抱き方、乳房の含ませ方等について伝え、適切に授乳できるよう支援する。 ・母乳が足りているか等の不安がある場合は、子どもの体重や授乳状況等を把握するとともに、母親の不安を受け止めながら、自信をもって母乳を与えることができるよう支援する。	・授乳を通して、母子・親子のスキンシップが図られるよう、しっかり抱いて、**優しく声かけを行う**等暖かいふれあいを重視した支援を行う。 ・子どもの欲しがるサインや、授乳時の抱き方、哺乳瓶の乳首の含ませ方等について伝え、適切に授乳できるよう支援する。 ・育児用ミルクの使用方法や**飲み残しの取扱**等について、安全に使用できるよう支援する。

	・母親等と子どもの状態を把握しながらあせらず授乳のリズムを確立できるよう支援する。 ・授乳のリズムの確立以降も、母親等がこれまで実践してきた授乳・育児が**継続**できるように支援する。	
授乳の進行	・母乳育児を継続するために、**母乳不足感**や**体重増加不良**などへの専門的支援、困った時に相談できる母子保健事業の紹介や仲間づくり等、社会全体で支援できるようにする。	・授乳量は、子どもによって授乳量は異なるので、回数よりも**1日に飲む量**を中心に考えるようにする。そのため、育児用ミルクの授乳では、1日の目安量に達しなくても子どもが元気で、体重が増えているならば心配はない。 ・**授乳量**や**体重増加不良**などへの専門的支援、困った時に相談できる母子保健事業の紹介や仲間づくり等、社会全体で支援できるようにする。
離乳への移行	・いつまで乳汁を継続することが適切かに関しては、**母親等の考え**を尊重して支援を進める。 ・母親等が子どもの状態や自らの状態から、授乳を継続するのか、終了するのかを判断できるように情報提供を心がける。	

II－2　離乳の支援

1　離乳の支援に関する基本的考え方

　離乳とは、成長に伴い、母乳又は育児用ミルク等の乳汁だけでは不足してくるエネルギーや栄養素を補完するために、乳汁から**幼児食**に移行する過程[12]をいい、その時に与えられる食事を離乳食[13]という。

　この間に子どもの摂食機能は、乳汁を吸うことから、食物をかみつぶして飲み込むことへと発達する。摂取する食品の**量**や**種類**が徐々に増え、**献立**や**調理の形態**も変化していく。また摂食行動は次第に**自立**へと向かっていく。

　離乳については、子どもの食欲、摂食行動、成長・発達パターン等、子どもにはそれぞれ**個性**があるので、**画一的な進め方**にならないよう留意しなければならない。また、地域の食文化、家庭の食習慣等を考慮した無理のない離乳の進め方、離乳食の内容や量を、それぞれの子どもの状況にあわせて進めていくことが重要である。

　一方、多くの親にとっては、初めて離乳食を準備し、与え、子どもの反応をみながら進めることを体験する。子どもの個性によって一人ひとり、離乳食の進め方への反応も異なることから、離乳を進める過程で数々の不安や課題を抱えることも予想される。授乳期に続き、離乳期も**母子・親子関係の関係づくり**の上で重要な時期にある。そうした不安やトラブルに対し、適切な支援があれば、安心して離乳が実践でき、育児で大きな部分を占める食事を通しての子どもとの関わりにも自信がもてるようになってくる。

　離乳の支援にあたっては、子どもの健康を維持し、成長・発達を促すよう支援するとともに、授乳の支援と同様、健やかな母子、親子関係の形成を促し、育児に自信がもてるような支援を基本とする。特に、子どもの成長や発達状況、**日々の子どもの様子**をみながら進めること、無理させないことに配慮する。また、離乳期は食事や生活リズムが形づくられる時期でもあることから、**生涯**を通じた望ましい**生活習慣**の形成や**生活習慣病予防**の観点も踏まえて支援することが大切である。この時期から**生活リズム**を意識し、**健康的な食習慣の基礎**を培い、家族等と食卓を囲み、共に食事をとりながら食べる楽しさの体験を増やしていくことで、一人ひとりの子どもの「**食べる力**」を育むための支援[14]が推進されることを基本とする。なお、離乳期は、両親や家族の食生活を見直す期間でもあるため、現状の食生活を踏まえて、適切な情報提供を行うことが必要である。

---

12 離乳の完了は、母乳または育児用ミルクを飲んでいない状態を意味するものではない。

13 WHO では「Complementary Feeding」といい、いわゆる「補完食」と訳されることがある。

14 参考資料6 楽しく食べる子どもに〜食からはじまる健やかガイド〜

2 離乳の支援の方法

（1）離乳の開始

　　離乳の開始とは、**なめらかにすりつぶした状態**の食物を初めて与えた時をいう。開始時期の子どもの発達状況の目安としては、首のすわりがしっかりして寝返りができ、5秒以上座れる、スプーンなどを口に入れても舌で押し出すことが少なくなる（哺乳反射[15]の減弱）、食べ物に興味を示すなどがあげられる。その時期は生後5〜6か月頃が適当である。ただし、子どもの発育及び発達には個人差があるので、月齢はあくまでも目安であり、子どもの様子をよく観察しながら、親が子どもの「**食べたがっているサイン**」に気がつくように進められる支援が重要である。

　　なお、離乳の開始前の子どもにとって、最適な栄養源は乳汁（母乳又は育児用ミルク）であり、離乳の開始前に**果汁やイオン飲料**[16]を与えることの栄養学的な意義は認められていない。また、蜂蜜は、**乳児ボツリヌス症**[17]を引き起こすリスクがあるため、**1歳を過ぎる**までは与えない。

（2）離乳の進行

　　離乳の進行は、子どもの発育及び発達の状況に応じて食品の量や種類及び形態を調整しながら、食べる経験を通じて摂食機能を獲得し、成長していく過程である。食事を規則的に摂ることで**生活リズム**を整え、食べる意欲を育み、食べる楽しさを体験していくことを目標とする。食べる楽しみの経験としては、いろいろな食品の味や舌ざわりを楽しむ、手づかみにより自分で食べることを楽しむといったことだけでなく、家族等が食卓を囲み、共食を通じて食の楽しさやコミュニケーションを図る、思いやりの心を育むといった食育の観点も含めて進めていくことが重要である。

《離乳初期（生後5か月〜6か月頃）》

　　離乳食を飲み込むこと、その舌ざわりや味に慣れることが主目的である。離乳食は1日1回与える。母乳又は育児用ミルクは、授乳のリズムに沿って子どもの**欲するまま**に与える。

　　食べ方は、**口唇を閉じて**、**捕食や嚥下**ができるようになり、口に入ったものを舌で前から後ろへ送り込むことができる。

---

15 哺乳反射は、原始反射であり、探索反射、口唇反射、吸啜反射等がある。生まれた時から備えもつ乳首を取りこむための不随意運動で、大脳の発達とともに減少し、生後5〜7か月頃に消失する。

16 イオン飲料の多量摂取による乳幼児のビタミンB1欠乏が報告されている。授乳期及び離乳期を通して基本的に摂取の必要はなく、必要な場合は、医師の指示に従うことが大切である。

17 参考資料8 乳児ボツリヌス症について

《離乳中期（生後7か月～8か月頃）》

生後7～8か月頃からは舌でつぶせる固さのものを与える。離乳食は1日2回にして生活リズムを確立していく。母乳又は育児用ミルクは離乳食の後に与え、このほかに授乳のリズムに沿って母乳は子どもの欲するままに、ミルクは1日に3回程度与える。

食べ方は、舌、顎の動きは前後から上下運動へ移行し、それに伴って口唇は左右対称に引かれるようになる。食べさせ方は、平らな離乳食用のスプーンを下唇にのせ、上唇が閉じるのを待つ。

《離乳後期（生後9か月～11か月頃）》

歯ぐきでつぶせる固さのものを与える。離乳食は1日3回にし、食欲に応じて、離乳食の量を増やす。離乳食の後に母乳又は育児用ミルクを与える。このほかに、授乳のリズムに沿って母乳は子どもの欲するままに、育児用ミルクは1日2回程度与える。

食べ方は、舌で食べ物を歯ぐきの上に乗せられるようになるため、歯や歯ぐきで潰すことが出来るようになる。口唇は左右非対称の動きとなり、噛んでいる方向に依っていく動きがみられる。食べさせ方は、丸み（くぼみ）のある離乳食用のスプーンを下唇にのせ、上唇が閉じるのを待つ。

手づかみ食べは、生後9か月頃から始まり、1歳過ぎの子どもの発育及び発達にとって、積極的にさせたい行動である。食べ物を触ったり、握ったりすることで、その固さや触感を体験し、食べ物への関心につながり、自らの意志で食べようとする行動につながる。子どもが手づかみ食べをすると、周りが汚れて片付けが大変、食事に時間がかかる等の理由から、手づかみ食べをさせたくないと考える親もいる。そのような場合、手づかみ食べが子どもの発育及び発達に必要である理由について情報提供することで、親が納得して子どもに手づかみ食べを働きかけることが大切である。

（3）離乳の完了

離乳の完了とは、形のある食物をかみつぶすことができるようになり、エネルギーや栄養素の大部分が母乳又は育児用ミルク以外の食物から摂取できるようになった状態をいう。その時期は生後12か月から18か月頃である。食事は1日3回となり、その他に1日1～2回の補食を必要に応じて与える。母乳又は育児用ミルクは、子どもの離乳の進行及び完了の状況に応じて与える。なお、離乳の完了は、母乳又は育児用ミルクを飲んでいない状態を意味するものではない。

食べ方は、手づかみ食べで前歯で噛み取る練習をして、一口量を覚え、やがて食具を使うようになって、自分で食べる準備をしていく。

（4）食品の種類と調理
ア　食品の種類と組合せ

与える食品は、離乳の進行に応じて、食品の種類及び量を増やしていく。

離乳の開始は、**おかゆ（米）** から始める。新しい食品を始める時には離乳食用のスプーンで１さじずつ与え、子どもの様子をみながら量を増やしていく。慣れてきたらじゃがいもや人参等の野菜、果物、さらに慣れたら豆腐や白身魚、固ゆでした卵黄など、種類を増やしていく。

離乳が進むにつれ、魚は白身魚から**赤身魚**、**青皮魚**へ、卵は**卵黄**から**全卵**へと進めていく。食べやすく調理した脂肪の少ない肉類、豆類、各種野菜、海藻と種類を増やしていく。**脂肪の多い肉類**は少し遅らせる。野菜類には緑黄色野菜も用いる。ヨーグルト、**塩分や脂肪の少ないチーズ**も用いてよい。牛乳を飲用として与える場合は、**鉄欠乏性貧血**の予防の観点から、**１歳**を過ぎてからが望ましい。

離乳食に慣れ、１日２回食に進む頃には、穀類（**主食**）、野菜（**副菜**）・果物、たんぱく質性食品（**主菜**）を組み合わせた食事とする。また、家族の食事から**調味する前**のものを取り分けたり、**薄味**のものを適宜取り入れたりして、食品の種類や調理方法が多様となるような食事内容とする。

母乳育児の場合、生後６か月の時点で、ヘモグロビン濃度が低く、**鉄欠乏**を生じやすいとの報告がある。また、**ビタミンＤ欠乏**[18]の指摘もあることから、母乳育児を行っている場合は、適切な時期に離乳を開始し、鉄や**ビタミンＤ**の供給源となる食品を積極的に摂取するなど、進行を踏まえてそれらの食品を意識的に取り入れることが重要である。

フォローアップミルクは**母乳代替食品**ではなく、離乳が**順調**に進んでいる場合は、摂取する必要はない。離乳が順調に進まず**鉄欠乏**のリスクが高い場合や、適当な**体重増加**が見られない場合には、**医師に相談した上で**、必要に応じてフォローアップミルク[19]を活用すること等を検討する。

イ　調理形態・調理方法

離乳の進行に応じて、食べやすく調理したものを与える。子どもは**細菌**への抵抗力が弱いので、調理を行う際には衛生面に十分に配慮する。

食品は、子どもが口の中で押しつぶせるように十分な固さになるよう加熱調理をする。初めは「**つぶしがゆ**」とし、慣れてきたら粗つぶし、つぶさないままへと進め、**軟飯**へと移行する。野菜類やたんぱく質性食品などは、始めは**なめらかに調理**し、次

---

18 ビタミンＤ欠乏によるくる病の増加が指摘されている。ビタミンＤ欠乏は、ビタミンＤ摂取不足のほか日光照射不足が挙げられる。

19 フォローアップミルクの鉄含有量（６商品平均9.0mg/100ｇ）は育児用ミルク（平均6.5mg/100ｇ）の約1.4倍である。

第に**粗く**していく。離乳中期頃になると、つぶした食べ物を**ひとまとめ**にする動きを覚え始めるので、飲み込み易いようにとろみをつける工夫も必要になる。

調味について、離乳の開始時期は、**調味料は必要ない**。離乳の進行に応じて、食塩、砂糖など調味料を使用する場合は、それぞれの食品のもつ味を生かしながら、**薄味で**おいしく調理する。油脂類も**少量**の使用とする。

離乳食の作り方の提案に当たっては、その家庭の状況や調理する者の調理技術等に応じて、手軽に美味しく安価でできる具体的な提案が必要である。

（5）食物アレルギーの予防について
ア 食物アレルギーとは

食物アレルギーとは、特定の食物を摂取した後にアレルギー反応を介して**皮膚・呼吸器・消化器**あるいは**全身性**に生じる症状のことをいう。有病者は**乳児期**が最も多く、**加齢**とともに漸減する。食物アレルギーの発症リスクに影響する因子として、**遺伝的素因**、**皮膚バリア機能の低下**、**秋冬生まれ**、特定の食物の摂取開始時期の遅れが指摘されている。乳児から幼児早期の主要原因食物は、**鶏卵**、**牛乳**、**小麦**の割合が高く、そのほとんどが**小学校入学前**までに治ることが多い。

食物アレルギーによるアナフィラキシーが起こった場合、アレルギー反応により、じん麻疹などの皮膚症状、腹痛や嘔吐などの消化器症状、ゼーゼー、息苦しさなどの呼吸器症状が、複数同時にかつ急激に出現する。特に**アナフィラキシーショック**が起こった場合、血圧が低下し意識レベルの低下等がみられ、**生命**にかかわることがある。

イ 食物アレルギーへの対応

食物アレルギーの発症を心配して、離乳の開始や特定の食物の摂取開始を遅らせても、食物アレルギーの予防効果があるという科学的根拠はないことから、生後5〜6か月頃から離乳を始めるように情報提供を行う。

離乳を進めるに当たり、食物アレルギーが疑われる症状がみられた場合、自己判断で対応せずに、必ず**医師の診断**に基づいて進めることが必要である。なお、食物アレルギーの診断がされている子どもについては、必要な栄養素等を過不足なく摂取できるよう、具体的な離乳食の提案が必要である。

子どもに湿疹がある場合や既に食物アレルギーの診断がされている場合、または離乳開始後に発症した場合は、基本的には**原因食物以外の摂取**を遅らせる必要はないが、自己判断で対応することで状態が悪化する可能性も想定されるため、必ず**医師の指示**に基づいて行うよう情報提供を行うこと。

（6）離乳の進め方の目安

		離乳の開始 ⟶ 離乳の完了			
		以下に示す事項は、あくまでも目安であり、子どもの食欲や成長・発達の状況に応じて調整する。			
		離乳初期 生後5〜6か月頃	離乳中期 生後7〜8か月頃	離乳後期 生後9〜11か月頃	離乳完了期 生後12〜18か月頃
食べ方の目安		○子どもの様子をみながら、1日1回1さじずつ始める。 ○母乳や育児用ミルクは飲みたいだけ与える。	○1日2回食で食事のリズムをつけていく。 ○いろいろな味や舌ざわりを楽しめるように食品の種類を増やしていく。	○食事リズムを大切に、1日3回食に進めていく。 ○共食を通じて食の楽しい体験を積み重ねる。	○1日3回の食事リズムを大切に、生活リズムを整える。 ○手づかみ食べにより、自分で食べる楽しみを増やす。
調理形態		なめらかにすりつぶした状態	舌でつぶせる固さ	歯ぐきでつぶせる固さ	歯ぐきで噛める固さ
1日当たりの目安量					
I	穀類（g）	つぶしがゆから始める。	全がゆ 50〜80	全がゆ 90〜軟飯80	軟飯80 〜ご飯80
II	野菜・果物（g）	すりつぶした野菜等も試してみる。	20〜30	30〜40	40〜50
III	魚（g）	慣れてきたら、つぶした豆腐・白身魚・卵黄等を試してみる。	10〜15	15	15〜20
	又は肉（g）		10〜15	15	15〜20
	又は豆腐（g）		30〜40	45	50〜55
	又は卵（g）		卵黄1〜全卵1/3	全卵1/2	全卵1/2〜2/3
	又は乳製品（g）		50〜70	80	100
歯の萌出の目安			乳歯が生え始める。	1歳前後で前歯が8本生えそろう。離乳完了期の後半頃に奥歯（第一乳臼歯）が生え始める。	
摂食機能の目安		口を閉じて取り込みや飲み込みが出来るようになる。	舌と上あごで潰していくことが出来るようになる。	歯ぐきで潰すことが出来るようになる。	歯を使うようになる。

※衛生面に十分に配慮して食べやすく調理した物を与える

50音順ですぐわかる

よく出る人物一覧

あ行	
赤沢鍾美 （あかざわあつとみ）	1890（明治23）年に日本初の**託児所**「**新潟静修学校附設託児所**」を開設。（のちに守孤扶独幼稚児保護会と命名。）
アリエス	主著『<子供>の誕生』において、17世紀までの西欧では、子どもは「**小さな大人**」として扱われ、労働に従事し、大人との違いは明確に意識されていなかったと主張。
石井十次 （いしいじゅうじ）	1887（明治20）年に日本初の**児童養護施設**「**岡山孤児院**」を設立。「**児童福祉の父**」と呼ばれている。
石井亮一 （いしいりょういち）	1891（明治24）年に日本初の**知的障害児施設**「**滝乃川学園**」（設立当初は「孤女学院」）を設立。「**知的障害児教育の父**」と呼ばれている。
糸賀一雄 （いとがかずお）	1946（昭和21）年に知的障害児施設「**近江学園**」を、1963（昭和38）年には重症心身障害児施設「**びわこ学園**」を設立。「**この子らを世の光に**」という言葉を残した。
ヴィゴツキー	「**発達の最近接領域**」理論を唱えた。また彼は、言語は**外言**として生じ、発達していく過程で、**内言**として用いるために変化していくと考え、子どもの独り言は内言になる移行過程であると捉えた。
エインズワース	「**愛着の形成の質**」を調べる観察実験「**ストレンジ・シチュエーション法**」を開発。
エリクソン	「**心理社会的発達理論（ライフサイクル論）**」を提唱。一生を8つの段階に分けて、それぞれの時期における中心的な**発達課題**を示し、それが達成されないときには**心理・社会的な危機**があると説いた。
エリック・カール	著書に『はらぺこあおむし』『パパ、お月さまとって!』等がある。
エレン・ケイ	1900年に著した『**児童の世紀**』で、**20世紀こそ児童の世紀**とし、子どもの自己決定力の育成、体罰の拒否、子ども固有の権利などを主張。
オーエン （オーウェン）	1816年に自分の工場内に幼児施設「**性格形成学院**」を開設。
オーベルラン	ドイツの牧師であり、1767年にフランス北東部の農村に赴任し、村民の生活向上を目指した。その一つとして「**幼児保護所**」を開設。幼児に良い生活習慣、道徳、標準フランス語、歌などを指導した。

か行	
ガードナー	知能は、「言語的知能」、「論理数学的知能」、「音楽的知能」、「空間的知能」、「身体的知能」、「個人間知能」、「個人内知能」、「博物的知能」の8つからなるとする「**多重知能理論**」を提唱。
貝原益軒 （かいばらえきけん）	日本最初の体系的な児童教育書「**和俗童子訓**」で、「**小児の教えは早くすべし**」と早い時期からの善行の習慣形成の必要性を主張。
北原白秋 （きたはらはくしゅう）	『**赤い鳥**』の童謡担当となり、童謡集『トンボの眼玉』など多数の童謡を遺した。
城戸幡太郎 （きどまんたろう）	著書『**幼児教育論**』の中で**社会中心主義**を唱えた。1936（昭和11）年に**保育問題研究会**を設立。
ギブソン	環境自体が人の関わり方の手がかりをもっているものだとする「**アフォーダンス**」を提唱。
キルパトリック	「目的の設定」、「計画の立案」、「実践」、「反省・評価」という一連の学習活動を子ども自身が行う学習法「**プロジェクト・メソッド**」を確立。
倉橋惣三 （くらはしそうぞう）	著書『**幼稚園保育法真諦**』において「**誘導保育**」を提唱。「**生活を生活で生活へ**」という理論をもとに**児童中心主義**を主張。
ゲゼル	「**成熟説（成熟優位説）**」を唱えた。
コメニウス	著書に教育者向けの書物『**大教授学**』、世界初の絵入りの教科書といわれる『**世界図絵**』がある。「**直観教授**」を提唱。
さ行	
シュタイナー	人間の真の姿を認識しようとする「**人智学**」を打ち立て、1919年、ドイツで「**自由ヴァルドルフ学校**」を設立。
スキナー	**スモールステップ**の原理などを特徴とする「**プログラム学習**」を提唱。
鈴木三重吉 （みえきち）	1918（大正7）年に雑誌「**赤い鳥**」を創刊。児童自由詩、児童自由画の運動を推進。
ソクラテス	「**無知の知**」を思索の出発点とし、知を求愛することを人間性の根本と捉えた。「**無知の知**」を引き出そうとする対話法は、「**産婆術**」と呼ばれている。
た行	
高木憲次 （けんじ）	1932（昭和7）年に日本初の**肢体不自由児学校**「**光明学校**」を開設、1942（昭和17）年には療育施設「**整肢療護園**」を開園。「**肢体不自由**」という言葉を提唱。「**肢体不自由児の父**」と呼ばれている。

デューイ	1896年に「シカゴ大学付属小学校（実験学校）」を設立し、著書『学校と社会』ではそこでの実践報告もしている。児童中心主義に基づいた「新教育」の提唱者。
留岡幸助 （とめおかこうすけ）	1899（明治32）年、東京府巣鴨に「家庭学校」（感化院）を設立。非行少年に対する感化教育を行った。
野口幽香 （のぐちゆか）	森島峰（みね）とともに、1900（明治33）年、東京麹町の借家で「二葉幼稚園」を開設。1916（大正5）年、「二葉保育園（ふたば）」に改称。
は行	
パーテン	2歳から5歳頃の子どもの遊びを、ひとり遊び、傍観遊び（ぼうかん）、平行遊び、連合遊び、協同遊びに分類した。
バーナード	1870年にイギリスで浮浪児等が生活する施設「バーナードホーム」を設立。この施設では、小舎制による養護を実施した。
バルテス	生涯発達心理学とは、受胎から死に至る過程における行動の一貫性と変化を研究するものであると提唱した。
バンデューラ	「社会的学習理論」を提唱。他者の行動やその結果を観察することで、新しい行動を習得したりすることを「モデリング（観察学習）」と呼んだ。
ピアジェ	認知発達の段階を感覚運動期、前操作期、具体的操作期、形式的操作期の4つに区分した。
ブルーナー	著書『教育の過程』において、教師に教わる学習ではなく、子ども自身の力で学び、気付く「発見学習」を提唱。
ブルーム	「完全習得学習（マスタリー・ラーニング）」を提唱。教育評価を診断的評価、形成的評価、総括的評価の3つに分類した。
フレーベル	幼稚園の創始者。万有在神論に基づき、「子どもにも神が宿っている」と考え、その神性を開発するべく、熱中できる遊具として「恩物」を考案した。 著書『人間の教育』では、遊びの重要性を説いた。また『母の歌と愛撫の歌（あいぶ）』では、家庭教育における子どもに向けた歌や詩、遊戯の方法などを記した。
ブロンフェンブレンナー	人間を取り巻く環境を「入れ子構造」と捉えた生態学的モデルを提唱。
ペスタロッチ	貧民学校を創り、民衆側の立場に立って教育を実践した。「生活が陶冶する（とうや）」という言葉を残した。主著に『隠者の夕暮れ』『シュタンツだより』がある。

ヘルバルト	著書『一般教育学』において、学習者の学習過程を「明瞭→連合→系統→方法」という４つの段階に沿って進める「**四段階教授法**」を論じた。
ボウルビィ	乳幼児が特定の人と**アタッチメント**（愛着）を形成する過程を示し、形成された愛着対象のイメージを「**内的ワーキングモデル**」と呼んだ。
ま行	
マーシア	実証実験によって、４つのアイデンティティの状態「アイデンティティ・ステイタス（自我同一性地位）」（「**アイデンティティ達成**」、「**モラトリアム**」、「**早期完了（フォークロージャー）**」、「**アイデンティティ拡散**」）を定義した。
マクミラン姉妹	1911 年、ロンドンのスラム街に「**保育学校**」を創設し、医療機関とも連携して保育を進めた。
松野クララ	1876 年（明治９）年に開設された日本初の官立幼稚園「**東京女子師範学校附属幼稚園**」で主任保姆を務め、**フレーベル**の保育学を導入。
まど・みちお	「**ぞうさん**」「**やぎさんゆうびん**」「**一年生になったら**」等を作詞した。
モンテッソーリ	1907 年に設立された保育施設「**子どもの家**」において、知的障害児の教育のために開発した感覚教育法を、健常児に応用して指導を行った。そこで行われた教育理論は「**モンテッソーリ・メソッド（法）**」、またそこで使用された教具は「**モンテッソーリ教具**」と呼ばれている。
や、ら、わ行	
吉田松陰 （しょういん）	1857（安政４）年に私塾「**松下村塾**（しょうかそんじゅく）」を開いた。高杉晋作、伊藤博文、山県有朋（やまがたありとも）等の塾生を輩出。
ルソー	**性善説**を支持し、**消極教育**を提唱。主著に『**エミール**』がある。「**子どもの発見者**」と呼ばれている。
ロック	「**タブラ・ラサ（白紙説）**」を提唱。主著に『**教育に関する若干の見解**』があり、その序文で「**健全な身体に宿る健全な精神**」という言葉を挙げた。

索 引

結びに

　本書が保育士になりたい方々のお手元に届くことを、とてもうれしく感じております。本書が世に出る機会を与えて下さった㈱風鳴舎の青田恵様には、これまで本書の内容充実のために惜しみなく教え導いて戴きました。深く御礼申し上げます。汐見稔幸先生（東京大学名誉教授、白梅学園大学名誉学長）には毎年ご監修を戴き、とてもあり難く思っております。そして、㈱風鳴舎の青田恵様をはじめとする作成・編集に関わった皆の本書をより分かりやすくしたいという熱い思いが詰まっています。また、栄養セントラル学院講師陣とりわけ村瀬るい氏の知恵と工夫を随所に感じて戴ける仕上がりになっております。

　受験を控えておられる皆さんにとって「保育士試験、本当に合格するかなぁ…」と不安になったり、投げ出したくなることもあるかもしれません。けれども、保育士試験は、合格ラインさえ超えることができたら皆「合格」です。スキマ時間をフルに活用し、かたときも本書を離さず勉強をしてください。本書は、栄養セントラル学院の保育者子育て支援者養成科ならびに保育士受験対策講座（CD 通信・通学共）の教材として多くの受験生を短期合格へと導いています。また、㈱風鳴舎「これからの保育」シリーズの『保護者支援』本や『10 の姿で保育の質を高める本』等もあわせて活用すれば、保育士国家試験に多数出題される項目の理解に大きな助けとなります。手の届くところに合格を意識して頑張りましょう。受かりたいというその気持ちが、合格をきっと後押ししてくれます。本書とともに、合格を勝ち取ってください。そして学科試験合格はもとより、実技試験合格実績 100% の栄養セントラル学院で実技対策も万全に……。あたたかい保育士さんになって下さい。合格をお祈りしております。

栄養セントラル学院　五十嵐条子

MEMO

MEMO

● 監修者プロフィール

汐見稔幸（東京大学名誉教授、白梅学園大学名誉学長）

専門は教育学、教育人間学、育児学。保育士の育成にも力を注ぐ。日本保育学会会長。

● 著者プロフィール

栄養セントラル学院

福祉医療保健の分野で 30 年の実績。保育士等国試対策講座開講以来、30 年間、毎年、受験生を合格に導いている。分野ごと担当する専門職豊かな講師陣が独自のメソッドで指導を行う。国・都道府県等より委託を受け、専門職訓練校として保育者養成科等を併設開講、多くの保育の専門家が巣立っている。また、保育士等国試対策の通学・CD 通信コースのなかでも実技試験対策は例年受験者全員を合格に導いている。保育園等の現場に出向し、保育現場の保育から保育所給食等職員研修を全国にて展開している。(教育事業部五十嵐、村瀬編集チーム)

http://www.eiyo3.jp/
TEL：047-423-8877（代）
e-mail：eiyo@eiyo3.jp

● 装丁デザイン	大倉真一郎
● 装丁イラスト	BUCH⁺
● DTP・誌面デザイン	BUCH⁺
● 制作協力	株式会社オフィスエム 平川麻希

ほ いく し せいせん か こ もんだいしゅう
保育士精選過去問題集 2020

2020 年 1 月 24 日　初版第 1 刷発行

著　者	栄養セントラル学院
監修者	汐見稔幸
発行所	株式会社風鳴舎
	〒 171-0021 東京都豊島区西池袋 1 丁目 11 − 1
	メトロポリタンプラザビル 14 階
	電話　03-5963-5266
印刷・製本	奥村印刷株式会社

©2020 eiyo central, toshiyuki shiomi
ISBN978-4-907537-24-1 C3037
Printed in Japan